第22卷

检察论丛

PROSECUTION REVIEW VOL · 22

孙 谦/主编

董桂文 黄 河/副主编

法律出版社
LAW PRESS CHINA

目　录

特 稿

编者按：最高人民检察院孙谦副检察长撰写的《全面依法治国背景下的刑事公诉》一文首发于《法学研究》2017年第3期，现予以全文转载，以飨读者。

全面依法治国背景下的刑事公诉*

孙 谦**

目 次

习近平总书记指出："全面依法治国是坚持和发展中国特色社会主义的本质要求和重要保障，事关我们党执政兴国，事关人民幸福安康，事关党和国家事业发展。"①党的十八大以来，党中央从坚持和发展中国特色社会主义出发，以建设中国特色社会主义法治体系、建设社会

---

* 在本课题研究中，最高人民检察院陈国庆、黄河、鲜铁可、谢鹏程、徐鹤喃、刘辰、白洁、王广聪等参加了讨论并提出了诸多意见和建议，在此深表谢意。

** 最高人民检察院副检察长。

① 《习近平在中国政法大学考察时强调立德树人德法兼修抓好法治人才培养励志勤学刻苦磨炼促进青年成长进步》，载《人民日报》2017年5月4日，第1版。

主义法治国家为总目标,对全面推进依法治国作出了重大战略部署,特别是十八届四中全会《中共中央关于全面推进依法治国若干重大问题的决定》(以下简称“全面推进依法治国决定”)是中国共产党历史上第一个关于加强法治建设的中央全会决定,开创了中国法治建设的新时代。在全面依法治国的大背景下,我国刑事司法制度逐步完善,朝着法治化、民主化、信息化、精细化方向发展,“全面推进依法治国决定”中特别强调“优化司法职权配置”,公诉在刑事诉讼中的地位更加凸显,职能更加丰富完善。只有按照党中央关于全面依法治国的要求,深刻认识刑事公诉制度发展的历史规律,结合刑事司法改革的总体部署,完善刑事公诉制度,更新刑事公诉理念,才能推动刑事公诉工作科学发展,更好地适应全面依法治国和刑事法治建设的需要。

一、刑事公诉制度的价值与发展趋势

刑事公诉是检察机关代表国家要求人民法院审理被指控的被告人的行为,以确定被告人刑事责任并予以刑事制裁的诉讼职能。当下,对刑事公诉的相关理论和实践问题进行深入的探索,是适应全面依法治国和诉讼制度改革的需要,是推进刑事公诉工作健康、科学发展的需要。刑事公诉制度是检察制度的重要组成部分,是国家实现法治目标的重要手段。

(一)刑事公诉制度的价值

刑事公诉制度的产生,基于人们对司法权力运行中的弊端的反思,是对侦查权和审判权进行监督制约的产物,是人类司法文明进步的重大成果。我国台湾地区学者林钰雄指出,“创设检察官制度的主要目的,乃废除当时的纠问制度,确立诉讼上的权力分立原则”;①将“检察官置于法官与警察两大山谷的谷间带,既制衡法官,又监督警察,具有双重控制的作用”。② 检察官这一角色,通过监督侦查和制约审判,把住侦查出口与审判入口,守护法律的统一正确实施。现代公诉制度的发展,在坚持其创设初衷的同时又承担了人权保障的法治责任,成为现

① 林钰雄:《检察官论》,法律出版社2008年版,第6页。

② 同上书,第84页。

代司法的重要元素。在中国特色社会主义法治体系中,公诉体现出国家性与人民性的高度统一。

1. 保障国家统一行使刑罚权

刑事公诉是伴随着国家对犯罪社会危害性认识的深化和国家权力强化的需要,由私人起诉发展而来的一种国家行使追诉权的起诉方式和诉讼制度。起初,基于朴素的报应观念,认为被害人本人才享有当然的起诉权利,可以启动诉讼程序,追诉犯罪。但随着犯罪形式的发展变化和对犯罪认识的不断深入,犯罪行为不再被认为是仅针对被害人的侵害,而是对国家公共利益的侵害和对社会秩序的破坏,因此国家有必要、有责任以国家之名启动诉讼程序,这也是公诉制度的重要理论基础。而且犯罪形态的多样性、复杂性也决定了私人启动刑事追诉在能力、精力、主观认识等方面的局限,难以完成权利的行使。出于国家统治管理的需要,针对社会秩序被破坏而私诉权又无力救济的情形,由国家行使公诉权启动诉讼的制度应运而生。在现代社会,公诉已经是基本垄断了刑事诉讼的起诉方式,一些国家完全取消了自诉;另有一些国家虽然在法律上保留了自诉,但实际上自诉数量已经很少,主要是作为公诉的补充而存在。在中国,公诉职能是检察机关的重要职能之一,是刑事诉讼中的主要起诉方式,它有利于保障刑罚权由国家统一行使。

2. 防止法官专断,控制警察恣意

检察官作为警察和法官之间的一种新的制度设置,是为了防止警察的恣意和法官的滥权,以检察官的监督制约功能实现司法公正。这一意义既可以从刑事司法体系的结构及关系法理来确认,又可以通过当初设立检察官制度的背景与初衷来判断。① "检察制度出现的主要目的之一,即在于透过诉讼分权制衡模式,以法官与检察官彼此监督制约的方法,确保刑事司法权行使的客观性与正确性"。② 在封建纠问式诉讼下,由法官掌管追诉与审判职能,法官独揽权力,可任意启动司法程序,权力不受监督制约,导致秘密侦查与刑讯逼供盛行,严重影响司

① 参见龙宗智:《检察官客观义务与司法伦理建设》,载《国家检察官学院学报》2015 年第 3 期。

② 许春金等:《刑事政策与刑事司法》,台北,三民书局 2011 年版,第 574 页。

法公正。为此人们开始反思刑事诉讼构造的弊端。伴随着西方权力制衡等启蒙思想的出现,纠问式诉讼逐渐退出历史舞台,法官的权力被分解为追诉(含侦查)与审判,分别由检察官和法官独立行使。由此,也催生了现代意义上的"控审分离"与"不告不理"原则,制约审判启动与限制审判范围,防止法官滥权。

除了防止法官专断外,控制警察恣意也是检察(公诉)制度创设的价值所在。"创设检察官制度的另外一项重要功能,在于以受严格法律训练及法律拘束的公正客观官署,控制警察活动的合法性,摆脱警察国家的梦魇。"①在现代国家,随着社会治理精细化的发展,警察的权力十分广泛。基于专业化分工而产生的刑事侦查权,因涉及人身自由、私有财产、个人隐私等基本人权,是警察权力中最危险的一种。检察机关通过对侦查行为的监督、对侦查结果的审查、对侦查违法的调查等方式,监督警察在侦查活动中依法规范用权,防止警察恣意行使权力。在我国刑事诉讼中,检察官通过运用法定不起诉或证据不足不起诉,对无辜者进行法律宣告;通过运用相对不起诉或附条件不起诉,对微罪者予以司法宽容评价;通过排除非法证据,保障取证的合法性;通过对侦查活动的监督和引导,规范侦查权力运行,这些都起到了防止警察恣意的作用。因此,"全面推进依法治国决定"要求:"健全公安机关、检察机关、审判机关、司法行政机关各司其职,侦查权、检察权、审判权、执行权相互配合、相互制约的体制、机制。"

3. 惩治犯罪与保障人权

刑事诉讼本质上是国家为了实现刑罚权而进行的专门性活动。刑事公诉是国家权力在刑事诉讼中的一种具体体现。惩治犯罪是刑事公诉的基本目的,提起公诉是实现国家追诉权的基本方式,是对侦查结果的法律态度,表明国家将行使追诉权对犯罪行为进行追究。另外,公诉权在将国家意志融入刑事诉讼的同时,还肩负着监督侦查和制约审判的职能。并且,随着人权意识、程序意识的不断觉醒和深入人心,公诉权行使的目标逐渐从传统的注重打击犯罪转向惩治犯罪与保障人权并重。

---

① 林钰雄:《检察官论》,法律出版社2008年版,第7页。

惩治犯罪与保障人权是辩证的关系,惩治犯罪不能以侵犯人权的方式实现,否则不仅难以真正实现对犯罪的惩治,还将导致对法治的破坏;刑事诉讼中的人权保障并非为惩治犯罪设置障碍,而是在更高层次上实现惩治犯罪。保障人权不仅包括对犯罪嫌疑人、被告人的人权予以保障,还包括对被害人、证人等诉讼参与人的人权予以保障。在保障人权原则的要求下,检察官要摒弃"狂热追诉"的立场,不仅要依法有效追诉,还要依法不起诉或对有利于犯罪嫌疑人、被告人的情形予以高度关注并采取相应的法律行动。

4. 守护法律的统一正确实施

"设置检察官还有另一重要的法治国功能:守护法律,使客观的法意旨贯通整个刑事诉讼程序,而所谓的客观法意旨,除了追诉犯罪以外,更重要的是保障民权。"①"法律守护人"与"护法机关"的角色定位,要求检察机关在诉讼中要秉持客观公正立场,守护法律的统一正确实施。我国宪法确立了检察机关的法律监督地位,这是保障法律统一正确实施的制度设计,它构成了中国检察制度和司法制度的特色。

守护法律统一正确实施的职责,要求公诉人必须以合法有效的证据为指控基石,防止将非法证据带入审判环节。非法证据排除规则的确立,为检察官审查证据合法性提供了有力支持。审查证据合法性的意义在于,一方面通过遏制警察违法取证实现人权保障,另一方面通过有力地支持公诉完成证明任务。检察官通过公诉活动,可以向世人昭示法律的不可违反性,以及维护法律的尊严和权威。

检察官对法律适用的把关,贯穿在侦查、审查起诉和审判的全过程。检察官主要通过"审查起诉""量刑建议",以及"抗诉"等具体职能对法律适用进行把关。检察官除对侦查机关提请批准逮捕和移送起诉案件的定罪是否准确进行把关外,还通过审查罪轻、罪重等犯罪情节,以提出量刑建议的方式为准确量刑提供参考意见。对于判决确有错误的,还可以通过抗诉的方式表达异议,通过审判监督职能完成对法律适用的把关职责。"全面推进依法治国决定"指出,"公正是法治的生命线",要求"必须完善司法管理体制和司法权力运行机制,规范司

① 林钰雄:《检察官论》,法律出版社2008年版,第8页。

法行为,加强对司法活动的监督,努力让人民群众在每一个司法案件中感受到公平正义”。检察机关严格而正确地履职包括开展公诉及在公诉中履行法律监督职能,是确保法律统一正确实施、实现公正司法的重要一环。

(二)刑事公诉制度的发展趋势

在全面推进依法治国的背景下,我国刑事诉讼制度发生了重大而深刻的变革。刑事公诉作为连接侦查与审判的承上启下环节,其作用的发挥直接影响着刑事诉讼的进程与质量。刑事公诉制度在秉承传统制度价值与契合世界司法文明潮流的基础上,正在经历着深刻的变化,呈现出以下发展趋势:

1. 由起诉法定主义向起诉法定主义兼采起诉裁量主义转变

所谓起诉法定主义,是指“凡是具有犯罪的客观嫌疑,只要具备起诉条件,就必须提起公诉”。[①] 起诉法定主义强调维护法律的统一权威,要求对符合法定起诉条件的必须起诉,排斥检察官的自由裁量。随着刑法改革逐渐向“轻刑化”“非刑罚化”方向发展,轻罪案件大量涌入,起诉法定主义过于机械和僵化的弊端逐渐凸显,起诉裁量主义应运而生。起诉裁量主义也称起诉便宜主义,是指虽然具备犯罪嫌疑和起诉条件,但在不必要起诉时,可由检察官裁量作出不起诉决定。[②] 其强调检察官在具体个案中拥有对是否起诉及如何起诉的酌定处置权,对不宜交付审判的可以决定不予起诉,这既有利于个别预防的实现,也为体现刑事政策提供了更大空间。

我国的刑事公诉制度正在经历由法定主义向兼采裁量主义的发展过程。在1996年刑事诉讼法修改取消免予起诉权后,实践中检察机关对待相对不起诉的态度变得非常审慎,通常对不起诉设定了严格的审批程序。这种做法虽然避免了可能产生的不起诉滥用现象,但这种过于严格、机械的做法忽视了起诉裁量在案件分流、人权保障和庭审实质化方面的积极作用,使大量轻罪案件进入普通审判程序,导致诉讼拖

① 程味秋:《外国刑事诉讼法概论》,中国政法大学出版社1994年版,第188页。

② 参见[日]田口守一:《刑事诉讼法》,张凌、于秀峰译,中国政法大学出版社2010年版,第123页。

延、耗费司法资源,既无益于被告人回归社会,也不利于诉讼过程中的人权保障。因此,对起诉裁量权应当予以重新审视。“全面推进依法治国决定”提出要“完善刑事诉讼中认罪认罚从宽制度”。当下,以认罪认罚从宽制度为主的一系列诉讼程序分流的制度性改革正在推进,审查起诉环节的程序分流是各类审判程序得以开展的基础。改革要求检察机关对起诉裁量权要重新认识、科学运用,积极回应社会对司法效率的期许。一是在诉与不诉的裁量上,要依法适用新增的针对未成年人犯罪的附条件不起诉,逐步扩大相对不起诉范围,简化不起诉程序,转变限制约束不起诉的做法,依法运用不起诉方式分流案件,发挥起诉裁量的积极作用。二是在如何起诉的裁量上,要体现宽严相济刑事政策和个案具体情节的差异化,发挥自由裁量的能动性,准确提出量刑建议,推进诉讼制度改革。

2. 由注重追诉向履行客观公正义务转变

从检察官作为国家代理人的制度源起就注定其作为国家公权力的代表,不能将自己作为积极追诉的一方看待,而是应当承担维护国家司法公正的职责。因此,检察官必须抛弃偏见、客观公正。但我国在20世纪八九十年代,也是厉行法治的初期,诉讼观念以强调打击犯罪为主,忽视诉讼中的人权保障和程序正义,检察官往往成为打击犯罪的“急先锋”,片面追求打击犯罪、激情追诉,忽视了检察官的客观义务,导致很多冤假错案失去了被阻断、纠正的机会。聂树斌案、呼格吉勒图案等冤错案件就是忽视人权保障和程序正义的深刻教训。这其中,固然是因为侦查机关有罪推定、不依法行使侦查权,但也与公诉人履行客观公正义务不够、证据审查与法律适用把关不严有密不可分的关系。随着我国社会的不断进步、司法文明的不断发展,法治理念逐渐深入人心。“尊重和保障人权”被写入了宪法和刑事诉讼法,并成为刑事诉讼的重要目标;“疑罪从无”“不得强迫自证其罪”“非法证据排除”等法治原则、规则相应确立,诉讼制度向法治化方向完善。“全面推进依法治国决定”提出,要“健全落实罪刑法定、疑罪从无、非法证据排除等法律原则的法律制度。完善对限制人身自由司法措施和侦查手段的司法监督,加强对刑讯逼供和非法取证的源头预防,健全冤假错案有效防范、及时纠正机制”。在此法治语境下,国家和民众对公诉人的要求也逐渐恢复理性平和,由片面追诉向客观公正转变,如完善保障律师执业各项权利机制,完善听取辩方意见以及沟通协商机制,构建庭审理性对抗模式,强化审判监督以促进依法公正裁判等。检察官客观义务本身是对检察官的一种单方面的限制和约束,在功能上迫使检察官抛弃单方面的控方(当事人)角色和意识,恪守客观中立的司法官立场履责行权,以充分保障被追诉方的利益。① 履行好客观义务,要求公诉人在审查起诉以及支持公诉中,要关注对被告人有利和不利的各种证据,依法排除非法证据;要克服单纯的追诉心态,坚持理性平和、有理有据地开展指控。

3. 由注重实体正义向实体正义、程序正义与诉讼效益并重转变

由于社会进步程度和人的认识的局限性,追求实体公正在我国过往的较长时间里被认为是刑事诉讼的首要任务,甚至是唯一任务。在"重实体、轻程序"的传统思维下,一味追求"实体真实",导致忽视犯罪嫌疑人、被告人辩护权、妨碍律师依法执业等情况时有发生,"实体真实"反而难以实现。我国法治国家建设的进程就是不断深化法治内在认知的过程,随着程序意识、人权意识的觉醒,既往单一追求"实体真实"的认识逐渐向实体正义、程序正义以及诉讼效益并重转变。

程序正义保障了当事人的诉讼参与权、诉求表达权、诉讼程序与结果知情权以及诉讼权利不受非法侵犯,有利于增强人们对公诉程序的认同感,提高司法裁判的可接受度。在客观真实诉讼观向法律真实诉讼观的转型下,以确立非法证据排除规则、完善庭审结构、强化律师辩护权为标志的程序正义得到了重视。刑事公诉中也更加注重听取各方意见、强化证据合法性审查以及加强保障被告人诉讼权利等。此外,诉讼效益也得到了前所未有的关注。"面对着现代社会中权利救济大众化要求的趋势,缺少成本意识的司法制度更容易产生功能不全的问题。"②在保证公正的基础上,提高诉讼效率,优化司法资源配

---

① 参见万毅:《检察官客观义务的解释与适用》,载《国家检察官学院学报》2015年第6期。

② [日]棚濑孝雄:《纠纷的解决与审判制度》,王亚新译,中国政法大学出版社2004年版,第267页。

置，是当下司法改革的重要关注点。为提高诉讼效率，通过繁简分流，进一步扩大速裁程序和简易程序的适用范围，有效缩短诉讼周期。检察机关通过构建多种公诉模式和积极运用程序建议权，实现案件的繁简分流，对保证惩治犯罪的及时性与有效性是必要的、可行的。通过完善检察机关参与庭前会议制度以保证庭审集中与庭审实质化，通过正确适用刑事和解以促进矛盾化解，都提升了刑事公诉的法律效果与社会效果。

4. 由定罪请求权向定罪请求权与量刑建议权并行转变

由定罪请求权向定罪请求权与量刑建议权并行转变，是近年来刑事公诉制度发生的新变化。在以往的刑事公诉中，公诉人只对被告人的定罪问题提出指控意见，只要法院认定了指控事实即完成了公诉任务，而少有对量刑问题的关注，即使指出从重或从轻的量刑情节，也较少关注法院如何量刑，法庭上更是鲜有对量刑专门展开辩论。随着司法精细化和对被告人诉讼权利保障的要求，刑事公诉理论不断发展，"将公诉权明确区分为定罪请求权和量刑建议权两个独立的部分，从根本上改变了公诉权的结构"，①这是对刑事公诉权的完善。量刑程序形成了控、辩、审三方参与的诉讼构造。刑事公诉权在量刑建议上的延伸，完善了量刑程序的启动，使辩护方有机会就量刑充分发表意见，也规范了法官的量刑裁量权。"规范自由裁量权，将量刑纳入法庭审理程序"是深化司法体制改革的内容之一。② 将量刑作为庭审的重要内容，使检察机关的"量刑建议"成为刑事公诉的组成部分，这应当被看作是刑事公诉制度的新发展。

二、依法治国背景下的刑事公诉制度改革

随着全面依法治国的推进和展开，我国刑事司法中的人权保障、程序公正、证据规则、监督制约等成为社会关注的焦点，获得了高度的社

---

① 陈瑞华：《刑事诉讼的前沿问题》，中国人民大学出版社 2011 年版，第 337 页。

② 参见《最高人民法院关于印发〈人民法院第三个五年改革纲要（2009—2013）〉的通知》（法发〔2009〕14 号），载司法业务文选编辑部：《司法业务文选》（2009 年第 27 期），法律出版社 2009 年版，第 25 页。

会认同,是推进刑事法治的重要基础。依法治国背景下的各项刑事司法改革举措都与刑事公诉息息相关。正确理解和实践改革精神,才有利于依法治国的科学推进;及时妥善解决和处理改革中的问题,也更有利于依法治国的全面确立。

为在更高层次上实现司法公正和司法效率的统一,改革进行了一系列的制度设计,如通过"繁案精审""简案快办"的方式,提高司法效率,把优质司法资源集中到处理复杂、疑难案件上来;围绕认罪认罚从宽制度改革,形成了速裁程序、简易程序、普通程序等多层次的案件审理体系;为保障快速审理程序的顺利运行,与之相配套的制度改革还包括量刑建议和庭前会议制度;以各种快速办理程序以"认罪"为前提,庭审重点也呈现由"定罪"向"量刑"转化的趋势,提出量刑建议成为适用认罪认罚从宽制度的配套性机制;庭前会议通过完善庭前准备工作增强了庭审实质化的可能,弥补了我国以往对庭前程序重视不够的弊端;通过严格适用证据规则和完善诉讼构造来实现"繁案精审",加大了公诉人证明证据合法性的责任,等等。

(一) 庭前会议制度

1. 庭前会议制度的定位与实践状况

庭前会议制度,是指审判人员在开庭前召集公诉人、当事人和辩护人、诉讼代理人,对回避、出庭证人名单、非法证据排除等与审判相关的问题,了解情况、听取意见的制度。以往我国由于缺少对庭前过滤、准备、分流的法律规定,导致庭审负担过重,庭审重点不清晰,出现了庭审拖沓甚至虚化的现象,影响了控辩质量和庭审效果。为了更好地确定庭审重点、提高庭审效率、保证庭审质量,①2012年《刑事诉讼法》②修改时增设庭前会议制度,"将庭前审查程序由封闭式的构造改造为三方参与的诉讼构造,将附属于审判的程序改造为相对独立的审判前程序",③旨在发挥审前程序应有的功能。

---

① 参见郎胜:《中华人民共和国刑事诉讼法释义》,法律出版社2012年版,第395页。

② 下文没有特殊说明时,《刑事诉讼法》均指2012年修改后的《刑事诉讼法》。

③ 汪建成:《刑事审判程序的重大变革及其展开》,载《法学家》2012年第3期。

司法实践中,对案情重大、疑难、复杂的案件,特别是当事人、辩护人申请排除非法证据的案件,依法召开庭前会议,对庭审的顺利进行具有重要的意义。但从目前的情况看,庭前会议制度的实践效果尚不理想,主要是各方召开庭前会议的积极性不高。据统计,地市级以上检察院参加庭前会议的案件数量约占其办理起诉案件总数的2%。[①] 庭前会议适用率低,其原因在于:第一,庭前会议上法官已经作出决定或控辩双方已经达成合意的事项是否具有法律效力,这一问题缺乏明确规定。有的地方对庭前已经解决的问题,庭审时仍允许重新审查,否定了庭前会议所作决定的效力,影响了适用庭前会议制度的积极性。第二,对庭前会议的功能定位缺乏清晰的认识。有的地方庭前会议被异化为"小庭审";有的地方在庭前会议中对本该在庭审中解决的问题进行过多地调查,甚至对证据内容、证明力等详细质证,这种做法有损庭审功能的发挥。

2. 对庭前会议制度相关问题的思考

庭前会议制度旨在实现审前程序过滤、准备、分流等功能,在这样的定位下,其制度功能应包括:一是做好庭前准备,保障庭审能够集中连贯进行;二是整理案件争议点,明确庭审重点,保证庭审质量;三是进行程序繁简分流,确定个案的审理程序。为此,应重点解决以下问题:

(1) 坚持庭审为主、庭前会议为辅原则

庭前会议审议的事项及其与庭审的界限,一直是各方关注的热点。有观点认为,庭前会议只能解决程序性问题;也有观点认为,除了法律规定的程序性问题外,还可以将申请变更强制措施、确认自首、立功情形、当事人达成和解协议等情况一并纳入庭前会议的讨论范围。[②] 笔者认为,实践中实体问题和程序问题往往相互交织,难以明确界分,应当从庭前会议的定位和制度功能出发,明确审议范围和审理程度。

---

① 据最高人民检察院案件管理办公室统计,2013~2016 年,全国地市级以上检察院召开庭前会议的案件数分别占其起诉数的 2.07%、2.07%、2.01%、2.19%。

② 相关观点参见魏晓娜:《庭前会议制度之功能"缺省"与"溢出"——以审判为中心的考察》,载《苏州大学学报》(哲学社会科学版)2016 年第 1 期;卞建林、陈子楠:《庭前会议制度在司法实践中的问题及对策》,载《法律适用》2015 年第 10 期。

其一,庭前会议应当以审议程序性异议为核心。庭前会议一般适用于普通程序审理的一审公诉案件,对于管辖、回避、非法证据排除、不公开审理、证人、鉴定人出庭事宜、延期审理、变更强制措施等单纯程序性事项,可以在庭前会议中审议;二审开庭审理的案件,法官也可以在与控辩双方沟通后,根据情况召开庭前会议。

其二,庭前会议应当以明晰争点和证据能力为基本点。在庭前会议中,应当注重控、辩、审三方的沟通,充分交换意见,争取实现控辩双方证据双向开示。在庭前会议中,要厘清案件争点,将有争议的事实作为出庭公诉和庭审的重点。特别要关注辩护方提供的被告人无罪、罪轻的证据,这将有助于检察机关全面审查案件,适时调整公诉方案、量刑建议,甚至撤回起诉。要尽量确定证据能力,排除非法证据。对于辩方质疑其合法性的证据,检察机关应当履行证明责任,除需要侦查人员出庭作证或情况复杂需要在庭审中予以解决的情形以外,尽量在庭前会议中明确证据能力,确认证据合法或排除非法证据,以保障庭审集中连贯进行。

其三,庭前会议不应深究与案件核心事实紧密相关的事实证据。庭前会议在梳理争点、开示证据时,控辩双方应只就对证据有无异议发表意见,而不进行质证,要防止将庭前对证据的听取意见变为对证据的实体审查。由于程序性事项和实体性事项存在交织的可能,在审议程序性事项时可能牵涉实体性事项,如需要证人出庭,需要对案件主要事实、证据进行核实,或对自首、立功等量刑情节有争议等,这些实体性事项应当在庭审时解决,以保证庭前会议的辅助性功能。

此外,庭前会议要兼顾程序分流。对于应当适用简易程序、速裁程序审理的案件,由于事实清楚、证据确实充分,从诉讼效率出发,通常没有必要召开庭前会议。但对于适用普通程序审理的案件,如果在庭前会议中,被告人的态度发生变化,导致案件符合简易程序或速裁程序的适用条件的,可以进行程序分流。

(2)赋予庭前会议决定以法律效力

庭前会议中对审议事项能否作出决定、决定是否具有法律效力,在理论上认识比较一致,基本认可庭前会议就审议事项所作决定应当具有法律效力。但司法实践中,由于缺少明确依据,导致做法各异。我们

认为,应当从规范层面推动庭前会议决定效力的实现,具体包括:

其一,对庭前会议中已经依法作出决定的管辖、回避、不公开审理等程序性事项,赋予其法律效力,在没有新的事实和证据的情况下,庭审中一般不得再次提出异议。

其二,对证据合法性提出异议,在庭前会议中确定为非法证据的,要坚决予以排除;对已确认合法的证据,在没有新的事实和证据的情况下,庭审时再次提出的,法庭不予审理,维持庭前决定的效力。对于能够在庭前会议中提出非法证据排除申请而不提出的,应当予以合理解释;对于故意进行"证据突袭"的,检察官可建议法庭对辩护人予以警告。

其三,庭前会议中基于当事人双方自愿和真实意思达成刑事和解的,和解协议具有法律约束力,没有新的事实和理由不得随意改变。

此外,还需要进一步细化庭前会议工作流程,规范庭前会议启动主体、参与人员、会议内容、决定的效力等问题,以及对无故不参加庭前会议的相关方给予一定的惩戒,等等。

(二)简易程序

1.简易程序的制度背景与实践状况

广义上的简易程序是指包括与普通程序相对而言的所有快速办理程序。世界上许多国家都有各自的简易程序。如美国的辩诉交易、德国的处罚令程序、日本的即决裁判程序等,而且有的国家还不止一种刑事案件快速办理程序。[①] 相较而言,我国针对轻微刑事案件或认罪案件的快速办理程序发展较为缓慢,与刑事案件的数量不相适应,造成了实践中大量简单案件积压、诉讼效率低下、司法资源浪费、当事人难脱讼累等弊端。因此,在依法治国与司法改革背景下,通过法律或司法解释扩大简易程序适用范围、增设案件快速办理程序的意图非常明确。我国狭义上的简易程序是指根据《刑事诉讼法》第208条的规定,适用于基层人民法院管辖的所有认罪案件的审判程序。

在司法实践中,对于简易程序的具体适用,很多地方作了积极探索,如有的地方推行了集中移送、集中审查、集中起诉、集中开庭的"四

---

① 参见汪海燕、付奇艺:《刑事速裁程序的两种模式——兼论我国刑事速裁程序的构建》,载《安徽大学学报》(哲学社会科学版)2016年第5期。

集中”工作模式;有的地方建立了专人承办、专人出庭的工作机制;一些地方出台相关文件,通过规范讯问方式、出庭程序、庭审时间等,兼顾办案质量和效率。[①] 但是,简易程序适用率总体偏低,没有像人们期待的那样承担起大量刑事案件的分流任务。据统计,2013年至2016年,适用简易程序的案件数量分别为490,021件、520,555件、537,995件、565,683件,2016年全国适用简易程序案件占基层人民检察院起诉案件的54%,[②]与人们普遍预期的高适用率有较大差距。笔者认为,简易程序适用率不够高的原因,主要在于法律规定不够明确,现有做法并未真正使简易程序“简”下来,导致“简者不简”。

2.对简易程序相关问题的思考

在现代社会,刑事案件大幅增长,犯罪轻刑化趋势凸显,诉讼效率已成为司法机关不得不重视的问题和必须采取相应举措解决的问题。司法改革中,很多改革举措都是围绕提高诉讼效率而设立的,检察人员要转变观念,不能固守传统的办案模式,而应对适用简易程序采取积极的态度,探索解决适用中的具体问题。

(1)全程简化简易程序

法律对简易程序庭审活动作了简化规定,但对审前程序及庭后程序如何简化并未作出规定。司法实践中存在“简者不简”现象,如适用简易程序的案件,庭外工作与普通程序相差不大,文书制作、案件审批仍然沿袭旧有做法。仅仅简化庭审程序并不能大幅缩短办案期限,而简易程序的审限却比普通程序缩短了很多,致使公诉人并不热衷于适用简易程序。对此,应针对性地简化简易程序各环节,将简易程序与普通程序真正区别开来。一是审批程序“放权”。能否适用简易程序,应由司法人员依法决定。二是法律文书“精简”。简易程序案件做庭前准备时,只制作必要的法律文书和工作文书,探索文书格式化、审查报告简易化,“三纲一书”[③]等适用于普通程序的文书可以省略。三是庭

---

① 例如,2013年江苏省苏州市中级人民法院、苏州市人民检察院、苏州市公安局、苏州市司法局会签了《关于规范适用简易程序审理的公诉案件的工作意见(试行)》。

② 数据来自最高人民检察院案件管理办公室。

③ “三纲一书”指控方的举证、质证、辩论提纲和公诉意见书。

审程序有"侧重"。庭审中,公诉人可以只宣读起诉书中的案件事实、罪名等重点内容;对控辩双方没有异议的事实、证据,可以不讯问,仅宣读证据目录;对需要讯问询问、示证质证的,应当突出重点,针对有争议的证据进行;法庭辩论应重点围绕有争议的问题、特别是量刑问题进行辩论。此外,对选择适用简易程序的被告人可以从宽处理,让"用者有利",也能够促使被告人自愿选择简易程序等快速审理程序。

(2) 探索办案模式集约化、科技化

司法实践中,部分地方探索了集中移送、集中审查、集中起诉、集中开庭的"四集中"办案模式,将办案流程集约化,节约了办案时间,但公、检、法三机关在机制层面的对接配合尚不够健全。笔者认为,应当加强各机关间的沟通协调,如检察机关可以商请侦查机关尽可能集中移送审查起诉、对接法院安排固定时间集中开庭审理,检察机关自身则应探索"简案专办",由专门人员或办案组专门办理,解决现有办案方式与"四集中"不对接的问题。此外,有条件的地方还可以积极利用科技手段,探索远程视频提讯、出庭和送达等方式,甚至实现"三地四方"①的视频开庭方式。目前广东深圳市及所辖地区、东莞市、浙江杭州西湖区、福建福州苍山区②等不少地方已经实现了远程视频庭审,大大提升了诉讼效率。

(3) 加强检察监督

适用简易程序的案件不能因简化诉讼程序而降低案件质量,不能因缩短审理时限而放弃监督职责。刑事诉讼法之所以要求适用简易程序的案件公诉人必须出庭支持公诉,就是为了避免诉讼结构缺陷,防止出现监督盲点。公诉人要提高监督意识,注重监督量刑幅度是否超出

---

① 即"法院、检察院、看守所"三地,"法官、公诉人、被告人、辩护人"四方。

② 参见相关报道:《南山法院启用远程视频庭审系统促诉讼高效率》,载 http://www.chinacourt.org/article/detail/2013/04/id/948035.shtml;《东莞法院首用"远程视频"开庭审刑案》,载 http://news.163.com/16/1028/05/C4EK453H00014Q4P.html;《西湖区检察院首次对刑事速裁案件开展远程视频庭审支持公诉》,载 http://www.toutiao.com/i6239568457801662977 1;《福建福州仓山区:远程视频开庭提升办案效率》,载 http:///news.163.com/15/1025/101B6P/NVDR00014SEH.html,最后访问日期:2017 年 2 月 3 日。

合理范围以及简易程序向普通程序随意转化的情况,尤其是为了延长审理期限而不当转为普通程序的情况,保证案件审理的公平公正。

(三) 认罪认罚从宽制度

1. 认罪认罚从宽制度背景与价值基础

为了提高诉讼效率,2014年6月,经全国人大常委会授权,在18个城市开展了为期两年的刑事速裁程序试点工作。在试点基础上,2016年11月16日,最高人民法院、最高人民检察院、公安部、国家安全部、司法部联合发布了《关于在部分地区开展刑事案件认罪认罚从宽制度试点工作的办法》(以下简称"认罪认罚试点办法"),确立了认罪认罚从宽制度。根据该制度,犯罪嫌疑人、被告人自愿如实供述自己的罪行,对指控的犯罪事实没有异议,同意量刑建议,并签署具结书的,可以依法从宽处理。根据"认罪认罚试点办法",全部刑事案件均可纳入认罪认罚从宽的范围,有助于全面提升办案效率。

经过多次司法改革,我国目前形成了速裁程序、简易程序、普通程序等互相衔接、层次分明的多层次案件审理体系。对于可能判处3年有期徒刑以下刑罚的案件,可以适用速裁程序,最快可将案件审理时间缩短至10日以内;①对于基层法院管辖的可能判处3年以上有期徒刑的案件,可以适用简易程序;对于其他认罪认罚案件,在适用普通程序审理时,可以适当简化庭审程序。

认罪认罚从宽的精神在我国刑事法律中早已存在,且被广泛运用于司法实践。如关于"坦白从宽"的刑事政策和刑法中关于"自首"的规定,刑事诉讼法中关于"刑事和解"的规定等。认罪认罚从宽制度是在以往经验基础上的具体化和系统化,以契合中国刑事司法实践需要和特点为基本导向,具有重要的制度价值。一是体现了现代司法的宽容精神。认罪认罚从宽体现了现代刑事司法宽容、平和、谦抑的理念,也是我国"坦白从宽""宽严相济"等刑事政策的具体化、制度化。二是推动了刑事案件繁简分流。面对刑事案件的快速增长和轻罪案件的高位运行,有区别、分层次的审理方式是司法科学化、精细化的体现,有

---

① "认罪认罚试点办法"第16条第2款规定,适用速裁程序审理案件,人民法院一般应当在10日内审结;对可能判处的有期徒刑超过1年的,可以延长至15日。

利于优化司法资源配置,提高诉讼效率。三是促进了被追诉人认罪伏法和接受教育改造。通过"从宽"的司法承诺,有利于促使犯罪嫌疑人、被告人自愿认罪,主动配合司法机关查明犯罪事实、补充完善证据、及时结案,使被追诉人及时接受教育改造,有效减少因刑事追诉产生的冲突对抗。

2. 对认罪认罚从宽制度相关问题的思考

认罪认罚从宽制度以宽容、谦抑、效率为主要宗旨,运行过程中容易忽视对公平公正的追求,因此要特别强调对法治原则的遵循。只要始终遵循法治原则,改革中出现的问题就不难找到正确的解决路径。

(1) 对适用阶段的理解

根据"认罪认罚试点办法",认罪认罚从宽制度原则上适用于审查起诉和审判阶段,在侦查阶段除有重大立功或涉及国家重大利益等两类特殊案件外,原则上不能适用。笔者认为,侦查阶段原则上不适用该制度,不表明侦查程序中犯罪嫌疑人不能认罪认罚。从制度设计来讲,应当鼓励犯罪嫌疑人尽早认罪认罚,只是"从宽"的后果不宜体现在侦查阶段。因为侦查阶段的主要任务是依法全面收集固定证据、查明案件事实,若此时允许从宽,"可能导致侦查人员放弃法定查证职责,采取威胁、利诱等非法手段获取犯罪嫌疑人的口供,造成冤假错案"。[①] 同时,也不利于保障犯罪嫌疑人的诉讼权利。办案人员容易因为嫌疑人认罪而放松证据要求,降低证明标准,为案件的后续办理埋下隐患。对在侦查阶段认罪认罚的,从宽后果应当在审查起诉阶段或者审判阶段予以体现。

审查起诉阶段是适用认罪认罚从宽的主要阶段,但不排除审判阶段的适用。有的观点认为,有的被告人在庭审终结前认罪认罚是根据庭审情况作出的不得已的选择,无法体现其悔罪诚意,也没有节约司法资源,不宜对其从宽。这种观点虽有一定道理,但不排除被告人在庭审中因认识加深而改变态度的情况。从司法宽容精神出发,只要一审法庭辩论终结前或适用简易程序判决前,经由法院同意,对于上述情形应当允许适用认罪认罚从宽制度,这样也可以减少上诉的发生。但是,对

① 陈卫东:《认罪认罚从宽制度研究》,载《中国法学》2016年第2期。

审判阶段的从宽和审查起诉阶段的从宽应有一定区别。英国在被告人认罪制度中的做法可以给我们提供一些借鉴和思路。英国实行量刑“逐级折扣”优惠,被告人在不同阶段认罪,将获得不同的量刑折扣,越早认罪折扣幅度越高。①

(2)对“认罪”“认罚”与“从宽”的认识

一是“认罪”应当具有实质性,即自愿如实供述自己的罪行或对指控的事实无异议,仅有认罪表示不能认为是认罪。有的观点认为,“认罪”需认同指控的具体罪名。笔者则认为,对“认罪”的要求不宜太严格,“概括认罪”即可。对于指控的主要犯罪事实予以认可,仅对个别细节提出异议的,或对犯罪行为的法律性质存在不同意见的,不影响“认罪”的成立。

二是在“认罚”的问题上,笔者认为,在审查起诉阶段,“认罚”是指犯罪嫌疑人对检察机关建议判处的刑罚种类、幅度及刑罚执行方式没有异议,同意量刑建议、签署具结书的行为。而在侦查阶段,由于侦查机关不能提出从宽意见,因此不存在认罚的基础。“认罚”要体现出悔罪态度和悔罪表现,对于只认罪不认罚,或者表面“认罚”,背地里却串供、毁灭证据或者隐匿、转移财产,不赔偿损失的,则不能认为是认罚。对于犯罪嫌疑人不同意适用速裁程序、简易程序的,是其对程序选择权的行使,不影响对“认罚”的认定。

三是“从宽”应当体现在实体从宽和程序从简两方面。实体从宽指实体上的从轻处理,包括对被告人提出从宽处罚的量刑建议;程序从简包括适用人身自由限制程度较轻的强制措施和优先适用从简从速的诉讼程序。

四是要宽严有度、依法从宽。司法机关在裁量是否从宽、如何从宽时,应当依法进行,并且考虑从宽的社会效果和个案公正;在体现从宽政策的同时,也要避免一味从宽,特别是对犯罪性质恶劣、犯罪手段残忍、危害后果严重的犯罪分子,认罪认罚不足以从宽的,则不能从宽,防止突破法律和政策底线。

---

① 参见郑曦:《英国被告人认罪制度研究》,载《比较法研究》2016年第4期。

(3) 对证明标准的理解

有观点认为,认罪认罚从宽案件的证明标准可以有所降低,否则达不到提高诉讼效率的目的。[①] 笔者则认为,认罪认罚从宽案件的证明标准不能降低。近年来暴露出的一些冤假错案表明,没有把握好证明标准是发生这些冤错案件的主要原因之一。在这种情况下,如果允许对事实证据存在疑问的案件适用认罪认罚从宽从而采取较低的证明标准,无疑是认可了"疑罪从轻"的错误做法,将可能导致侦查人员采取威胁、利诱等方式获取口供,后果将不堪设想。"认罪认罚归根结底是被告人的认罪态度问题,其并不能动摇案件事实清楚,证据确实、充分的证明标准。"[②]因此,我国刑事诉讼法规定的"案件事实清楚,证据确实、充分"的证明标准不能降低,认罪认罚案件同样要坚持这一标准。当然,这"并不意味着一些次要的事实、情节都要达到此种程度",[③]在证据规则的具体运用上,可作适当调整。[④]

(4) 关于诉讼中的权利保障

一是保障犯罪嫌疑人、被告人合法权益和律师辩护权的行使。适用认罪认罚从宽制度,被追诉人享有程序选择权,但他们大多缺乏诉讼经验和法律知识,为保证其准确理解程序内容和适用后果,防止其为了尽早"解脱"而被迫认罪现象的发生,应当保障辩护律师的有效参与。辩护律师的参与,对于维护认罪认罚的自愿性、真实性,推动认罪认罚从宽制度公平公正的落实具有不可替代的作用。因此,司法机关应尊重和保障律师执业权利的实现,认真听取律师关于量刑和程序适用的

---

① 参见张相军、顾永忠、陈瑞华:《检察环节认罪认罚从宽制度的适用与程序完善》,载《人民检察》2016 年第 9 期。

② 樊崇义、李思远:《认罪认罚从宽程序中的三个问题》,载《人民检察》2016 年第 8 期。

③ 陈光中、马康:《认罪认罚从宽制度若干重要问题探讨》,载《法学》2016 年第 8 期。

④ 参见陈瑞华:《认罪认罚从宽制度的若干争议问题》,载《中国法学》2017 年第 1 期。

意见;适当提高值班律师①待遇,探索值班律师的设置及职能作用;赋予值班律师通过适当方式行使阅卷、会见的权利,使犯罪嫌疑人、被告人获得更全面有效的法律帮助。

二是对被害人的权利保障要予以充分的关注。在适用认罪认罚从宽制度过程中,不能将被害人置于事外,要防止为了加快诉讼进程而忽视被害人的权益保障,使其遭受二次伤害,而应充分听取被害方的意见,并将当事人双方是否达成和解作为从宽量刑建议的重要因素。在认罪认罚案件中,未能与被害方达成谅解的和已达成谅解的在从宽幅度方面应当体现差别。当然也要防止被害方"漫天要价"的情况出现,对于确因犯罪嫌疑人、被告人无赔偿能力而未能达成和解的,不影响从宽的适用。

三是加强对认罪认罚案件办理的监督制约。对社会上担心的认罪认罚从宽制度可能带来的打击不力、冤错案件增加,特别是"权权交易""权钱交易"等司法腐败问题,要高度重视和警惕。一方面要严格落实办案责任制,细化权力清单、责任清单、审批流程和责任追究,实行内部制约和主动接受外部监督,公开办理过程和相关法律文书,"以公开促公正";另一方面要加强对认罪认罚案件侦查和审判活动的法律监督,坚决排除非法证据,防止刑讯逼供等非法取证行为,对于裁判确有错误的,检察机关要及时提出纠正意见或者抗诉。②

(5)逐步扩大刑事和解范围

立法机关在将刑事和解引入法律之初,为防止以罚代刑和放纵犯罪,将刑事和解的适用范围限定于轻刑案件。③有观点认为,法律规定的适用范围过于谨慎,和解的制度优势没有得到充分发挥,应考虑对重

① 最高人民法院、最高人民检察院、公安部、司法部印发《关于在部分地区开展刑事案件速裁程序试点工作的办法》(法发〔2014〕220号)第4条规定:建立法律援助值班律师制度,法律援助机构在人民法院、看守所派驻法律援助值班律师;犯罪嫌疑人、被告人申请提供法律援助的,应当为其指派法律援助值班律师。

② 参见孙谦:《关于检察机关开展"刑事案件认罪认罚从宽制度"试点工作的几个问题》,载《刑事司法指南》(2016年第4集),法律出版社2016年版,第11页。

③ 同上。

罪案件也适用和解。[①] 在刑事和解制度初建之时，出于对其中蕴含的高风险的考虑，持有审慎态度是正确的，但在制度发展过程中，我们发现，对于双方有和解愿望或已经自行达成和解的重罪案件，在没有违背社会公平的情况下，司法机关一概否定双方的和解合意和已平复的社会关系是值得商榷的。司法实践中，重罪案件甚至死刑案件将民事赔偿谅解作为从轻量刑情节的情况并不鲜见。“通过对中国裁判文书网上公开的统计发现，2014 年故意杀人案因存在赔偿谅解情节而未判处死刑立即执行的有 52 件，已非个别现象。”[②]刑事和解在鼓励认罪、促进矛盾化解、关注诉讼当事人双方利益等内在价值上与认罪认罚从宽制度是一致的，其条件比认罪认罚从宽的要求更高，不仅要求被告人认罪认罚，还要求对被害方予以赔偿并获得谅解。认罪认罚从宽制度适用于所有刑事案件，可以认为是将刑事和解扩大至所有案件的制度依据。因此，可在试点范围内探索对于重罪案件甚至死刑案件，基于赔偿谅解情节，谨慎地予以从轻处理。当然，在推动刑事和解扩大适用时，要注意把握好罪行与赔偿幅度的平衡，把握好罪行与从宽幅度的平衡，把握好保护被害人权益与维护社会公平正义的平衡，谨慎平稳地推动刑事和解在认罪认罚从宽制度框架下发展。

（四）速裁程序

1. 速裁程序定位与实践状况

2012 年至 2014 年，全国法院判处拘役以下刑罚的人数占全部生效判决人数的 40% 以上，判处 3 年有期徒刑以下刑罚的人数占全部生效判决人数的 80% 左右。[③] 在轻罪案件占绝大多数的情况下，以效率为导向的、针对轻刑案件的、“简上加简” 的刑事速裁程序应运而生。

---

① 例如，参见陈光中：《刑事和解是否适用于死刑案件之我见》，载《人民法院报》2010 年 8 月 4 日，第 6 版；龙宗智：《刑事和解实证研究观点撷录》，载《国家检察官学院学报》2009 年第 2 期；谢佑平、姚石京、刘晖：《刑事和解尚需厘清的八个问题》，载《人民检察》2013 年第 13 期。

② 刘辰：《死刑案件刑事和解之法理分析与合理限度》，载《四川大学学报》（哲学社会科学版）2016 年第 2 期。

③ 参见赵恒：《刑事速裁程序试点实证研究》，载《中国刑事法杂志》2016 年第 2 期。

速裁程序专门针对事实清楚、证据确实充分,被告人认罪认罚,且适用法律和诉讼程序无争议的轻刑案件,是简化诉讼流程、缩短办案期限的一种案件快速办理程序。“刑事速裁程序是一种在公正基础上以效率为主要价值取向的程序模式,这也是其区别于刑事普通程序与简易程序的独特属性。”①2014年,《全国人大常委会关于授权最高人民法院、最高人民检察院在部分地区开展刑事案件速裁程序试点工作的决定》,授权北京、天津等18个城市对可能判处1年有期徒刑以下刑罚的案件试点适用速裁程序。试点两年后,又在“认罪认罚试点办法”中将速裁程序纳入认罪认罚从宽制度中整体推进,适用范围扩大至可能判处3年有期徒刑以下刑罚的各类案件,以便进一步提高司法效率。

在速裁程序试点的两年中,各地提起公诉的速裁案件56,420件58,500人,法院适用速裁程序审结52,540件54,572人,占试点法院同期判处1年有期徒刑以下刑罚案件的35.88%,占同期全部刑事案件的18.48%。全部速裁案件被告人上诉率为2.01%,检察机关抗诉率仅为0.01%,附带民事诉讼原告人上诉率为零,上诉率、抗诉率之和比简易程序案件低2.83个百分点,比全部刑事案件低9.52个百分点。速裁程序的成效主要体现在:一是简化了诉讼程序,提高了诉讼效率,推进了繁简分流。各地普遍对速裁案件区别对待,大幅缩短了办案期限,审查起诉周期由过去的平均20天缩短至5天左右;法院10日内审结的案件占92.35%,比简易程序案件高65.04个百分点;当庭宣判率达96.05%,比简易程序案件高41.22个百分点。二是体现了从宽精神,对认罪认罚的被追诉人减少了审前羁押,适用非监禁刑的比例明显上升,速裁程序案件中适用非监禁刑的占42.31%,比简易程序案件高13.38个百分点。② 三是当事人服判息诉、矛盾化解效果明显。速裁程序判决认可度高,上诉、抗诉情况极少。但是,速裁程序在运行和构建上还存在一些争议,需要进一步研究探讨。

① 汪建成:《以效率为价值导向的刑事速裁程序论纲》,载《政法论坛》2016年第1期。

② 本自然段中的数据主要参见最高人民检察院新闻办公室:《图说检察2016》,中国检察出版社2017年版,第97页以下。

2. 对速裁程序相关问题的思考

(1) 速裁程序的价值取向

有观点认为,刑事速裁程序的价值取向在于提高诉讼效率,因此主张速裁程序应当适用一审终审的审级构建。① 也有观点认为,可借鉴国外有限上诉权的做法,在速裁案件上诉程序中设置过滤审查机制,只有在被告人替人顶罪、非自愿等情况下作出有罪供述的,被告人才具有上诉权。笔者认为,虽然速裁程序的突出价值在于提高效率,但速裁程序的效率应是公正基础上的效率。在追求程序效率的同时,不能放松对公正的要求,否则这项改革将是失败的。"正义是社会制度的首要德性,正像真理是思想体系的首要德性一样。法律和制度,不管它们如何有效率和安排有序,只要它们不正义,就必须加以改造或废除。"②基于此,笔者认为,应当遵守我国两审终审的审级原则,不应剥夺被告人的上诉权。但鉴于被告人已认罪认罚,速裁程序的二审审理方式可以与其他上诉案件有所区别,如可以不开庭审理等。

为提高诉讼效率,也有观点认为速裁程序没有开庭审理的必要,可借鉴德国的处罚令程序,进行书面审理,公诉人也无须出庭。③ 笔者认为,公诉人出庭支持公诉是控、辩、审诉讼构造的基本要求,突破诉讼构造将打破兼听则明、相互制约的格局,最终导致司法公正受损。德国的处罚令程序判处的往往是罚金等财产刑,几乎没有自由刑,和我国速裁程序的适用范围差异很大。④ 速裁程序在诉讼程序上已经十分简化,若不开庭审理,将难以准确判断被告人是否自愿认罪,认罪的真实性难以查清,产生错案的风险将明显增大。提高诉讼效率可以从科技手段入手,如很多地方为提高速裁程序效率而探索的视频开庭方式,效果良好,可以借鉴。

---

① 参见汪建成:《以效率为价值导向的刑事速裁程序论纲》,载《政法论坛》2016 年第 1 期。

② [美] 约翰·罗尔斯:《正义论》,何怀宏等译,中国社会科学出版社 2009 年版,第 3 页。

③ 参见林喜芬、何斐明:《我国刑事速裁程序:角色定位与改革前瞻》,载《思想战线》2016 年第 4 期。

④ 参见刘哲:《刑事处罚令程序的比较与借鉴》,载《人民司法》2012 年第 11 期。

(2)消除制约诉讼效率的内外部因素

从外部环节来看,案件在侦查阶段耗时较长,移送审查起诉较分散,提出适用速裁程序建议的比例较低。有的庭前社会调查评估工作因犯罪嫌疑人户籍地、居住地不在本地,会出现不同程度的拖延。从内部环节来看,一些原有的内部审批流程制约了速裁程序的效率。如检察机关对审查报告、起诉书、量刑建议的报批程序,审判机关对裁判文书的报批程序等。对此,笔者认为,一方面要加强办案机关之间的沟通协调,构建集约化案件审理、调查机制;另一方面要通过司法责任制改革等理顺内部关系,解决办案机关内部审批程序烦琐等问题。此外,还可以探索通过大数据等科技手段,为社会调查评估工作构建数据化评估平台。

(五)量刑建议制度

1. 量刑建议制度背景与实践状况

量刑建议指检察机关在刑事诉讼中,根据被告人的犯罪事实、性质、情节、主观恶性以及社会危害程度等因素,向审判机关就被告人应判处的刑罚提出建议的活动。为了适当约束量刑自由裁量权,赋予被告人在量刑上的辩护权,促进量刑公开公正,量刑建议制度应运而生。量刑建议是源于公诉权的一种司法请求权。"量刑建议与定罪申请一起,应当成为公诉权的有机组成部分"。[①] 早在20世纪末,我国检察机关便开始探索量刑建议,随后在最高人民检察院的推动下,部分地区开展了量刑建议试点,并逐步在全国推行。2010年2月,最高人民检察院出台《人民检察院开展量刑建议工作的指导意见(试行)》,2010年9月,最高人民法院、最高人民检察院、公安部、国家安全部、司法部发布《关于规范量刑程序若干问题的意见(试行)》,确立了检察机关量刑建议制度。刑事诉讼法增加了对量刑开展庭审辩论的规定后,量刑建议在量刑规范化改革的推动下得到整体推进。

从近年的司法实践看,检察机关在依法提出量刑建议与尊重量刑裁判相结合原则指导下,所提量刑建议采纳率达到90%以上。开展量刑建议案件的上诉率、抗诉率以及二审改判、发回重审率普遍下降,取

① 陈瑞华:《刑事诉讼的前沿问题》,中国人民大学出版社2011年版,第314页。

得了良好的司法效果。[①] 但与此同时,量刑建议工作也存在一些需要研究和厘清的问题,如量刑建议的适用范围、量刑建议的提出形式与提出时间、如何提高量刑建议精准度、大数据在量刑建议中的科学应用等。

2. 对量刑建议制度相关问题的思考

(1) 量刑建议的范围

在量刑建议的适用范围上,有观点认为,对适用普通程序以及普通程序简化审的案件,可以充分行使量刑建议权。对适用简易程序的案件,可以暂时不提量刑建议。[②] 还有观点认为,量刑建议作为新生事物,适用范围应重点放在被告人认罪案件、未成年人犯罪案件和无受害人案件方面。[③] 我们认为,量刑建议权是公诉权的组成部分,其有利于规范量刑裁量权、保障辩护方量刑答辩权、促进审判公正,而且"建议"的性质与"决定"有质的差别,并没有妨碍法院的量刑决定权。因此,不论案情是否复杂,适用法律是否存在争议,也无论适用何种诉讼程序,以及拟适用的刑罚轻重,均可提出量刑建议。在当前认罪认罚从宽制度改革中,量刑建议是适用认罪认罚从宽的前置条件,其重要性更为凸显。

(2) 量刑建议的类型

量刑建议可分为三种:一是概括的量刑建议,即仅向法庭提出从重、从轻或减轻处罚等原则性建议;二是相对确定的量刑建议,即向法庭提出相对较小幅度的量刑建议;三是绝对确定的量刑建议,即向法庭提出不存在幅度的具体刑罚。[④] 量刑建议的提出应以对法院提供科学

---

① 参见赵阳:《量刑建议逾九成被法院采纳》,载《法制日报》2011 年 8 月 17 日,第 5 版;刘宜俭:《98% 量刑建议被采纳》,载《检察日报》2012 年 6 月 13 日,第 10 版;欧阳晶、胡文星、罗春强:《量刑建议采纳率高达 96.3%》,载《检察日报》2013 年 12 月 22 日,第 2 版。

② 参见王顺安、徐明明:《检察机关量刑建议权及其操作》,载《法学杂志》2004 年第 5 期。

③ 同上。

④ 参见王军、吕卫华:《关于量刑建议的若干问题》,载《国家检察官学院学报》2009 年第 5 期。

量刑参考和进行合理量刑约束,便于辩护方有针对性地开展量刑辩护为目的。概括的量刑建议范围过宽,起不到建议应有的作用,一般情况下不值得提倡。相对确定的量刑建议,既有相对明确的建议范围,又为法官行使裁量权留有足够的空间,具有较强的合理性,可以作为量刑建议的主要方式。绝对确定的量刑建议一般用于附加刑、死刑(死缓)、无期徒刑等不存在幅度的法定刑,对于财产刑也宜提出确定的数额。量刑建议类型的选择要根据案件具体情况确定,不能一概而论。在当前认罪认罚从宽制度改革中,以相对明确的量刑建议征求犯罪嫌疑人的意见更具有实际意义,①辩护方也更具有辩护依据和动力。因此,应尽量提出相对确定、范围相对明确的量刑建议。但也要防止走向另一个极端,量刑建议也并非越具体越好。一味追求过于具体的量刑建议会不当限缩法官的裁量空间。若量刑建议常被判决改变,也不利于当事人服判息诉。因此,提高量刑建议的精准度和科学性是检察机关面临的重大课题。

(3) 量刑建议的提出形式和时间

量刑建议的提出形式,实践中主要有两种:一是在起诉书中提出,二是单独以"量刑建议书"的形式提出。关于量刑建议的提出时间,有法庭调查之后、法庭辩论之初提出和审查起诉结束后提起公诉时提出等观点。② 实践表明,量刑建议的提出形式和时间应当区分案件类型具体把握,特别是在认罪认罚案件中,对量刑建议有更具体的需求,因此不宜完全统一。对于适用认罪认罚从宽的案件,需要在审查起诉阶段就量刑建议询问犯罪嫌疑人是否同意,签署具结书。量刑建议是"认罚"的前提,且已然形成并得到犯罪嫌疑人确认,自然可以在起诉书中予以体现。对于其他案件,量刑建议则可以在法庭辩论时以公诉意见的形式提出。而在法庭辩论阶段提出,则便于公诉人根据庭审情况及时全面地把握量刑事实、情节、认罪态度等变化,从而能适时调整

① 参见孙谦:《关于检察机关开展"刑事案件认罪认罚从宽制度"试点工作的几个问题》,载《刑事司法指南》(2016年第4集),法律出版社2016年版,第7页。

② 参见张国轩:《检察机关量刑建议问题研究》,中国人民公安大学出版社2010年版,第277页。

建议内容,提高量刑建议的科学性。

(4) 提高量刑建议的精准性

检察机关能否提出量刑建议的问题,随着刑事诉讼法修改和认罪认罚从宽制度的确立,不再有争议。现在面临的主要问题是检察机关如何提高量刑建议的精准度和科学性。量刑建议只有提的精准才能发挥出自身价值,只有提的科学才能树立“建议”的权威。一方面,可以探索大数据技术在量刑建议中的应用。如贵州等地探索的大数据量刑分析参考技术,通过对录入计算机的大量案件信息数据进行类案分析、比对,进行量刑提示和量刑偏离度分析,运用互联网思维提高量刑建议的准确性,解决案件量刑不均衡问题。① 另一方面,量刑规则和量刑指导意见是开展量刑建议的重要参考,对提高量刑建议的准确性起着重要作用。检察机关和人民法院应共同研究大数据背景下的量刑规则和量刑指导意见,为规范、准确量刑提供依据。

三、牢固树立正确的刑事公诉理念

习近平总书记指出:“天下之事,不难于立法,而难于法之必行。”②法律的有效施行依靠人,而人的行为方式靠理念。正确的理念是法律良好运行之基础。没有正确的理念,好的法律也会被曲意执行,而在正确的理念下,可以完善矫正法律的不足,可以充分彰显法律的内在精神与价值。“理念,不只是口号,需要变成自己内心深处的真实想法才有用。”③崇尚维护法治、尊重保障人权、理性平和司法、加强监督制约是建设法治国家不可或缺的基本理念,关系到各项公诉制度改革能否正确实施,以及全面依法治国能否顺利实现。因此,公诉理念是检察官首先应该关注和树立的。

---

① 2016 年 8 月,贵州省检察机关对近两年 14,100 件故意伤害案件进行大数据分析,发现 2395 件案件存在量刑偏离,参见李波:《大数据新技术破解老难题》,载《检察日报》2016 年 10 月 31 日,第 7 版。

② 同上。

③ 张明楷:《网络时代的刑法理念——以刑法的谦抑性为中心》,载《人民检察》2014 年第 9 期。

（一）崇尚维护法治

党的十八大提出，“法治是治国理政的基本方式”；“全面推进依法治国决定”提出要“运用法治思维和法治方式深化改革、推动发展、化解矛盾、维护稳定”，明确了“法治思维和法治方式”在治国理政中的地位。法治与人治，就像民主与专制一样，是相反的两个概念。马克思曾深刻指出，在民主的国家，法律就是国王；在专制的国家，国王就是法律。[①] 法治是现代国家能够长治久安、不断发展的内在需求和前提条件。在我国当前社会经济高速发展、社会结构转型升级、人民需求期待不断提高的情况下，法治是必然的选择和基本的保障。中国有着漫长的封建社会，法治传统薄弱，人治观念深厚，在新中国初步奠定了法治基础后，又遭受了“十年动乱”的严重破坏，法治发展历程充满艰辛。直至宪法将“依法治国”确立为治国基本方略，法治才逐步成为社会共识。因此，我国法治理念的树立与维护仍任重道远。

在全面推进依法治国的司法改革进程中，诸多改革制度都与公诉工作密不可分。检察官要积极关注、支持和参与改革，在充分遵循司法规律的基础上，运用法治思维和法治方式履行公诉职责，推进公诉制度改革。要坚持证据裁判和证明标准，办理案件要证据先行，内心怀疑不能取代证据证明，对达不到证明标准的案件要敢于不诉，摒弃“疑罪从轻”的做法。要坚持程序公正与人权保障，坚决排除非法证据，监督、引导侦查活动规范运行。检察官必须在法律规定的范围和程序内，科学、规范地用好起诉裁量权，杜绝权力滥用。要以法治思维来解决改革中涌现的难题。比如，在认罪认罚从宽制度改革中，对能否因认罪认罚而降低证明标准的疑问，只要坚持证据裁判和证明标准的法治思维，就不难得出答案；而对认罪认罚后的“从宽”是否可在法定刑幅度之下“从宽”的困惑，只要坚持罪刑法定、程序法定的法治思维，就可得到合理解决。一系列司法改革中的新问题，都需要运用法治思维来加以解决。

---

① 张明楷：《网络时代的刑法理念——以刑法的谦抑性为中心》，载《人民检察》2014年第9期。

(二) 尊重保障人权

尊重保障人权是现代刑事司法的核心理念。人权的历史并不久远,两次世界大战带来的战争灾难引起了人们对人权的关注和重视。英国的米尔恩指出,人权是维护人类赖以存在的、普遍的,包括生命权、自由权在内的最低限度的权利。[①] 在我国,人权概念从最初的避于提及到被正式认可,再到如今被确立为宪法原则和刑事诉讼法的基本任务,走过了一条艰辛但平稳发展的道路。之所以刑事司法领域要更加关注尊重保障人权,是因为以国家暴力为后盾的刑事司法更容易侵犯人权。在强大的国家追诉之下,个人的自我防卫能力很薄弱,也因此很容易产生冤假错案。我国自 2012 年以来纠正的重大冤假错案就有几十起,这些冤错案件中绝大多数都存在刑讯逼供的问题,如聂树斌案、于英生案、陈满案等。[②] 如果公诉环节检察官有牢固的人权保障意识,也许很多错案就能够被及早阻止。

检察官在履行公诉职责时,要时刻牢记客观公正的立场、法律守护人的职责,将尊重保障人权视为自己的神圣使命。程序公正是实体公正的重要保证,也是人权保障的重要内容,检察官要注重监督诉讼活动中违反程序性规定的行为。除了防止刑讯逼供等人权保障的基本要求外,在全面依法治国背景下,认罪认罚从宽、速裁程序、简易程序等制度安排保障被告人快速接受审判,减少讼累,也体现了对人权的保障。以宽容、谦抑为导向的刑事司法改革容易使人忽视对犯罪嫌疑人、被告人辩护权的保障,因此,检察官要更加关注保障律师执业权利的充分行使,强化侦查监督和审判监督,将人权保障向纵深化、细微处延伸。

(三) 理性平和司法

理性、平和是一种司法境界。理性,是指正常思维下理智、客观、符

---

① 参见[英] A. J. M. 米尔恩:《人权哲学》,王先恒等译,东方出版社 1991 年版,第 8 页、第 233 页。

② 参见鲜铁可、高锋志:《刑事申诉检察视角下强化错案防范的若干思考》,载《刑事申诉检察工作指导》(2016 年第 2 辑),中国检察出版社 2016 年版,第 70 页。

合逻辑的思维活动;平和,乃不偏激、平正谐和、调和之意。[①] 检察官必须保持理性、平和,否则将难以履行实现司法公平正义的职责。

客观公正是刑事公诉的基本要求,理性平和是实现客观公正的保障。只有理性、平和的司法观才有助于公诉人排除干扰、坚持客观公正的立场。若公诉人持"狂热追诉"的非理性、不平和心态,在这种情绪下,将对侵犯人权、破坏程序不以为然,甚至对无罪证据视而不见,很难想象在此种情况下可以实现司法公正。

价值衡平是刑事公诉的价值基础,理性平和又是价值衡平的前提。刑事公诉对诉讼价值的追求是多元的,要将实体正义、程序正义、诉讼效率、诉讼效果同时兼顾,不能偏废。要实现价值衡平,需要理性平和的司法理念支撑。如速裁程序中,保持理性就能避免只顾"摆平"效率、不顾正义而降低证明标准;刑事和解时,保持理性就能避免只顾效果、一味迁就当事人双方要求而罔顾法律底线;面对真实但经刑讯取得的供述时,保持平和的心态,才能在实体真实与程序正义之间不受冲动追诉的驱使,坚持排除非法证据。

宽容谦抑是刑事公诉的发展方向,理性平和是宽容谦抑的实现路径。在刑事司法改革中,要做到准确适用审理程序、准确进行"从宽"处理,在公诉环节就要做到对公诉裁量权的准确把握与科学运用,包括对相对不起诉的运用、对量刑建议的提出、对程序分流的把握等。要做到科学运用公诉裁量权,就需要以理性平和的司法理念为指导,对权力的行使进行内在约束和自我克制。

"平和的司法境界,离不开司法思维方式的养成"。[②] 检察官要注重培养缜密的逻辑思维、冷静客观的处事态度、完善健康的人格,加强对自身情感因素和消极情绪的控制。检察官在准确理性地适用法律的同时,又不能机械司法、简单办案,还要注重体会社会冷暖、人情世故,结合实际,为社会输出公平正义。

(四) 加强监督制约

习近平总书记强调:"权力不论大小,只要不受制约和监督,都可

① 参见《汉语大词典》(缩印本),汉语大词典出版社1997年版,第1132页。

② 孙谦:《论检察》,中国检察出版社2013年版,第453页。

能被滥用。"[①]依法治国的核心,是加强对公权力的监督制约和对私权利的有效保障。检察机关从创制之初就肩负着监督侦查和制约审判的职责,我国检察机关是宪法确立的法律监督机关,在保障国家法律统一正确实施方面更是责无旁贷。刑事公诉处在连接侦查和审判的特殊位置,发挥着无可替代的双重控制作用。在全面依法治国的背景下,一方面,刑事公诉要在传统的监督制约侦查、审判上予以加强;另一方面,也要在自身接受监督制约上予以加强。

在刑事司法改革顺利推进的过程中,不仅不能降低监督制约的力度,反而只有加强监督制约才能保障改革目标的圆满实现。如在认罪认罚从宽制度中,被告人认罪认罚的真实性和程序选择的自愿性是制度运行的基础,没有公诉人的监督容易产生违背意愿的妥协;"从宽"是对认罪认罚者的司法宽容,如果缺少监督,"从宽"也容易产生不依法、不平衡的问题;速裁程序、简易程序等可以采用独任审判,缺少监督则容易滋生司法腐败;刑事和解如果离开了监督,可能产生花钱买刑、漫天要价等弊端,从而消解刑事和解制度的生命力。因此,刑事公诉监督制约的范围与程度应与司法改革需求相匹配,进行合理的延伸和加强。

刑事公诉同样应该接受监督制约。"不受监督的权力必然产生腐败",刑事公诉权也不例外,刑事公诉应当主动接受来自各个方面的监督制约。随着司法改革对公诉裁量权的不断扩大,公诉人更要增强接受监督制约的理念。如作出的不起诉决定,应当接受公安机关、被害人、被不起诉人以复议、复核、申诉等形式进行的监督制约;法院是否支持公诉请求和采纳量刑建议则是对起诉权的制约;在以"协商"为基础的各项改革中,公诉人应加强与律师的沟通,并充分保障律师的执业权利,高度重视律师的意见,学会以辩护思维审视自身工作中的不足。此外,公诉人还要以开放的心态,主动接受人大、政协、新闻舆论以及上级检察院的监督制约。

---

① 中共中央文献研究室编:《习近平关于全面推进依法治国论述摘编》,中央文献出版社2015年版,第59页。

四、结 语

随着全面依法治国的推进特别是刑事法治的发展,公诉工作面临深刻的变革:一要增强诉前引导作用。为从源头上保证办案质量,提高指控犯罪证据的合法性与完整性,要求公诉工作要向移送起诉前延伸,发挥诉前引导作用,通过引导侦查、退回补充侦查等方式强化诉前引导,对侦查取证活动施加必要的影响。二要发挥审前过滤功能。为保障庭审集中连贯进行,公诉在审前的过滤功能显得十分重要。一方面应构建以证据为核心的刑事指控体系,在坚持证据裁判原则下,推动从言词证据为主向实物证据为主的证据模式转型,并运用非法证据排除规则保障证据的合法性,对达不到起诉标准的案件,坚决依法不起诉。另一方面应完善以庭审准备为重点的审前程序。通过庭前会议发挥庭前证据双向开示、控辩双方充分交换意见、梳理庭审争点等功能,为庭审集中、高效进行打下基础。三要完善庭审程序分流职能。在当前认罪认罚从宽制度改革过程中,形成了速裁程序、简易程序、普通程序等多层次刑事案件审理体系,公诉人要准确引导科学的繁简分流、恰当选择诉讼程序。四要探索有区别的出庭公诉模式。为适应"繁案精审""简案快办"的要求,出庭公诉模式也需要进行有区别的应对,使公诉人在"繁案"中能够应对复杂的出庭要求,对"简案"能够做到突出重点、准确简化、快速了结。

习近平总书记在2017年5月3日考察中国政法大学时指出,"全面推进依法治国是一项长期而重大的历史任务,要坚持中国特色社会主义法治道路,坚持以马克思主义法学思想和中国特色社会主义法治理论为指导"。在全面依法治国背景下推进司法改革,对刑事公诉理论与实践都提出了新的更高的要求。为厘清改革中的难点与争议,研究破解改革中的困惑与障碍,我们对刑事公诉中的若干问题进行梳理、探讨,总结分析公诉工作的经验与教训,探索现代刑事公诉理念,目的就是通过推动刑事公诉制度科学理性的发展,从而推进中国特色社会主义法治体系建设,推进全面依法治国方略的贯彻实施。

检察理论

新形势下的检察问题研究

——以监察体制改革为背景

陈卫东*

目　　次

2016年11月7日,中央纪委网站发布消息称,中共中央办公厅近日印发《关于在北京市、山西省、浙江省开展国家监察体制改革试点方案》(以下简称《试点方案》),标志着国家监察体制改革正式启幕。2016年12月25日,第十二届全国人大常委会第二十五次会议表决通过《关于在北京市、山西省、浙江省开展国家监察体制改革试点工作的决定》(以下简称《试点决定》),授权北京、山西、浙江及所辖县、市、市辖区设立监察委员会,行使监察职权。2018年3月20日,第十三届全国人大第一次会议表决通过了《中华人民共和国监察法》(以下简称《监察法》),将上述试点内容以法律的形式予以固定,实现了国家监察的全面覆盖。监察制度改革被认为是事关全局的重大政治改革,触发了国家权力结构的重大

* 中国人民大学法学院教授、博士生导师。

调整,对检察权的影响也不容小觑。本文旨在解读国家监察委员会定位及对检察工作带来的挑战,提出今后检察工作的应对及其重点方向。

一、监察体制改革概况

(一)设立监察委员会的必要性

1. 整合反腐败资源

中国目前的反腐败力量资源呈现出多元化局面,主要包括行使执纪权的纪律检查委员会,行使行政监察权的政府监察机构以及行使职务犯罪侦查权的检察部门,后者即内设在检察院的反贪、反渎和预防腐败部门。这种多元化的权力配置形式导致反腐工作出现了两个大问题:其一,反腐败力量分散,缺乏相对统一、独立的职能部门,难以形成反腐合力,分散在党、政和司法机关的反腐职能在现实中"重叠交叉、边界不清",①"缺乏规范高效的衔接配合机制",②主要表现为各反腐机构之间缺少核心枢纽地位的机构;其二,党的纪检部门和政府的监察部门逐渐呈现出"一条腿长、一条腿短"③局面,难以实现反腐对象的全

---

① 这些机构在职能上有重叠、重复之处,比如检察院和政府内部都有预防腐败的机构,职能的分散降低了资源利用的效率。整合这些职能,能够提高效率,提高权威性,也可以降低行政和司法成本。

② 目前的很大一部分贪腐案件都是由纪委先接手,经过调查后发现涉嫌犯罪的,移交给司法机关立案、侦查。这种案件衔接模式存在两个问题:其一,纪委在查处案件的过程中可以采取一些纪律手段,也能收集一些证据(职务犯罪案件的特殊性决定了这些证据多为言词证据),但这些证据必须经过二次转化才能被纳入刑事诉讼程序,这一过程很可能出现变数,造成诉讼的延迟甚至中断;其二,案件被移送到检察机关后,需要启动立案、侦查程序,这是一种重复调查的环节,是对司法资源的浪费。监察体制改革后,检察机关对于监察部门移送的案件可以在立案后直接启动审查起诉程序,将有利于实现"无交叉"的职能衔接。

③ "长腿"的就是纪委系统。十八大后提出全面从严治党,加大反腐力度。监察部门与中央纪委合署办公,业务部门是随着中央纪委的第一纪检监察室、第二纪检监察室这样设立的。纪检部门也探索出一些新的反腐方式方法,对纪检体制进行了一些改革,这些制度的熟练运用和发展,造成了"一条腿长、一条腿短"的不协调的问题。而监察部门囿于只是一个政府部门,囿于行政监察法赋予它的职能就是监督政府机关及其任命的工作人员,也就是说只能在政府范围内监督,其监督手段也十分有限。这就让它变成了那条"短腿"。《"法定职责必须为,法无授权不可为"——马怀德解读国家监察委员会》,载南方周末网:http://www.infzm.com/content/120901,最后访问日期:2017年1月27日。

覆盖。[①] 这种情况下，国家监察制度必须随之调整、改变，否则就会出现很大的不协调，出现监督的空白地带。

监察体制改革的重要任务，就是要把所有反腐败的力量和资源整合在一起，形成新的体系化的反腐败体制。《试点决定》指出："将试点地区人民政府的监察厅（局）、预防腐败局及人民检察院查处贪污贿赂、失职渎职以及预防职务犯罪等部门的相关职能整合至监察委员会。"新成立的监察委员会与纪律检查机构合署办公，形成监督贪腐行为的高效机制，对于违纪、违法和职务犯罪均有权予以调查，并分别作出纪律处罚、行政处罚和移交司法处理的决定。《监察法》规定："各级监察委员会是行使国家监察职能的专责机关，依照本法对所有行使公权力的公职人员（以下称公职人员）进行监察，调查职务违法和职务犯罪，开展廉政建设和反腐败工作，维护宪法和法律的尊严。"由此可见，新设立监察委员会，扩大监察对象的范围，与纪委监察的监督成功衔接，实现了对所有行使公权力的公职人员监察全覆盖。

2. 实现反腐法治化

中共十八大以来，党中央以雷霆万钧之势"打老虎、拍苍蝇"，反腐工作取得很大成绩，为实现对于腐败的"标本兼治"赢取了时间，积累了经验。监察体制体制改革重在"治本"，意在将反腐败成果制度化、法治化，把权力关进制度的笼子里。[②] "完善的监察体制是国家治理能力现代化的保证，也是国家治理能力现代化的体现。"[③]《监察法》构建的集中统一、权威高效的监察体系既是我国治理现代化建设的迫切要求，更是我国历史发展的必然。

监察体制改革将促进我国的反腐败工作进一步法治化，彰显党在

---

① 根据《行政监察法》，行政监察的对象是国家行政机关及其公务员、国家行政机关任命的其他人员，这远远窄与《公务员法》对公务人员的界定范围，难以实现对于立法机关、司法机关、各党派和主要人民团体等公职人员的监督。而纪律检查的对象是党员，其范围一般能涵盖前者，但是从现有的腐败数据来看，并不是所有的腐败人员都是共产党员，非党员腐败的比例也非常高。可见，目前的行政监察和纪律检查均无法实现对于公职人员监督的全覆盖。

② 用习近平总书记的话说，"牛栏关猫是关不住的"。

③ 王丛虎、翟继光等：《聚焦国家监察体制改革试点》，载《财政监督》2016 年第 23 期。

宪法和法律范围内活动的原则。[①] 新设立的监察委员会不同于以往的纪律检查部门,[②]是一个依法设立、依法行使职权的机关。它由国家最高权力机关产生,《监察法》对其予以职能授权和程序规范,将实现预防、治理腐败的"有法可依"。由人大产生的监察委属于国家机关的性质,这种产生方式一方面提高了监察委的地位,另一方面也解决了纪委监察的合法性问题。同时,由纪委行使的部分监察职能也转由监察委行使,这样就将原纪委的部分监察权纳入了新的监察序列。监察委员会的高位阶、监察体制的全覆盖、反腐败力量的一体化等特性,都意味着反腐败进入了制度化改革的新阶段。[③]

(二)监察委员会的基本定位

1. 监察委员会的权力架构

《监察法》指出,"国家监察委员会由全国人民代表大会产生""地方各级监察委员会由本级人民代表大会产生"。国家监察体制改革改变了国家权力格局,可谓是"事关全局的重大政治改革"。新成立的监察委员会,将与政府、法院、检察院并列,都由人大产生,向人大负责,受人大监督;国家机构体系中,将形成在各级人大统摄下的"一府一委两院"的权力格局。过去,无论是党的纪律检查机构还是政府的行政监察机构,其监督都是党政系统内部的自我监督与内部监督,难以解决"灯下黑"的难题,监督的合理性和效果均存在争议。而检察院的反腐部门只是一个内设部门,其反腐能力也受到诸多限制。"检察机关行使职务犯罪侦查权,备受诟病的一个理由是其反腐不力。"[④]目前的反

---

① 郝铁川:《监察委员会设立的法理透视》,载《法制日报》2017年1月18日。

② 中纪委虽然有着更强的反腐能力,但其毕竟只是党的机构,并非国家机关,其行使监察职能的合法性存在缺陷。

③ 2017年1月15日,在主题为"全面从严治党与法律实施"的第六届中国法律实施论坛上,陈光中教授发言中谈及近期启动的监察体制改革。陈光中:《监察体制改革需启动系统修法工程》,载财新网:http://china. caixin. com/2017 - 01 - 17/101044638. html,最后访问日期:2017年1月17日。

④ 2014年年底,最高人民检察院副检察长邱学强在接受新华社采访时,坦言反贪局在制度方面存在的问题:"最高检反贪总局自1995年成立以来,一些影响办案成效的问题逐渐暴露出来,特别是机构设置不合理、力量分散、案多人少、统筹乏力、装备落后等问题日益凸显,已经不能完全适应反腐败斗争新形势的需要。"

腐力量除了比较分散外,还缺乏权威性和独立性。这是因为:其一,纪委和行政监察部门在行政序列或者级别地位上低于同级党委和政府,这使得监督主体相较于监督对象而言不具备基本的“对称性”或“优越性”,监督的权威性大打折扣;其二,监督主体在人事或财政上往往受制于地方政府,丧失了应有的独立性。[①]

改革后的监察委员会直接由人大产生,此举的目的在于提高监察机关的权威性和独立性,有利于体外监督、异体问责的实现。从法律地位上看,虽然表面上监察委与“一府两院”是平行的,但是考虑到其本职工作就是履行监察职能,其监察的对象范围包括“一府两院”,因此有人认为,“这在某种意义上使其成为高于‘一府两院’的综合监察力量”[②]。这不仅意味着监察机关的宪法地位和政治地位提高了,更意味监察权威的提升和监察独立性的增强。

2. 监察委员会的性质

由人大直接产生监察委员的机制使以往的“行政纪检监察”上升为“国家检察”,监察委员会成为了平行于政府、司法机关的专门国家机关。那么它到底是怎样的国家机关呢?应当如何予以准确定位呢?首先,它不属于党的机构,只是在工作方式上与党的纪律检察机关合署办公,从以往经验来看一般是“一个牌子,两班人马”[③];其次,它也不属于行政机关,此次改革的一个重要目的就是确保监察委员会在吸

---

① 在实践中,监察机关的干部人事、财物经费都由地方政府控制,监察机关在工作中缺乏应有的独立性,影响了监察的权威性。就检察机关而言,虽然近年来开展了有关“人财物省级统管”的司法改革,但是其依法独立行使职权的能力依然受到不小的挑战,尤其以地方政法委干预办案为突出特征。参见席志刚:《国家监察委:点燃政治改革的引擎》,载《中国新闻周刊》2016 年第 12 期;陈卫东:《司法机关依法独立行使职权研究》,载《中国法学》2014 年第 2 期。

② 王丛虎、翟继光等:《聚焦国家监察体制改革试点》,载《财政监督》2016 年第 23 期。

③ 中央明确提出,监察委员会与纪委合署办公。合署办公后,原来纪委职能达不到的地方,或者无法实施的地方,现在可以通过监察委员会以国家机关的名义依法实施。这样既扩大了监察的覆盖面,为监察委员会办案提供了法律依据,也确保了纪委实施党内监督各项措施的合法性。党的机构和国家机关合署办公的体制具有中国特色,但具体如何合署办公,值得深入研究。

收、保留行政监察职能的同时从政府序列中分离出去,以确保监察职能的独立性;最后,它更不属于司法机关,不具备"中立性、终局性和消极被动性"①等若干司法要素特征。虽然检察院的职务犯罪侦查部门转隶到监察委员会,但是并不意味着监察委员会获取了司法属性,实际上,监察委员会对于涉嫌犯罪的贪腐案件只享有调查权而非侦查权,只能将案件移送司法机关处理,更不享有审查起诉的权力。

中央推行此项改革的总目标是为了建立集中统一的反腐败机构,形成权威高效的国家监察体制。② 根据《监察法》的规定,监察委员会的基本定位是"行使国家监察职能的专责机关",其属性是专门的国家反腐败工作机构,区别于纪律、行政和司法机关。对监察委员会的性质予以准确定位显得非常重要,这不仅关系到其法律和政治地位的问题,还牵涉到"程序定位、证据效力和职能衔接"的关键问题,需要严格予以把握。

(三)监察委员会的职能

根据《监察法》第2条的规定,监察委员会行使监督、调查和处置三项基本职能,并赋予其保障监察职能有效履行的12项调查措施。

对于调查职能应当作何理解呢?有学者认为,监察委员会行使的调查权可以分为一般调查权和特殊调查权,其中前者是对违纪和一般违法行为(如行政违法)进行调查的权力,即纪律、行政调查权;而后者是对职务犯罪行为进行调查的权力,即职务犯罪侦查权。③ 这种解读有一定的合理性,但并不完全准确。首先,监察委员会的调查权是一项整体性权力,④在完成职能的转隶与整合后,监察委员会统一行使对于贪腐案件的调查权,对于违纪、违法和涉嫌犯罪的案件采取相应的调查

① 参见陈卫东:《应然与实然:关于侦检权是否属于司法权的随想》,载《法学》1999年第6期。

② 参见马怀德:《国家监察体制改革的重要意义和主要任务》,载《国家行政学院学报》2016年第6期。

③ 陈光中:《监察体制改革需启动系统修法工程》,载财新网:http://china.caixin.com/2017-01-17/101044638.html,最后访问日期:2017年1月17日。

④ 此次的改革由中纪委牵头推行,明确提到办理的是违纪、违法和涉嫌犯罪的案件,而非刑事案件,行使的是调查权而非侦查权。虽然监察委员会内部也会存在相应的职能分工,但是这并不意味着其行使的调查权具有两种不同的性质。

手段,并作出实体处置或者程序移送的决定①;其次,监察委员会的基本定位是专门的国家监察机关而非侦查机关,调查职能是《监察法》赋予其的专有职能,不受《刑事诉讼法》的调整,不具有侦查权的属性。

对于处置职能应当如何理解呢?《监察法》规定,"监察机关根据监督、调查结果,依法作出如下处置""对涉嫌职务犯罪的,监察机关经调查认为犯罪事实清楚,证据确实、充分的,制作起诉意见书,连同案卷材料、证据一并移送人民检察院依法审查、提起公诉"。可见,监察委员会的处置职能分为实体性处置职能和程序性处置职能。由于监察委员会与纪检委合署办公,因此对于违纪、违法(一般违法)案件可直接作出实体处置的决定,即纪律、行政处罚;但是对涉嫌职务犯罪的案件,监察委员会予以调查后只能作出移送司法处理的程序性决定。

在监察委员会可采取的12项调查措施中,留置措施值得作进一步研究。对于留置措施我们并不陌生,根据《人民警察法》的规定,在符合一定条件的情况下人民警察可以对涉嫌违法犯罪的嫌疑人采取盘问、留置的措施。② 它是一项行政强制措施,目的是维护社会治安秩序。新形势下的留置权将被赋予新的内涵,③并交由监察委员会行使,以发挥类似于刑事强制措施的功能。从性质上看,留置措施是监察委员会享有的专门调查措施,不同于行政强制措施,也不同于刑事强制措施。随着留置措施被写入《监察法》,以往的"双规"和"两指"手段有可能被取代,办案方法将进一步规范化和法治化,兼顾打击贪腐和保障人权的双重价值,彰显党和政府在宪法和法律范围内活动的原则。

---

① 新设立的监察委员会办理的案件主要是违纪、违法和涉嫌犯罪三类案件,行使的职能是监督、调查和处置。其中,实体处置仅限于违法和违纪案件,对涉嫌构成犯罪的案件它没有权力处置,必须移交司法处理。

② 《人民警察法》第9条第2款:"对被盘问人的留置时间自带至公安机关之时起不超过二十四小时,在特殊情况下,经县级以上公安机关批准,可以延长至四十八小时,并应当留有盘问记录。"

③ 根据以往的经验,纪委机关的调查案件的期限一般是3个月,监察机关的调查案件期限一般是6个月,必要的时候可以延长。因此,留置的期限可能是3个月左右,经审批可能延长至6个月。参见《监察委员会"留置"措施解析》,载http://www.360doc.com/content/16/1226/20/34701701_617876246.shtml,最后访问日期:2017年2月13日。

二、监察委员会成立后需要研究的重要问题

对于监察体制改革,不仅要研究行政法和宪法的问题,还要研究刑事诉讼法的问题,尤其是涉及检察权的内容以及制度衔接的问题。关于监察委员会,行政法学方面的专家研究较多,他们对于监察委员会的宪法和行政法方面的问题把握的比较得当,但是涉及刑事诉讼的问题可能存在解读不当的地方,需要厘清一些问题。

(一)监察委员会办理案件的程序定位问题

职务犯罪侦查权剥离后,如果由监察委员会行使,在监察体系内其是否还被称作职务犯罪侦查权,其内涵外延有无变化,以及用何种方式履行和表现,可能这些都还有待下一步研究明确。①

我们注意到,上文中提及的12项侦查措施最终都归结为调查权而非侦查权,这是有原因的:首先,如上文所述,监察委员会的性质是专门的国家反腐败工作机构,不是刑事侦查机关,其行使的权力是对于违纪、违法和涉嫌职务犯罪的案件的调查权,而不是侦查权;②其次,对于涉嫌职务犯罪的案件,改革的设计者将相关的调查程序定位为专门的监察程序,是独立于刑事诉讼之外的程序;最后,对监察制度予以规范和调整的法律是《监察法》,该法具有国家基本法的地位,而《刑事诉讼法》显然无法对监察活动予以规制。因此,从改革的基本情况来看,监察委员会办理的案件不是刑事案件,而是违纪、违法和涉嫌犯罪的"监察案件"。在这一基本前提下,以下几个问题将得以解答:

刑事诉讼程序何时启动?既然监察案件是独立于诉讼之外的,那么刑事案件只有在监察委员会向检察机关移送案件之后才正式启动。

---

① 《监察体制改革中检察院的机构、人员转隶等问题》,载监察委前沿:http://mp.weixin.qq.com/s/we_iD6C22CCIyrXmS1mBRQ,最后访问日期:2017年1月19日。

② 有人认为:"监察委员会所拥有的权力,简单来说,就是目前《行政监察法》赋予的所有权力加上《刑事诉讼法》赋予检察机关的侦查权,而侦查权是监察委员会履行调查职责的重要权能。"参见吴建雄:《全国约有5万检察官转隶到监察委,检察院有补充侦查权》,载澎湃新闻:http://mp.weixin.qq.com/s/usFupgIKJz_5P_VDDJr88A,最后访问日期:2017年1月15日。这种观点显然是不成立的,监察委员会的特殊性决定了其办理的案件并非刑事案件,而是独立的"监察案件",其行使的调查权也并非侦查权。

当然,检察机关是否予以立案还要看审查的具体结果,对于不符合立案条件的应当退回监察委员会或者不予立案。检察机关能否直接作出撤销案件的决定呢?从理论上讲有权立案就应当有权撤案,但监察委员会移送的案件是立案后即进入审查起诉阶段,此时是否还可以撤案是有疑问的。此外,由于检察机关不再享有职务犯罪侦查权,一旦检察机关作出立案的决定,案件将随即进入审查起诉程序。由此将引出一个值得深刻探讨的问题,即刑事公诉案件能否没有侦查程序?[①] 我们知道自诉案件是没有侦查程序的,由自诉人直接向人民法院起诉,公诉是由检察机关向人民法院起诉,公诉的前置程序是侦查,侦查同样是刑事程序的一部分,受刑事诉讼程序调整,改革后的监察委员会的调查不是刑事诉讼性质,这样一来就有一个程序的衔接问题,也有一个对调查本身性质判断问题,因为接下来还有一个调查取证的法律效力问题。

律师能否介入到监察程序中?有学者认为:"既然调查活动包含了侦查,并且在程序上与检察院的审查起诉阶段相衔接,那么公职人员接受调查时就应当允许辩护律师介入。"[②]该观点是值得商榷的,根本原因在于其没能认识到监察程序具有不同于刑事诉讼程序的特殊性,律师显然无法依照《刑事诉讼法》的有关规定介入其中,除非《监察法》予以授权,否者律师只能在检察机关立案后才能介入。笔者并非反对律师的介入,而是从客观的角度对当下的监察制度作出解读,相反"如何实现打击贪腐和保障人权之间的平衡"依然是国家监察体制设立后需要面对一个重大问题。职务犯罪案件侦查阶段的律师帮助权同任何犯罪案件一样,都应得到切实保障,在新的体制下职务犯罪案件没有了侦查程序,但其获得律师帮助权不应随之取消。笔者建议,如果认为社会律师介入调查有难度,可否考虑建立国家公职律师介入,以保障被调查人的合法权利。

---

① 对于自诉案件来说,确实不存在侦查阶段,甚至没有审查起诉阶段。但是对于公诉案件呢?职务犯罪案件进入检察机关后能否按照"立案、审查起诉和审判"的诉讼流程进行呢?该问题值得研究。

② 陈光中:《监察体制改革需启动系统修法工程》,载财新网:http://china.caixin.com/2017-01-17/101044638.html,最后访问日期:2017 年 1 月 17 日。

监察委员会可否采取刑事强制措施?有学者认为:“以后,监察委也许可以使用刑事拘留、逮捕甚至监视居住等手段。”①该观点也是值得商榷的。新形势下,检察院内部要成立一个职务犯罪检察部门,以对接监察委员会移送的案件。它既要对是否立案予以审查,也要考虑是否将留置措施转化为刑事强制措施,包括取保候审、监视居住、逮捕等。在案件尚未进入刑事诉讼阶段的情况下,监察委员会不能直接决定适用或者申请适用刑事强制措施,只能选择适用专门的留置措施。

(二)监察委员会移送证据的效力问题

《试点方案》指出,要“建立监察委员会与司法机关的协调衔接机制”。这种“协调衔接机制”的作用在于实现“监察案件”向“刑事案件”的转变,从而使监察委员会调查涉嫌职务犯罪案件时所收集的证据能够顺利地进入刑事诉讼程序当中。从改革设计的基本思路来看,监察委员会在办理涉嫌职务犯罪案件的过程中,通过实施一系列的调查措施可以收集相关证据,这些调查来的证据实际上将成为今后检察机关提起公诉和法院作出判决的主要依据。如上文所述,监察委员会行使的调查权不是侦查权,其办理的案件也非刑事案件,那么有一个问题便不能避而不谈:一般而言,人民检察院提起公诉以及法院作出判决所依据的证据只能是通过正式的刑事诉讼程序所收集或提交的证据,那么,监察委员会的调查程序作为独立于刑事诉讼之外的程序,其收集的相关证据能否直接被认定为刑事证据呢?如若不能,是否可以通过一定的方式予以转换呢?

有观点认为,监察委员会作为刑事诉讼之外的主体,其收集的证据是不能够直接作为刑事证据使用的。根据《行政监察法》和《行政处罚法》的规定,政府监察部门(行政部门)调查的案件涉嫌犯罪的,应当移送司法机关依法处理。② 虽然两部法律对于案件的管辖分工和移送机

---

① 《“法定职责必须为,法无授权不可为”——马怀德解读国家监察委员会》,载南方周末网:http://www.infzm.com/content/120901,最后访问日期:2017年1月17日。

② 《行政监察法》第44条和《行政处罚法》第22条。

制作了初步的规定，但是有关纪检行政机关收集的证据进入刑事诉讼程序之后的效力如何、司法机关应当作出何种处理的问题找不到法律上的依据。对此，2012 年《刑事诉讼法》修改时专门作出一条规定，即"行政机关在行政执法和查办案件过程中收集的物证、书证、视听资料、电子数据等证据材料，在刑事诉讼中可以作为证据使用。"①由此，行政机关收集的若干实物证据，可以直接作为刑事证据适用。基于贪污腐败类案件具有一定特殊性，其调查工作一般首先由党的纪律检察机关负责，相关证据的收集工作也主要是在该阶段完成。但是，由于党的机构不属于行政机关，因而由其收集的证据并不能直接适用《刑事诉讼法》第 52 条的规定。② 实践中，在纪委与行政监察合署办公的情况下，为了提高对于贪腐类案件的办案效率，纪检机关在查办案件时往往采取"行政监察立案"和"行政证据移送"的方式来解决证据效力问题。③ 这不违反立法的精神。那么新设立的监察委员会，能否效仿这种方式来解决证据的移送问题呢？

很显然，答案应当是否定的。正如上文中所提到的，新成立的监察委员会不是行政机关，也非司法机关，而是独立的国家监察机关，其属性是专门的国家反腐败工作机构。虽然监察委员会与纪委仍然是合署办公，但是以监察委员会的名义移送的证据已经不再是"行政证据"而是"监察证据"，相关证据的效力和移送问题已经不能适用《刑事诉讼法》第 48 条第 3 款和第 52 条的规定。解决的方案有两个：一是在《监察法》中作出授权规定，但需要明确其能否约束刑事诉讼行为，在法律位阶理论上存在较大障碍。二是修改《刑事诉讼法》第 52 条，将原来的行政机关主体置换为国家监察机关，这或许是比较可行的方案。

---

① 《刑事诉讼法》第 52 条。

② 参见郎胜主编：《中华人民共和国刑事诉讼法修改与适用》，新华出版社 2012 年版，第 111 ~ 114 页。

③ 通过行政监察立案的方式，纪检机关收集的证据得以"行政证据"的名义移送至司法机关，根据《刑事诉讼法》第 48 条第 3 款的规定，这些证据能够作为刑事证据直接使用，从而避免了证据审查、转化对于诉讼效率的不利影响。

(三)检察机关侦查权问题

1.检察机关是否还是侦查机关的问题

《试点决定》指出,将试点地区人民检察院查处贪污贿赂、失职渎职以及预防职务犯罪等部门的相关职能整合至监察委员会,由监察委员会调查涉嫌贪污贿赂、滥用职权、玩忽职守、权力寻租、利益输送、徇私舞弊以及浪费国家资财等职务违法和职务犯罪行为并作出处置决定,对涉嫌职务犯罪的,移送检察机关依法提起公诉。更为引人注目的是第3条的内容,即暂时调整或者暂时停止适用若干条文中关于检察机关对直接受理的案件进行侦查的有关规定。由此可以看出,《刑事诉讼法》所赋予人民检察院对直接受理案件的侦查权已基本废止,至此,检察机关原有的自侦、批捕、起诉和监督四大职能已只剩下三项。有学者认为:"检察院拥有的侦查权、批捕权、公诉权,国家监察委员会并不继受行使。监察委员会的调查权不会取代检察院的侦查权,性质上也不同于侦查权。"①检察系统内也有人在研究侦查职能转隶的问题,笔者在与他们的沟通交流中了解到两种观点:第一种是,"此次的检察体制改革针对的是贪污和腐败案件,《试点决定》只是将反贪、反渎和预防腐败的职能整合到监察委员会,而对于职务侵权类案件检察机关仍然拥有侦查权";第二种是,"虽然检察机关的反贪、反渎和预防腐败职能部门被转隶和整合,但是检察机关得以《刑事诉讼法》的相关规定行使机动侦查权"。对此有人提出反驳观点,认为作为职务类犯罪,渎职和侵权的实现方式有所不同,前者是消极不作为,后者是积极的作为。虽然《刑法》将它们加以区分,但是在司法实践中,渎职和侵权的案件都是由反渎部门立案侦查的。既然《试点决定》已经明确将检察院的反贪、反渎职能转隶、整合至监察委员会,那么检察机关就没有正当的理由对职务侵权案件的侦查权予以保留。所谓"机动侦查权"是指《刑事诉讼法》第18条第2款规定的"对于国家机关工作人员利用职权实施的其他重大犯罪案件,需要由人民检察院直接受理的时候,经省级以上人民检察院决定,可以由人民检察院立案侦查。""机动侦

① 马怀德:《国家监察体制改革的重要意义和主要任务》,载《国家行政学院学报》2016年第6期。

查权”实际上是以检察机关对于职务犯罪案件享有侦查权为基础的,是一种侦查权基础上的延伸规则。但是,在检察机关“退去侦查权外衣”的情况下,这种延伸规则已经不复存在,正所谓“皮之不存毛将焉附”。

从整体上来看,将检察机关的职务犯罪侦查职能整合到监察委员会的做法是具有合理性的。长期以来,我国的检察监督存在一个重大弊病:在检察监督模式下,检察机关集侦查主体与侦查监督主体于一身,自侦监督沦为自我监督和同体监督。① 监察体制改革后,有关职务犯罪案件的调查权由监察委员会行使,检察机关只负责案件的审查起诉工作,从根本上改变了检察机关对于职务犯罪“既当运动员又当裁判员”的局面,体现了“分工与制约”的应然价值,有利于公诉和检察监督工作的顺利开展,增强了法治反腐的公信力。但我们也应当看到,此次职务犯罪侦查权的转隶并没有把目前检察机关侦查的全部案件涵盖进去,类似监所侦查的刑讯逼供、体罚虐待等案件既无必要也不应当交由监察委办理,应由检察机关办理效果会更好。这一点需要检察部门认真研究,梳理出今后侦查案件的种类。

2. 检察机关是否拥有补充侦查权的问题

《刑事诉讼法》第 171 条第 2 款规定:“人民检察院审查案件,对于需要补充侦查的,可以退回公安机关补充侦查,也可以自行侦查。”②该条款仅就侦查机关侦查案件的退回补充侦查程序进行了规定,并未就职务犯罪案件的退回补充侦查进行专门规范,“再加上职务犯罪案件退回补充侦查夹杂了侦查一体化与检察机关上下级领导关系的因素,

---

① 参见刘计划:《侦查监督制度的中国模式及其改革》,载《中国法学》2014 年第 1 期。

② 该条款是有关检察机关补充侦查权的规定,由两种解决途径,一是退回公安机关,由公安机关补充侦查;二是自行侦查。“退回补充侦查”是指对那些犯罪事实不清、证据不足,或者有遗漏罪行和其他需要追究刑事责任的人,可能影响对犯罪嫌疑人定罪量刑的案件,可以将案件退回公安机关,由公安机关进行补充性侦查;“可以自行侦查”是指案件只是有部分证据需要查证,而自己又有能力侦查或者自行侦查更有利于案件正确处理的案件由人民检察院补充侦查。参见郎胜主编:《中华人民共和国刑事诉讼法修改与适用》,新华出版社 2012 年版,第 307 ~310 页。

显得尤为复杂和富有争议。”[①]对此,《人民检察院刑事诉讼规则(试行)》(以下简称《规则》)第381条规定:“人民检察院公诉部门对本院侦查部门移送审查起诉的案件审查后,认为犯罪事实不清、证据不足或者遗漏罪行、遗漏同案犯罪嫌疑人等情形需要补充侦查的,应当向侦查部门提出补充侦查的书面意见,连同案卷材料一并退回侦查部门补充侦查;必要时也可以自行侦查,可以要求侦查部门予以协助。”《试点决定》第3条中暂时调整或者暂时停止适用的条款并不包括《刑事诉讼法》第171条,因此,检察机关对于公安机关负责侦查的案件仍然享有补充侦查的权力。监察委员会成立后,导致《规则》中有关职务犯罪案件补充侦查权的规定将自动失效。那么在新形势下,从刑事立法的角度来看,如果职务犯罪检察部门对监察委员会移送的案件予以审查后发现事实不清、证据不足,需要补充证据材料的,是否有权予以补充取证呢?如果有,该权力属性应该如何界定呢?是继续称之为补充侦查权吗?

就公安机关负责侦查的刑事案件而言,检察机关并不享有侦查权,但是其可以根据《刑事诉讼法》第171条的规定行使补充侦查的权力。实际上,检察机关的补充侦查权并不依附于侦查权,而是公诉权所派生出来的应有权力。补充侦查程序也并不是我国刑事诉讼程序中的必经程序,而是为弥补侦查程序的不足而启动的程序。以往的职务犯罪案件中,负责补充侦查的主体是检察机关公诉部门的公诉人员,而不是侦查部门的侦查人员,后者只是在案件退回补充侦查的时候才参与其中。中国的检察官被赋予中立的司法官地位,承担着维护司法公正的“客观义务”[②],公诉部门的审查起诉工作应当最终满足于“事实清楚,证据确实充分”的要求。因此,在审查起诉的过程中如果发现需要补充侦查的,公诉部门可以自行补充侦查也可以退回侦查部门补充侦查。因

① 苏宏伟、冯兴吾:《职务犯罪案件补充侦查的实证分析——以安徽省宣城市检察机关查办职务犯罪实践为样本》,载《中国刑事法杂志》2010年第8期。

② 检察官客观义务是指,检察官应定位于中立的司法官,“以真实和正义为目标,以合法性和客观性为行为准则”。参见陈卫东:《转型与变革:中国检察的理论与实践》,中国人民大学出版社2015年版,第42页。

此，检察机关职务犯罪侦查权的剥离不会影响公诉部门相关权力的行使，公诉部门在审查起诉时应当享有上述权力。

三、新形势下检察工作的重点方向

新形势下，检察机关的职务犯罪侦查职能被整合至监察委员会，检察机关的主要业务分为三大块，即审查批捕、审查起诉和法律监督。其中，审查批捕和审查起诉是诉讼职能，法律监督是监督职能。对于以上两种职能，检察机关应当“两手都要抓，两手都要硬”。

（一）推动侦诉一体化建设（公诉职能）

监察体制改革使检察机关不再是职务犯罪的侦查机关，侦查权与检察权的分离问题涉及检警关系的重要命题，需要作进一步的深入研究。

“现代的刑事程序吸取了纠问程序中国家、官方对犯罪追诉的原则（职权原则），同时保留了中世纪的无告诉即无法官原则（自诉原则），并将这两者与国家公诉原则相联结，产生了公诉人的职位：检察官。”[①]随着诉讼职能分工的不断细化，侦查职能从公诉职能中分离出来，由侦查机关直接或间接行使。可见，在检警一体化的模式下，侦查权就是检察权的应有内涵，换句话说，侦查权是检察权的一种派生权力，检察官拥有天然的侦查权，警察只是受委托或指令代为行使。但是我国目前实行警检分离模式，侦查权和公诉权是两个不同性质的权力，所以公诉权并不能必然派生出侦查权。所以，如果我国审判前程序构造沿着警检一体化的方向发展，那么检察机关必然会取得对于刑事案件的侦查权或者侦查指挥权。

“侦、检双方关系的设置并非是随意的，它要反映诉讼规律的基本要求。”[②]笔者早在2002年就曾发文指出：“检察机关的基本职能是公诉，检察权在本质上主要表现为公诉权。应该按照检察机关就是公诉

---

① ［德］拉德布鲁赫：《法学导论》，米健、朱林译，中国大百科全书出版社1997年版，第122页以下。

② 刘计划：《检警一体化模式再解读》，载《法学研究》2013年第6期。

机关的思路去改革司法制度,建立以公诉机关为核心、主导的审判前程序,同时改革现行的逮捕和其他侦查措施的审查批准制度。”[①]历时十五载,该观点仍然得以对当下的司法改革方向予以指引,也符合“以审判为中心”诉讼制度改革对于合理改造审判前程序的基本要求。[②] 问题的关键是,我们如何朝着着这个方向发展?这其中面临的一个很大的问题就是法律障碍。《宪法》和《刑事诉讼法》规定了三机关“分工负责、互相配合互相制约”的原则,使得侦查、起诉和审判被截然地划分为独立的三个阶段,这使侦查与公诉之间应有的紧密关系发生了断裂。将来刑事诉讼的模式应当按照审判程序和审前程序的划分方式进行构建,在审判前程序中,应当确立公诉机关的主导地位,公诉机关为了公诉的需要应当有权指挥、指导侦查活动的进行,这里主要是指对侦查机关、侦查人员搜集证据、固定证据方面予以指挥指导,尽量减少司法实践中将侦查结果做成“夹生饭”的情况。所以检察院下一步的主要任务应当是进一步研究我国的警检关系问题,推动警检一体化的建设。

当然,司法制度的变革不可能一蹴而就,法治转型的要素需要通过制度演化来渐进性培育。在司法审查机制缺失的情况下,如果贸然进行警检一体化改革,将唯一的侦查监督主体转化为侦查主体,很有可能“进一步弱化了检察监督,不利于侦查合法性的提升”。[③] 就目前的检警关系改革而言,打破“分工负责、接力办案”的固有模式并关注检察介入侦查的研究是一个不错的选择。检察机关提前介入侦查程序中引导取证,有利于发挥公诉职能在审判前程序中的引领作用,有助于突破“警察主导”的侦查模式。2011年8月30日,由第十一届全国人大常委会第二十二次会议审议的《刑事诉讼法修正案(草案)》

① 陈卫东:《我国检察权的反思与重构——以公诉权为核心的分析》,载《法学研究》2002年第2期。

② 以审判为中心背景下的审前程序改革和审判程序改革同样重要。参见陈卫东:《以审判为中心:当代刑事司法改革的基点》,载《法学家》2016年第4期。

③ 龙宗智:《评检警一体化——兼论我国的检警关系》,载《法学研究》2000年第2期。

专门加入第 113 条,规定“对于公安机关立案侦查的故意杀人等重大案件,人民检察院可以对侦查取证活动提出意见和建议”。虽然 2012 年《刑事诉讼法》没能保留该条款,但这在一定程度上反映出立法者对于检察引导侦查取证问题的重视,因此,该命题值得作进一步的研究。

(二)推进逮捕诉讼化改革(逮捕职能)

“以审判为中心”诉讼制度的改革是一项系统化的工程,不仅关乎审判程序的改造,也涉及审判前程序中权力架构的重塑。随着监察体制改革的推进,检察机关的职务犯罪侦查权被剥离,剩余的三项基本职能中还有可能被调整或剥离的就是审查批捕职能。据笔者所知,早在 2012 年《刑事诉讼法》修改时,有关批捕权到底划归法院还是检察院的问题就被高层认真考虑过。虽然这一职能目前仍然由检察机关行使,但是并不意味着检察机关可以“一劳永逸”。实际上,在司法审查机制已经成为法治现代化重要标杆的背景下,中国的刑事审判前程序的改造也将顺从这一国际化趋势。[①]“从理论上讲,从长远目标看,仍然需要进一步研究、理顺关系,实现突破性进展,并考虑建立中国式的司法审查制度。”[②]

党十八届四中全会在《中共中央关于全面推进依法治国若干重大问题的决定》(以下简称《决定》)中提出要“完善对限制人身自由司法措施和侦查手段的司法监督”,以加强“人权司法保障”。值得注意的是,《决定》所用的措辞是“司法监督”而非“法律监督”,这表明这种监督模式不同于以往的检察监督,是一种“司法化”或“诉讼化”的监督模式。因此有人认为,这将为将来建立对于刑事强制措施等侦查行为的司法审查机制创造改革的空间,并且可以预见,包括审查批捕在内的一

---

① 根据《公民权利和政治权利国际公约》第 9 条的规定,人身自由是犯罪嫌疑人的一项基本权利,非经司法审查不得被随意剥夺。

② 樊崇义:《提高理论认识 把握监督重点》,载《人民检察》2010 年第 3 期。

些重要的程序决定权将交由法院行使。[①] 在这种机遇和挑战并存在情况下,检察机关应当“放下包袱”,将更多的精力放在其他工作上,尤其是确保法律赋予的批捕职能能够有效地行使,同时改革逮捕程序,以实现提高逮捕质量和有效保障人权的两重目的。在相关改革举措中,“逮捕诉讼化”的改革试验较为引人注目。[②]

很显然,“逮捕诉讼化”是相对于“逮捕行政化”而言的。中国目前的逮捕程序具有强烈的行政化色彩,这种“行政治罪”的做法使逮捕的程序功能被严重“异化”,实践中滥用逮捕措施的情况频频可见。再加上“捕押合一”,中国的刑事逮捕程序在很大程度上违背了程序正义和人权保障的基本理念。在赋予法官司法审查权尚缺乏必要的制度条件和实践经验的情况下,负有客观中立义务的检察官应当担当起“逮捕诉讼化”改革的重任。

(三)完善法律监督职能

尽管国家监察体制改革给检察机关带来了非常大的冲击和影响,但是从《宪法》和《刑事诉讼法》上来看,检察机关作为法律监督机关的地位和属性并没有改变。因此,职务犯罪侦查权的剥离并不会降低检察机关在国家法律体系中的地位,但是,“一旦排除了法律监督权,那么,检察机关就只能成为代表国家承担控诉职能的公诉人”。[③] 在当前形势下,检察机关应当牢牢把握住法律监督这一重要职能,加强和改进法律监督工作。

1. 科学探讨、界定监督的范围

传统上的检察监督主要集中在诉讼监督领域,但是随着依法治国的推进,特别是十八届四中全会上《决定》对检察监督范围的拓展,使

① 高一飞:《检察反贪部门转隶监察委员会有利于侦查法治化》,载东方法眼:http://www.dffyw.com/faxuejieti/ss/201611/41743.html,最后访问日期:2017年3月11日。

② 近年来,中国人民大学刑事诉讼与司法改革研究中心致力于推动逮捕程序的诉讼化改革,陆续在上海、重庆、成都、安徽等地开展了“逮捕诉讼化、司法化”的试点工作。

③ 陈卫东:《实然与应然:关于侦检权是否属于司法权的随想》,载《法学》1999年第6期。

得检察机关的法律监督从诉讼监督扩展到非诉讼监督。《决定》明确指出,检察机关在履行职责中发现行政机关违法行使职权或不行使职权的行为,应该督促其纠正。这一点较为引人注目,它使得检察机关对行政权进行监督的时候获得了较为直接、明确的依据。有人将这种监督解读为"自上而下的监督",认为检察机关的法律地位和监督权威获得了提升,甚至在某种意义上高于行政机关。且不论这种解读是否正确,至少有一点可以明确,那就是检察机关的法律监督内涵进一步丰富,法律监督职能进一步强化。但是,从目前来看,检察机关的法律监督依然集中在司法权领域,对于行政权的监督,相关的法律法规和改革实践明显不足。① 检察机关不仅面临着权力被剥离的境况,而且对于被赋予的新的权力似乎也没能牢牢把握。② 因此,检察机关对该问题进行深入的理论探讨的同时,可以在适当的时候拿出"改革方案"由"两高"报全国人大常委会批准后开展试点工作。

另一个重要的问题是,检察监督的范围能否涵盖国家监察委员会?如上文所述,监察委员会不是司法机关也非行政机关,即使检察机关法律监督的内涵从过去的诉讼监督扩展到了行政监督,监察委员会也并非检察监督的对象。那么对于监察委员会的权力应当如何予以监督呢?有学者认为:"监察委员会的权力将会受到体外的检察院的监督,要建立监察委员会、检察院和法院之间的递进式的相互监督关系。"③ "国家监察委员会移交给检察院的案件,如果检察院认为不构成犯罪,有权撤案④或者不批捕,这就是一种司法监督。对国家监察委员会作出的决定或者采取的措施,检察院有权实施法律监督,这也是一种司法

① 参见万春:《认真研学〈决定〉破解法律监督难题》,载《人民检察》2014 年第 22 期。

② 问题的关键不是权力被限缩,而是检察机关享有的法定权力没有得到有效的行使。正如《刑事诉讼法》第 47 条和第 115 条赋予了检察机关的司法救济职能,但是在司法实务中,检察机关的这一职能往往被"虚置",并没有发挥应有的权力制约作用和权利救济作用。

③ 参见郝铁川:《监察委员会设立的法理透视》,载《法制日报》2017 年 1 月 18 日。

④ 如上文所述,检察院无权撤销监察委员会移送的案件,所以,此观点存在不妥之处。

监督。"[①]以上两种观点是值得商榷的,因为没有认识到:其一,监察委员会目前的定位不是检察监督的对象;其二,混淆了"监督"和"制约"的概念。[②] 实际上,检察机关作出起诉或不起诉的决定与法律监督并没有必然的联系,"不论检察机关是否拥有法律监督者这样的'桂冠',法律都应当赋予其上述诸项权力,因为这是一个公诉机关所必须拥有的最基本的权力。"[③]但是监察委员会的工作本身具有的调查、处分以及对公民权利的限制性质,决定了其接受监督的必要性,这里的监督某种意义上主要是外部监督,内部监督、社会监督甚至党的监督都非常必要也非常重要,但也应有类似刑事诉讼中的检察监督那样的外部监督,因为只有这种监督才是专业的、专门的,也是最具社会公信力的。

2. 完善监督的方式和路径

以往的法律监督没有成形的办案组织和程序,法律监督的方式具有一定的任意性和欠规范性。近期在重庆举办的监察改革对话会议上,笔者曾提到监督方式改革的问题。整体而言,虽然设立和调整内设机构并不是检察改革的重点方向,但是有关"法律监督办案组织"的创新路径可谓是完善法律监督方式的一个不错的选择。首先,要建立健全办案组织。由于法律监督不是检察官的个人行为,而是由其代表检察机关行使,应当以办案组织的形式统一行使监督权力。其次,运用调查思维办理监督案件,使监督事项案件化,对监督线索开展调查,核实细节。[④] 最后,丰富监督手段。检察监督可以借鉴监察委员会试点方

---

① 参见马怀德:《国家监察体制改革的重要意义和主要任务》,载《国家行政学院学报》2016年第6期。

② 制约不等于监督。监督是自身不能行使任何职能,只能对第三方的执法行为提出意见,而且监督者本身不能行使监督问题的处置权,监督是提出建议,让有权的机关去纠正。让检察机关承担公诉职能的同时再去行使法律监督权的做法是违背基本法理的。

③ 陈卫东:《我国检察权的反思与重构——以公诉权为核心的分析》,载《法学研究》2002年第2期。

④ 可以借鉴南京、上海等地检察机关检察院创造办案模式来实施法律监督的做法,下发监督案件办案规范指南,对立案监督案件和侦查活动监督案件单独立卷,一案一卷一规范,确保案件监督的成功率。

案中提到的谈话、询问、讯问、冻结、调取、查封等调查手段，争取在《检察院组织法》中明确列出上述权力。这些权力很重要，实际上发挥着类似于《刑事诉讼法》中强制侦查措施的作用。最为主要的是要探讨监督的法律效力，法律效力不是说被监督者必须执行监督建议，而是需要启动审查监督建议的法定程序，并最终作出是否接受建议的决定，这种检察建议的程序化审查机制把检察监督制度化、规范化，使检察监督具有某种程度上的刚性。

此外，要建立诉讼职能和监督职能适度分离的办案机制。虽然检察机关的诉讼职能和监督职能都统一于《宪法》所赋予的检察权，但是"两者在权力指向、行为方式和程序后果等方面都存在诸多差异。"①两种职能在属性上存在着对立性，不能兼容于同一个主体。根据一般的监督规律，监督者本身不能行使任何职能，不能对监督事项直接行使处置权，②只能对第三方的执法行为提出意见和建议，让有权的机关去纠正。让检察机关承担诉讼职能的同时再去行使法律监督权的做法是违背一般监督规律和基本法律逻辑的。例如，侦查监督部门在负责批捕工作的同时还要对立案活动和侦查活动进行监督，这是一种集诉讼职能和监督职能于一身的做法。可想而知，在对立案和侦查的合法性担负了一定的监督责任的情况下，一旦案件到了提请批准逮捕的阶段，检察机关如果不予以批准逮捕，岂不是等于否定了自己的监督工作？这将使侦查监督部门处于进退两难的境地。再如，如果由公诉部门行使审判监督职能，那么是不是意味着作为控诉方的检察官将拥有凌驾于法庭之上的权力呢？很显然，这种做法是违背诉讼基本规律的。③

因此，在检察权的运行过程中应当认识到两种职能之间的对立性，

① 陈卫东、程永峰：《新一轮检察改革中的重点问题》，载《国家检察官学院学报》2014 年第 1 期。

② 当然，监督者不直接行使处置权并不意味着监督不具有强制效力，实际上监督的过程可以实施带有强制性的监督手段，监督的结果也具有相应的约束力。

③ 参见刘计划：《检察机关刑事审判监督职能解构》，载《中国法学》2012 年第 5 期。

检察制度改革也应当确保二者间的分离,避免出现内设机构的“角色冲突”问题。当然,两种职能之间的分离只是相对的,而非绝对的。不同的职能部门之间存在工作互动的可能性,如通过信息、资源共享的方式可实现共赢,公诉部门获得的监督线索和监督部门发现的证据漏洞分别是对方所需要的重要信息。

3. 强化侦查监督实效

国家监察委员会成立以后,检察机关不再主要行使侦查权,与之相对应的侦查监督的内涵也随之发生改变。由于监察委员会不行使侦查职能,其调查权也非检察监督对象,因而检察机关目前的侦查监督所指向的案件仅仅是公安机关负责侦查的案件。这使得检察机关的侦查监督工作迎来新的机遇:首先,职务犯罪侦查权被剥离后,侦查监督工作不必再面对“同体监督、自我监督”的质疑;其次,检察机关可以将更多的精力放在提高侦查监督实效的工作上。当然,在迎来机遇的同时,侦查监督工作也面临着不小的挑战,需要检察机关适时予以应对。根据公安机关负责侦查、检察机关负责起诉这一接力型“分工负责”基本关系的原则①,我国的侦查模式属于“警察主导侦查模式”②。该模式下,检察机关无法介入侦查程序,侦查监督除了具有滞后性的特点外,还面临着刚性不足、缺乏实效的困境。因此,应从完善监督手段和明确法律后果两个方面着手来解决问题。

一方面,通过丰富和改善监督手段以增强监督力度。目前的监督方式多是事后的书面审查形式,针对违法侦查行为,检察官多以口头纠正的方式提出监督意见,这种监督往往是“有去无回,石沉大海”,起不到纠错效果。即使检察机关向违法部门和人员发出更为正式、规范化

---

① 我国《宪法》第140条和《刑事诉讼法》第7条均规定,人民法院、人民检察院和公安机关在刑事诉讼中的关系为“分工负责,互相配合,互相制约”。

② 瑞典学者布瑞恩·艾斯林认为,检警关系在侦查模式中有比较典型的体现。世界上存在的侦查模式可分为三种:(1)警方检察官模式,指警察侦查犯罪并负责起诉;(2)检察官引导模式,指检察官在刑事侦查活动中起主导作用;(3)警察主导模式,指警察主导侦查但将案件的起诉工作移交给检察官。参见[瑞典]布瑞恩·文斯林:《比较刑事司法视野中的检警关系》,侯晓焱译,载《人民检察》2006年第22期。

的纠正违法意见书，由于缺乏不执行的法律后果，因此侦查人员往往消极应对。对于发现的违法监督事项，应当根据不同性质作出不同处理，积极探索监督方式方法，有效强化监督的力度。一是将口头纠违书面化。对于发现的程序性瑕疵问题和轻微违法行为，除了以头口方式通知纠正外，还应当以定期书面通报的方式向侦查部门集中提醒。① 二是建立纠违反馈制度。对于严重违法的侦查行为，除了制作具有正式性、严正性的纠正违法通知书（意见书）外，还应当要求被监督部门及时反馈纠违情况，不能不了了之。

另一方面，明确拒不履行监督意见（通知）的法律后果，确保违法监督决定的贯彻执行。只有这样，才能使得检察机关的纠正违法监督获得实质拘束力。这种拘束力表现为，一旦相关的违法侦查行为被检察机关发现并提出纠正通知，那么作为被监督对象的侦查机关及其相关人员应当作出纠错回应，否则将产生相应的不利后果。这种不利后果或者责任形式可以包括：（1）对于拒不执行检察机关监督意见的，检察机关可以建议公安机关、监察机关追究相关人员责任。情节轻微的限期纠正或给予行政处分，情节严重应当追究刑事责任的移送违法证据并建议追究刑事责任。② （2）将违法监督执行情况作为对公安民警办案质量和执法规范化考核的重要参考依据，只有这样，才能督促违法者认真执行监督意见或决定。（3）在关乎案件能否顺利开展的时候，检察机关可以建议有权单位更换办案人员。③ 公安机关对于更换办案人员的检察建议应当予以审查，发现确实存在违法办案需要更换办案人员的情况，应当及时纠正违法行为并更换相

① “我们设立了定期提醒和发出纠正意见书两种监督方式，既使侦查人员易于接受，又提升了口头纠正违法的刚性。”参见周斌：《在公安机关全面设立侦查监督检察室》，载《法制日报》2016 年 3 月 11 日。

② 随着监察体制改革的全面铺开，对于在侦查程序中发生的渎职、滥用职权的案件不再由检察机关行使侦查权，而是由监察部门负责调查。

③ 万春：《以深化改革为契机增强侦查监督能力和实效》，载《人民检察》2010 年第 3 期。

关人员,同时将处理结果向检察机关进行书面反馈。只有从多个方面明确责任形式,才能增加侦查人员的“违法成本”,使其有所顾忌而不敢违法。

监察体制改革背景下人民监督员制度的整合与展望

尹立栋[*]　孙超然[**]　潘秀鸿[***]

目　次

一、人民监督员制度的简要回溯

从2003年到2017年，人民监督员制度已然探索了14个年头。通观这14年的工作历程，人民监督员制度在我国的发展大抵可以分为三个阶段：第一阶段，2003年开始的全面试点阶段，虽然在此之前的讨论和预备工作也是厥功至伟，但鉴于正式的试点规定颁布于该年，本文便以此作为回溯的起点。第二阶段，2004年至2013年，由扩大试点进入全面实施阶段。从试点的启动到全国范围的铺开拓展，人民监督员制度正逐渐融入我国刑事司法系统。第三阶段，2014年至今，规则制定相对成熟阶段。最近4年，我国司法行政部门着眼于人民监督员制度

* 嘉兴市人民检察院，检委会专职委员。
** 嘉兴学院文法学院讲师，博士。
*** 嘉兴市人民检察院，法律政策研究室助理检察员。

程序环节进行的补充与优化。比如,北京、福建、浙江、宁波等省市均推出了有关人民监督员选任、具体监督程序等实施办法细则。①

人民监督员制度初始于2003年9月2日最高人民检察院制定和颁布的《关于人民检察院直接受理侦查案件实行人民监督员制度的规定(试行)》。上述规定颁布后,最高人民检察院决定在天津、辽宁、河北、内蒙古、黑龙江、浙江、福建、山东、湖北、四川10个省、区、市试点,其中,四川、福建、湖北全面试点。其时,全国共有10个省院、105个地市院、510个区县院,共625个单位试行人民监督员制度。此为人民监督员的全面试点阶段。

2004年7月5日,最高人民检察院对《关于人民检察院直接受理侦查案件实行人民监督员制度的规定(试行)》作出修改,颁布了新的《关于实行人民监督员制度的规定(试行)》(以下简称《规定》)。同时发布的文件有:《关于适用最高人民检察院〈关于实行人民监督员制度的规定(试行)〉若干问题的意见》(以下简称《意见》)和《最高人民检察院关于进一步扩大人民监督员制度试点工作的方案》(以下简称《方案》)的通知。《方案》要求试点工作在全国各省、自治区、直辖市检察机关推行。省级检察院全部进行试点,区、州、市和县级检察院的试点范围,由省级检察机关决定并报最高人民检察院备案。先行试点省、自治区、直辖市检察机关从9月开始按修订后的《规定》《意见》实行人民监督员制度,其他检察机关9月进行启动准备工作并制定具体的实施方案,选任人民监督员,并自10月1日起,全面开展监督工作。至此,人民监督员制度进入全面实施阶段。

到2013年,人民监督员制度已经全面试行了十年时间。人民监督员制度发挥了确实的作用,取得了斐然的成效。据最高人民检察院统计,至2012年10月底,全国已有3137个检察院进行了试点,占各级检察院的86.5%,先后选任人民监督员3万多人次,共监督案件32,304件,不同意检察机关审理意见的1635件,检察机关采纳的899件;对相

① 参见《北京市司法局关于选任人民监督员的公告》《福建省人民监督员选任管理办法实施细则》《宁波市司法局关于确认宁波市市级人民检察院人民监督员的决定》等规定。

关规定情形提出监督意见的1000余件，大部分已经办结，并向人民监督员反馈。①

自2013年至2017年，正如前文所说，我国司法行政部门在这段时期主要集中力量用于吸收人民监督员制度践行的反馈并加以修正，多数省市区的日常检务工作中已经成功地将人民监督员制度融合进来。最高检更是即时在2015年至2016年先后颁布了《深化人民监督员制度改革方案》《最高人民检察院关于人民监督员监督工作的规定》以及《人民监督员选任管理办法》。三部规定结构型地将人民监督员制度固化在我国刑事诉讼程序法规之中，并由司法行政机关替代检察机关负责人民监督员的选任和管理工作，使检察机关接受外部监督更具透明化。

二、监察体制改革背景下继续实行人民监督员制度的必要性

设立人民监督员制度是为了保留职务犯罪侦查权而作的不懈努力，时至今日，随着监察委的设立和反贪、反渎等部门人员的集体转隶，有人认为，继续实行该项制度显得有些多余。然而，人民监督员制度是我国继人民陪审员制度和人民调解员制度之后，又一个能够充分体现人民属性的司法制度创新。通过十多年来的磨砺，已经有了长足的进步，尤其是《规定》《办法》相继出台以后，该制度已经日趋完善。轻易地放弃实为惋惜。况且，检察机关跳出职务犯罪侦查权归属问题的沉重包袱后，重新对该制度进行审视将会更加理性。

（一）人民监督员制度是对检察权最直接的外部监督

从司法实践的角度来看，人民监督员制度使人民的监督权由纸上静态的宪法文本转变为社会动态的法治实践，实现抽象原则的具体化行使，这种还权于民的宪政理念，是人民监督员制度的直接法理基础。设立人民监督员制度，不仅与检察民主的进程密切相关，与反对检察专制和检察擅断不可分离，而且具有充分的宪法依据，是国家根本大法对检察民主的基本要求。人民监督员制度就是直接性、基础性的人民监督形式，保证了人民群众对检察机关检务工作的知情权、参与权、表达

① 参见《检察日报》2013年3月13日发文。

权和监督权的有机统一。把社会公众的认知角度、伦理道德、价值观念带到检察工作之中,与从事检察专业的检察官形成思维互补,从而让检察机关更好地体现出检察为民,维护社会主义公平正义的精神,使办案效果达到社会效果与法律效果的有机统一。人民监督员制度在一定程度上可以保障检察权这一公权力处于民主运作轨道上,让来源于人民的检察权始终在人民监督的视野下运作,这也是现代法治理论中"人民主权原则""人民民主"及"人民当家做主"的本质要求。在人民监督员制度中,坚持、扩大检察民主,也可以让人民监督员能够更加具有公众代表性,人民监督员的监督活动更透明、更公开。

(二)监察体制改革和司法体制改革后的检察权运行仍需要寻求外部监督

根据目前诉讼法、组织法等相关法律的规定,人民监督员主要对11类人民检察院直接立案侦查的案件进行监督。随着国家监察委员会对职务类犯罪的侦检整合,人民检察院将在此类犯罪的侦查活动中,从"台前"退居"幕后",补充侦查、案件最终的起诉决定、侦查工作的监督等问题,这些环节亦将成为人民监督员制度新的工作核心,即形成第二道监督防线,所谓"对监督工作的监督"。人民监督员制度的价值在于,这一制度有助于提高执法办案的透明度,改变检察机关在刑事诉讼中较为封闭运作的决策方式,破除民众对司法运作的神秘感,使"正义以看得见的方式实现",在检察机关提高执法办案质量和水平、增进社会各界对检察工作的了解、认同和支持等方面发挥了应有的作用。吸收公众参与监督检察人员公正执法、提高执法质量,使得以往相对封闭的检察机关打开了一个让普通民众了解检察体制运作的窗口。不断规范、完善的人民监督员制度在民众与检察机关(平民生活与司法活动)之间架起了一座有效的沟通桥梁。这一制度既能借助外部社会公众力量监督检察机关的检务工作,也能增强检察机关检务工作的社会公信力,因此其既是社会现实的客观要求,也是改善这一社会现状的必然选择。理想状态下的权力(检察权)、监督权力(行政权、审判权等)是可以创造出良性工作环境的,但是如果用一种被监督者认为不受监督的权力去监督被监督者,不仅被监督者不认同,而且也无法保证监督权力处于具有公信力的运作模式中。人民监督员制度主动、有效地回应了法律监督权力如何保证公信力的质疑,其公众参与特色是在不改变已有法律总框架、保证检察机关公正司法的刚性的情况下,确保有外部力量监督监督者,既能规范检察权有效行使,也能强化检察权运作中的公信力,而最终实现检察民主,并推动以“诉讼民主”为核心内容的社会主义司法民主法治化改革的进程。

(三)司法体制改革迎来了人民监督员制度立法化的契机

由于缺乏直接的法律依据,人民监督员制度从一开始就被学界质疑为“先天不足”。随着这一制度在全国的推行,相应规章制度的出台,逐渐缓和了一些问题。然而,这只是治标不治本的方法,欲让人民监督员制度健康发展,最理想的办法就是迅速制定相应程序法,使人民监督员制度拥有直接的法律依据。

虽然,也有部分观点认为,在现行的立法体系下,可以不依赖立法,而是转化思路解决:如2006年,经最高人民检察院同意,四川广安市及其所属五个区市县开始进行人民监督员制度的体制外试点,探索由广安市及其区、县人大常委会选任、管理人民监督员的新方式,并以人大常委会的名义实施监督。有学者指出,广安的这一做法部分弥补了人民监督员制度法律依据欠缺的不足,因为各级人大常委会作为各地的权力机关,其对当地检察院的监督是一种既符合宪法精神,又符合刑事诉讼法和人民检察院组织法的常态监督。但是,这种方式仅仅是重在解决人民监督员的选任机制,随着新规定的出台,人民监督员的选任早已外部化,广安方法解决的问题已然随着新规而不成问题;同时,所谓人大常委会的“常态”监督只是一种理想状态,真正的常态化的法律监督工作主要存在于人民检察院的检务工作之中。

2016年11月7日,中央纪委监察部官网发布消息称中共中央办公厅印发《关于在北京市、山西省、浙江省开展国家监察体制改革试点方案》,正式向外界公布了本轮监察改革的基本目标和思路。2016年12月25日,十二届全国人大常委会第二十五次会议高票通过在北京市、山西省、浙江省开展国家监察体制改革试点工作的决定,对三省市监察委由谁组成、如何产生、对谁负责等问题,都作出了明确规定,为监察体制改革扫清了法律障碍。2017年1月8日,十八届中央纪委七次全会闭幕。国家领导人在工作报告中提及了监察体制改革的“时间表”:试点地区先完成检察机关相关部门的转隶,确保2017年3月底完成省级监察委员会组建工作,6月底完成市、县两级监察委员会组建工作。作为整合我国贪腐纠察检控系统的又一司法改革之创举,国家监察委员会已然在北京、山西、浙江三省相继展开试点。随后,10月30日,新华社发布了中共中央办公厅印发《关于在全国各地推开国家监察体制改革试点方案》。11月4日,十二届全国人大常委会第三十次会议表决通过《关于在全国各地推开国家监察体制改革试点工作的决定》。2018年3月20日,第十三届全国人大第一次会议表决通过了《中华人民共和国监察法》,监察体制改革势在必行。因此,我国人民检察院的机构职能将进行调整,而未来将以更为中立的立场将职能回归至法律监督的基本业务上来。还需注意的是,国家监察委员会的成立,也为我国刑事诉讼法在司法改革大背景下的修正方向,既提出了新的要求,又提供了新的契机。"要求",必然是将国家监察委员会和刑事诉讼法结合,而"契机",则是刑事诉讼法中,侦查、控诉、监督环节的修正或者重新设计。是故,人民监督员制度迟迟等待的法典化机遇则终于到来,而之前挡在人民监督员制度法典化的立法障碍也将基本消除。

鉴于此,我们认为将人民监督员制度法典化,是配合人民检察院更为有效地完成其法律监督之职能的要求,存在现实的立法需要。同时,在人民检察院的主持下,人民监督员制度也可以与国家监察委员会秉持自下而上、自上而下两个不同视角,共同形成针对职务犯罪等罪行的侦查、起诉、监督等刑事司法新体系,更好地在刑事司法领域实现我国民主集中制的内涵。

具体而言,以立法的形式固化人民监督员制度的存立基础,将有助于刑事司法中的公众参与问题,解决我国刑事诉讼中存在的侦查"神秘化"之现象。公众参与司法是司法民主的外在体现和内在要求的统一。在检察领域,公众参与检察,一方面体现司法的民主性,另一方面也体现了权利对权力的制约。在外部的公众参与和内部的检察民主的共同要求和作用下,检察机关找到了两者的结合点——人民监督员制度。人民监督员制度的产生、发展与完善的过程就是一幅公众积极参与司法、实现监督检察权、努力拓宽检察民主、促成检察体制符合国家民主政治建设进程,并推动检察机关严格依法办案的生动画卷。

三、监察体制改革背景下人民监督员制度监督范围的调整

关于人民监督员监督案件的范围,目前相关规定已基本厘清,但是随着《中华人民共和国监察法》的通过,有关职务犯罪的调查权和留置权将重新规划和布局。为了更好地配合国家监察委员会的工作展开,在不减损人民监督员制度的体系架构下,重新划定新体制下人民监督员监督案件的范围,是一个重要的课题。具体而言,我们可以从已经出台的规定中去剖析人民监督员的监督职权和监督范围,继而设计更有效的修正路径。并且从检察职能的整体高度,重新整合人民监督员制度的监督范围。

(一)监督的重点应当聚焦于"拟不起诉"案件

就我国的人民监督员制度而言,其监督的重点不应仅聚焦于职务犯罪的不起诉案件,还应当拓展至对所有刑事案件"拟不起诉的"情形的监督,以此夯实人民检察院法律监督地位的又一基石。

不起诉是人民检察院对案件审查后依法作出的处理结果,其性质是人民检察院对其认定的不应追究、不需要追究或者无法追究刑事责任的犯罪嫌疑人所作出的一种诉讼处分,它的法律效力在于不将案件交付人民法院审判,从而在审查起诉阶段终止刑事诉讼程序。与有罪或无罪案件必须经过法院审判不同,检察机关单方对案件作出不起诉决定,显然会引起社会各界的争议,域外各国都对不起诉制度进行了额外的规制,如美国的公民审查委员会制度、日本的检察审查会制度、英国治安法官制度和香港的廉署咨询委员会制度等,或聚焦于检察机关的不起诉决定,或承担着案件是否起诉或者不起诉的"过滤"功能。由于篇幅所限,本文仅以日本审查委员会制度为例,进行参考借鉴。

日本检察审查会所起主要作用体现在司法民主上,对被害人利益救济发挥有限。日本检察审查会已经运行半个多世纪,其效果可以从两个角度进行考察,一是司法民主的角度,即检察审查会在防止检察官官僚主义和接受大众参与司法上的效果;二是通过重新审查不起诉决

定从而维护被害人利益的效果。[①] 对于前者,日本的司法界和学术界都对这种民主制度给予了肯定的评价,认为这是促进司法民主,防止司法垄断的一个很好的制度设计。“正是为了能在公诉权的行使中正确反映民意而设计了检察审查会制度,它作为国民参与司法的一种重要制度,具有重要的意义。虽然有人指出,事实上这一制度还存在着各种问题,但它确实起了相当大的作用。”[②]有学者统计,检察审查会对检察事务的影响力较小,尤其体现在对检察官的起诉建议上或劝告其起诉上,从1948年到2004年仅有540例,近几年多为一两例,或者干脆不存在建议或劝告情况的发生;对于检察官不起诉处理是否妥当案件,在整个案件中的比例也是比较小的,从1948年成立检察审查会制度到2004年,已受理126,057件案件,相对于每年日本约360万件的案件而言,对于启动审查监督程序的案件,最后被提起公诉的案件也占不起诉案件总数的四千分之一左右,通过审查会变更起诉的案件可以说极少。[③] 以2002年为例,在80万件不起诉案件中,有2300件被害人提出申请,要求检察审查会对检察官作出的不起诉决定进行重新审查,其中150件经检察审查会审查后认为存在一定问题,应当起诉,但送交检察官后,仅有50件变更为提起公诉。[④] 正因如此,如前文所述,日本国会在2004年之后对《检察审查会法》进行了修改,赋予了检察审查会就同一案件第二次提出起诉变更的司法强制力。

(二)兼顾其他十种情形的监督

监督的侧重点是“犯罪嫌疑人不服逮捕的”案件。如前所述,逮捕权多属于检察机关,它是刑事诉讼中暂时剥夺犯罪嫌疑人、被告人人身权利的一种最严厉的强制措施,在某种程度上决定着案件的最终去向。从依法保障犯罪嫌疑人诉讼权利的角度出发,不仅应当将所有刑事案

---

① 杨志:《日本检察审查会制度与中国人民监督员制度之比较》,载《社科纵横》2012年第6期。

② 丁相顺:《日本检察审查会制度的理念、实施与改革》,载《国家检察官学院学报》2005年第3期。

③ 顾永忠、薛峰、张朝霞:《日本近期刑事诉讼法的修改与刑事司法制度的改革——中国政法大学刑事法律中心赴考察报告》,载《比较法研究》2005年第2期。

④ 同上。

件中“犯罪嫌疑人不服逮捕的”案件纳入人民监督员监督的范畴，还应当将犯罪嫌疑人申请取保候审，变相不服逮捕的情形纳入人民监督员监督的范围。

就“拟撤销案件的”和“八种情形”的监督而言，随着监察委员会的成立和职务犯罪侦查权限的转移，监督的重心和压力对于检察机关来讲会相应的减轻。但是，除了“采取指定居所监视居住强制措施违法的”一种情形消失以外，其他“七种情形”和“拟撤销案件的”共计八种情形仍然可能出现在检察机关受理的职务犯罪案件的审查、补充侦查、决定是否逮捕、起诉的诉讼过程之中，假如出现违法情形，检察机关仍然应当接受人民监督员的监督评议。

（三）向控告申诉检察业务监督拓展

检察机关控告申诉检察部门的主要工作职责是处理来信来访；受理控告、举报、申诉、接受犯罪嫌疑人自首；管理、初核举报线索，审查不立案的举报线索；审查办理对公、检、法三机关及其工作人员阻碍辩护人、诉讼代理人依法行使诉讼权利的控告或申诉；审查办理对检察机关办理案件中的违法行为的申诉或者控告；办理刑事申诉、国家赔偿案件；开展司法救助工作等。

近年来，群众涉法信访居高不下，对社会稳定及党和政府的形象造成了一定的负面影响，其中涉及检察机关的上访也占了较大比例。究其原因，除了检察机关确实存在个别执法不公和信访接待工作存在薄弱环节等自身原因以外，主要在于：一是群众法律意识逐渐增强，维权意识浓烈但证据意识淡薄，能够申明自己的主张，却无法用证据来证明。二是信访涉及范围泛杂，即有涉法涉诉又有非涉法涉诉，往往是涉检信访问题与非涉检信访问题相互交织，有的还与历史遗留问题纠结在一起，处理难度越来越大。三是有些信访对诉求的要求过高，合理诉求中通常掺杂着许多不当要求，谋求上访利益的最大化。四是有些信访群众信官不信法，不相信基层检察院和普通检察干警，造成越级上访、甚至赴京上访现象。五是修改后的民事诉讼法不仅将民事诉讼监督的范围拓展至民事调解、民事执行等民事诉讼活动的全过程，而且设置了当事人不服法院生效裁判的权利救济顺序，将检察监督置于人民法院的再审环节之后，检察机关成为当事人权利救济的最后途径，造成了民事诉讼涉检信访井喷的现象,并呈现信访维稳压力向上级检察机关汇聚的趋势。

实践中,各地检察机关采取了点名信访、领导包案、邀请律师介入、听证制度等一系列措施,缓解了涉检信访工作的极大压力,但是仍然存在着一部分重复访、无理访、缠访闹访、越级访等问题难以得到彻底地解决。对于这部分信访申诉案件,公说公有理、婆说婆有理,检察机关单方的释法说理显然无法让当事人信服,甚至有些检察机关认为的无理访,缠访闹访了一二十年且永无休止。在此环节引入人民监督员制度,可以让人民监督员从民众的普世价值对其进行分析判断,提出合理的处理意见,解决事实上的无理访等问题。

(四)向民事行政抗诉案件监督拓展

随着我国经济、社会的不断发展,民事行政诉讼案件亦呈现逐年递增的趋势,与此相适应,当事人请求检察机关提请民事行政抗诉的申诉案件亦居高不下。一般而言,人民法院不可能轻易错判,这就对检察机关办案人员的能力水平提出了更高的要求。然而,对于人民检察院不同意提请民事行政抗诉的申诉人一方而言,往往不愿意轻易放弃申诉权利,容易造成重复访、缠访闹访现象。此时适时引入人民监督员制度,可以让人民监督员充当居中"裁判者"的角色,或者要求人民检察院提起抗诉,或者劝解申诉人息诉息访。

(五)现行检察体制下相关制度的整合

现行检察体制下,检察机关内部除人民监督员制度外尚存在不少监督程序的创见,如控告、申诉、信访等环节的公开听证制度;不起诉案件公开审查制度;逮捕前公开审查制度等。

举例而论,不起诉权是检察机关对案件程序处理的终局性权力,涉及是否继续羁押等问题,容易导致社会对上述权力是否规范行使存有疑问。多数检察院采用"阳光下行使检察权"的方式,引入监督机制,尝试在依法作出不起诉决定前实行公开听证,展现公平的法治理念追求。具体程序上,首先,就听证参与主体而言,听证人员库涵盖广泛,基本吸纳本地人大代表、政协委员、律师、司法局代表等参与听证,并随机选择听证员,发挥监督主体的主动性和积极性。其次,邀请侦查人员参加听证,充分听取侦查机关的意见。再次,邀请当事人双方所在单位、社区代表等参与听证,保障群众的知情权。最后,邀请上级检察机关控告申诉、公诉等业务部门人员参加,实现业务和素质双促进。

笔者的观点是,无论是人民监督员制度,还是这些检察机关自行开展的在不同业务环节的监督工作,都有很大程度上的相似性,概言之,就是引入公众监督这样一种第三方监督的概念。那么,如果可以将这些程序上相似,功能上接近,仅是基于业务环节而分散设计的公民监督类制度,统一的由人民监督员制度进行规制,那么将对司法效率和司法效果的提升和提高作出更为有效的贡献。

四、人民监督员制度未来的拓展方向

域外制度,往往是前进中的中国司法参考和学习的素材,通观2003年以后有关人民监督员制度的研究文章,对与人民监督员制度相关的域外研究主要集中在美国的大陪审团制度和日本的检察审查会制度上,也有部分学者介绍了香港地区廉政公署咨询委员会、英国的治安法官制度。① 上述域外制度并非完全罗列了可供人民监督员制度参考的制度设计,其他诸如,基于对职务犯罪检察机构再监督的香港地区廉政公署的咨询委员会;更神似于我国人民陪审员的英国治安法官制度;我国台湾地区的"刑事参审制度",以及德国传统的公民参审制度,也可以很好地为我国人民监督员制度提供参考。但由于多数制度仅仅集中在审判这一环节,而在程序流程上多有重复,故在此不再赘述。

人民监督员是特指对人民检察院直接受理立案侦查的案件中出现的"三类案件"和"八种情形"实行监督的公民。事实上,我国各行业、各机关都邀请了各种名义的人民监督员,其目的都是为了规范各行业、各机关的工作流程,提高行业、机关的公信力。在此,我们有必要重新审视域外的"太平绅士"制度,并予以借鉴。

太平绅士(Justice of the Peace,JP,也译作治安法官)是一种源于英国,由政府委任民间人士担任维持社会治安,防止非法刑罚及处理一些简单的法律程序的职衔。成为太平绅士的人员无须任何学历或者资格

① 参见周永年:《人民监督员制度概论》,中国检察出版社2008年版,第61~75页。

认证的要求。目前英国的英格兰与威尔士,以及澳大利亚、新西兰、马来西亚、美国、新加坡、加拿大和我国的香港地区皆有太平绅士制度。

英格兰与威尔士的裁判法庭由三位太平绅士或裁判官共同负责审理轻微违法行为,可判处5000英镑以下的罚款及不超过12个月的监禁。目前英国大约有30,000名无薪兼职治安法官,承担了大量的刑事案件审理工作。占英格兰及威尔士和北爱尔兰超过95%的刑事案件,使职业法官得以专注一些重大或真正有法律争议的案件,实现法官专业化,成为世人眼中精英型法官的典范。裁判法庭设有一名有法律资历的书记,负责向法庭提出相关法律的建议。太平绅士或裁判官的人选从各个地区、各个阶层挑选。所有裁判官在赴任以前及在任期间,都要接受严格的训练。裁判官是非受薪的义务工作者,但可领取车马费及生活费。一般的非专业裁判官每年需担任至少26个半日的服务,但亦有人至少每周服务一日。同时,法庭亦设有少量的"区域法院法官",可以单独审理案件而无须其他裁判官在席。

香港回归后,根据基本法,原有的太平绅士制度得以保留,但其职权有所限制,不再享有司法权。根据《太平绅士条例》规定,香港太平绅士分为官守太平绅士和非官守太平绅士、新界太平绅士三种,三者只是在产生程序和条件上有差异,而职能及地位没有分别。太平绅士的主要职能是巡视监狱、羁留中心及医院、感化院、老人院等场所,或探访任何被扣留者。通过巡视、探访及接受投诉,以确保相关机构的有效管理及合理服务,更可以确保在相关机构中,不会有任何人士被不公平对待或被剥夺合法权利。其具体职责与权力是:

1. 接受与监理有关人士的签署申请、宣誓及声明等,使该宣誓或声明具有法律效力。如每次六合彩开彩时负责监理开彩结果。

2. 签发令状或命令。当太平绅士接到投诉,且投诉人要求他们签发传票或令状时,太平绅士首先应查看投诉内容是否合理及合法,尤其是签发拘捕令时必须符合相关规定:有关投诉必须书面提出;有关投诉必须经过宣誓,宣誓后必须对投诉事项的真相作证;投诉人已在投诉书上以惯常签名方式签署;应在投诉书上签注,证明投诉人已在投诉书注明的日期和地点在他面前宣誓。

3. 巡视指定机构。巡视指定机构是香港太平绅士的主要职责。巡视活动包括由两名太平绅士(官守、非官守各一)同往监狱、羁留中心、劳役中心、医院等机构进行法定及行政访问。透过独立巡视的制度及事先又不知会被访机构的巡视时间,以确保住在上述地方人士的权利受到保障。

回归后,太平绅士的权限虽然有所规制,但如前文中提及,太平绅士源于"士绅",一开始也是对社会有贡献之人士的委任,因而香港一般人视获委太平绅士为一种荣誉,一种身份象征。获委任太平绅士的人可在其名字后加上"JP"字样,作为个人正式衔头之一部分。因此香港有不少社区人士皆踊跃捐款或担任公职,以期被委任为太平绅士。据统计,截至2005年7月,全港总计有太平绅士1400多名。①

我国民众参与司法、参与社会治安综合治理,可以借鉴世界各地的太平绅士制度的经验,将各类监督员统一设置为"人民监督员",在立法层面上加以规制,根据各机关、各行业的要求,选任标准不同的人民监督员承担职责。例如,让一定数量的具有一定法律专业知识的人员和其他普通大众一起组成"人民监督员",替代人民陪审员,参与普通刑事案件的审理工作;让一定数量的具有一定医疗专业知识的人员和其他普通大众一起组成"人民监督员",解决时下非常棘手的"医闹"、医患问题等。而在司法领域,人民监督员制度可以从以下几个方向先行拓展:

(一)向公安机关刑事侦查工作拓展监督

从实务部门反映的情况来看,我国公民和舆论通常关心的是,公安部门不予立案或者违法立案等情况。虽然立案监督被交付于人民检察院监督处理,但这种"司法部门监督司法部门"的方式,仍然不能得到群众的认可,至少对其存在质疑。据有关学者统计,这些质疑主要包括:一是公安机关不报不立,坐等报案,即有的公安机关即使知道发生了犯罪事实,但没有报案或控告人而不予立案;二是公安机关不破不立,在以抓获犯罪嫌疑人作为破案标准的情况下,未抓到人就不予立案,有的公安机关不按照办案程序及时办理立案手续,而是先行侦查,在侦查无果的情况下,为了不影响破案率,便干脆不立案;三是以罚代

① 姚秀兰:《香港太平绅士:"源与流"》,载《华中科技大学学报》2009年第1期。

刑,降格处理,即对于应当立案追究刑事责任的行为人以行政处罚代替刑事处罚;四是先立后撤,公安机关接到检察院的通知后虽然立了案,但对犯罪嫌疑人进行取保候审,期限届满后即予撤案,大事化小,小事化了。① 有鉴于公众反映的这些疑虑,我们可以尝试,将人民监督员的监督范畴拓展到公安机关不当立案的情形。另外,基于检察机关法律监督工作重心的回归,立案监督权作为法律明确赋予检察机关的一项法律监督职权,更应加强刑事立案监督,以作为检察机关法律监督的重要职能,与侦查监督、审判监督、刑事判决裁定监督和执行监督共同构成刑事诉讼监督体系。

(二)向监管场所拓展监督

此处所称的监管场所既包括监狱,也包括公安机关监督管理场所。公安机关监管场所是公安机关管辖的,依法对犯罪嫌疑人、被告人、罪犯、违法人员和肇事肇祸不负刑事责任的精神病人进行警戒看管、执行刑罚、行政处罚、教育、特定疾病治疗、心理及行为矫治的监管场所,包括看守所、拘留所、收容教育所、强制隔离戒毒所、戒毒康复场所和安康医院。本文以看守所为例,对引入人民监督员制度提些建议。看守所是对罪犯和犯罪嫌疑分子临时羁押的场所,主要关押处在侦查、预审、起诉、审判阶段的未决犯。羁押性强制措施直接关系到对犯罪嫌疑人、被告人人身自由的剥夺,而人身自由又是人权的核心内容。其与一国保障人权的程度紧密相关,并反映了一个国家刑事强制措施制度的法治水平。而近年来,看守所内不断曝光的在押人员非常死亡事件以及各种问题,深刻暴露出我国现行看守所管理体制存在的种种弊端,引发了社会公众对看守所广泛的关注与思考,改革的呼声不断高涨。此时引入人民监督员巡视制度,有助于提高看守所的管理水平,确实维护被羁押人员的人权。仿效香港太平绅士制度,人民监督员任意探访看守所中的被羁押者,通过巡视、探访及接受投诉,确保不会有任何的被羁押者被剥夺合法权利,或者遭遇不公平的对待。鉴于看守所的特殊地位,在目前的条件下,可以经由有关司法机关组织前往,而禁止人民监

① 参见胡立新、何志刚:《论公安机关刑事立案的监督》,载《人民检察》2002年第10期。

督员事先不知会就任意探访。

(三)向人民法院审判活动拓展监督

人民监督员制度能否将其监督范畴拓展到法院的部分审判活动之中?我们认为是切实可行的。对于人民法院实行人民监督员制度,可以限定在审判执行环节和当事人不服人民法院终审判决的刑事申诉案件。以法院的民事执行为例,有学者指出,民事执行活动是法院工作的重点更是难点,是最容易发生违法犯罪问题的环节,也是社会关注的焦点。对法院民事案件执行活动进行检察监督既确保了法院依法公正执行的客观需要,有利于排除各种阻力解决"执行难"问题,又有利于维护当事人的合法权益,维护法制的统一和尊严,提高司法公信力,在一定程度上缓和群众上访的现象,同时,更是检察机关审判监督职能的体现。基于此,人民监督员制度亦可以"对监督者的监督"这样的法律定位出现,更好地实现检察机关对法院审判活动进行监督的程序的设计初衷。

五、总　结

从现行《规定》来看,人民监督员对"三类案件"和"八种情形"的监督评议表决意见不享有决定权,只享有向人民检察院提出建议、提供参考的权利。综合本文内容,笔者认为,在某些处理环节上,应当赋予人民监督员监督评议意见的最终决定权。

比如,人民监督员对于"拟不起诉的"案件实行监督,评议意见不被采纳的可以提请复议,复议不被采纳的,人民监督员可以对复议决定重新组织监督小组进行评议,且再次评议表决的意见应当成为人民检察院必须执行的最终决定。

此类监督效力可以延伸至对公安机关应当立案而不立案或者不应当立案而立案的情形,对终审案件的刑事申诉环节,对民事行政抗审案件以及对审判执行环节等监督事项方面。

当然,赋予人民监督员最终的决定权,应当设置极为严格的程序和条件。只有当人民监督员监督评议表决的意见不被采纳,提请复议的意见仍然不被采纳的前提下,大多数人民监督员仍有异议的,可以重新组织监督评议小组,再次组成的监督评议小组应当召集 11 名以上且为单数的人民监督员重新进行评议,只有当超过80%的参加重新评议的人民监督员表决获得意见一致的结论,才能赋予其最终决定权,而被监督的司法机关必须执行。

总体而言,我们认为,十多年砥砺前行的人民监督员制度,在面对司法改革、诉讼法修改等契机的出现,拓展人民监督员的监督范畴,将其从对传统的检察工作监督,提升到刑事案件侦查、起诉、审判和民事行政案件抗诉、再诉之监督的新高度是合理、合法的,也是符合法治发展和实践需求的,故而应当在检察机关继续探索,并向其他领域逐渐推广。

检察基础理论研究中十大常见争议问题

薛伟宏[*]

目　次

一、引　言

实践是理论的基础，理论是实践的先导。当下，我国检察理论或学术研究呈"混沌"态势。突出表现为，研究过程中的一字一词一名词一术语一概念一主张一观点……都会引发仁者见仁、智者见智的"纷

---

* 国家检察官学院检察理论教研部副主任、全国检察理论研究人才。

争”。究其原因,一是“问东答西”式的语境不一,与“指鹿为马”情形的客观存在;①二是诸如“中国检察制度自1906年创建以来”等“公理式”的论点、论据,②以及“阳春白雪与宫廷式”的“理论游戏”恣意、盛行;三是拿来主义强,自我创新弱;四是“有左反左,有右反右”之理论研究精神的偃旗息鼓……基于此,梳理当下检察理论研究常见争议,以资批判。

二、(中国)检察学能否成为一门独立的法律科学

《辞海》(缩印本)有云:学即“学科”,学科即“学术的分类”,学术“指较为专门、有系统的学问”,学问即“学习、问难”;科学即“关于自然、社会和思维的知识体系”。③ 因此,笔者认为检察学即“检察学科”或“检察科学”的简称。

然而,检察亦即检察理论与实践能否成为一门独立的法律科学或其部门学科——检察学呢?中国检察理论与实践能否升华为中国检察学呢?对此,我国当下有两种观点:

作为主流的“肯定观”强调,(中国)检察亦即(中国)检察理论与实践不仅能成为一门独立的法律科学或其部门学科——(中国)检察学,而且它还包括刑事检察学、民事行政检察学、民事检察学、行政检察学等下位学科。其中,较早以“检察学”为研究对象之论文是《试论检察学》,④专著是《检察学》。⑤

作为支流的“否定观”却认为,(中国)检察亦即(中国)检察理论

---

① 这也是本文不厌其烦,从《辞海》(缩印本)(辞海编辑委员会编,上海辞书出版社1980年版)、《法律词典》(信春鹰主编,法律出版社2003年版)、《检察大辞典》(张思卿主编,上海辞书出版社1996年版)等常备工具书中列举名词、术语之定义概念本义,以求搭建语境平台的无奈之举。

② 那么,中国检察制度诞生于1906年的依据何在?衡量一国乃至世界检察制度确立与否的标准又是什么。

③ 辞海编辑委员会编:《辞海》(缩印本),上海辞书出版社1980年版,第1125~1126页、第1746页。

④ 张永恩:《试论检察学》,载《现代法学》1986年第2期。

⑤ 王洪俊:《检察学》,重庆出版社1987年版。

与实践不能成为一门独立的法律科学或其部门学科——(中国)检察学,它们仅属于刑事诉讼、司法或宪法制度(学)的内容之一而已。但窃不以为然,除赞同肯定观的普遍理由外,并添如下说辞:

第一,《法律辞典》有言,法学即"以法律为主要研究对象的独立的社会科学学科。其产生和发展依法律和法律制度的产生和发展为前提"。[①] 进言之,法律是制度的有形、书面载体,制度是法律适用的现实、客观结果;有什么样的法律就会孕育出什么样的制度;没有法律,就没有制度。而如下所述,作为法律、制度子集的检察法律和检察制度,也是客观存在的。因此,作为检察科学或检察学科简称的"检察学",也有其孕育、产生和发展的前提、基础或"母胎"——检察法律和检察制度的客观存在。

第二,检察学的内涵外延怎样?见仁见智。而笔者认为,它即关于检察理论与实践的知识体系,并以检察法律和检察制度为研究对象和志趣,且含刑事、民事、行政等下位学科。

第三,诚如黑格尔在其《小逻辑》导言中所言:"凡是合乎理性的东西都是现实的,凡是现实的东西都是合乎理性的。"[②]而通过"中国国家图书馆·中国国家数字图书馆"检索不难发现,诸如《检察学》(赵登举等,湖南人民出版社 1988 年版)、《实用检察学》(王晓军等,辽宁人民出版社 1988 年版)、《通俗检察学》(李广祥等,群众出版社 1988 年版)、《检察学教程》(张兆松主编,浙江大学出版社 2009 年版)以及《当代中国检察学》(王然冀主编,法律出版社 1989 年版)、《民事检察学》(李忠芳、王开洞主编,中国检察出版社 1996 年版)、《中国检察学》(周其华,中国法制出版社 1998 年版)、《军事检察学》(李昂,军事科学出版社 2003 年版)、《行政诉讼检察学》(赵福杰等,天津社会科学院出版社 2012 年版)、《民事诉讼检察学》(王煜等,天津社会科学院出版社 2013 年版)、《控告申诉检察学》(徐华等,天津社会科学院出版社 2013 年版)等以检察学为研究对象的著作,不仅客观存在,而且不胜枚举。

第四,诸如《中国检察百科辞典》(曾龙跃主编,黑龙江人民出版社

① 信春鹰主编:《法律辞典》,法律出版社 2003 年版,第 326 页。
② [德] 黑格尔:《小逻辑》,贺麟译,商务印书馆 1982 年版,第 6 页。

1993年版,第3页)、《检察大辞典》(张思卿主编,上海辞书出版社1996年版,第681～682页)、《中华法学大辞典·诉讼法学卷》(陈光中主编,中国检察出版社1995年版,第268页)、《法学辞海》(李伟民主编,蓝天出版社1998年版,第2475页)等工具书,也都有"检察学"或含有"检察学"一词(如"创立检察学的意义""检察学与宪法学")的条目。

第五,在我国,关于"检察学"学科建设的研究,并未一以贯之,以至于当下仍存上述"肯定与否定两说";而肯定说的呼声,又源于被法学界"边缘"的检察系统,进而难免遭受"自卖自夸"之诟病。而对其较集中研究的年份为1986年和2007年。当然,"检察学"称谓的提出,也较早于20世纪80年代。

第六,《检察学研究论集》(沈阳市检察学会1986年编印)是我国较早并全面肯定检察学科成立的检察学论文集(共19篇);而截止到2018年4月20日,中国知网篇名含有"检察学"的论文97篇,时间跨度为1986～2017年,并多为《人民检察》、《检察日报》、《国家检察官学院学报》(原名《中央检察官管理学院学报》)、《刑事法杂志》(原名《检察理论研究》)、《中国检察官》(原名《检察实践》)等检察报刊所刊载。

第七,值得说明的是,"中国检察第一书——四胞胎"之《检察讲义》"序"中——"岁戊申,京师审判厅开检察研究会,请日本法学博士冈田师讲演检察学理"之提法,①之熊元翰编辑《检察制度》"叙"中——"吾国法学幼稚,检察之学尤甚"之判断,郑言笔述《检察制度》"郑序"中——"曩在日本,曾于书肆索求检察之书,以资研讨。该国人士谓非独立一种科学,故无专门著述。盖散见于刑诉、裁判构成法中"之记载,值得深思。

因此,当今中国,(中国)检察学及其下位学科不仅发展为一门独立的法律科学部门,还有逐渐成为显学的趋势。而这一判断和主张,较

① 而所谓"中国检察第一书——四胞胎",即由冈田朝太郎、松冈义正、小河滋次郎、志田钾太郎"日本法学四博士"讲义口授、张一鹏笔述的《检察讲义》(载《法政学报》1908年),郑言笔述的《检察制度》(中国图书公司1911年版),张智远、王枢、王炽昌笔述的《检察制度详考》(检察制度研究会1912年编印),熊元翰编辑的《检察制度》(安徽法学社1918年编印)四本最早的中国检察专著。

早起源于20世纪80年代。当然,随着全国人大常委会《关于在全国各地推开国家监察体制改革试点工作的决定》(2017年11月5日),特别是《监察法》(2018年3月20日)的颁行,以及人民检察院查处贪污贿赂、失职渎职和预防职务犯罪等部门的转隶,检察学的独立法学学科定位也将面临质疑。

三、(中国)检察制度的概念及其地位、性质

《辞海》(缩印本)有云:制度"指要求成员共同遵守的、按一定程序办事的规程"。[①] 对制度类型的掌控也是多种多样的:据孟德斯鸠的"三权分立"理论,它就包括立法、司法和行政制度三种;按孙中山的"五权宪法"理论,它就包括立法、司法、行政、监察和考试制度5种,不一而足。

而值得注意的是,"三权鼎立"也好,"五权分立"也罢,都是相对、有所侧重的。因为,古今中外的统治者(国家代表)在管理国家过程中,都会自觉不自觉地强调并贯彻分权制衡机制;而强调并贯彻分权制衡机制的普遍方式,就是自觉不自觉地将国家权力分为立法权、行政权和司法权。与此同时:

在强调并贯彻立法机关主掌立法权的同时,并未完全剥夺立法机关对部分行政权(如人事任免)和司法权(如个案监督)的享有和行使。

在强调并贯彻行政机关主掌行政权的同时,并未完全剥夺行政机关对部分立法权(如制定行政法规)和司法权(如刑罚的执行)的享有和行使。

在强调并贯彻司法机关主掌司法权的同时,也并未完全剥夺司法机关对部分立法权(如司法解释)和行政权(如司法人员任免)的享有和行使。因此,从这个意义上说,百分之百、纯正的立法、行政、司法制度、机关、人或权是没有的;而你中有我、我中有你,有所侧重,则是常态。

① 辞海编辑委员会编:《辞海》(缩印本),上海辞书出版社1980年版,第186页。

(一)检察制度的概念及其地位、性质

通过《世界各国先法》(孙谦等主编,中国检察出版社2012年版)不完全统计显示,在联合国193个成员国中,诸如日本、俄罗斯、巴西、南非、斐济等国宪法中直接规定检察制度或者有"检察"一词的国家,共有155个,占联合国成员国总数的80%;而诸如孟加拉国、德国、美国、澳大利亚、埃及等国宪法中未直接规定检察制度或者没有"检察"一词的国家共有38个,占联合国成员国总数的20%。

而何为检察制度?有人认为,①它是指宪法和法律对检察机关的性质、任务、职权、地位、组成、活动原则等法律规范的总和;有人认为,②它是指由国家(统治者)制定和认可的有关检察机关及其性质、任务、职权、组织机构和活动原则等一系列制度的总和;有人认为,③它是指国家确定的,有关检察机关的性质、任务、职权、机构、活动原则、工作程序等法律规范的总和;还有人认为,④它是指国家法律规定的检察机关的职权及其行使职权应遵循的行为规则,而构成的一种法律制度。

由上述内容可见,检察理论名家针对检察制度的定义概念,⑤可概述为"检察制度就是关于检察机关的制度"。而这势必引出诸多质疑:

一是与制度本义相悖——"要求成员共同遵守"中的"成员",是成员全体并非部分——检察机关;

---

① 例如,曾龙跃主编:《中国检察百科辞典》,黑龙江人民出版社1993年版,第1页;徐进主编:《诉讼法学词典》,中国检察出版社1992年版,第532~533页;姜伟主编:《中国检察制度》,北京大学出版社2009年版,第1页。

② 例如,陈光中主编:《中华法学大辞典·诉讼法学卷》,中国检察出版社1995年版,第269页;樊崇义主编:《检察制度原理》,法律出版社2009年版,第50页;梁国庆主编:《检察业务概论》,辽宁人民出版社1989年版,第1页。

③ 例如,张思卿主编:《检察大辞典》,上海辞书出版社1996年版,第679~680页;龙宗智:《检察制度教程》,法律出版社2002年版,第9页;甄贞等:《21世纪的中国检察制度研究》,法律出版社2008年版,第1页。

④ 例如,王淑贤主编:《中国检察学》,兰州大学出版社1988年版,第9页。

⑤ 值得说明的是,本文所举著述多为检察名著,多为其中的较早面世者,其编著者也多为检察著名人士;而目前最能反映当代中国检察理论与实践成果的专著及其代表人物,非"专家论检察丛书"(中国检察出版社2013年版)及其作者莫属。而本文中的诸多观点,其中也都有所蕴含。

二是检察制度不要求、也不规范检察机关内设部门与检察人员特别是其中的检察官及其行为、权力(利)吗?

三是检察制度的主体或对象——所要求规范的"成员",究竟是谁?对此,大陆法系国家更强调检察机关的成员性,英美法系国家更强调检察官的成员性。而笔者认为,两者都有失片面:前者在凸显检察机关的主体作用——职能承受成员的同时,忽视了检察机关内设部门的主体作用,也忽视了具有主观能动性、可赋予检察机关及其内设部门生命活力的检察人员特别是其中检察官的主体作用;后者在凸显检察官的主体作用——职能执行成员的同时,则无视检察机关及其内设部门的主体作用——检察人员及其检察官的"官署"属性。①

因此,笔者认为,一方面,检察机关及其内设部门与检察人员三者,亦即"检方",才是检察制度包括其下位诸如刑事、民事行政、刑事执行等各色检察制度的主体或对象——成员的全部,且缺一不可。因为,为此才能使检察权扎根落地并与检方"合体",进而赋予检察制度生命,并推动其运作。

另一方面,检察制度就是指由国家制定或认可的规范检方行为、权力(利)的规范总和——检察法律适用的现实、客观结果。简言之,检察制度就是检察法律适用的现实、客观结果;而有什么样的检察法律就会孕育出什么样的检察制度,没有检察法律就没有检察制度。进言之,法律尤其是公法,制度特别是国家制度,都是治(制)吏而不是治(制)民的;同样,法制的"制"也好,法治的"治"也罢,也都是规范管理国家公职人员包括其中的检察人员及其检察官的。②

而作为制度的子集,检察制度在国家制度体系中的地位、性质如何?对此,大陆法系国家多从检察机关在国家机关体系中的地位、性质

① 所谓官署,亦称官厅、官府,"行政机关旧称。多指地方行政机关"(商务印书馆辞书研究中心修订:《新华词典》,商务印书馆2001年版,第347页);本文代指具有机关法人拟制人格的检察机关。而所谓机关法人,"指行使国家权力,以国家预算作为独立履行职责和从事民事活动的物质基础,具有民事权利能力和行为能力的中央和地方各级国家机关"(信春鹰主编:《法律词典》,法律出版社2003年版,第700页)。

② "制""治"本义[辞海编辑委员会编:《辞海》(缩印本),上海辞书出版社1980年版,第185页、第924页]。

推导,英美法系国家多从检察官在国家公职人员中的地位、性质推导。而两种推导,同样也有管中窥豹的主观片面性。于是,检察机关或其检察官的地位、性质,也就有了国家机关与国家公职人员、行政机关与公务员、司法机关与司法人员、兼有司法和行政机关与兼有司法和行政人员双重属性、法律监督机关与法律监督人员诸观点,①随后检察制度的地位、性质也便有了国家制度、行政制度、司法制度、兼有行政与司法制度双重属性、法律监督诸制度之地位、性质。

比较而言,"检察制度兼有行政与司法制度双重属性之地位、性质观"有一定合理性,但其不合理性也是显而易见——"兼有"毕竟不等于"全有"。在国家制度体系中,检察制度既不属于立法、行政或司法制度,也不属于兼有行政与司法双重属性的一种新制度。这样,它便有了另立门户——国家专门法律监督制度的机会与必要。

从两大法系检察制度孕育、产生和发展的历程看,检方都始终自觉不自觉地承担着法律监督职责。无论初始的"国王代理人"身份、地位及其职能志趣——服务于国王利益,②还是现今的公益诉讼代理人身份、地位及其职能志趣——服务于社会公益,无不如此。而对此,"中国检察第一书——四胞胎",无不强调保护"公益"包括社会或国家公益,是国家代表创设检察制度的初衷之一或者原动力,也是检方的行动志趣之一。退一步讲,即便是检方的"天职"——公诉本身,也蕴含着公益内容之一——法律监督的合理内核。例如,沈家本针对《刑事诉讼律》(1911年1月24日)第39条第1项"刑事原告之职务,由检察官执行",就有如下谨案——"犯罪概因侵害国家公益而成立。故为原告请求处罚者,必须由国家设立(检察)机关";第357条第2项"检察官因被告人利益,亦得为上诉",亦有如下谨案——"惟检察官为代表国家公益之官吏,有要求正当适用法律之职权,故依第二项,亦得因被告

① 关于法律监督的主体,实践中还有两种不同观点:主流的多元论强调,国家机关、社会组织、公民和法人都是法律监督的主体,检方是专门的法律监督主体;支流的一元论认为,检方特别是其中的检察机关是法律监督的唯一主体。而笔者主张多元论。

② 而这种利益,对于国王自身来说属于公益,对于国王之臣民而言则属于国王私益。

人利益而为上诉”。[①] 所以，从这个意义上说，检察制度在国家制度体系中的地位、性质，属于国家专门法律监督制度。一方面，法律监督制度是相对国家的法律适用——执法制度与非专门法律监督制度（如议会、新闻、群众等监督）而言的。换言之，没有执法制度或者非专门法律监督制度，国家专门法律监督制度也不会孕育、产生、发展乃至消亡。

另一方面，法律监督制度也属于国家代表创设检察制度初衷理应维护之“公益”的内容。易言之，法律监督也属于社会或国家公益的题中应有之义。究其原因，因为，有国必有法，国家统治者立法的志趣在于满足其管理国家事务的客观需要；法贵在行，行必有执法者；而作为人的执法者，必有七情六欲，[②]而有七情六欲就会导致执法者正确和不正确适用法律可能的客观存在；而不正确适用法律的结果，必然减损、违背统治者的立法初衷并放大法律的负能量；因而为保证立法初衷的实现与法律正能量的释放，统治者势必自觉不自觉地创建专门的法律监督制度，包括随资产阶级民主革命胜利之后而创立的近现代检察制度。

（二）中华人民共和国检察制度的地位与性质

就中国检察制度特别是人民检察制度，尤其是中华人民共和国检察制度在国家制度体系中的地位、性质而言，它同样也属于国家专门的法律监督制度。正是：列宁在十月革命后，曾坚持检察机关的职权是维护国家法制的统一。我们的检察院组织法运用列宁这一指导思想，结合我们的情况，确定检察院的性质是国家的法律监督机关。[③] 而上溯到中国人民检察制度诞生之初——中华苏维埃共和国检察制度的理论

① 吴宏耀、种松志主编：《中国刑事诉讼法典百年》（上册），中国政法大学出版社2012年版，第119页、第186页。同时值得说明的是，其中法条中的“项”实为现在的“款”，亦即旧中国法条中的“项、款”，与当代中国法条中的“款、项”相应。

② 而人的七情六欲与人之初性“本善”或“本恶”，并无直接关系。因为，若人之初性“本善”，而后既有保持“本善”的一面，也有蜕变学坏的另一面；若人之初性“本恶”，而后既有保持“本恶”的一面，也有蜕变学好的另一面。

③ 彭真：《关于七个法律草案的说明——1979年6月26日在第五届全国人民代表大会第二次会议上》，载《彭真文选》，人民出版社1991年版，第377页。

渊源,同样也是列宁的法律监督思想。因此,那种认为中国人民检察制度没有理论渊源或照搬照抄苏联的观点,是站不住脚的。“苏联的司法制度也并不是那么完善的。它是第一个社会主义国家,错误难免会多一些。他们犯了错误,我们就应当少犯错误”;而“现在要整风,反对主观主义,主要是反对教条主义,反对机械地搬运苏联经验,或依法办事中的形式主义、片面观点等”。[①] 因此,尽管中国人民检察制度的创设与发展有过“以俄或以苏为师”经历,但绝非机械地照搬照抄。细言之,“中国特色社会主义检察制度是我们党探索符合国情的社会主义民主政治和权力监督制度的伟大创举,是马克思主义法学理论中国化的重要成果;它发端于战火纷飞的革命年代,形成、发展于社会主义建设和改革开放伟大实践,既传承中华传统法治文化,也借鉴了其他国家有益做法,有着广泛的实践基础和深厚的历史渊源;它具有顽强的生命力,虽历经风雨,仍不断开拓发展新境界。中国特色社会主义检察制度来之不易,凝聚着我们党在法治领域的奋斗与探索,也承载着几代检察人的光荣与梦想。我们必须倍加珍惜、始终坚持、永不动摇”。[②]

另外,列宁的法律监督思想,也并非像某些人所言:“只是只言片语”;它主要由《关于工农检查院的任务、对任务的理解和执行的问题》(1921年9月27日)、《论“双重”领导和法制——给约·维·斯大林并转政治局的信》(1922年5月20日)、《我们怎样改组工农检查院——向党的第十二次代表大会提出的建议》(1923年1月23日)、《〈我们怎样改组工农检查院〉一文的材料》(1923年1月)、《宁肯少些,但要好些》(1923年3月2日)5篇著述构成,[③]共计22,000余字。当然,也有人提出,我国的检察制度仅仅是依据列宁的法律监督思想,照搬照抄苏联模式建立起来的,在苏联已经解体、形势发生很大变化的情况下,不

① 《1957年12月,梁国斌同志传达刘少奇同志的指示》《1957年4月谭政文同志传达中央对检察工作和其他问题的指示》,载《中央和中央领导同志对检察工作历次指示汇编(1950~1968)》,最高人民检察院办公厅1993年编印。

② 曹建明:《紧紧围绕“四个全面”战略布局在新的起点上推动人民检察事业创新发展——2016年7月20日在第十四次全国检察工作会议上的讲话》,载《检察日报》2016年7月21日。

③ 中央编译局:《列宁全集》(第42~43卷),人民出版社1987年版。

应固守列宁的法律监督思想和前苏联模式。而笔者认为,这种观点是不正确的:

其一,苏联的检察制度模式与社会主义民主政治(如共产党执政、人民代表大会制度等)具有内在的联系,其基本精神和基本框架是适合我国国情的。

其二,与我国在政权建设的其他方面没有照搬照抄苏联模式一样,我国在检察制度的具体设计上也没有完全照搬照抄苏联的做法,而是充分考虑本国国情,进行了中国化的改造,体现了对列宁法律监督思想的创造性运用和发展。

其三,我国的检察制度不仅借鉴了苏联经验,也汲取了中国历史上政治法律制度的精华,继承了新民主主义革命时期检察工作的优良传统,具有深厚的本国文化底蕴和自身的检察实践基础。

其四,各国司法包括检察制度都是在互相吸收借鉴中发展起来的。由于历史的原因,我国检察制度不仅与苏联检察制度相似,也与大陆法系国家的检察制度比较接近,可以说吸收了人类法治文明的许多成果。特别是改革开放以来,我国在建立中国特色社会主义法律体系的过程中,借鉴了当代各国法律制度的一些有益做法,修改完善了刑法、刑事诉讼法等一系列法律,检察制度也在改革中与时俱进,不断得到完善和发展。①

此外,我国宪法把检察机关确立为国家法律监督机关,不仅是中国检察制度最鲜明的特色,而且也是中国司法制度乃至中国政治制度的重要特色。发展和完善中国特色社会主义检察制度,不能离开法律监督这个根本属性;②而一个国家实行什么样的司法制度(含检察制度),归根到底是由这个国家的国情决定的;评价一国司法制度,关键看是否符合国情、能否解决本国实际问题;实践证明,我国司法制度总体上是

① 《关于司法体制改革的专题研究意见》,最高人民检察院2003年7月30日编印。

② 曹建明:《紧紧围绕“四个全面”战略布局在新的起点上推动人民检察事业创新发展——2016年7月20日在第十四次全国检察工作会议上的讲话》,载《检察日报》2016年7月21日。

适应我国国情和发展需要的,必须增强对中国特色社会主义司法制度的自信,增强政治定力。①

再者,在我们始终坚持检察制度法律监督根本属性的历程中,也是有惨痛的经验教训的。其中根本一点,是如何处理好法律监督特别是其中一般监督与中国共产党的领导之关系,②关键在于掌握好两者的融合度——既不能将两者片面地对立起来,③也不能不强调检察机关的专政职能,④而是片面地强调和热衷于对国家机关和干部实行法律监督,乃至对所有国家机关实行所谓的一般监督——“是的,按照检察院组织法,检察机关是有一般监督的职权的。但实际上,这只是准备在

① 中共中央文献研究室:《习近平关于全面依法治国论述摘编》,中央文献出版社2015年版,第76~77页。

② 而不无遗憾的是,尽管“党的十一届三中全会以后,由于一般监督问题而被错误地定为右派分子的干部得到了平反”,尽管“在中共最高人民检察院党组的领导下,由李士英、王桂五、梁国庆合编的《当代中国的检察制度》一书中,已对一般监督问题进行了初步拨乱反正”(《王桂五论检察》,中国检察出版社2008年版,第189页、第192页),但迄今为止,不仅理论、实务界讳言一般监督,在国家特别是高检院文件中,也难觅“一般监督”踪迹。

③ 而笔者认为,有关一般监督的如下评介是比较客观、恰当的:“在一九五四年的人民检察院组织法中,规定了检察机关的一般监督职权,即对国务院所属各部门、地方各级国家机关的决议、命令和措施,以及国家工作人员的行为是否合法,实行监督。由于缺乏经验和认识不一致,对于是否应当做一般监督工作发生了争论。在一九五七年的反右派斗争中,把主张做一般监督工作的干部作为‘凌驾在党政之上’‘把专政矛头对内’等‘政治错误’进行批判,并打成了右派,这显然是不适当的。就整个国家工作来说,对政府各部门和干部是否遵守法律实行监督是有必要的,问题在于由哪个机关承担这个任务。由于这一条法律是在缺乏经验的情况下制定的,如果不适当,应通过立法程序加以修改。在法律上已作明文规定的情况下,检察干部主张开展这项工作,是依法办事,并没有错误。即使在某些方面超出了法律监督的范围,做了行政监督方面的工作,或者在工作方法上有不恰当的地方,也属于缺乏经验和认识问题。但是当时却采取了简单化的方法去解决思想认识问题和工作上的不同意见,以致伤害了干部。这是一个值得吸取的深刻教训”(李士英主编:《当代中国的检察制度》,中国社会科学出版社1988年版,第135~136页)。

④ 诚如我国《宪法》序言所言,尽管“在我国,剥削阶级作为阶级已经消灭。但是,阶级斗争还将在一定范围内长期存在”;有阶级斗争的客观存在,检方的专政职能就难以寿终正寝。

发现国家机关和工作人员抗拒领导发生严重违法行为的时候使用的一种武器。即便发生了的话，一般地也会是首先由党发现，纵然是首先由检察机关发现，也不能设想，对于这些重大的事情，检察机关可以摆脱党的领导来行使这种职权”。①

最后，通过检索《世界各国宪法》、《世界各国刑事诉讼法》（孙谦等主编，中国检察出版社 2017 年版）以及《世界各国检察院组织法选编》（王克主编，中国社会科学出版社 1994 年版）、《最新国外检察院组织法》（最高人民检察院法律政策研究室 2016 年编印）也不难发现，除中华人民共和国之外，在宪法、检察院组织法等法律中直接规定“检察机关（院）是国家的法律监督机关”的，并不多见，甚至难觅“法律监督机关”一词。

当然，国外也有少数诸如《几内亚比绍共和国宪法》（1984 年 5 月 16 日）第 97 条第 1 款“公共部（即检察机关）是和各级法院共同实行法律监督的国家机关，其代表公众和社会利益，为刑事诉讼的名义领导”，《拉脱维亚检察院法》（1994 年 6 月 2 日）第 1 条第 1 款“检察院是在本法规定的职权范围内独立行使法律监督权的司法机关”等类似规定。因此，从这个意义上说，“检察院（机关）是国家的法律监督机关”是中国特色社会主义检察制度最重要的“中国元素”之一。

四、国家代表创建检察制度的初心与检察工作志趣

（一）国家代表创建检察制度的初心

诚如《辞海》（缩印本）所言：初心即“本意；本愿”。② 而众所周知，检察制度不是与国俱来的。那么，国家代表而后又创设检察制度的初心究竟是什么？见智见仁。笔者认为，国家代表创设检察制度的初心不外“三观”：

宏观上说，国家代表创设检察制度，在于保护“公益”，包括社会或国家公益及其法律监督。一方面，徒法不足以自行；而法贵在行，行贵

---

① 《最高人民检察院党组关于召开全国省、市、自治区检察长会议情况向中央的报告》（1958 年 3 月 10 日），载《中央和中央领导同志对检察工作历次指示汇编（1950 ~ 1968）》，最高人民检察院办公厅 1993 年编印。

② 辞海编辑委员会编：《辞海》（缩印本），上海辞书出版社 1980 年版，第 1799 页。

在有执法者。另一方面,国家代表创立专门法律监督机关的目的在于,保证执法者正确适用法律,进而实现统治者的立法初衷并遏制法律负能量的放大。所以从这个意义上说,法律适用——执法与法律监督“孪生”,有执法必有法律监督,没有执法也就没有法律监督。“世无不弊之法,而贵有杜弊之人”“人民现在需要检察机关,将来是否还需要呢?应当肯定地说还需要。这因为国家还存在时,它的法纪必然存在,维护法纪的机关也必然存在。直到国家消亡,人民不需要国家机器的时候,才不需要检察机关”。[①] 换言之,为保护“公益”及其国家法纪抑或保证法律的正确实施,国家代表就有创设法律监督制度及其检察制度的动机和必要。一言以蔽之,法律监督也是社会或国家公益的不可或缺内容。

中观上讲,国家代表创设检察制度,在于满足国家代表管理国家的内在用意和外在要求——维护自身的执政地位和根基。因为,“国家一直是从社会中分化出来的一种机构,一直是由一批专门从事管理、几乎专门从事管理或主要从事管理的人组成的。人分为被管理者和专门的管理者,后者居于社会之上,称为统治者,称为国家代表。这个机构,这个管理别人的集团,总是把持着一定的强制机构(包括检察机关及其内设部门),实力机构,不管这种加之于人的暴力表现为原始时代的棍棒,或是奴隶时代较为完善的武器(包括制定形形色色法律),或是中世纪出现的火器,或是完全据现代最新技术造成的20世纪的奇妙武器,反正都是一样”;[②]而“我们建立这个国家的目标并不是为了某一个阶级的单独突出的幸福,而是为了全体公民的最大幸福;因为,我们认

---

① 《1954年3月29日,中央政法委员会董必武主任在第二届全国检察工作会议上的讲话》,载《中央和中央领导同志对检察工作历次指示汇编(1950~1968)》,最高人民检察院办公厅1993年编印。

② 列宁:《论国家》,载《马列著作选读》(哲学),人民出版社1988年版,第478页。当然,尽管人类发展历史上曾经有尧舜禹之间相互“禅让”的传说,但自国家出现之后,“禅让”便实实在在地成了真正的神话;而王位的世袭罔替,与“禅让”水火不容。相反,中外任何国家代表为了维护自身的统治地位和执政根基,都会肝脑涂地、不择手段、垂死挣扎地为之奋斗。

为在一个这样的城邦里最有可能找到正义”。[①] 而与此同时，国家为了保证全体公民所追求的最大幸福和公平正义，便创设司法机关并将其打造为维护社会公平正义的最后一道防线。正是：“从一定意义上说，公平正义是政法工作的生命线，司法机关是维护社会公平正义的最后一道防线。政法战线要肩扛公正天平、手持正义之剑，以实际行动维护社会公平正义，让人民群众切实感受到公平正义就在身边……（反之，诚如）英国哲学家培根所说：‘一次不公正的裁判，其恶果甚至超过十次犯罪。因为犯罪虽是无视法律——好比污染了水流，而不公正的审判则毁坏法律——好比污染了水源’”。[②] 由此可见，司法方包括检方在人类发展和国家治理过程中的作用、地位，无与伦比。

微观上看，国家代表创设检察制度，在于防止诉讼特别是刑事诉讼中侦查、审判与检察三方的恣意滥权，以及私人弹劾之流弊。正是：一方面，“检察官，乃因对法官及警察的不信任而诞生，在此氛围之下，新生儿不但命定要为防范法官恣意与警察滥权而奋斗，更须为自身不被相类的病毒感染而苦战”；[③]另一方面，“依此方式（私人弹劾）之诉讼法非经被害人或其亲族之起诉，不得以刑事案件审判之（此指法定证据主义而言之），当依决斗（在法庭上两造决斗）或探汤之类断定原被告之曲直（当时法律非有一定之证据或口供不能决谳）。故是时无肯就原告官之职为刑事诉讼之当事者行决斗、探汤等举动者（使官与被告决斗、探汤，则此时代决无人为检察官者）……且此法对于被害人（指原告）亦有所不便。盖前者既因犯罪受其损害，及提起诉讼，复须决斗、探汤；若有不利，则时或有诬告反坐之处分”。[④]

① ［古希腊］柏拉图：《理想国》，郭斌和、张竹明译，商务印书馆1986年版，第313页。

② 《2014年1月7日习近平在中央政法工作会议上的讲话》，载《习近平关于全面依法治国论述摘编》，中央文献出版社2015年版，第96页、第71页。

③ 林钰雄：《检察官论》，法律出版社2000年版，第113页。

④ 陈颐点校：《检察制度》，中国政法大学出版社2003年版，第8～9页。因此，个人弹劾的最大流弊，一是无人代理被害人起诉；二是若被害人起诉，还面临决斗、探汤以及诬告反坐的危险。

比较而言,检方更愿"为防范法官恣意与警察滥权而奋斗",不愿"为自身不被相类的病毒感染而苦战"。在此等氛围下,作为以防止侦审双方恣意滥权为立命之本的检方,同样也难免恣意滥权。于是,社会上针对检方,诸如"谁来监督监督者"的质疑、"既当运动员,又当裁判员"的责难,并非"伪命题"!而值得注意的是,作为当下检方行动志趣"主流观点"的"微观说",①只是国家代表创设检察制度的直接原因,而并非国家代表创设检察制度初心之全部。换言之,国家代表创设检察制度的初心表象,是防止诉讼特别是刑事诉讼中侦查、审判与检察三方的恣意滥权以及个人弹劾之流弊,而其初心本质则是宏观、中观与微观三个层面的有机统一,且缺一不可。

(二)检察工作志趣

与国家代表创设检察制度的宏观、中观、微观"三观"初心相应,检察工作志趣或检方的行动志趣则有高、中、低"三要":一要保护社会或国家公益,包括其中的法律监督;二要维护国家统治者的执政地位;三要防止侦查方、审判方以及检方自己的恣意滥权。因此,检察方必须明白,国家代表创设检察制度的根本目的,在于维护国家代表自身的统治地位。"检察机关必须完全置于党的绝对领导之下,做党的驯服工具;必须听党的话,党叫做什么就坚决做什么,党不允许做的事情,就一定不要做""(检察人员)要认识到,党和国家赋予检察机关的监督权,是

① 而之所以称为"主流观点",因为多数人认为,近现代检察制度起源于法国刑事诉讼制度之私诉(法定证据主义之个人弹劾式)向公诉(自由心证及发现真实主义之纠问式)制度转变时期。换言之,多数人认为,检察制度是刑事诉讼制度发展到一定阶段的产物——它"产生于'私诉制度'向'公诉制度'的转变"过程。而窃以为,对检察制度生成原因的这种"伴生于刑事诉讼或其方式转变"的定位,并不全面,只是检察制度生成原因之一。倘若以"有法必要监督"之法律监督属公益视角考察检察制度生成原因的话,就不难发现并认可法"公益"内容之一——法律监督制度才是检察制度的"前身"。易言之,检察制度既"产生于'任意司法'向'程序司法'",也"产生于'分散法制'向'统一法制'";既"产生于'全能法院'向'裁判法院'",也"产生于'私诉制度'向'公诉制度'"的"四种转变"(龙宗智:《检察制度》,法律出版社2002年版,第29~34页)。易言之,具有公益性质的法律监督理论是检察制度生成的"原(或基本或根本)动力",诉讼特别是刑事诉讼制度则是检察制度生成的"直接动力"。

要我们为党的事业、为无产阶级专政事业做工作的”。①

另外,倘若“恣意滥权就是腐败,而职务犯罪是腐败的终极形态”论断不谬的话,那么,也可得出——检察制度因腐败特别是侦审双方腐败及其职务犯罪的客观存在而孕育、产生、发展、消亡的结论来,但反之却不一定成立。因为,一方面,检察制度及其检方并不与国俱来,要晚于侦审制度及其侦审双方产生,而腐败或其职务犯罪则与国家及其权力形影相随。另一方面,反腐败或职务犯罪侦查并不是检方的天职。之所以这么说,一是腐败及其职务犯罪,与国家及其权力伴生。二是在现今世界各国所采取的“十大”反腐或职务犯罪侦查模式中,检方只算其中的主要力量:①检方(如瑞典);②警方(如巴西);③独立反腐败机构(如新加坡);④检方+警方(如德国);⑤警方+检方+大陪审团(如美国);⑥警方+检方+预审法官(如法国);⑦警方+独立反腐败机构(如马来西亚);⑧独立反腐败机构+其他国家机关(如巴基斯坦);⑨警方+其他国家机关(如比利时);⑩检方+其他国家机关(如俄罗斯)。②

此外,在我国的“十年浩劫”之后,尽管“查办职务犯罪工作与人民检察事业相伴生”,③但之前之后尤其是党的十五大确立“党委统一领导,党政齐抓共管,纪委组织协调,部门各负其责,依靠群众的支持和参与”的反腐败抑或查办职务犯罪模式之后,党和国家并未昭示检方有独扛反腐败大旗、专司职务犯罪侦查的地位、性质或职能。尤其是中办《关于在北京市、山西省、浙江省开展国家监察体制改革试点方案》(2016年11月6日)和《关于在全国各地推开国家监察体制改革试点

① 《1958年9月6日最高人民检察院党组关于召开第四次全国检察工作会议向中央的报告》《1956年3月31日,高检院党组同志和参加第三次全国检察工作会议的省市检察长向彭真同志汇报以及彭真同志的指示》,载《中央和中央领导同志对检察工作历次指示汇编(1950~1968)》,最高人民检察院办公厅1993年编印。

② 王晓霞:《职务犯罪侦查制度比较研究》,中国检察出版社2008年版,第60~67页。

③ 《2017年1月16日曹建明检察长在全国检察长会议上的讲话》,载《检察日报》2017年1月17日。

方案》(2017年10月29日)的相继下发,以及全国人大常委会《关于在北京市、山西省、浙江省开展国家监察体制改革试点工作的决定》(2016年12月25日)和《关于在全国各地推开国家监察体制改革试点工作的决定》(2017年11月4日),特别是《监察法》的先后颁行,我国检方依法享有的职务犯罪侦查权和预防权转给各级监察委员会享有并行使。而国家进行监察体制改革的根本目的,在于改目前"九龙治水"为"一龙治水"式的反腐败抑或查出职务犯罪模式,最终形成收紧拳头,形成反腐败合力,构建不想腐、不能腐、不敢腐的实效性反腐败常态,实现对所有行使公权力的公职人员监察监督的全覆盖。为此,党的十九大报告还进一步提出:"构建党统一指挥、全面覆盖、权威高效的监督体系,把党内监督同国家机关监督、民主监督、司法监督、群众监督、舆论监督贯通起来,增强监督合力。"①

总之,尽管国家代表创设检察制度的初心有如上"三观",检方的行动旨趣也有如上"三要",但检方行动的最终志趣却在于,维护执政者的执政地位和执政根基。反之,倘若检方的行动有损执政者的执政地位或根基,那么,执政者势必调整检方依法享有的检察权,甚至缩小、取消检方依法享有的检察权,乃至摧毁自己所创设的检察制度,以求执政地位与根基的永固。究其原因,国家不仅"总是把持着一定的强制机构,实力机构……奇妙武器",而且必须保证它们成为名副其实的巩固国家代表自身执政地位与根基之利器。

五、衡量检察制度确立与否的标准

《辞海》(缩印本)有言:衡量即"比较、评定事物的是非或轻重得失",标准即"衡量事物的准则";②《新华词典》有云:准则即"作为依据

① 《决胜全面建成小康社会,夺取新时代中国特色社会主义伟大胜利》,人民出版社2017年版,第68页。

② 辞海编辑委员会编:《辞海》(缩印本),上海辞书出版社1980年版,第813页、第1280页。

的标准或原则”;原则即“观察和处理问题的准则”。[①] 可见,标准、准则与原则三者可互为解释、替代。因此,衡量检察制度确立与否的标准,就是指评定检察制度是否确立的标准、准则或原则是什么?对此,莫衷一是。代表性观点有二:一是主流观点认为,[②]检察法是否客观存在是衡量检察制度确立与否的唯一标准。二是支流观点认为,[③]检察官是否客观存在是衡量检察制度确立与否的唯一标准。

而笔者认为,上述两个“唯一标准”均存片面,而须“三看”:一看检察法是否客观存在?二看检察机关及其内设部门是否客观存在?三看检察人员特别是其中的检察官是否客观存在?这三者即检察制度构成的“三要素”(见图1)缺一不可。否则,若仅有“三要素”之一或之二客观存在,并不标志检察制度的确立:

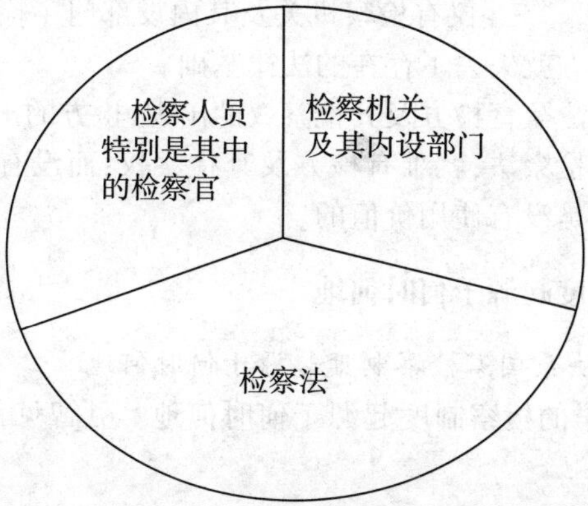

图1 检察制度构成要素示意

---

① 商务印书馆辞书研究中心修订:《新华词典》,商务印书馆2001年版,第1305页、第1212页。

② 例如,王洪俊:《检察学》,重庆出版社1987年版,第15页;王然冀主编:《当代中国检察学》,法律出版社1989年版,第32页;龙宗智:《检察制度教程》,法律出版社2002年版,第23页。

③ 例如,张思卿主编:《检察大辞典》,上海辞书出版社1996年版,第680页;樊崇义主编:《检察制度原理》,法律出版社2009年版,第51页;孙谦主编:《中国检察制度论纲》,人民出版社2004年版,第8页。

一方面,若仅有其"三要素"之一的客观存在,并不标志检察制度的确立:一、仅有检察法客观存在。那么,检察法还有束之高阁之时。[①]二、仅有检察机关及其内设部门的客观存在。那么,检察机关及其内设部门不仅失去了存在的法律基础,其职权也难以产生,而且它也难以变成有血有肉具有主观能动性的、拟制的机关法人,进而享有并行使检察职权。三、仅有检察人员特别是其中检察官的客观存在。那么,检察人员不仅失去了存在的法律基础,其检察职责也难以产生,而且也失去了依法履行职责的"官署"属性。

另一方面,若仅有其"三要素"之二的客观存在,同样并不标志检察制度的确立:一、仅有检察法+检察机关及其内设部门的客观存在。那么,检察制度就失去了运作的"发动机"、推力和前进方向。二、仅有检察法+检察人员的客观存在。那么,检察人员就失去了推动检察制度运作的"官署"。三、仅有检察机关及其内设部门+检察人员的客观存在。那么,检方就失去了存在的法律基础。

因此,检察法孕育检方及其检察权的出现,检方的出现赋予了检察制度活力;没有检察法,就难有检方及其检察权;而没有检方及其检察权的检察制度,是没有使用价值的。

六、检察制度起源于何时何地

(一)三大法系国家检察制度起源于何时何地

世界上最早的检察制度起源于何时何地?见智见仁,代表性观点

---

① 例如,尽管多数人主张,光绪三十二年十月二十七日(1906年12月12日)清廷《大理院审判编制法》的颁行,标志着中国检察制度的确立;也有少数人认为,1906年12月12日《黑龙江裁判处章程》的颁行,标志着中国检察制度的确立。但与此同时,也有人强调,我国最早的检方出现于光绪三十三年十一月五日(1907年12月9日)的北京(《广西检察志资料》,广西壮族自治区人民检察院史志编辑室1990年编印,第2页;北京市地方志编纂委员会:《北京志·政法卷·检察志》,北京出版社2007年版,第17页)。而通过查阅各省检察志不难看出,我国最早的检方应出现于光绪三十三年二月初十(1907年3月23日)的天津(天津市地方志编修委员会:《天津通志·检察志》,天津社会科学院出版社2002年版,第3页)。因此笔者认为,我国最早的检方出现于天津也好,北京也罢,都很难得出1906年12月12日至1907年3月23日或1907年12月9日大陆的检察制度业已确定的结果。进言之,检察法的颁布既不标志检方的与之诞生,也不标志检察制度的即时确立;而没有检方客观存在的检察制度能算确立吗?

又有“三源论”:①作为主流的二源论认为,大陆和英美法系国家检察制度各有各的起源,并主张法国是世界上最早建立检察制度的国家。②作为支流的一源论认为,世界检察制度起源于法国,经拿破仑东征西讨而传入德国等欧洲国家后,再逐渐传到世界各国包括英美法系国家。[①] ③作为支流的同源同时论认为,大陆和英美法系国家的检察制度分别产生于13世纪的法国、英国。[②] 而笔者主张二源论。

另外,尽管人们普遍认为,法国是大陆法系最早建立检察制度的国家,但其检察制度究竟诞生于何时?见仁见智,代表性观点至少有如下12种:一认为,[③]它诞生于中世纪(476~1453年);二认为,[④]它诞生于12世纪末叶;三认为,[⑤]它诞生于13世纪中叶;四认为,[⑥]它诞生于1285~1314年;五认为,[⑦]它诞生于1303年3月23日;六认为,[⑧]它诞生于14世纪;七认为,[⑨]它诞生于1498年;八认为,[⑩]它诞生于16世纪;九认为,[⑪]它诞生于17世纪;十认为,[⑫]它诞生于1670年;

---

① 例如,陈国庆:《检察制度原理》,法律出版社2009年版,第48页。

② 例如,梁国庆主编:《检察业务概论》,辽宁人民出版社1989年版,第2页。

③ 例如,王桂五:《中华人民共和国检察制度研究》,法律出版社1991年版,第4页。

④ 例如,孙谦主编:《中国检察制度论纲》,人民出版社2004年版,第6页;王淑贤主编:《中国检察学》,兰州大学出版社1988年版,第19页;曾宪义主编:《检察制度史略》,中国检察出版社1991年版,第239页。

⑤ 例如,曾龙跃主编:《中国检察百科辞典》,黑龙江人民出版社1993年版,第514页。

⑥ 例如,张思卿主编:《检察大辞典》,上海辞书出版社1996年版,第680页。

⑦ 例如,甄贞等:《检察制度比较研究》,法律出版社2010年版,第6页。

⑧ 例如,龙宗智:《检察制度教程》,法律出版社2002年版,第25页;石少侠主编:《检察学新论》,中国检察出版社2013年版,第36页;黄东熊:《中外检察制度之比较》,台湾地区中央文物供应社1986年版,第6页;张思卿主编:《中华人民共和国检察业务全书》,吉林人民出版社1991年版,第1页。

⑨ 例如,孙谦主编:《中国特色社会主义检察制度》,中国检察出版社2009年版,第50页。

⑩ 例如,何勤华主编:《检察制度史》,中国检察出版社2009年版,第142页。

⑪ 例如,樊崇义主编:《检察制度原理》,法律出版社2009年版,第51页。

⑫ 例如,朱孝清、张智辉主编:《检察学》,中国检察出版社2010年版,第54页。

十一认为,[①]它诞生于18世纪末法国大革命时期;十二认为,[②]它诞生于1808年。

此外,尽管人们普遍认为,英国是英美法系最早建立检察制度的国家,但其检察制度到底诞生于何时?众说纷纭,代表性观点至少有如下7种:一认为,[③]它诞生于1311年;二认为,[④]它诞生于1461年;三认为,[⑤]它诞生于1515年;四认为,它诞生于19世纪末20世纪初;[⑥]五认为,[⑦]它诞生于1893年;六认为,[⑧]它诞生于1908年;七认为,[⑨]它诞生于1985年……

再者,尽管人们普遍认为,苏联是社会主义法系最早建立检察制度的国家,但其检察制度究竟诞生于何时?莫衷一是,代表性观点至少有如下两种:一认为,[⑩]它诞生于1922年;二认为,[⑪]它诞生于1922年5月28日……

而之所以存在对世界检察制度起源于何时何地,以及"三大法系"

---

① 例如,何家弘主编:《检察制度比较研究》,中国检察出版社2008年版,第23~25页;魏武:《法德检察制度》,中国检察出版社2008年版,第9页。

② 例如,林钰雄:《检察官论》,法律出版社2008年版。

③ 例如,何家弘主编:《检察制度比较研究》,中国检察出版社2008年版,第24页;孙谦主编:《中国特色社会主义检察制度》,中国检察出版社2009年版,第57页。

④ 例如,张思卿主编:《检察大辞典》,上海辞书出版社1996年版,第447页;甄贞等:《检察制度比较研究》,法律出版社2010年版,第62页;曾宪义主编:《检察制度史略》,中国检察出版社1991年版,第263页。

⑤ 例如,何勤华主编:《检察制度史》,中国检察出版社2009年版,第222页;姜伟主编:《中国检察制度》,北京大学出版社2009年版,第4页;樊崇义主编:《检察制度原理》,法律出版社2009年版,第52页;石少侠主编:《检察学新论》,中国检察出版社2013年版,第41页。

⑥ 例如,甄贞等:《21世纪的中国检察制度研究》,法律出版社2008年版,第3页。

⑦ 例如,龙宗智:《检察制度教程》,法律出版社2002年版,第28页。

⑧ 例如,孙谦主编:《中国检察制度论纲》,人民出版社2004年版,第17页。

⑨ 例如,朱孝清、张智辉主编:《检察学》,中国检察出版社2010年版,第63页。

⑩ 例如,曾龙跃主编:《中国检察百科词典》,黑龙江人民出版社1993年版,第516页。

⑪ 例如,王桂五:《中华人民共和国检察制度研究》,法律出版社1991年版,第13页;孙谦主编:《中国特色社会主义检察制度》,中国检察出版社2009年版,第22页;孙谦主编:《中国检察制度论纲》,人民出版社2004年版,第65页。

最早建立检察制度的法国、英国、苏联检察制度诞生具体时间的不同认知,关键在于对检察制度构成“三要素”客观存在的全面掌控不同,尤其是通过掌控检察法的颁行时间,便主观片面地推出该检察制度的诞生日,而忽略了检察法还有束之高阁情形。

(二)中国检察制度起源于何时何地

我国检察制度,其起源究竟于何时何地?同样莫衷一是,并可将其概分为“两派(观)七说”:

1. 作为支流观点的本土自生派或中国古代即有观认为,中国自古就有检察制度,但其诞生的具体时间又有“五说”:

第一,御史即(就)是说认为,中国古代的御史,即(就)是近现代的检察官;中国历史上的御史制度,即(就)是中国古代的检察制度。同时,由于我国先秦(公元前21世纪至公元前221年)时就有御史制度,因此,我国检察制度起源可追溯到先秦时期。但本人并不赞同这种观点,且认为御史是现今监察官的“祖先”,御史制度也是现今监察制度之“前身”;同时认为,清末、民国之所以废除御史制度而创设检察制度,关键在于御史是皇帝的眼睛,其行动志趣在于维护帝制帝利,而检察制度及其检察官的行动志趣不仅在于维护国家代表的执政地位,更在于保护社会、国家或统治者公益,并防止侦查、审判和检察三方恣意滥权。

第二,前身御史说认为,御史制度及其御史就是我国检察制度及其检察官的前身。因此,我国检察制度起源于先秦时期。

第三,司直即(就)是说认为,中国古代的司直制度及其司直,即(就)是我国古代的检察制度及其检察官。因此,我国检察制度起源于汉武帝设置司直官职时的公元前118年。

第四,前身司直说认为,司直制度及其司直是我国检察制度及其检察官前身。因此,我国检察制度及其检察官起源于汉武帝设置司直官职时的公元前118年。

第五,其他说。例如,“惟亦有人认为,《周礼》记载的:‘禁杀戮掌司斩杀戮者,凡伤人见血而不以告者,攘遏狱者,遏讼者,以告而诛之’的‘禁杀戮’之官,及‘禁暴氏掌禁庶民之乱暴力正者,矫诬犯禁者,作言语而不信者,以告而诛之’的‘禁暴氏’之官,《礼记·主制篇》(记载)的:'史以狱告于正,正听之'的'史官',以及汉武帝时之'绣衣直指'之官和以后的'御史台'之官,都是当时的'检察官'"。①

另外,在《中华人民共和国检察制度研究》(王桂五,法律出版社1991年版),《检察学》(王洪俊,重庆出版社1987年版),《当代中国检察学》(王然冀主编,法律出版社1989年版),《检察学》(朱孝清、张智辉主编,中国检察出版社2010年版),《检察学》(赵登举等,湖南人民出版社1988年版)、《通俗检察学》(李广祥等,群众出版社1988年版),《检察制度论纲》(孙谦主编,人民出版社2004年版)、《洛阳检察十三朝》(刘新年,中州古籍出版社2016年版)等著述中,都可找到上述"五说"的蛛丝马迹或主张。

此外,倘若国学大师钱穆先生"某一制度之创立,决不是凭空忽然地创立,它必有渊源,早在此项制度创立之先,已有此项制度之前身,渐渐地创立"之论点不误的话,②那么,上述"五说"也理应成立。

2. 作为主流观点的舶来引进派或由国外引进观认为,我国检察制度由西方引进——"远师法德,近仿东瀛"的结果。它又包括如下"两说":

(1)作为此派主流观点的自主引进说认为,我国检察制度是清末国人自主"远师法德,近仿东瀛"的结果。但其诞生的具体时间,又有至少有如下6种具体观点:

第一认为,③中国检察制度诞生于1905年。根据何在?没有给出。

第二认为,④中国检察制度以《黑龙江裁判处章程》[光绪三十二年正月初八日(1906年2月1日)]的颁行为生日。因为,其中"稽查委

---

① 参见庄作铭:《检察制度之研究》,国立武汉大学第十三届(1944年度夏季)毕业论文,第43~46页。

② 参见钱穆:《中国历代政治得失》前言,三联书店2005年版,第2页。

③ 例如,张鸿巍:《推开检察这扇门——第三只眼睛看检察》,中国检察出版社2011年版,第6页。

④ 例如,张培田:《中国检察制度考论》,中国检察出版社1997年版,第62~63页;张培田:《近现代中国审判检察制度的演变》,中国政法大学出版社2004年版,第242~243页。

员”既有检控犯罪之权,又有监督审判职权,同时还规定了相当于检事的“稽查委员”的级别和薪水事宜。但笔者认为,同御史与检察官“名不正”一样,此时的“稽查委员”并非检方中的检察官,故此说不能成立。

第三认为,①中国检察制度以《天津府属试办审判厅章程》(1906年10月)的颁行为生日。因为,其中不仅有关于检事长、检事官以及检察职权的规定,还规定“设检事长1员,职任监督所属之检事及指挥所属检事之施行”。

第四认为,②中国检察制度以《大理院审判编制法》[光绪三十二年十月二十七日(1906年12月12日)]的颁行为生日,③并成自主引进说中的主流观点。

第五认为,④中国检察制度以《高等以下各审判庭试办章程》(1907年12月4日)的颁行为生日。

第六认为,⑤中国检察制度以《法院编制法》(1909年1月19日)

① 例如,河北省地方志编纂委员会编:《河北省志·第72卷·检察志》,中国书籍出版社1996年版,第1~2页、第13页。

② 例如,曾龙跃主编:《中国检察百科辞典》,黑龙江人民出版社1993年版,第1页;樊崇义:《检察制度原理》,法律出版社2009年版,第72页;孙谦主编:《中国检察制度论纲》,人民出版社2004年版,第34页;龙宗智:《检察制度教程》,法律出版社2002年版,第53页;甄贞等:《21世纪的中国检察制度研究》,法律出版社2008年版,第15页;石少侠主编:《检察学新论》,中国检察出版社2013年版,第60页;梁国庆主编:《检察业务概论》,辽宁人民出版社1989年版,第23页;陈卫东:《转型与变革:中国检察的理论与实践》,中国人民大学出版社2015年版,第68页。

③ 大理院则为全国最高审判院,按照1906年《大理院官制草案》规定,大理院置正卿1人,总理全院事务。下设刑、民二科共置6庭,其中刑科置推丞1人,推官16人;民科亦置推丞1人,推官则为10人。除此之外,大理院还设有司直厅检察官、司法警察官、司法警察、书记官及录事若干人。因机构新设,人员不敷应用,大理院不得不从各部抽调人手,于1907年间“爰就刑部司员中择其熟悉例案而又长于听断者前后奏调数十人”。至1908年时,大理院再以各省呈报案件日多,乏人分核为由,奏设“详谳处”,以专司核查外省死刑案件。

④ 例如,黄东熊:《中外检察制度之比较》,中国台湾中央文物供应社1986年版,第18页。

⑤ 例如,张思卿主编:《中华人民共和国检察业务全书》,吉林人民出版社1991年版,第3页;姜伟主编:《中国检察制度》,北京大学出版社2009年版,第26页。

的颁行为生日……

而笔者认为,一方面,上述12说既有合理之处,也有可质疑的地方。譬如,比较而言,在“远师法德,近仿东瀛”的借鉴引进过程中,“近仿东瀛”的多,“远师法德”的少。进言之,我国检察制度从西方引进中的“西方”,实际上是东方的日本。正是:“日本在明治维新后,经过几乎半个世纪的不懈努力,至20世纪初,终于完成了移植西方近代法律的过程。经由这些浸满欧洲色彩的新法典的约束和指引,日本成功实现了‘脱亚入欧’的梦想,并一跃成为亚洲最为进步的国家。日本当代学者千叶正士在回顾这一历史过程时指出:‘日本一个多世纪以前向世界敞开国门的时候,她主要是从德国,其次是从其他国家,系统地接受了西方法。确实,她的建立在年第一部宪法之上的新法律体系,可能是非西方国家尝试的对西方法规模最大、最成功的继受之一’。也正是由于日本的成功蜕变,以及其在与中国的碰撞中所展现出的薪新实力,使中国这一仍昏聩僵化的老朽帝国深受震动,并进而产生了模仿日本进行法制变革的强烈呼声(和行动)”。①

另一方面,笔者主张被动引进说,亦即中国检察制度最早诞生于1843年5月4日被英国殖民统治的我国香港地区。

(2)笔者主张的被动引进说认为,中国检察制度最早起源于19世纪末,外国列强在华殖民地特别是1843年5月4日的我国香港地区。进言之,早在1906年12月12日《大理院审判编制法》面世之前,我国港澳台乃至青岛、旅大等殖民地便有检察法、检察机关及其内设部门、检察人员,亦即衡量检察制度确立与否“三要素”的客观存在。

一方面,在《大理院审判编制法》面世之前,英国殖民统治的我国香港地区,既有诸如《英皇制诰》(1843年5月4日)、《皇室训令》(1843年)和《香港高等法院条例》(1844年10月)等检察法的客观存

① 翟海涛:《法政人与清末法制变革研究——以日本法政速成科为中心》,华东师范大学2012年博士学位论文。与此同时,1898年8月,清廷还曾颁布上谕称:“现在讲求新学,风气大开,惟百闻不如一见,自以派人出国游学为要。至游学之国,西洋不如东洋,诚以路近费省,文字相近,易于通晓。且一切西书均经日本择要翻译,刊有定本,何患不事半功倍。”

在,也有检察机关及其内设部门、检察人员——律政司及其律政人员(英国专有检方称谓)的客观存在。因此,中国检察制度理应最早诞生于1843年5月4日的我国香港地区。

另一方面,退一步讲,早在1906年12月12日之前日本殖民统治的我国台湾地区,同样既有诸如《台湾住民治罪令》(1895年11月17日)和《台湾总督府法院条例》(1896年5月1日)等检察法的客观存在,也有检察机关(如检察厅)及其内设部门、检察人员(如检事、检察长、检察官)的客观存在,甚至检方有办案数量(见表1)、检察服饰(法袍,见图6)等检察制度运作痕迹的客观存在。[①] 进言之,若承认早在1906年12月12日《大理院审判编制法》面世之前,我国台湾地区就存在检察制度的话,那么,就不可否认,我国检察制度最早诞生于1843年5月4日的我国香港地区。

表1 1897~1900年我国台湾地区检察制度运作情况

年度	总人数(人)	检察官长(人)	检察官(人)	受案总数(件)	办结总数(件)
1897	19	—	19	3330	3149
1898	10	4	6	4439	4099
1899	14	4	10	5892	5487
1900	13	4	9	8005	7894

另外,据各省级检察志检索显示,1949年以前中国大陆各省检察制度诞生的具体时间(见表2),都要晚于《大理院审判编制法》的面世时间——1906年12月12日。而这也充分说明并佐证——检察法的颁行既不标志着检察机关及其内设部门的建立,也不标志着检察制度的相应确立。

① 参见王泰升:《台湾检察史》,台湾地区"法务部"2008年版,第2~55页。

表2　旧中国我国各省、自治区、直辖市以及港澳台地区检察制度诞生的具体时间

黑龙江	1909	江西	1910	重庆	1910.12
吉林	1908.5.30	福建	1909.6	西藏	1958.1
辽宁	1908	上海	1911.12.30	陕西	1910.10.2
北京	1907.12.9	河南	1910	甘肃	1910.12
天津	1907.3.23	湖北	1910	青海	1916
河北	1910.12	湖南	1912	宁夏	1920.8
山西	1910	广东	1910.12	新疆	1910.11.21
内蒙古	1928.11	广西	1910.7.1	香港	1843.5.4
山东	1911.1.26	海南	1910	澳门	1847.8
江苏	1910.8	四川	1910.12.2	台湾	1895.11.17
安徽	1910.12.25	云南	1910.12.1		
浙江	1910	贵州	1909.1		

再者,还可将我国检察制度坐胎、萌芽、诞生和发展,做如下两方面梳理:

一方面,1840年鸦片战争之前的中国奴隶、封建社会一直实行司法行政合一,地方各级官吏兼理司法。1840年之后,随港澳台和辽东半岛、青岛等殖民地的确立,1843年5月4日之后在中国版图上先后出现了与英、葡、日、德、俄殖民国家相类似的中国殖民地检察制度。而在中国大陆管辖的主要地域,直至1906年9月1日,清廷才颁发明谕宣示预备立宪,编定官制,并于当年11月6日宣布改刑部为法部责任司法,改大理寺为大理院专掌审判。1906年12月12日清政府颁行《大理院审判编制法》规定,在大理院下设立各级审判厅,并在各级审判厅内设立各级检察局,各级检察局设置检察长一人,负责对刑事案件提起公诉,监视判决的正当执行。1907年3月23日,天津检察各厅正式成立;7月7日,清廷宣布外官制,将各按察使改为提法使,又分设审判、检察各厅,命由东三省先行试办,直隶、江苏亦择地先办,其余各省分年分地请旨办理,通限15年一律通行;9月9日清廷颁行的《法院编制法》第十一章专门规定了检察厅事宜;12月4日,清政府法部奏请皇帝批准颁布《各级审判厅试办章程》;12月9日,京师审判、检察各厅成立办公。[①] 因此,中国检察制度的坐胎、萌芽和诞生,既是外国殖民者强加和国人被迫接受的结果,也是国人自觉"远师法德,近仿东瀛"的产物。例如,"中国检察第一书——四胞胎"既是1907年冬,"京师高等检察长徐季龙先生所发起,邀同京师地方以下各级推检官,开检察研究会于法律学堂,延请日本法学博士冈田、松冈、小河、志田四先生,以一月至短之光阴,讲授刑事、民事、行刑、对外4种检察制度"之记录结果,[②]也是国人自觉引进并效仿日本检察制度以及探究中国检察制度发展的产物。进言之,没有日本法学四博士来华讲学的讲义口授,也难有四胞胎"中国检察第一书"的面世。

另一方面,中国检察制度的曲折发展,还经历了一个由殖民者强加的不得不"舶来"(1843~1906年)到"远师法德,近仿东瀛"的自觉效仿(1906~1931年),再到中国检察制度与中国人民检察制度(1931年至今)的分野、并行发展过程。与此同时,中国人民检察制度既经历了一个由1949年之前中国人民检察制度到1949年之后中国人民检察制度(1931~1949年),到"文化大革命"前中国人民检察制度(1949~1978年),再到中国特色社会主义检察制度(1978~2017年10月),再到新时代中国特色社会主义检察制度(2017年10月至今)的发展"明线",也经历了一个由全面"以俄为师"的"照搬照抄"(1931~1954年),到部分"以苏为师"的本土化改造(1954~1978年),再到"汲取中华法律文化精华,借鉴国外(包括各法系国家)法治有益经验,但决不照搬外国法治理念和模式"的中国特色社会主义检察制度(1978~2017年10月)以及新时代中国特色社会主义检察制度(2017年10月

① 《广西检察志资料(1906~1990)》,广西壮族自治区人民检察院史志编辑室1990年编印,第1~2页。

② 《检察制度》之"编纂例义",陈颐点校,中国政法大学出版社2003年版。其中,徐季龙,即徐谦;"冈田、松冈、小河、志田四先生",亦即"日本法学四博士"冈田朝太郎、松冈正义、小河滋次郎、志田钾太郎。

至今)的发展"暗线"。[①] 其间,既有1954年政法委员会邀请苏联法学专家鲁涅夫来华介绍苏联检察、审判等工作的情形,[②]也有1956年中国司法工作者代表团访问苏联司法工作的情形,并有《苏联检察工作任务及工作方法》(中央人民政府最高人民检察署1954年3月编印)、《苏联专家鲁涅夫同志关于检察、审判工作演讲的记录》(最高人民检察院办公厅1955年4月编印),以及《苏联司法工作访问记——关于检察工作部分》(中国司法工作者访苏代表团1956年8月1日编印)等相关检察文献成果佐证。

总之,在1906年12月12日《大理院审判编制法》颁行之前,作为英国、葡萄牙、日本、德国等殖民者检察制度的延伸也好,作为它们检察制度的变种也罢,作为一种客观存在的社会现象,检察制度在华夏大地是实实在在地客观存在的。一言以蔽之,我国检察制度最早诞生于1843年5月4日的我国香港地区。

(三)中国人民检察制度起源于何时何地

中国人民检察制度起源于何时何地？同样也是众说纷纭的,而代表性的观点有四:

第一主流观点认为,[③]它起源于1931年11月(20日)在瑞金成立的中华苏维埃共和国,并以《工农检察部的组织条例》(1931年11月20日)的颁布、工农检察部的成立为标志。

---

① 《中共中央关于全面推进依法治国若干重大问题的决定》(2014年10月23日),载《〈中共中央关于全面推进依法治国若干重大问题的决定〉辅导读本》,人民出版社2014年版;习近平:《决胜全面建成小康社会夺取新时代中国特色社会主义伟大胜利——在中国共产党第十九次全国代表大会上的报告》,人民出版社2017年版。

② 其中,《苏联检察工作任务及工作方法》之说明指出:"这本小册子是苏联专家鲁涅夫同志的讲稿。"《苏联专家鲁涅夫同志关于检察、审判工作演讲的记录》之前言也指出:"鲁涅夫同志关于1954年5月间在上海、杭州、南京对检察机关和法院干部作的多次演讲,比较详细地介绍了一些苏联检察工作和审判工作的先进经验。这本小册子是鲁涅夫同志各次演讲的记录。"

③ 例如,孙谦主编:《人民检察制度的历史变迁》,中国检察出版社2009年版,第33~35页;最高人民检察院编:《人民检察史》,中国检察出版社、江西美术出版社2009年版,第19页;张永恩:《人民检察始于何时:一位老检察官的考证》,载《检察史的新闻阅读》,中国检察出版社2011年版,第200~203页。

第二支流观点认为，[①]它诞生于1931年7月的鄂豫皖革命根据地，并以《鄂豫皖苏维埃政府临时组织大纲》（1931年7月）等检察法的颁行、担负检察职权的工农监察委员会的成立为标志。

第三、第四种支流观点认为，“有人认为，（人民检察制度）始于建立革命根据地政权时期。中国人民大学法学院教授曾宪义主编的《检察制度史略》一书认为，根据中国革命‘由农村包围城市最后夺取全国政权’的特点，对人民检察机构建立的时间，应认定为1927年秋收起义至中华苏维埃共和国成立”“还有人认为，（人民检察制度）始于第一次国内革命战争时期，由共产党领导的工农群众运动建立的具有地方性质的工农政权。这种观点认为，诸如香港罢工委员会，上海三次工人武装起义产生的上海平民政府，广东、湖南农民运动中建立的乡村自治政权，都具有镇压和惩治破坏工农运动的司法机构。譬如香港罢工委员会就设有军法处、会审处。当时的条例规定，如果纠察队、军法处主任失职，致使在押人犯脱逃，军法处主任等相关人员要‘按律惩戒’；如果是受贿后放任罪犯脱逃，则要严加惩处。这即是检察机关反渎、反贪和监所检察的职能。在当时的历史条件下，香港罢工委员会的会审处没有设置检察官，对案件的起诉还要借助广州国民政府的检察官完成”。[②]

而笔者持主流观点，既不赞成上述第三、第四种观点。原因在于，其间难寻检察制度构成“三要素”的客观存在，也不赞成第二种观点。原因在于，尽管1931年7月的鄂豫皖革命根据地，既有诸如《鄂豫皖苏维埃政府临时组织大纲》《革命军事法庭暂行条例》《政治保卫局工作条例》和《革命法庭的组织及其与政治保卫局的关系》等检察法，也有准检察机关（工农监察委员会）及其内设部门（国家公诉处）、检察人员（程玉阶等国家公诉员），甚至还有“人民检察制度”运作痕迹的客观存在。但是，基于其检察机关及其内设部门、检察人员的称谓分别是工农

① 刘建国主编：《鄂豫皖革命根据地的人民检察制度》，中国检察出版社2011年版，第79～80页；《人民检察制度在河南》，河南省人民检察院2011年编印，第5页。

② 张永恩：《人民检察始于何时：一位老检察官的考证》，载《检察史的新闻阅读》，中国检察出版社2011年版。

监察院、工农监察委员会、国家公诉处、国家公诉员,因而即便他们也享有并履行了法律监督权、职务违法犯罪调查预防权、控告申诉检察权,[①]但也不能称其为"检察机关及其内设部门、检察人员",就像既不能将"御史机关及其御史"称为"检察机关及其检察官",也不能将现今承担职务犯罪侦查和预防等原有检察职责的监察委员会及其监察官称为"检察机关及其检察官"一样;归根结底,在于"工农监察院、工农监察委员会"的名不符实。

七、中国检察制度经历了几落几起

即便从1843年5月4日算起,我国检察制度亦不足176岁。而在176年发展历程中,却几落几起。

《辞海》(缩印本)有言:落即"下降、降落、衰败、凋零、死";起即"起立、扶起、开始、创立、兴建、拔出"。因此,中国检察制度的落起,包括其"下降、降落、衰败、凋零、死"与"起立、扶起、开始、创立、兴建、拔出",以及中国检察权的增减、强弱等浮沉。而浮沉,即"比喻盛衰或得意和失意"。[②]

那么,176岁的中国检察制度特别是中国人民检察制度到底经历了几落几起?众说纷纭,代表性观点有两种:一种认为,[③]中国人民检察制度经历了"六落六起"——中华人民共和国成立前"三起":1937年9月6日、1942年春、1947年3月;以及中华人民共和国成立后"三起":1951年、1960年和1968年12月。

另一种认为,[④]中华人民共和国人民检察制度经历了"三落三起"——1951年、1960年和1968年12月……而笔者认为,175岁的中国检察制度经历了"九落九起"。其中的"九","泛指多数或多次":[⑤]

① 《人民检察制度在河南》,河南省人民检察院2011年编印,第5~6页。

② 辞海编辑委员会编:《辞海》(缩印本),上海辞书出版社1980年版,第601页、第1946页。

③ 例如,王丽丽、王松苗:《两度"三落三起"说明了什么》,载《检察史的新闻阅读》,中国检察出版社2011年版,第39~49页。

④ 例如,王桂五:《王桂五论检察》,中国检察出版社2008年版,第167~172页。

⑤ 辞海编辑委员会编:《辞海》(缩印本),上海辞书出版社1980年版,第63页。

“一落一起”。尽管中华民国成立之初和北洋政府时期，主要援用清末检察法。但时至1914年，北京袁世凯政府即对清末四级三审的审判体制作了调整——废除各地方设置的初级审判厅。因此，原设于初级审判厅的初级检察厅也随之相应裁撤。与此同时，北京政府还将全国2/3的地方审判厅和检察厅撤废。在已撤废审检厅的地方，所有民刑诉讼案件均由县知事兼理或设审判处管辖。1915年6月20日，北洋政府司法部呈准修正刊行的《法院编制法》，删除了关于初级审判厅、初级检察厅之规定；把总检察厅厅丞改为检察长，各审判衙门各检察厅分置之。而随着北洋政府的没落与南京国民政府的兴起，民国检察制度也由衰转兴。因此，可将1914年视为中国检察制度的首次落起。

“二落二起”。1927年8月16日，国民政府发布《裁撤各级检察厅并改定检察长名称令》指出：“司法事务经纬万端，近值刷新时期，亟应实行改进即如检察制度。体察现在国情参酌各国法制，实无专设机关之必要，应自本年十月一日起将各级检察厅一律裁撤，所有原日之检察官暂行配置于各该级法院之内，暂时仍旧行使检察职权。其原设之检察长及监督检察官一并改为各级法院之首席检察官。着司法部迅即遵照筹办，此令”。随后的10月25日，国民政府在颁行的《最高法院组织暂行条例》中，率先推行裁撤检察厅后的体制，于最高法院，配置首席检察官1员、检察官5员。由此结束了清末以来实行的审检分立而改为审检合署机制。因此，可将1927年视为中国检察制度的第二次落起。

“三落三起”。1935年全国司法会议召开。与会者围绕如何贯彻落实好修正后的《中华民国刑事诉讼法》，出现了主张废弃与保留并改善检察制度两派，并以提案方式展开了激烈论争。最后尽管主张保留并改善派略占上风，但力主废弃派并未偃旗息鼓，甚至诸如张一鹏等主张废弃者，直接否认创设检察制度的微观初心——它有碍法官、警察依法履行职权。因此，可将1935年视为中国检察制度的第三次落起。

“四落四起”。1937年9月6日，为适应抗日民族统一战线需要，中华苏维埃共和国临时中央政府驻西北办事处，正式更名为陕甘宁边区政府；原西北办事处的外交部、劳动部、工农检察局等机关被撤销。时至1939年1月，陕甘宁边区第一届参议会决定在陕甘宁边区高等法院设置检察处。而后，各抗日根据地随着民主政权的建立，人民检察制度也得以恢复建立起来。因此,可将1937年视为中国检察制度的第四次落起,也是人民检察制度的首次沉浮。

“五落五起”。1942年春,陕甘宁边区等敌后战场出现了极其困难的局面,党中央决定精兵简政。随后,边区高等法院检察处及其检察员均被撤销,检察工作分别由法院和保卫机关承担。1945年抗战胜利后,各解放区基本恢复并沿袭了老根据地行之有效的人民检察制度。因此,可将1942年视为中国检察制度的第五次落起,也是人民检察制度的第二次沉浮。

“六落六起”。1945年,国民党军队大举进犯陕甘宁边区,各级检察机关基本停止了工作。1947年3月,延安沦陷。1949年2月5日,陕甘宁边区政府和高等法院联合决定,由于干部的非常缺乏,检察制度可暂不建立,其职务仍由公安机关和群众团体代为执行。至此,直到陕甘宁边区政府撤销1949年10月1日之前,人民检察制度再也没有恢复。因此,可将1945年视为中国检察制度的第六次落起,也是人民检察制度的第三次沉浮。

“七落七起”。1949年2月28日,中共中央发布《关于废除国民党的六法全书与确定解放区的司法原则的指示》指出:“在无产阶级领导的工农联盟为主体的人民民主专政政权下,国民党的六法全书应该废除。人民的司法工作,不能再以国民党的六法全书为依据,而应该以人民的新的法律作依据。在人民新的法律还没有系统地发布以前,应该以共产党的政策以及人民政府与人民解放军所已发布的各种纲领、法律、条例、决议作依据”。随后,国民党检察制度被废止。时至1949年10月22日,罗荣桓检察长在第一次最高人民检察署检察委员会议上正式宣布最高人民检察署成立,并于11月1日正式启用印信、对外办公。这也标志着1949年之后人民检察制度的正式确立。因此,可将1949年2月28日,视为中国检察制度的第七次落起。

“八落八起”。1951年全国编制会议召开决定精简国家机关,并提出让检察机关“名存实亡”——只保留名义,不设机构,不配备干部,检察工作由公安机关兼办。会后,各地纷纷照此行动。后经高检署党组书记、常务副检察长李六如等人向周恩来、董必武反映,并由他们向毛泽东主席建议不精简、撤销检察机关及其人员;之后,毛主席、党中央决定保留检察机关,恢复检察工作。因此,可将1951年视为中国检察制度的第八次落起,也是人民检察制度的第四次沉浮。

"九落九起"。1960年冬,康生、谢富治乘国务院机构改革之际,[①]决定取消最高人民检察院,只留25人归公安部领导。随后,高检院张鼎丞检察长代表广大检察干部和最高人民检察院党组向刘少奇、彭真作了反映——他们都坚持认为检察机关不能取消;刘少奇说要有检察制度,检察机关是没有问题的,不是削弱,而是要加强。彭真说,关于检察机关、检察制度有无存在必要性的问题,中央从来没有讲过说不要,你们的工作证明检察机关是起了作用的。这样一来,又一次刹住了取消风。因此,可将1960年视为中国检察制度的第九次落起,也是人民检察制度的第五次沉浮。

"十落十起"。1967年1月30日,最高人民检察院遭到红卫兵造反、夺权,工作陷于瘫痪。1968年12月,在谢富治的授意下,最高人民检察院军代表、最高人民法院军代表、内务部军代表和公安部领导小组联合向中央提出《关于撤消最高人民检察院、内务部、内务办三个单位,公安部、高法院留下少数人的请示报告》指出:"高检完全是抄苏修的,群众早就说该取消"。随后,得到毛泽东等中央领导圈阅、批准。直至1978年3月5日通过的《中华人民共和国宪法》第43条规定,重新设置人民检察院。因此,可将1968年视为中国检察制度的第十次落起,也是人民检察制度的第六次沉浮。

"十一落十一起"。1996年3月17日,八届全国人大四次会议通过《全国人民代表大会关于修改〈中华人民共和国刑事诉讼法〉的决定》,取消检方享有的"免予起诉权"。因此,可将1996年视为中国检察制度的第十一次落起,也是人民检察制度的第七次沉浮。

"十二落十二起"。2016年11~12月,随着《关于在北京市、山西省、浙江省开展国家监察体制改革试点方案》和《关于在北京市、山西

① 1960年7月至1961年9月,国务院进行机构改革,主要集中在中央一级机关进行干部精简运动。这次干部精简以事业单位为重点,对行政部门和事业单位同时进行精简。经过一年多的努力,在机构方面,中央各部门司局级机关减少15%,事业单位减少26%;行政机关精简1.6万余人,事业单位精简6.5万余人。

省、浙江省开展国家监察体制改革试点工作的决定》的颁行,中国检察制度迎来了第十二次落起,中国人民检察制度也迎来了第八次浮沉。当然,既可将《关于在全国各地推开国家监察体制改革试点方案》和《关于在全国各地推开国家监察体制改革试点工作的决定》的颁行,视为中国检察制度第十二次落起与中国人民检察制度第八次浮沉的延续,也可将其视为中国检察制度第十三次落起与中国人民检察制度第九次浮沉……

另外,中国检察制度落起以及中国人民检察制度沉浮之前,也有相应的、唱兴衰的思想、理论"熏陶";而不论针对1949年之前之后中国检察制度的,还是针对国民党或共产党检察制度的,"主立或挺立""挺检"派与"主废或挺废""撤检"派,概莫能外——挺有挺的理由,撤有撤的缘故。譬如,"根据史料记载,早于北洋军阀专政时期,即有不少人主张废检察制度……受狭隘的司法独立思想以及传统重监察的理论影响,在国民党执政以前,主张废除检察制度的呼声已很高很杂,已形成不利检察制度存续的舆论导向。到1927年国民党政府执政时,即出现了裁撤检察机关的一系列举措……由于裁撤检察机关对刑事检控不利,并直接影响到国民党一党专政的国家统治,所以当时并未真正废除检察制度,只是将各级检察厅废弃,而代之以检察署或检察处。因此,主张废弃检察制度的人很有意见。到1935年全国召开司法会议,不少人提出的司法改革议案中都含有废止检察制度的内容。当时围绕如何贯彻修改后的刑事诉讼法,主张废弃检察制度和主张保留并改善检察制度的两派,在这次会议上以提案论证为形式,展开了激烈的争论";①而"陕甘宁边区检察制度的存废之争,发生于1943年年初的司法大检讨期间……由于李木庵、朱婴、鲁佛民等接受过专业的法律教育,受到西方司法理念的熏陶,熟悉国民政府的法律,并有一定的司法经验,在延安的司法工作中,他们强调司法正规化、司法独立、司法专业化,在检察制度方面,主张建立独立的检察制度。雷经天则是理科出身,参加革命后,多从事党政及军队工作,任职于陕甘宁边区高等法院之前,没有

① 龙宗智等:《知识与路径:检察学理论体系及其探索》,中国检察出版社2011年版,第113~115页。

任何的法律知识与背景,其法律思想主要来自革命思想和革命实践。即强调政府领导司法,强调司法的政治性,而非专业化。在检察制度方面,认为边区不需要检察制度,更不应建立独立的检察制度”。① 时至新中国特别是检察机关恢复重建后的20世纪80年代至今,唱衰检察制度的声音仍不绝于耳。② 因此,检察理论研究的重要、现实意义,不言自明。

此外,检方应始终保有忧患意识。譬如,“鉴于‘文化大革命’中法制被破坏,公民权利被践踏,人民的生命安全毫无保证的惨痛教训,在征集的(1975年)宪法修改意见中,全国有19个省、自治区、直辖市和人民解放军8大军区,35个中共中央直属机关、国家机关及军事机关,都提出了‘重新设立人民检察院’的建议”,③但不足4年的1981年,“在修改(1978年)宪法过程中,有位中央领导同志提出,为了精简机构,检察机关可以同司法部合并,不再设立独立于行政部门之外的人民检察院,像美国、日本那样。检察机关属于司法部,司法部长就是总检察长。我国台湾地区的检察机关是设在法院,但他是独立的,同法院不是隶属关系。我们国家的检察制度是学苏联的,采取列宁的主张,设立

① 巩富文主编:《陕甘宁边区的人民检察制度》,中国检察出版社2014年版,第141~142页。

② 其中,代表性的文章有:《民事抗诉权质疑和民事检察工作的基本思路》(方如初:《法制论丛》1996年第2期),《关于司法改革的若干思考》(崔敏:《诉讼论丛》1998年第2期),《检察机关的角色定位与诉讼职能的重构》(郝银钟:《刑事法评论》1999年第1期),《中国检察权研究》(郝银钟:《刑事法评论》1999年第2期),《检察权质疑》(郝银钟:《中国人民大学学报》1999年第3期),《建议修改宪法:改变“两大司法机关”格局》(崔敏:《人大研究》1999年第4期),《实然与应然:关于侦检权是否属于司法权的随想》(郝银钟、陈卫东:《法学》1999年第6期),《中国检察院体制应予取消》(夏邦:《法学》1999年第7期),《对现行民事监督的法律思考》(黄松有:《人民法院报》2000年1月9日),《检察监督与审判独立》(黄松有:《法学研究》2000年第4期),《中国检察权研究》(郝银钟:《刑事法评论》第5卷,中国政法大学出版社2000年版,第90~131页),《评检察机关法律监督合理论》(郝银钟:《环球法律评论》2004年第4期),《评检察机关法律监督合理论》(郝银钟:《社会观察》2005年第2期),《为什么检察制度屡受质疑》(崔敏:《法学》2007年第7期)。

③ 李士英主编:《当代中国的检察制度》,中国社会科学出版社1988年版,第183页。

检察院,保证法制的统一。在苏联,检察机关的权力是很大的”。[①]

检察权的扩大或缩小,不变或消亡,都应与国家代表创设检察制度的初心相适应,也都应与国家代表管理国家的内在用意和外在要求相适应。而这,也许正是“1986 年第 56 届德意志法律人大会上,奥地利司法部长艾格蒙·弗瑞格(Egmont Foregger)在其贺词中曾以相当反讽的方式提及一则名人轶事:1849 年时,年仅 19 岁的奥匈帝国皇帝弗兰西斯·约瑟夫(Francis Joseph)下命以‘最快的速度’创立检察官法。70 年后——不是下偏 70 年后,而是这位高龄皇帝死了 70 年后——奥地利终于制定了这个法律。‘最快的速度’‘只’花了 137 年”的幕后原因之一——当时国家代表管理国家,并不需要检察制度![②]

八、何为检察法? 中国检察院组织法知多少

能否将由国家制定或认可的、规范检方权(利)力、行为的法律和法律规范统称为检察法律,简称检察法?对此,有肯定与否定两种对立观点。窃持肯定观:一方面,毋庸讳言,“水果”是瓜果梨桃等水果个体发展到一定程度的产物;而我国当下,已经有了“检察法”诞生的社会氛围和必要、可能性。换言之,由国家制定或认可的、规范检方权(利)力、行为的法律和法律规范比比皆是、层出不穷。

另一方面,现实存在的,就是合乎理性的。譬如,时下就有诸如《劳改检察法规政策类编》(最高人民检察院一厅编,中国政法大学出版社 1988 年版)、《中外检察法律研究》(薛伟宏,中国检察出版社 2013 年版)、《未成年人检察法律政策指》(吴燕,法律出版社 2016 年版),以及《新中国检察法之特点》(曹南江,《第七届国家高级检察官论坛会议文章》,国家检察官学院、中国人民大学法学院 2011 年编印)等以“检察法(律)”为研究对象的著述存在。

而何为检察法?笔者认为,作为检察制度生成“种子”或“母胎”的检察法,是指规范检方权利(力)、行为之法律与法律规范的总称,并包括专门检察法律与检察法律规范两类。由于《法律词典》云:法律“泛

---

① 《王汉斌访谈录》,中国民主法制出版社 2012 年版,第 111 页。

② 林钰雄:《检察官论》,法律出版社 2008 年版,第 50 页。

指法律、法规、决定、条例等所有国家有权机关制定的具有规范性效力的文件”;法律规范即“由国家制定或认可的体现掌握国家政权者意志、并以国家强制力保证实施的行为规则”。① 因此,专门检察法律亦即专门检察法典、法律或法规,检察法律规范亦即规范检方权利(力)、行为的法律条文;而它们的具体构成,如图2所示:

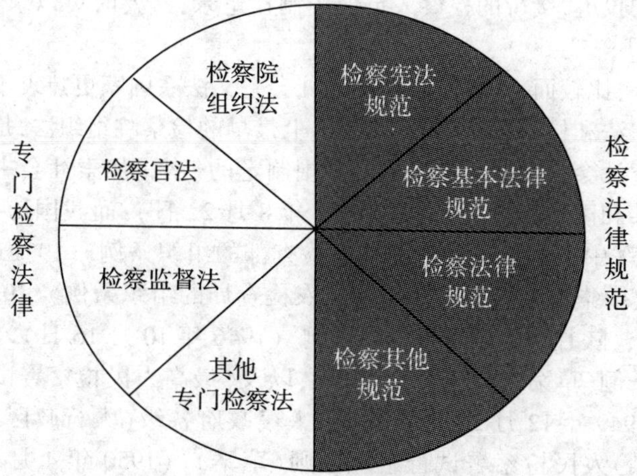

图2 检察法构成

据划分标准的不同,可将检察法分为:国内和国际,附属和专门性,制定和认可性,全局(或全国、中央)和局部(或地方)性,实体和程序性,显性和隐性,资本主义和社会主义国家,大陆、英美和社会主义法系国家等检察法律。

而在各种检察法中,除检察宪法规范具有描绘检察制度的“蓝图”“定盘星”作用之外,其他检察法律对检察制度的支撑、架构作用力度的大小,可依次分为检察院组织法(通常将其视为宪法范畴)→“三大诉讼法”中的检察法律规范→检察官法和检察监督法[如《苏联检察监督条例》(1955年5月24日修正)和我国《内蒙古自治区人民检察院检察工作条例(草案)》(1962年5月23日)]→其他专门检察法[如《日

① 信春鹰主编:《法律词典》,法律出版社2003年版,第288页、第297页。

本检察官俸给法》(2004年12月1日修正)和我国《检察人员纪律处分条例(试行)》(2007年5月14日)]→其他专门检察法律规范→检察其他文件规范[如湖北省人民检察院《刑事立案与侦查活动监督调查办法(试行)》(2006年9月25日)第5条第1款“人民检察院控告申诉检察部门负责接待公民、法人或其他组织对刑事立案与侦查活动中违法行为的投诉,接待的检察人员应当制作笔录,必要时可以录音、照相和录像”]。

另外,比较而言,曾经和现在的社会主义法系国家更热衷于制定检察院组织法和检察官法。其中,世界上最早的检察院组织法,是前苏联南高加索社会主义联邦苏维埃共和国制定的《南高加索社会主义联邦苏维埃共和国检察机构条例》(1931年8月22日);而我国历史上,先后颁布了《中华苏维埃共和国工农检查部的组织条例》(1931年11月20日)、《中华苏维埃人民共和国工农检查局的组织条例》(1935年12月2日)、《陕甘宁边区暂行检察条例》(1946年10月16日)、《旅大检察工作条例(草案)》(1947年4月),以及《最高人民检察署试行组织条例》(1949年12月20日)、《中央人民政府各级(大行政区直属市、省、市、县)人民检察署试行组织通则(草案)》(1950年4月20日)、《最高人民检察署暂行组织条例》和《各级地方人民检察署组织通则》(1951年9月3日)、1954年《中华人民共和国人民检察院组织法》(1954年9月21日)、《最高人民检察院组织条例(草案)》(1954年11月29日)、1979年《中华人民共和国人民检察院组织法》(1979年7月1日)、1983年《中华人民共和国人民检察院组织法》(1983年9月2日)和1986年《中华人民共和国人民检察院组织法》(1986年12月2日)13部广义和狭义的(人民)检察院组织法。

此外,为何说2015年年底启动的《中华人民共和国人民检察院组织法》修正,是针对1983年《中华人民共和国人民检察院组织法》的第二次修正。因为,1986年12月2日第六届全国人大常委会第十八次会议修正通过的《关于修改〈中华人民共和国地方各级人民代表大会和地方各级人民政府组织法〉的决定》第26条规定:“……《中华人民共和国人民检察院组织法》第二十二条第一款按照本决定第十八条作相应的修改”。

再者,2017年8月28日,第十二届全国人大常委会第二十九次会议对《中华人民共和国人民检察院组织法(修订草案)》进行了初审。2017年9月4日,全国人大内司委通过《中国人大网》,面向社会征求《中华人民共和国人民检察院组织法》第三次修改建议、意见。截至2017年10月3日,共有410人参与,提出1226条修改建议、意见。

九、检察权的概念及其地位、性质

《辞海》(缩印本)有云:权有"权利"和"权力"简称之本义;权利"与'义务'相对。指公民依法享有的权力和利益";权力"如掌权;当权;有职有权";利益亦称权益,即"好处"。[①] 因此,笔者认为,检察权有权利与权力双重含义。

而现在看来,国家、法人和自然人都可成为权利或权力的主体。因而从权利(力)本义出发,检察权的含义有二:

从权利层面来说,它即检方依法执掌的权力与享有的利益。

从权力层面来说,它即检方依法执掌的权力。其中,检方依法执掌的权力又包括两层含义:针对检察机关及其内设部门而言,它是指检察机关及其内设部门依法享有的职权。因此才有了诸如《人民检察院组织法》第5条"各级人民检察院行使下列职权……"的立法惯例;针对检察人员特别是其中的检察官而言,它是指检察人员及其检察官依法享有的职责。因此也才有了诸如《检察官法》第6条"检察官的职责……"的立法惯例;[②]而职权即"职务范围以内的权力",职责即"职务和责任"。[③]

所以说,检察权就是检察机关及其内设部门依法享有的职权与检察人员特别是其中检察官依法享有的职责的统称。简言之,检察权就是检察职权与职责的总称;而不能顾此失彼:若仅强调检察权仅指检察

① 辞海编辑委员会编:《辞海》(缩印本),上海辞书出版社1980年版,第1252页、第1736页。

② 而迄今为止,我国已先后颁行1995年2月28日、2001年6月30日和2017年9月1日三部《中华人民共和国检察官法》。

③ 商务印书馆辞书研究中心修订:《新华词典》,商务印书馆2001年版,第1264页。

机关及其内设部门的职权,那么,检察权就因检察人员或其检察官的无法享有而失去生命活力和主观能动性;若仅强调检察权仅指检察人员特别是其中检察官的职权,那么,检察权就因检察机关及其内设部门的无法享有而使检察人员及其检察官失去履行职责的"官署"。

而与检察制度的地位、性质一样,检察权在国家权力体系中的地位、性质,也是随着检方在国家机关及其公职人员体系中地位、性质的不同,而变化的。进言之,检察制度地位、性质随着检方地位、性质的变化而变化,并相向、同质变化;检察权地位、性质随着检察制度地位、性质的变化而变化,且相向、同质变化。因此,检察权地位、性质也随着检方地位、性质的变化而变化,也相向、同质变化。

另外,检察权的地位、性质究竟如何?代表性观点有四:一处行政权,二处司法权,三处兼有行政与司法双重属性的国家权力,四处专门法律监督权之地位、性质。而如上所述,笔者主张,作为国家权力的子集,检察权之地位、性质属于专门法律监督权之地位、性质;进言之,检察权也属于法律监督权(包括专门与非专门法律监督权)的子集。

此外,谁是检察权的主体?众说纷纭。笔者认为,与其他国家权力(利)一样,检察权的主体是多层面的——它的原始主体是人民,基本主体是国家,承受(职能)主体是检察机关及其内设部门,执行主体是检察人员特别是其中的检察官。当然,比较而言,检察权的生命活力与正负能量释放,直接源于检察人员特别是其中检察官的主观能动性作用。而这种多层面的形成,源于多层面主体的依次授予——原始主体将全部检察权整体授予基本主体,基本主体再将所承受的整体检察权整体授予承受(职能)主体,承受(职能)主体再将整体检察权分解后再分别将部分检察权(如公诉权、职务犯罪侦查权等)授予检察内设部门,检察内设部门再将所承受的部分检察权整体授予本部门的检察人员特别是其中的检察官。

再者,据划分标准的不同,可将检察权分为许多种类。例如,根据检察权承受主体与检方性质的不同,就可将其分为检察机关权力(利)、检察机关内设部门权力(利)与检察人员权力(利)3种,抑或最高人民检察院权力(利)与地方各级人民检察院权力(利)两种。因此,在我国,据全国人大常委会《关于加强法律解释工作的决议》(1981年

6月10日)和《立法法》(2015年3月15日修正)规定,最高人民检察院内设部门、检察人员,以及省级、地级、县级检察院及其内设部门、检察人员,都不得享有最高人民检察院专司的"司法解释权",也都不行使所谓的"司法解释权"或"准司法解释权"。其中,《立法法》第104条规定,最高人民检察院作出的属于检察工作中具体应用法律的解释,应当主要针对具体的法律条文,并符合立法的目的、原则和原意;最高人民检察院以外的检察机关,不得作出具体应用法律的解释。而最高人民法院、最高人民检察院《关于地方人民法院人民检察院不得制定司法解释性质文件的通知》(2012年1月18日)则规定:自本通知下发之日起,地方检察院一律不得制定在本辖区普遍适用的、涉及具体应用法律问题的"指导意见""规定"等司法解释性质文件,制定的其他规范性文件不得在法律文书中援引(第1条);地方检察院在总结检察工作经验过程中,认为需要制定司法解释的,按照最高检《司法解释工作规定》(高检发研字〔2006〕4号)要求,通过省级检察院向最高检提出制定司法解释建议或对法律应用问题进行请示(第2条)。

最后,在我国,曾经或目前遭受质疑或诟病的检察权主要包括:免予起诉权,以及职务犯罪侦查权、审查批准或决定逮捕权和最高人民检察院的司法解释权。当然,检方的法律监督地位、性质或专门法律监督权也时不时地会遭到质疑。而质疑者,既有来自检察系统外的,也有来自检察系统内的。所以从这个意义上说,中国检察制度几落几起中的"几",既有再增加的可能,也有保持不变乃至减少的可能。这主要取决于人民的希望,也取决于国家管理代表管理国家的内在用意和外在要求,更取决于检方"挽起袖子加油干"的检察工作实际。为此,各级检察机关要以习近平新时代中国特色社会主义思想为指导,深入学习贯彻习近平总书记在全国两会期间的系列重要讲话和"两会"精神,以等不起的紧迫感、慢不得的危机感、坐不住的责任感,讲政治、顾大局、谋发展、重自强,切实抓好各项工作措施的落实,努力答好新时代检察工作人民满意答卷……新时代社会主要矛盾发生了重大变化,人民群众在民主、法治、公平、正义、安全、环境等方面有更丰富内涵和更高水平的需求。检察机关要在法律监督主业上提供满足人民群众这些方面需求的丰富的检察产品,并不断提升产品质量,为党分忧,为民解难,让人民群众增强实实在在的获得感、幸福感、安全感……所谓讲政治,就是各级检察机关必须把党的十九大精神、习近平新时代中国特色社会主义思想具体落实到检察工作中;所谓顾大局,就是凡事不能只站在自己立场角度谈工作,要充分运用政治智慧和法律智慧开展法律监督工作;所谓谋发展,包括深入推进司法改革、检察机关内设机构调整,都要着眼于检察事业发展,最根本的是办案;所谓重自强,就是要建设适应新时代全面依法治国要求的检察队伍,要按照习近平总书记"五个过硬"要求,提高检察官的政治素质、业务素质和职业道德素质,提升专业能力、专业素质,培育专业精神。①

十、中国检察工作方针、印章和制服

无疑,检察工作方针、印章和制服,是中国检察制度最具代表性的"中国元素"。

(一)中国检察工作方针

《辞海》(缩印本)有言:方针即"国家、政党在一定历史时期内,为达到一定目标而确定的指导原则。有总方针和具体方针"。② 推而广之,检察工作方针有关广狭两义:广义的是指各级检察机关在一定历史时期内,为达到一定检察工作目标而确定的检察工作指导原则;狭义的仅指国家最高检察机关在一定历史时期内,为全国检察机关达到一定检察工作目标而确定的全国检察工作指导原则。在我国,通常它由最高人民检察署(院)检察长与其任内的党组提出、确定。

就狭义而言,中国特别是新中国检察工作方针有哪些?莫衷一是。代表性的观点认为,1978年恢复重建之前,没有检察工作方针;之后,才有检察工作方针至今。细言之,从新中国成立到"文化大革命"这一时期,检察政策的基本特点是,结合检察职能,强调贯彻落实党和国家

① 《张军在全国检察机关学习贯彻两会精神电视电话会议上强调:讲政治顾大局谋发展重自强　努力答好新时代检察工作人民满意答卷》《张军:努力干事创业再续检察事业新征程》,载《检察日报》2018年3月8日、4月19日。

② 辞海编辑委员会:《辞海》(缩印本),上海辞书出版社1980年版,第1544页。

针对政法工作提出的某些方针和政策,[①]较少直接针对检察工作提出并专门用来指导全部检察工作的政策,与此同时,更没有形成具有鲜明检察特色的工作方针。1978 年,检察机关恢复重建之后,才相继有了明确、具体的检察工作方针。[②] 而窃不以为然。

例如,通过检索《中央和中央领导同志对检察工作历次指示汇编(1950~1968)》《最高人民检察院工作报告集》不难发现,1956~1964年,最高人民检察院曾以"监督合法,提高质量,抓紧重点,经得起检查""有反必肃、有错必纠""依靠群众专政、依靠群众办案""惩办和教育相结合""一个不杀,大部(95% 以上)不捉"为检察工作方针;[③]检察机关恢复重建后,最高人民检察院还先后以"党委领导,保障民主,群众路线,加强专政,执法必严,实现大治"(1979~1983 年,黄火青检察长任内),"从严治检"(1984~1988 年,杨易辰检察长任内),"一要坚决,二要慎重,务必搞准""两手抓"(1989~1993 年,刘复之检察长任内),"严格执法,狠抓办案"(1994~1998 年,张思卿检察长任内),"公正执法,加强监督,依法办案,从严治检,服务大局"(1999~2003 年,韩杼滨检察长任内),"加强法律监督,维护公平正义"[2008 年至今,贾春旺(2004~2008 年)、曹建明(2009~2018 年)任内]。而今这些检察工作方针已不再成为"检察工作秘密",甚至成了检察建筑上的"口号、标语";但其中也有一个"趣象",就是许多检察干警很难说出提出这些检察工作方针的、新中国 9 位首席大检察官的姓名,哪怕是看着他们的照片。

(二)中国检察印章

《现代汉语词典》有云:印章即"印和章的合称";印即"政府机关的图

---

① 例如,"提高警惕,肃清一切反革命分子;防止偏差,不要冤枉一个好人。既合法,又敏捷""少捕、少杀,一般不搞集中搜捕""大部不抓,一个不杀""战犯一个不杀,日本战犯陆续放回去,蒋匪战犯几个几个地放""要把犯罪的人改造成为新人""边检查、边纠正、边建设""敌我问题从严,人民内部问题从宽;在人民内部问题中,批评自我批评从严,党纪、政纪、法律处分要分别情况,酌量从宽,必须严肃与谨慎相结合""改造第一、生产第二"等。

② 谢鹏程、李勇:《检察工作方针和总体要求的历史发展》,载《人民检察》2008 年第 8 期。

③ 值得说明的是,当时的检察工作方针属于检察工作秘密,是不对外宣传、示人的。

章”;图章即“用小块的石头、木头、金属、象牙等做成的东西,底下一面多为方形或圆形,刻有姓名或其他名称、图案等,用来印在文件、书籍上面,作为标记”;章即“图章”。秦统一六国后,皇帝的印信称“玺”,官、私所用的印信均改称“印”,于是,“玺”“官印”便有了权力的象征。① 为此,诸如国务院《关于国家行政机关和企业事业单位社会团体印章管理的规定》(1999年10月31日)等法律,还对印章管理作了明确规定;我国现行《刑法》(2017年11月4日修正)还规定有“伪造、变造、买卖国家机关公文、证件、印章罪”“伪造公司、企业、事业单位、人民团体印章罪”。

如上所述,检察机关存在在与否,直接影响检察制度的建立、发展甚至中(终)止;而检察印章的存在与否,则是衡量检察机关有无“生命迹象”的重要指标。因此,也有人主张,检察机关印章(信)的启用与否,②既标志检察机关是否成立,也标志检察制度是否确立。而常见的中国检察印章(因国外注重签名,鲜有印章)如图3所示:

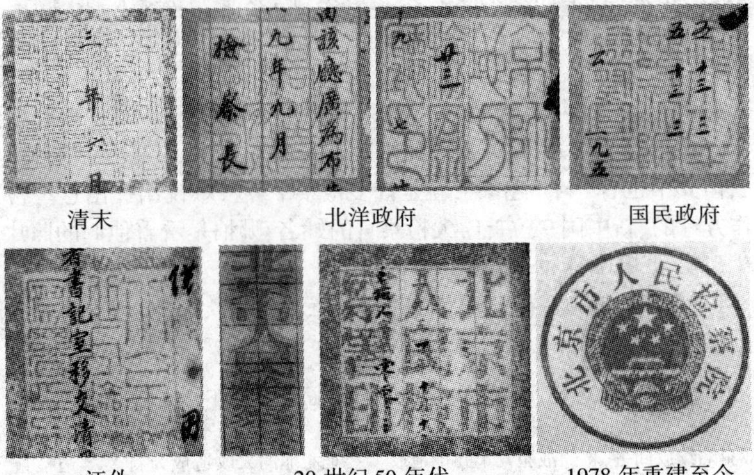

清末　北洋政府　国民政府

汪伪　20世纪50年代　1978年重建至今

图3

---

① 中国社会科学院语言研究所词典编辑室编:《现代汉语词典》,商务印书馆1999年版,第1506页、第1507页、第1275页、第1585页。

② 所谓印信,即“官府所用各种图章的总称,包括印、关防、钤记等”[辞海编辑委员会编:《辞海》(缩印本),上海辞书出版社1980年版,第405页]。

图 3 左上起:北京市检察院印章变迁示意图——左上起:清末“京师高等检察厅之印”右为汉文,左为满文;北洋政府“京师高等检察厅印”和“京师地方检察厅印”;民国南京政府“河北北平地方法院检察官印”;日伪时期“北平地方检察署印”;中华人民共和国 20 世纪 50 年代“北京市人民检察院印”;1978 年至今“北京市人民检察院印”。

由上图可见,在外形(正方形、长方形和圆形)、字体(篆书、宋体)、内容(检察院印和检察官印)、图案(国徽)等方面,1949 年之前与之后的检察印章是截然不同的;而新中国不同时期的检察印章,也不尽相同。

(三)中国检察制服

《辞海》(缩印本)有言:制服即制式服装的简称,是指“依照规定样式制成的服装”。[①] 而概言之,由于检察人员的国家公职人员属性,以及检察制度的重要性,因而古今中外的检察人员特别是其中的检察官,一般都配有检察制服。其中,中国检察制服(见图 4)大体经历了如下变迁:

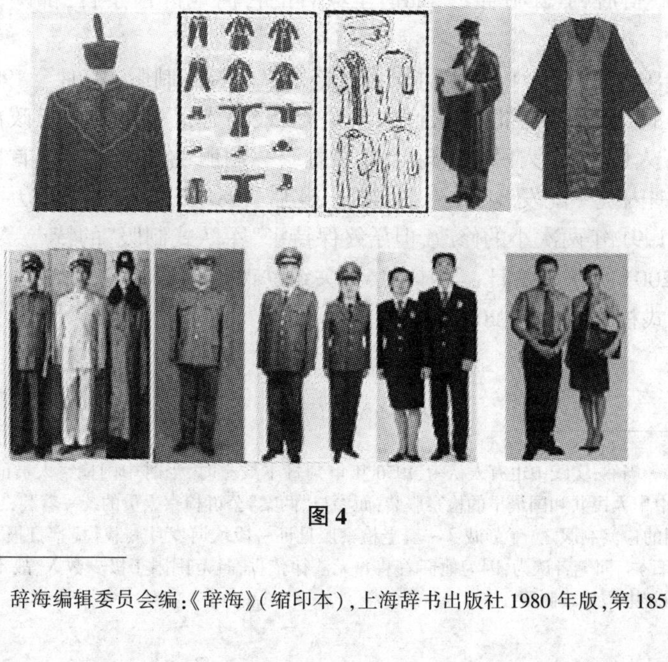

图 4

① 辞海编辑委员会编:《辞海》(缩印本),上海辞书出版社 1980 年版,第 185 页。

图 4 左上起:日治时期台湾地区检察制服,1913 年民国检察制服图示,1929 年民国检察制服图示,民国时期穿检察制服的检察官,1948 年至今的台湾地区检察制服(法袍);中华人民共和国 1984 式、1988 式、1991 式、2000 式、2009 式检察制服。

早在 1897 年日本殖民统治下的我国台湾地区检察官,就有检察制服。

清末检察人员没有检察制服,但由于检察官属于文官,便穿文官补服。

1912 年中华民国成立后,检察官须穿检察制服。

1929 年 1 月 4 日,司法院令公布《司法院推事、检察官、书记官、律师服制条例》规定:各制服镶边之色别如下:一、推事用蓝;二、检察官用紫;三、书记官用黑;四、律师用白(第 2 条);推事、检察官、书记官、律师制帽式与文官同,但缘边须各如制服镶边之色(第 3 条);帽章用青天白日。推事、检察官、书记官帽章中嵌篆文法字;律师帽章中嵌篆文律字(第 4 条);推事、检察官、书记官、律师凡莅庭时,均着制服,但就席后得脱帽(第 6 条)。而时至今日的台湾地区检察官,都须穿检察制服。

1949 年 10 月 1 日后,并没有严格意义的检察制服。[①] 时至 1984 年 1 月 14 日,经国务院批准,最高人民法院、最高人民检察院和财政部印发《关于人民法院、人民检察院干部穿着统一制服的几项规定》,首次在全国范围内统一配发 84 式检察制服。此后,1984 式检察制服经历了 1988 年和 1991 年两次小的修改,但始终保持了"军队式制服"的特点。

2001 年 7 月 1 日,全国检察机关统一改成西服式检察制服。随后。2000 式检察制服在 2009 年又有微调。

---

① 当然,实践中也有人认为,1956 年审判日本战犯时,当时中国检察人员的统一着装,为中华人民共和国最早的检察服装;而参与"两案"公诉检察人员的统一着装,也应算作新中国的检察制服之一(彭诚:《一套老检察服见证一段坎坷岁月》,载《检察日报》2014 年 8 月 7 日)。而笔者认为,因为他们着装并无法律依据,且范围限于极少数人,故不能将它们视为新中国检察制服。

十一、当前中国检察人员应以何身份出席法庭

尽管中国检察制度晚于西方创建,但当下我国检察官好像并没有外国检察官之“我是谁?我的位置在哪里”的身份困惑。不然,实践中就不会出现——对表明自己出席法庭身份之“桌(或座、坐)签”具体名称五花八门的视而不见:

例一,对自己出席刑事一审法庭“桌签”名称五花八门的熟视无睹(如图5所示):

公诉人　　公诉席　　检察员

图5

例二,对自己出席刑事二(再)审法庭“桌签”名称五花八门的视若无睹(如图6所示):

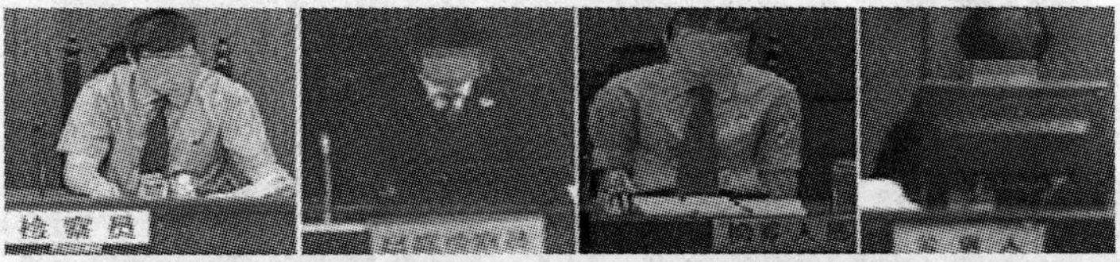

检察员　　出庭检察员　　检察人员　　公诉人

图6

例三,对自己出席民事、行政法庭“桌签”名称五花八门的充耳不闻(如图7所示):

检察员　　　　抗诉机关

图7

例四,对自己出席民事、行政公益诉讼法庭"桌签"名称五花八门的置若罔闻(如图8所示):

图8

图 8 左上起：一审：原告，环境公益诉讼人，原告、原告代理人，督促起诉方，支持起诉机关。支持起诉人，公益诉讼人；二(再)审：检察员。

与此同时，实践中检察人员出席刑事法庭时，还有如下令人匪夷所思的“桌签”错误情形，如图 9 所示：

图 9

图 9 左上起：出席刑事法庭检察人员座签错误常见情形。

导致现今我国检察人员特别是其中的检察官，对表明自己出庭身份之“桌签”称谓五花八门，且视而不见的原因何在？可能的原因是，检察人员对现行《人民检察院组织法》第 15 条“人民检察院提起公诉的案件，由检察长或者检察员以国家公诉人的身份出席法庭，支持公诉，并且监督审判活动是否合法”规定的漠视或扩充理解、解释。

那么，检察人员特别是其中的检察官，究竟应该以何种身份或桌签出席各类法庭呢？笔者认为，就目前《人民检察院组织法》等法律未修改而言，应分 5 种情形：

第一，检察人员(包括书记员)依法出席刑事法庭时，包括一审、二审和再审，均应以“公诉人”身份或桌签出席；依据是《人民检察院组织法》第 15 条规定。

第二，检察人员依法出席民事、行政法庭时，包括一审、二审和再审，均应以“检察员”身份或桌签出席，依据是最高人民检察院《检察机关执法工作基本规范》和以往惯例。

第三，检察人员依法出席民事、行政公益诉讼法庭时，包括一审、二审和再审,均应以"公益诉讼起诉人"身份或桌签出席,依据是最高人民法院、最高人民检察院《关于检察公益诉讼案件适用法律若干问题的解释》(2018年3月1日)第4条规定:"人民检察院以公益诉讼起诉人身份提起公益诉讼,依照民事诉讼法、行政诉讼法享有相应的诉讼权利,履行相应的诉讼义务,但法律、司法解释另有规定的除外"。

第四,检察人员以侦查人员出庭作证时,应以"证人"身份或桌签出席;依据是《刑事诉讼法》第187条第2款。

第五,检察人员以"鉴定人"身份出庭时,应用"鉴定人"桌签。依据是《刑事诉讼法》第187条第3款。

而针对上述检察人员出席法庭的混乱情形,最高人民检察院一方面,既可通过制定相应的司法解释加以统一规定,也可通过修正《检察机关执法工作基本规范》等检察解释加以统一规范。另一方面,通过牵头提交的《中华人民共和国人民检察院组织法修改草案(建议稿)》可作如下规定,为此,才能使检察人员做到身份的规范、严肃性:

"第×××条【公诉权、公益诉讼权、审判活动监督权的行使方式与检察人员出庭身份】人民检察院提起公诉的刑事案件,由检察官以国家公诉人的身份出席法庭,支持公诉。人民检察院出席二审或者再审刑事法庭时,检察官以国家检察官的身份出席法庭。

人民检察院参与一审、二审或者再审民事、行政案件,由检察官以国家检察官身份出席法庭,参加诉讼。

人民检察院提起公益诉讼的民事、行政案件,由检察官以国家公益诉讼起诉人身份出席法庭,参加诉讼。

检察人员依法履行作证、鉴定义务时,应当以证人、鉴定人身份出席法庭。

人民检察院发现法院的审判活动有违法情况时,应当在庭审后向法院提出纠正违法意见或者检察建议"。

十二、结　语

走笔"检察理论研究常见争议",实则也回望、梳理中国检察制度的发展历程。而经历了176年沉浮的中国检察制度,特别是经历了88年曲折的中国人民检察制度,它已深深地植根于华夏沃土之中,并释放着检察制度正能量。而实践证明,坚持好、发展好、完善好和传承好中国特色社会主义检察制度,既必须坚持法治、公开、公益、合理性、客观公正、正当程序、保障人权、无罪推定、检察一体、接受监督、诉讼经济与效率、依法独立行使检察权原则,而归根结底,更要坚持好中国共产党对检察工作的绝对领导这一根本性原则。恰如我国现行《宪法》第2条第2款所云:“社会主义制度是中华人民共和国的根本制度。中国共产党领导是中国特色社会主义最本质的特征。禁止任何组织或者个人破坏社会主义制度。”

公诉环节证据审查制度改革探析

柏利民*

目　次

证据是刑事诉讼的基石和案件质量的核心,公诉人证据审查能力的高低决定着公诉案件质量的优劣。当前由于公诉人“思维不全、思路不清、路径不佳、方式不对、责任不强、把关不严”等因素,以致在证据审查中存在“应排除的不排除、能补正的不补正、可补强的未补强、该发现的未发现、当纠正的未纠正”等问题。在以审判为中心刑事诉讼制度改革和实行办案质量终身负责制的大背景下,笔者认为应转变审查思维、升级审查路径、改革审查方式,推进证据审查制度转型升级,以进一步提高公诉案件质量,有效防范冤假错案,助推庭审实质化改革。

一、转变证据审查思维

正确的思维形式是公诉人审查判断证据的基础和前提,推进证据

* 云南省玉溪市人民检察院检委会专职委员,全国检察业务专家。

审查制度转型升级的首要任务是转变证据审查思维。从2010年“最高人民法院、最高人民检察院、公安部、国家安全部和司法部”联合出台的《关于办理死刑案件审查判断证据若干问题的规定》《关于办理刑事案件排除非法证据若干问题的规定》到2012年大修后的刑诉法,都对审查判断证据提出了一系列新要求,要求公诉人养成法律思维、遵循法律本意、遵从法律事实,审慎而周全地审查判断证据。这其中,合法思维、质疑思维、反向思维、证伪思维尤为重要。[①]

(一)合法思维

证据是事实内容与表现形式的统一。证据既有自然属性也有法律属性。证据有效性是证据的自然属性,包括客观性和关联性,意在说明证据对待证事实的证明作用及程度,确定着证据的效力;证据合法性是证据的法律属性,意在说明证据能否准入诉讼程序之中的资格,确定着证据的能力。[②] 证据能力是证据效力的前提,这就需要公诉人具备合法思维。合法思维是指公诉人对所有的证据材料是否合法适格、能否进入刑事诉讼程序进行审查的思维形式。过去公诉实践中,公诉人由于缺乏合法思维,往往跳过证据合法审查环节,直接进入证据实质审查,如未敏锐地发现采用刑讯逼供或者变相刑讯逼供获取的讯问笔录、未经有关侦查人员签名的取证过程合法性的说明材料等,导致案件“带病起诉”“打包起诉”“贸然起诉”,给案件质量埋下隐患。随着庭审实质化改革的推进,非法证据排除将成为控辩双方争辩的焦点及能否定罪量刑的有力武器,公诉人审查证据思维亟须从有效性优先转变为合法性优先。因此,公诉人应当构建合法思维:首先,审查态度要耐心细致,因为取证手段合法性问题相对隐蔽、不易审查,要仔细甄别、反复比对。其次,要从形式规范性审查转到实质合法性审查,审查不能流于形式,更不能想当然地进行合法推定,要敢于“较真”“挑刺”。特别是在讯问犯罪嫌疑人时,要首先进行权利义务告知并询问侦查人员有

---

① 参见卢乐云:《公诉审查判断运用证据的三种新思维》,载《检察日报》2010年10月13日,第3版。

② 徐荷生:《公诉理念转型和审查方式升级的路径探讨》,载《人民检察》2015年第16期。

无非法取证的情形。最后,对每一份证据材料的证据能力进行筛选和过滤,突出对证据形式、证据主体、搜集证据程序和取得证据手段是否合法进行审查,看是否有应当排除的非法证据,是否有应当补正或者作出合理解释的瑕疵证据,是否有根据法律、司法解释规定不得作为定案依据的证据材料。通过对证据合法性的审查,既引导、规制侦查机关(部门)依法、规范、客观地搜集证据,又监督纠正侦查违法行为。

(二)质疑思维

证据是对客观存在的案件事实的反映,侦查人员通过各种途径收集到的证据材料有真有假,必须经过审查判断、查证属实,才能作为定案依据,这就需要公诉人具备质疑思维。[①] 质疑思维是指公诉人以理性的质疑入手,审查判断定罪量刑的证据的合法性、真实可靠性、关联性,通过排除合理怀疑达到依法正确运用证据的思维形式。过去公诉实践中,公诉人由于缺乏质疑思维,往往按照提起公诉的认定运用证据,忽视甚至不能有效应对被告人及其辩护人的质疑,然而一些定罪量刑的关键证据存在的问题往往隐藏在容易被忽视的细节之中,如讯问笔录与同步录音录像不对应的问题、笔录未经核对就签名捺印的问题等。因此,公诉人应当构建质疑思维:首先,要质疑据以定罪的证据是否符合法律规定的要求、程序和表现形式,毕竟,合法性是证据客观性和关联性的保障。特别是对关键证据的合法性审查要更全面深入细致。其次,要质疑证据与证据之间、证据与事实之间是否协调一致。即证据与证据之间、证据与事实之间、证据与情理之间是否相互印证、相互支持、相互补充,不存在不能解释、无法解释的矛盾,或者虽有矛盾但已得到合理排除。各证据、各事实要素之间环环相扣,形成一个闭合的证据链,使定罪量刑的事实均有足够的证据加以证明;案件所有的证据形成一个完整的证据体系,能够证明整个案情。如言词证据得到物证、

① 也有论者将公诉人应具备的质疑思维称之为"理性的怀疑精神"。理性就是要求公诉人在运用证据认定案件事实时头脑清醒,认识理性,不受舆情、"民意"的不当干扰;怀疑就是面对在案证据,公诉人不能一味秉持拿来主义。沈丙友:《理性证据观:公诉人预防错案之理念基础》,载最高人民检察院公诉厅编:《公诉理论与实践》,法律出版社2011年版,第182页。

书证的印证,物证、书证又得到鉴定意见、勘验检查笔录的印证,鉴定意见、勘验检查笔录又与言词证据相吻合。最后,要质疑全案能否排除其他可能,得出唯一结论。如果有的证明对象(待证事实)有证据证明,而有的没有,或者综合全案证据存在主要事实不清、主要证据不足或者关键事实不清、关键证据不足的情况,则不能认为全案证据体系已达到排除合理怀疑的程度,结论也并非唯一。当然,排除合理怀疑的程度,并非要达到排除任何其他可能性,这既是不可能的,也是不必要的。正因为如此,"证据确实、充分"的证明标准只要求能排除"合理怀疑",而不要求排除"一切怀疑"。

(三)反向思维

刑事诉讼活动所回溯的是过去发生事实的一种可能性而非确定性,司法认定呈现的是逆向思维的特点,它要求司法人员从现在感知过去、从结果推断过程,这就需要公诉人具备反向思维。反向思维是指作为控方的公诉人除站在控方的角度审查判断证据外,还应站在辩方的角度通过预测辩方的可能主张及其理由,全面审查判断拟作为公诉根据的全案证据的思维形式。过去公诉实践中,公诉人由于缺乏反向思维,通常单纯站在控方的立场审查证据,忽视了可能影响定罪量刑的证据矛盾和瑕疵,如对已羁押的犯罪嫌疑人"提外讯问"的问题、询问未成年犯罪嫌疑人未通知合适成年人到场的问题等,从而为错诉埋下伏笔。因此,公诉人应当构建反向思维:首先,反向思维是一种角色换位思维,要求公诉人在审查判断证据时应站在辩方的角度,用辩方的眼光、视角来审视案件事实,用辩方的方向、思路来检验证据的认定和体系的构建,主动发现单个证据及全案证据体系存在的残缺和不足、矛盾和漏洞,该排除的证据及时排除,该补强的证据及时补强,该补正的证据及时补正,不能补正的证据及时排除。其次,要深度思考是否可以收集到更好(潜在)的证据,而不能仅满足于侦查机关(部门)已提供的证据。要尽力引导侦查机关(部门)收集证明力强、不易受到质疑和反驳的新证据或者具有补强价值和作用的再生(衍生)证据。最后,要切实关注辩方对公诉证据的关切点,善于通过辩方的脱罪思维发现和弥补证据的重大缺陷,并提早做好应对辩方观点及其理由的准备;主动预测辩方可能提出的新证据或者线索,特别是对犯罪嫌疑人供述和辩解、证人证言、被害人陈述等具有易变性、虚假性特质的言词证据可能产生的动态变化,有针对性地提前采取防范措施。

(四)证伪思维

证据审查判断离不开运用逻辑推理,这就需要公诉人具备证伪思维。证伪思维是指公诉人在对拟作公诉根据的证据进行审查判断时假设其存在问题,可能系非法取得或者虚假证据或者可能达不到"确实、充分"的证明标准,而通过反面验证否定假设,确认证据合法真实无疑和达到"确实、充分"的证明标准的思维形式。过去公诉实践中,公诉人由于缺乏证伪思维,通常是单纯采取正面求证的思维形式而忽视反面验证的思维形式,不注意从反面论证指控证据是否可靠、指控主张会否被驳倒,如毒品类犯罪推定主观明知的问题、财产类犯罪推定以非法占有为目的的问题等,导致"带病证据""夹生证据"进入审判程序而难以弥补。因此,公诉人应当构建证伪思维:首先,要求公诉人在审查判断证据时,既要从正面寻找证据证明指控主张是否成立,又要从反面寻找证据检验指控主张会否被驳倒。即既要有正向的论证,又要有反向的验证,达到去伪存真的目的。其次,要通过总结公诉实践经验,运用证伪思维有效防范指控主张及其证据的偏颇性。对于"应当出现而没有出现"或者"不应当出现而出现"的证据,证据与证据之间存在的矛盾、偏差,证据体系链条中存在的缺漏、断裂,以及推理不符合逻辑、经验等问题,应当予以高度重视并切实解决。最后,既要能够有效应对辩方提出的各种质疑,又要能够及时发现辩方提出的可能违背法律和事实的主张甚至可能是虚假的证据,还要能够运用相关证据对翻供、翻证进行证伪。

二、升级证据审查路径

升级证据审查路径,就是既要对单个证据规格严格审查,也要对全案证据体系完整把握,更要对最终所认定的事实得出唯一性、排他性结论,形成依据证据裁判原则和证明标准作出判断的证据审查思路,剔除不符合定罪量刑标准的"残次品"。证据审查路径一般可分为三个阶段:

（一）由表及里，逐一审查

我国《刑事诉讼法》规定的证据有八大类，因此，应根据不同种类证据的特征有针对性地进行审查。对物证的审查，除了审查物证是否为原物还是复制品、是否具有证据能力之外，因物证是以其外部特征、存在场所和物质属性来证明案件事实，故对物证应重点审查其外形、属性及提取、固定、保管的来源和过程是否清楚；对书证的审查，除了审查书证是否为原件还是副本或者复制件、是否具有证据能力之外，因书证是以其记载的内容来证明案件事实，故对书证应重点审查其记载的内容及调取来源是否清楚；对证人证言的审查，可从证人的辨别能力、与案件当事人和案件处理结果的利害关系、是否存在作伪证的可能及首次询问时是否告知相关权利义务和法律责任等方面审查；对被害人陈述的审查，可从被害人的认知、表达和记忆能力、与犯罪嫌疑人的关系、是否存在虚假陈述的可能及是否告知相关权利义务和法律责任等方面审查；对犯罪嫌疑人、被告人的供述和辩解的审查，可从讯问时间、地点、首次讯问时是否告知相关权利和法律规定、有无刑讯逼供或者变相刑讯逼供情况、侦查人员是否少于二人、侦查人员有无签名、讯问笔录内容有无“加工”等方面进行审查，特别要注意对讯问同步录音录像的审查，着重审查同步录音录像的完整性，同步录音录像内容与笔录内容是否一致，犯罪嫌疑人的神态举止、精神状态是否正常、身体有无明显伤痕，同步录音录像时间与提讯证上记载的时间是否一致；对鉴定意见的审查，可从鉴定机构及鉴定人是否具有法定资质、是否应当回避、送检材料是否符合要求、鉴定方法是否科学、鉴定意见是否明确、鉴定意见是否告知相关人员等方面进行审查；对勘验、检查、辨认、侦查实验等笔录的审查，可从勘验、检查、辨认、侦查实验是否依法进行并符合有关规定，文字记录与实物或者绘图、照片、录像是否相符，有无见证人在场并签名等方面审查；对视听资料、电子数据的审查，则必须辨别真伪，查明其来源和制作过程，特别是有无篡改、伪造情况，审查其能否客观、真实地反映案件事实。

审查单个证据之后，还有四项工作在第一阶段的证据审查中也十分重要：

1. 梳理证据清单。根据卷宗材料，梳理出一份证据清单，解决案件有哪些证据种类,每种证据种类有多少证据,是否存在应当收集而没有收集、应当提取而没有提取、应当检验而没有检验的证据问题,如作案工具、赃款赃物、生物物证、痕迹物证等是否追缴或者收集在案。特别应注意审查卷宗材料中是否有案件来源、犯罪嫌疑人到案经过和抓获经过、案发后续情况、犯罪嫌疑人的身份情况、各犯罪嫌疑人的相互关系、犯罪嫌疑人的所有供述和辩解是否均已随案移送等证据材料,这些证据材料看似与犯罪嫌疑人的犯罪事实没有直接联系,但其中往往隐含了犯罪嫌疑人是否具有自首、坦白、立功、和解、赔偿、累犯、犯罪前科、有无刑事责任能力、有无罪过、犯罪的动机和目的、各犯罪嫌疑人的地位和作用、是否属于犯罪预备、中止、未遂等事实情节,对定罪量刑起着非常重要的作用。梳理证据清单,实际上就是搭建一个证据框架。

2. 夯实证据细节。司法实践中,有些案件天然就缺乏客观性证据,主要依靠言词证据来揭示犯罪事实,而且常常是一对一的证据,如诈骗类犯罪、贿赂类犯罪以及部分毒品类犯罪案件。言词证据相较客观性证据更容易受时间、环境的影响而发生变化,且证人、被害人因不具备专业的法律知识,其证言、陈述难免遗漏某些与犯罪构成要件有关的细节,而这些细节恰恰可能是犯罪嫌疑人、被告人及其辩护人容易抓住的漏洞,加之言词证据本身具有易变性大、主观性强、真实性差等特点,[①]故公诉人应予以足够重视,坚持对关键性言词证据自行调查、复核,掌握卷宗材料中尚未体现出来的细节过程,如案发的时间、空间、气候、环境以及行为人的活动轨迹和意外情况、通话(短信)记录、微信(博)记录等诸多细节,这些不起眼的细节往往可以起到拾遗补缺、纠错防漏的作用,因此要采用亲笔证词、录音录像等方式固定下来。必要时,要自行补强配套证据,包括犯罪嫌疑人配偶及其他近亲属的证言,相关环节事实经办人、知情人的证言,犯罪嫌疑人的同事、领导以及身边的朋友

---

① 言词证据的虚假性、易变性等令人触目惊心。据何家弘教授主持的课题组统计,在50起被认定为刑事错案的涉嫌故意杀人案件中,存在“虚假证人证言”的10起,占20%;存在“被害人虚假陈述”的1起,占2%;存在“同案犯伪证”的1起,占2%;存在“被告人虚假口供”的47起,占94%。何家弘:《证据的语言——法学新思维录》,中国人民公安大学出版社2009年版,第196页。

等可能知晓部分案件情况的人及其他关联人的证言。通过纠错证、补漏证,防止庭审时出现翻供、拒供、翻证、拒证情况的发生。

3. 审查特殊对象的特别规定是否落实。对未成年犯罪嫌疑人,要审查是否依照刑诉法特别程序的规定办理,如是否开展社会调查、提供法律援助、讯问时是否有合适成年人在场;对女性犯罪嫌疑人,要审查是否保障其隐私权和尊重其人格尊严,如搜查、检查女性的身体是否由女工作人员或者医师进行,是否属于怀孕或者哺乳婴儿的妇女;对老年人、残疾人、少数民族人员、外国人等犯罪嫌疑人,要审查其诉权的特殊保障是否落实,如讯问时是否有通晓聋哑手势的人员、翻译人员在场,是否有侮辱、辱骂、歧视言行发生。

4. 关注证据收集和审查的一些特殊新规定。一是对行政机关在行政执法和查办案件过程中收集的证据的审查判断。根据刑诉法第 52 条第 2 款和《人民检察院刑事诉讼规则(试行)》(以下简称《高检刑事诉讼规则》)第 64 条、最高人民法院《关于适用〈中华人民共和国刑事诉讼法〉的解释》(以下简称《高法适用刑诉法解释》)第 65 条的规定,对物证、书证、视听资料、电子数据等实物证据可以直接作为证据使用,无需转化;言词证据仍需转化,但确有证据证实涉案人员或者相关人员因路途遥远、死亡、失踪或者丧失作证能力,无法重新收集,而供述、证言或者陈述的来源、收集程序合法,并有其他证据相印证,经审查符合法定要求的,也可以作为证据使用。2016 年 12 月 14 日,最高人民检察院、国家保密局联合下发的《人民检察院、保密行政管理部门查办泄密案件若干问题的规定》第 13 条,以及"两高"2016 年 12 月 23 日联合下发的《关于办理环境污染刑事案件适用法律若干问题的解释》第 12 条,亦作出了同样的规定。公诉人在办案中涉及行政机关在行政执法和查办案件过程中收集的实物证据和言词证据时,应依照上述法律和司法解释的规定处理。二是对采取技术侦查措施收集的证据的审查判断。根据刑诉法第 152 条及《高检刑事诉讼规则》第 265 条第 2 款和第 266 条、《高法适用刑诉法解释》第 107 条的规定,采取技术侦查措施收集的材料可以作为证据使用。使用该证据的,应当随案移送批准采取技术侦查措施的法律文书和所收集的证据材料。使用有关证据材料可能危及有关人员的人身安全或者可能产生其他严重后果的,应当采取不暴露有关人员身份、技术方法等保护措施。最高人民法院、最高人民检察院、公安部(以下简称“两高一部”)分别于 2014 年 5 月 4 日、2016 年 12 月 19 日联合下发的《关于办理网络犯罪案件适用刑事诉讼程序若干问题的意见》第 19 条、《关于办理电信网络诈骗等刑事案件适用法律若干问题的意见》第 6 条,亦作出了同样的规定。公诉人在办案中涉及采取技术侦查措施收集的证据的,应依照上述法律和司法解释的规定处理。三是对电子数据的审查判断。“两高一部”分别于 2014 年 5 月 4 日、2016 年 9 月 9 日联合下发的《关于办理网络犯罪案件适用刑事诉讼程序若干问题的意见》第 13 条至第 18 条、《关于办理刑事案件收集提取和审查判断电子数据若干问题的规定》,对电子数据的取证主体,电子数据是否真实、完整、合法,认定犯罪嫌疑人和被告人的网络身份与现实身份的同一性,电子数据鉴定意见的审查判断等作出了一些新规定。公诉人在审查电子数据时,应依照上述新规定。四是对危险驾驶犯罪证据的审查判断。根据 2013 年 12 月 18 日“两高一部”联合下发的《关于办理醉酒驾驶机动车刑事案件适用法律若干问题的意见》第 6 条的规定,血液酒精含量检验鉴定意见是认定犯罪嫌疑人是否醉酒的依据。犯罪嫌疑人经呼气酒精含量检验达到 80 毫克/100 毫升以上,在抽取血样之前脱逃的,可以以呼气酒精含量检验结果作为认定其醉酒的依据;犯罪嫌疑人在公安机关依法检查时,为逃避法律追究,在呼气酒精含量检验或者抽取血样前又饮酒,经检验其血液酒精含量达到 80 毫克/100 毫升以上的,应当认定为醉酒。公诉人在办理危险驾驶案件时,应注意此特殊规定。五是对非法集资、电信网络诈骗犯罪证据的审查判断。根据“两高一部”2014 年 3 月 25 日联合下发的《关于办理非法集资刑事案件适用法律若干问题的意见》第 6 条的规定,确因客观条件的限制无法逐一收集集资参与人的言词证据的,可结合已收集的集资参与人的言词证据和依法收集并查证属实的书面合同、银行账户交易记录、会计凭证及会计账簿、资金收付凭证、审计报告、互联网电子数据等证据,综合认定非法集资对象人数和吸收资金数额等犯罪事实。根据“两高一部”2016 年 12 月 19 日联合下发的《关于办理电信网络诈骗等刑事案件适用法律若干问题的意见》第 6 条的规定,考虑电信网络诈骗案件被害人众多且难以一一取证的实际情况,可以结合已收集的被害人陈述以及查证属实的银行账户交易记录、第三方支付结算账户交易记录、通话记录、电子数据等证据,综合认定被害人人数及诈骗资金数额等犯罪事实。此外,该意见对依照国际条约、刑事司法协助等收集的境外证据材料的审查判断也有一些特殊规定。公诉人在办理非法集资、电信网络诈骗类案件时,应依照上述意见办理。六是对暴力恐怖和宗教极端犯罪证据的审查判断。2014 年 9 月 9 日"两高一部"联合下发的《关于办理暴力恐怖和宗教极端刑事案件适用法律若干问题的意见》第 3 条,对涉案宣传品的内容的鉴定及审查、犯罪嫌疑人主观是否明知的认定等作出了新规定。公诉人在办理暴力恐怖和宗教极端犯罪案件时,应注意此新规定。七是对毒品犯罪证据的审查判断。特别注意 2016 年 5 月 24 日"两高一部"联合下发的《办理毒品犯罪案件毒品提取、扣押、称量、取样和送检程序若干问题的规定》,对毒品的提取、扣押、称量、取样和送检第一次作出了完整、细备的规定。公诉人在办理毒品类案件时,应注意此新规定。八是对妨害文物管理及非法采矿、破坏性采矿犯罪证据的审查判断。"两高"2015 年 12 月 30 日联合下发的《关于办理妨害文物管理等刑事案件适用法律若干问题的解释》第 14 条、第 15 条,对涉案文物鉴定、价值认定等专门性问题作出了新规定;"两高"2016 年 11 月 28 日联合下发的《关于办理非法采矿、破坏性采矿刑事案件适用法律若干问题的解释》第 13 条、第 14 条,增加了对非法开采的矿产品价值及案件所涉及的有关专门性问题的新规定。公诉人在办理妨害文物管理、非法采矿类案件时,应注意上述新解释。九是对适用违法所得没收特别程序案件证据的审查判断。根据"两高"2017 年 1 月 4 日联合下发的《关于适用犯罪嫌疑人、被告人逃匿、死亡案件违法所得没收程序若干问题的规定》第 10 条、第 17 条的规定,由于犯罪嫌疑人、被告人逃匿、死亡,对犯罪事实及相关证据的认定难度比普通刑事案件要大,故对此类案件犯罪事实认定的证明标准、申请没收的财产与犯罪的关联性的证明标准与普通刑事案件相比应有所降低。只要同时具备"有证据证明发生了犯罪事实;有证据证明该犯罪事实是犯罪嫌疑人、被告人实施的;证明犯罪嫌疑人、被告人实施犯罪行为的证据真实、合法",就可认定犯罪事实。申请没收的财产具有高度可能属于违法所得及其他涉案财产的,就应当认定属于"违法所得及其他涉案财产";巨额财产来源不明犯罪案件中,没有利害关系人对违法所得及其他涉案财产主张权利,或者利害关系人对违法所得及其他涉案财产虽然主张权利但提供的相关证据没有达到相应证明标准的,就应当视为"违法所得及其他涉案财产"。公诉人在办理适用违法所得没收特别程序案件时,应依照此特殊规定。

(二)由此及彼,对比审查

对于任何一个证据,如果只就其自身来审查,往往难以辨别其真伪和确认其对案件事实的证明作用。如果将其与其他证据加以对照、印证并进行综合分析,从相互间的关系上进行对比审查,就可以发现问题、辨别真伪。因此,对证明同一事实的同类证据前后的变化进行分析,对证明同一事实的不同类证据进行比对,审查其是否相互印证、能否作为定案的依据,是第二阶段证据审查的主要任务。

1.要审查证人、被害人及犯罪嫌疑人、被告人对同一犯罪事实作出的多次证言、陈述及供述是否稳定可靠。如果证言、陈述、供述的内容前后不一致或者过分一致甚至一字不差,都应引起公诉人的怀疑。证据有矛盾是危险的,但没有矛盾则更危险。一般而言,自相矛盾者应属假证,两证矛盾者必有一假。但是,面对证据矛盾,应该区分属于冲突性矛盾还是差异性矛盾、根本性矛盾还是非根本性矛盾,①是否影响定罪量刑。例如,发现犯罪嫌疑人供述不一致的,公诉人应当仔细审查侦查机关(部门)在办案过程中是否存在问题和漏洞,程序是否合法,不一致是因为刑讯逼供还是看守所管理不严引起的串供,抑或是犯罪嫌疑人反侦查技能太高还是包庇他人的心理蓄意而为。另外,发现犯罪嫌疑人前后供述完全一致,不但没有矛盾,而且连犯罪的细节、口气都一致,同样应引起公诉人的注意,其很可能是侦查人员"偷懒"而大量"复制、粘贴"笔录所致,或者是各犯罪嫌疑人存在串供。仔细审查这

---

① 根据龙宗智教授的研究,证据矛盾,按矛盾的性质可以分为冲突性矛盾和差异性矛盾;按矛盾的意义可以分为根本性矛盾和非根本性矛盾。要分清矛盾性质,杜绝在根本性矛盾和冲突性矛盾存在的情况下轻率认定事实,防止因一些非根本性矛盾和非冲突性矛盾的存在而不敢认定事实或者错误认定事实。龙宗智:《试论证据矛盾和矛盾分析法》,载《中国法学》2007年第4期。

些证据,还可发现国家机关工作人员渎职犯罪的线索。

2. 要审查客观性证据与主观性证据是否形成闭合锁链。将犯罪嫌疑人的供述和辩解与物证、书证等综合分析,看是否有根据犯罪嫌疑人的供述和辩解所调取的、非当事人亲身经历不可知晓、秘密隐蔽的物证、书证等客观性证据;①将犯罪嫌疑人的供述和辩解与勘验检查笔录、鉴定意见等综合分析,看犯罪嫌疑人供述的涉案物品是否与勘验检查笔录所记载的物品的名称、特征、数量、质量、现场情况及鉴定意见情况相统一;将犯罪嫌疑人的供述和辩解与证人证言、被害人陈述进行比对分析,看供述、辩解与证言、陈述是否指向同一、相互印证,是否还存在疑点,以及疑点能否合理排除,能否得出唯一性结论。证据锁链闭合,必须达到"确有此事、确有此人、确有此物"的标准。

3. 高度重视无罪、罪轻证据的审查。公诉人在证据审查中,既要重视有罪、罪重证据的审查,也要重视无罪、罪轻证据的审查,二者同等重要,不可偏废。② 要将无罪、罪轻证据的审查提到与有罪、罪重证据的审查同等的高度去重视,对犯罪嫌疑人及其辩护人提出的无罪、罪轻的辩解及理由要及时审查是否符合案情和常理、有无矛盾,对符合案情和常理的,要及时调取、固定相关证据,避免由于时过境迁或者人为原因造成证据灭失,并将无罪、罪轻证据审查的情况作为审查报告和庭审答辩提纲的重点问题予以分析、论证。

4. 小心对待鉴定意见的审查。鉴定意见对认定案件事实的重要性不言而喻,③指纹鉴定、足迹鉴定、毒物鉴定、笔迹鉴定、声纹鉴定特别

① 《关于办理死刑案件审查判断证据若干问题的规定》第 34 条明确规定,根据被告人的供述、指认提取到了隐蔽性很强的物证、书证,且与其他证明犯罪事实发生的证据互相印证,并排除串供、逼供、诱供等可能性的,可以认定有罪。

② 据何家弘教授主持的课题组统计,在 50 起被认定为刑事错案的涉嫌故意杀人案件中,"忽视无罪证据"的有 10 起,占 20%。何家弘:《证据的语言——法学新思维录》,中国人民公安大学出版社 2009 年版,第 196 页。

③ 备受关注的福建念斌投放危险物质案,控辩双方共聘请了包括香港地区的鉴定专家在内的 7 名鉴定人出具专家意见并出庭作证,庭审到了最后几乎成了毒物鉴定专业领域的专业对话。鉴定意见对认定案件事实的重要性由此可见一斑,特别是在一些故意杀人、故意伤害、投放危险物质、强奸案件中,鉴定意见对定案可谓至关重要。

是DNA遗传基因鉴定等带来了一次又一次司法证明方法的革命和飞跃。鉴定意见属于技术性证据,具有专业性、专门性特征,而对于绝大多数专业背景为法学的公诉人来说无疑是一大难题,公诉人在审查鉴定意见时,往往存在"外行审查内行""有心无力"的情况,无法对鉴定意见本身内容是否正确、鉴定手段是否科学等鉴定意见的实质性内容进行审查。但即便如此,也要小心谨慎对待鉴定意见,切忌不审查或者只看最后结论。对鉴定意见的审查首先要破除过分迷信和依赖心理,做到不迷信、不偏信、不盲从,大胆怀疑、严格审查。① 要从检材是否同一、提取和检验程序是否合法、作出的鉴定意见是否与其他证据材料相印证进行审查;必要时咨询检察技术人员、相关专家或者由其出具文证审查意见,也可视情况提请有专门知识的人出庭作证,或者商请作补充鉴定、重新鉴定。特别是面对两份以上内容或者结论相左的鉴定意见时,更是要慎之又慎,切不可盲目采信。笔者特别推崇建立由公诉人与检察技术人员联合审查技术性证据的制度,公诉人侧重技术性证据的法律性问题的审查,检察技术人员侧重技术性证据的科学性问题的审查。

(三)全面分析,综合审查

第三阶段的证据审查是对全案证据进行整体审查、全面分析、综合认证,最终形成认定案件的性质、情节、手段、后果等影响定罪量刑的完整的证据体系,要求证实犯罪构成事实和影响量刑轻重的证据体系做到滴水不漏、无懈可击。公诉实践中,特别需要注意以下几点:

1. 有多少证据,就认定多少事实。必须明白,在法律意义上,没有证据,就没有犯罪事实。《人民检察院刑事诉讼规则》第61条第1款、《高法适用刑诉法解释》第61条均明确规定:"认定案件事实,必须(应当)以证据为根据"。所谓"以事实为根据",确切来说就是以证据为根据。事实上的犯罪并不等于法律上的犯罪,法律上的犯罪事实必须有

---

① 虽然鉴定意见对认定案件事实的重要性不言而喻,但鉴定意见出错的概率也不小,可谓利弊叠加。据何家弘教授主持的课题组统计,在50起被认定为刑事错案的涉嫌故意杀人案件中,存在"鉴定缺陷"的多达10起,占20%。何家弘:《证据的语言——法学新思维录》,中国人民公安大学出版社2009年版,第196页。

足够的证据支持,没有证据或者缺乏足够证据的支持,就不得认定为犯罪事实。办理具体案件只能以证据所能够认定的那些犯罪事实为依据,不能超出证据去认定“自己想要”的犯罪事实。

2. 没有足够证据支持的事实,是最危险、最容易出错的事实。证据审查的正常模式是“证据——结论”而不能前后颠倒,即不能先得出有罪的结论,再根据结论去审查证据。正如有论者指出的:这种先入为主的思维模式下,证据不是被审查,而是被筛选;证据不是查明事实的根据,而是为有罪结论服务的工具。① 公诉实践中,事实不清、证据不足的案件,很容易受到个人好恶、认识水平的限制而被裁剪和取舍;当供证不一的情况下,公诉人更容易相信被害人。但是,所谓“基于被害人正义”所作出的对缺乏证据支持的犯罪事实的认定,实际上是为了得出自己想要的结论而强行作出的一种选择,而许多冤错案件的共同点之一就是“因疑而错”,②原本是疑案而强行作有罪处理,出错的概率当然远大于有足够证据支持的案件。

3. 将主动听取辩护人意见作为证据审查的一项重要内容。刑诉法第 170 条及《高检刑事诉讼规则》第 364 条、第 365 条均明确规定检察机关审查案件应当听取辩护人的意见。公诉实践中,一些公诉人认为辩护人在诉前作用有限,听取辩护人意见只是走过场,象征性地征求辩护人意见,失去了诉前交换意见的意义。其实,自修改后的刑诉法和律师法实施以来,辩护人介入刑事诉讼的时间和深度都大大早于和强于公诉人,其对案件内外情况的了解、所掌握的证据材料可能多于公诉人。因此,公诉人应主动与辩护人进行沟通交流,将主动听取辩护人意见作为证据审查的一项重要内容,采取专人接待、定向联络、主动约谈、通知提交意见书等措施,认真听取其提出的无罪、罪轻或者减轻、免除刑事责任、无羁押必要、侦查活动有违法情形等意见,切实履行调查核

① 金鑫:《证据审查四种不当思维模式应予摒弃》,载《检察日报》2015 年 6 月 7 日,第 3 版。

② 近年来沉冤昭雪的呼格吉勒图故意杀人、流氓案、钱仁风投放危险物质案、陈满故意杀人案、聂树斌故意杀人、强奸妇女案等,都是在证据审查中就已发现证据存疑或者达不到定罪标准,但因各种原因,强行作出有罪认定和判决并交付执行,教训十分惨痛。

实责任,及时调取有利于犯罪嫌疑人的证据,对其合理意见予以采纳,否定、排除其意见必须做到理由充分,并在审查报告中对是否采纳辩护人意见及其理由作出说明。听取辩护人意见,不一定发现得了真实,但可以最大限度地发现谬误。

4.对需要退回补充侦查证据的案件要建立说理和引导机制。对退回补充侦查证据的案件,不能一退了之,要准确界分案件是缺失证据还是存有非法证据、瑕疵证据或者兼而有之,建立说理和引导机制,细化补查证据提纲,明确补查证据范围,提出补查证据标准,使侦查人员明确补查目的和补查方向——需要重新取证还是补正或者作出合理解释,补查目的、补查方向以及补查证据的规格、标准,必要时要面对面与侦查人员说明补查原因并跟踪补查进度,确保补查证据按时保质。

三、改革证据审查方式

改革证据审查方式,就是要把公平、公正、公开原则贯穿于证据审查全过程,适应庭审实质化改革需要,促使证据审查方式更科学、更精准、更有效。

(一)推行客观性证据优先审查

客观性证据大多具有唯一性和不可替代性特征,且稳定性好,证明力强,可采性高。近年来,理论界通过对一些冤错案件的分析发现,对客观性证据的收集和证明价值的重视不足,是导致冤错案件的根本原因。① 推行客观性证据优先审查,就是要求公诉人要以客观性证据审查为中心,加强对客观性证据收集、固定、完善的引导取证力度,强化对实物证据和技术性证据的审查运用,重视客观性证据与主观性证据的相互印证,养成依靠物证、书证、勘验检查笔录、视听资料、电子数据等客观性证据而不是依靠犯罪嫌疑人供述和辩解、证人证言、被害人陈述等主观言词证据定案的思维方式,实现从以"人证"为主的证明方式向以"物证"为主的证明方式的转变。公诉人要注意发挥对侦查取证不足的弥补作用,抓住证据细节的印证价值,不断增强从口供等言词证据

---

① 樊崇义、赵培显:《论客观性证据审查模式》,载《中国刑事法杂志》2014年第1期。

挖掘客观性证据、以客观性证据验证言词证据等主观性证据的审查能力,特别是借助客观性证据这一“外力”验证口供真伪,最大限度地避免口供产生的风险,转变以口供为中心的传统证据审查模式。客观性证据优先审查方式,能让公诉人最大限度地接近客观事实真相。①

（二）注重亲历性审查

注重亲历性审查,就是要求公诉人树立重证据、重调查研究、不轻信口供的意识,改变仅对侦查案卷材料进行书面审查后将案件提起公诉或决定不起诉的方式。在传统的以侦查为中心的诉讼模式下,审查起诉的对象主要是侦查机关(部门)移送的卷宗材料,工作的地点在办公室、看守所、法院“三点一线”,工作的方法是对卷宗材料进行分析研判,对卷宗中所出现的矛盾及不合理之处,往往也是向侦查机关(部门)提出退补意见,由侦查机关(部门)补充侦查,公诉人则很少直接接触其他卷外证据和情况。而亲历性审查就是要走出卷宗、感受现场、直面人证、主动核实补充关键证据,这就要求公诉人审查证据要注重“亲历亲为”,在讯问犯罪嫌疑人、听取辩护人意见的基础上,对事实存疑、证据不足的案件,除依法合理行使退回补充侦查权外,必要时可以自行补侦、联合补侦或采取公诉引导侦查的方式,补充完善证据体系或核实重点证据。特别是对于命案、危害公共安全案等重大疑难案件,要提前介入,在不干预、不代替、不妨碍侦查的前提下,第一时间参与现场勘查、旁听讯问、监督侦查行为、引导侦查取证;没有提前介入的,也要亲自到案发现场去,亲自观察、复验现场,查看案发地物理时空场景和人文环境,这对于准确采信证据和对案件事实形成内心确信非常有帮助;对类似时间段、涉案场景中会否出现特定事实,必要时可建议侦查机关(部门)进行侦查实验,以辅助审查判断。要善于运用日常生活经验和情理,让证据“说话”,触发或者延伸出更多细致入微的思考,特别是要

① 推行客观性证据优先审查方式,并不等于说客观性证据就是绝对的证据之王、万能证据,客观性证据由于伪造、假冒、污染及提取、固定、保管、送检等主客观原因,也可能存在失真、失实的情况,也要接受审查和质疑。如轰动全球的美国辛普森杀妻案,辛普森得以脱罪的一个重要原因就在于警方人员在提取和保管现场滴落的血痕的过程中存在严重疏漏。但从根本上来说,客观性证据较之主观性证据在真实性、客观性、关联性、稳定性、证明力等方面明显占优。

加强对主要靠言词证据、间接证据定罪案件的审查和思考,对辩护人提出的犯罪嫌疑人不在犯罪现场、未达刑事责任年龄、依法不负刑事责任等意见或者线索,要进行重点调查核实,确保能够排除合理怀疑。亲历性审查方式,也是从静态公诉向动态公诉的转变,有利于公诉人心证的最终形成。

(三)探索开放式审查

探索开放式审查,就是要求公诉人履行好客观公正义务,拓展证据审查方式的外延,实现从对"在卷证据"封闭式、坐堂式审查到对"在案证据"开放式、全方位审查方式的转变。要全面掌握侦查机关(部门)未移送的案件信息和材料,增强发现侦查机关(部门)伪造证据、隐匿证据、毁灭证据的能力。要探索在侦查机关设立派出检察室制度,延伸侦查监督触角,实现对公安机关侦查活动的主动、同步、全面监督。要建立重大疑难案件邀请侦查人员列席讨论、旁听庭审等制度,促使侦查机关(部门)掌握判决证明标准和证据裁判原则。要健全侦诉常态化协调沟通机制,通过案件质量评析通报、联席会议、会签文件等方式,做到办案信息及时传递、办案意见及时沟通,将案件证据标准向侦查前端传导。要加强检察大数据的开发应用,建立证据树模板,实现证据超链接、证据使用情况可查询,利用证据种类的自动生成、证据的组合分析等优势,用数据分析,用数据判断,用数据说理,并利用数据库搜集相关判例或者指导性案例,从而提升证据审查的精细化、信息化、智能化水平。要加强与技术、鉴定单位(部门)的协作配合,努力弥补公诉人囿于专业知识难以准确、充分地甄别、解释各类技术性证据的不足,为有效运用客观性证据提供专业技术支持。同时,要善于运用公诉团队的集体智慧来解决证据审查难题,对重大疑难案件切忌单打独斗,在保密的前提下可请教求助其他优秀公诉人甚至专家、学者。开放式审查方式,能让公诉人更加全面地掌握案件信息和证据审查技能,客观理性地认定案件事实。

(四)尝试公开化审查

尝试公开化审查,就是要求公诉人除了涉及国家秘密等不能公开的案件外,审查证据要杜绝神秘主义和隐蔽主义,体现审查方式的民主化和大众化。要构建公诉案件证据审查标准体系,及时总结类案证据审查、各类证据判断运用等问题，形成具体标准和指引，指导侦查和公诉实践。要采取听证会议、诉前会议等方式，邀请侦查人员、辩护人、被害人及其诉讼代理人、法律专家等直接参与，①将案件证据情况及存在问题公开征求意见、公开论证，通过当事各方的平等抗辩、法律专家和公诉人的释法说理的方式，实现证据审查从结果公开走向过程公开，提升证据审查活动的公开性、公平性和权威性。公开化审查方式，既可以借助法律专家等各方的智力，特别是辩方的反向思维看到事实证据审查认定中的纰漏或者错误，又可以实现涉案矛盾的有效化解，从而提升检察公信力。同时，随着电子卷宗的制作移送和远程视频提讯系统的建立，节约了公诉人及其他诉讼参与人阅卷、摘录证据材料、提讯的时间，提高了案件审查质效，公开化、透明化程度更高，民主化、大众化程度增强，公诉人审查证据的公开化审查方式必将大大推进。

① 必要时，还可邀请人大代表、政协委员、人民监督员、特约检察员参加。

行政违法行为检察监督的制度体系与运行机制研究*

孙道萃**

目　次

一、问题的提出

“行政权是指由国家或其他行政主体担当的执行法律，对行政事务主动、直接、连续、具体管理的权力，是国家权力的组成部分。”①行政权作为法律赋予公权力机关进行社会管理和公共服务的权力，与人民、法人的利益有着密切的联系，然而，当行政权缺乏有效的制约与监督

---

* 基金项目：最高人民检察院理论研究所重点课题“检察机关对行政执法活动的监督”（课题编号：GJ2015B02）、最高人民检察院理论研究所自筹课题“检察机关保障网络安全机制研究”（课题编号：GJ2016D41）、广东省地方立法研究高校联盟青年立法资助项目“广东省地方立法公众参与机制完善研究”。

** 北京师范大学刑事法律科学研究院博士后、讲师，法学博士。

① 参见应松年、薛刚凌：《论行政权》，载《政法论坛》2001 年第 4 期。

时,行政权则会成为最容易被滥用的权力。同时,许多“制度真空”和“管理真空”给行政权的滥用留下可乘之机,直接导致行政主体的执法范围不明、依据模糊,并可能潜在地助长行政权的滥用。[①] 因此,对行政权应当加强制约与监督。

中共中央、国务院印发的《法治政府建设实施纲要(2015 - 2020年)》提出:健全行政权力运行制约和监督体系。坚持用制度管权管事管人,坚持决策权、执行权、监督权既相互制约又相互协调,完善各方面监督制度,确保行政机关按照法定权限和程序行使权力。十八届三中全会提出:完善行政执法程序,规范行政自由裁量权,加强对行政执法的监督,强化权力运行制约和监督体系,让权力在阳光下运行,必须构建决策科学、执行坚决、监督有力的权力运行体系,健全惩治和预防腐败体系。为了使对行政权力的监督进一步得到落实,检察机关作为宪法规定下的专门法律监督机关,对行政权力的监督是其法律监督职能的必然要求。党的十八届四中全会对检察机关督促纠正违法行政行为作出顶层设计,要求检察机关在履行职责中,发现行政机关违法行使职权或者不行使职权的行为,应该督促其纠正。这是十八届四中全会通过的《中共中央关于全面推进依法治国若干重大问题的决定》(以下简称《决定》)在综合考量检察机关的宪法定位、法律监督职责以及我国法治建设现状的基础上,作出的一项重要制度安排。[②] 2016 年 7 月 20 日,最高人民检察院检察长曹建明在第十四次全国检察工作会议上作《紧紧围绕“四个全面”战略布局在新的起点上推动人民检察事业创新发展》的工作报告并指出,检察监督体系是检察机关在党领导下依法履行法律监督职能的制度体系,是中国特色社会主义法治体系的重要组成部分。“十三五”时期,应当以加强对公权力的监督为核心,坚持行政诉讼监督与行政违法行为监督并举,构建符合我国国情的行政检

① 参见崔卓兰、杜一平:《行政权滥用的预测与防范》,载《法学杂志》2012 年第 1 期。

② 参见孙长新:《构建违法行政行为法律监督的新常态》,载《红旗文稿》2015 年第 7 期。

察制度,更好地维护司法公正、促进依法行政。[①] 2017年两会期间,曹建明检察长强调,加强对行政诉讼的法律监督,努力让人民群众在每一个司法案件中都感受到公平正义。

近年来,各级民行检察部门立足诉讼监督,积极探索对行政违法行为开展监督,取得了较好的社会效果和法律效果。但是,行政检察工作开展起步较晚,在理论研究、法律依据和实践经验层面均有所欠缺,是检察工作中相对薄弱的方面。[②] 在实践过程中仍然存在不少问题,主要集中表现在以下几个方面:受案范围狭窄、案件线索来源单一、改革内部自主性不足、与外部整体协调不够等。[③] 行政诉讼监督案件数量少,监督效果不突出;行政检察工作发展不均衡;多元化监督格局还未完全形成;行政违法行为监督缺少明确的法律制度支撑;现行民事、行政检察机构的合并设置无法适应监督工作的需要;等等。由于行政违法行为往往直接损害到国家利益和社会利益,而且对行政违法行为的监督更具有操作性,因此,应当进一步发挥对行政执法活动的检察监督作用。十八届四中全会决定提出:"检察机关在履行职责中发现行政机关违法行使职权或不行使职权的行为,应该督促其纠正。"这是党中央提出的检察机关对行政机关违法行为监督的改革要求。因此,要注重规范化监督,要突出监督重点,加强对社会影响大、群众关注度高的行政违法行为的监督,同时加强与行政机关的沟通配合,构建长效的监督机制。

二、行政违法行为检察监督的范围与对象

应当明确具体行政违法行为检察监督的范围和对象,赋予检察机关对行政执法行为的知情权、审查权、建议权、调查取证权等更加完备的检察权力,为检察机关实施行政违法行为检察监督提供明确的法律

---

① 参见王治国等:《第十四次全国检察工作会议在长春开幕》,载《检察日报》2016年7月21日,第1版。

② 参见最高人民检察院民事行政检察厅:《行政检察工作的现状与发展》,载《国家检察官学院学报》2015年第5期。

③ 参见秦前红:《检察机关参与行政公益诉讼理论与实践的若干问题探讨》,载《政治与法律》2016年第11期。

依据和操作机制。

(一)行政违法行为检察监督的范围

行政违法行为检察监督,是指享有监督权的国家机关对行政执法主体及行政公务人员的行政执法行为,实施具有法律效力的监察与督促,依法追究违法执法的机关、组织与行政公务人员法律责任的活动。[①] 然而,由于立法的缺失,行政违法行为检察监督的范围并没有明确界定,对其范围进行梳理和考察,有助于明确检察机关行使职责的权限范围,也更有利于对行政执法活动的监督和制约。

1. 行政违法行为检察监督范围的争议

鉴于当前我国立法上的相对不足,且未对行政违法行为检察监督的范围作出较为明确具体的规定。同时,目前理论界和实务界的认识分歧很大。

尽管如此,总结我国行政违法行为检察监督范围的研究现状,可以归纳以下几种主要的观点:(1)广义说。主要包括:一是全面说。该观点认为,检察权和行政权具有同等的宪法地位,检察权理应有效制约行政权,其主要表现在检察权对具体行政行为和抽象行政行为的制约上,"所谓一般违法性行政行为,从抽象行政行为来看,主要有行政主体制定的规范性文件违反上位法,或制定规范性文件的程序违反法律规定。从具体行政行为来看,主要有证据不足、适用法律法规错误、违反法定程序、超越职权、滥用职权、不履行或拖延履行法定职责、行政处罚显失公正等。"[②]二是修正全面说。该观点认为,我国检察机关作为法律专门的监督机关,其重要职责之一就是全面维护好社会主义法制的统一,其也应该有权对规范性文件的合法性进行检察监督,而且这也是有宪法和法律依据的,所以对于行政机关在行政过程中所制定的除法规、规章以外的规范性文件,也应属于检察机关的监督范畴之内。当然也应

---

① 参见姜明安主编:《行政执法研究》,北京大学出版社 2004 年版,第 227 页。

② 参见王学成、曾翀:《我国检察权制约行政权的制度构建》,载《行政法学研究》2007 年第 4 期。

该肯定的是,行政执法检察监督主要是对行政行为进行监督。[①] 三是主观全面说。该观点认为,除了具体行政行为作为行政执法检察监督的主要内容,抽象行政行为也应当引起重视。“虽然我国也建立了对抽象行政行为监督的体制,但从效果来看也是不甚理想。所以,应当把抽象行政行为纳入行政执法检察监督的范围。”[②](2)狭义说。狭义说缩小行政执法检察监督的范围,较广义说而言,狭义说主要把范围集中在施行实施行政行为过程中的部分违规情形和违法现象,而检察机关启动的行政诉讼则不被认为是检察监督。概言之:一是部分行政行为与行政活动。该观点认为,检察机关对行政执法活动的监督只限于部分行政行为与行政活动。“目前,检察机关针对行政行为的直接监督,基本上停留在探索和论证阶段。对于行政活动的监督,仅限于特定的行政领域或者特定的行政事项”。[③] 认为行政执法活动监督对象应当针对的是行政主体的违法行政行为和不作为,劳动教养活动的监督以及职务犯罪的预防等方面。二是违法行政行为。该观点认为,行政执法检察监督的范围应当是侵害公民合法权益以及国家利益和社会公共利益的违法行政行为,认为人民检察院应承担对侵害国家利益和社会公共利益行政执法行为监督的职责,尤其应当着重解决行政处罚中不移送涉嫌犯罪案件的检察监督问题、行政不作为和行政监管渎职的检察监督问题。[④] 三是涉及公共利益的行政行为。该观点认为,从检察机关实际监督能力上考虑,行政执法监督范围过大过宽也不具有现实性和可担当性。有观点认为,“根据行政诉讼法的规定,具体行政行为如有具体的行政相对人就有可能进入司法救济渠道获得救济。所以,行政执法检察监督应针对没有具体的行政相对人,但导致国家、公共利益或不特定公民、法人、其他组织合法权益受损的情形。从行为类型上看,行政处罚、行政强制措施、行政许可、行政征收、行政给付、行政奖

---

① 参见韩成军:《人民代表大会制度下检察机关一般监督权的配置》,载《当代法学》2012年第6期。

② 崔建科:《论行政执法检察监督制度的构建》,载《法学论坛》2014年第4期。

③ 张步洪:《行政检察基本体系初论》,载《国家检察官学院学报》2011年第2期。

④ 参见唐光诚:《论人民检察院对行政执法的监督》,载《中共天津市委党校学报》2012年第2期。

励、行政检查、重大行政决策、行政不作为等都可纳入检察监督范围”。[①] 四是涉及利益的行政行为。该观点认为:“行政执法检察监督,其侧重点应放在维护国家利益、社会公共利益和集体利益上,具有主动监督的特点。”[②]其主要涉及有国家利益、社会公共利益的行政许可行为、社会影响较大涉及公民人身权和财产权的行政强制行为、严重侵犯公民人身权和财产权不属于行政诉讼受案范围的行政执法行为、对行政执法中发现涉嫌犯罪案件应当移送而不移送行为的监督。[③] (3)最狭义说。最狭义说的基本主张为,将所有行政执法的具体行政行为都纳入检察监督的规制范围,不利于实际实行有效监督,使检察监督变得烦琐,过于宽泛的范围无法有针对性地发挥检察监督的作用。概言之:一是行政强制、行政许可、行政处罚。该观点认为,“将所有行政执法行为纳入检察监督的视野,缺乏必要性、现实性和可担当性,必须寻找合理的切入点。从行政权最容易寻租和被滥用的角度,将限制公民人身和财产权利的行政强制、涉及国有资源分配的行政许可和一定强度的行政处罚等纳入检察监督的视野是比较现实和可行的。”[④]二是涉及公共利益的行政行为。该观点认为:“行政执法检察监督应当围绕社会公共利益这一核心,监督重点是国有资产转让、环境资源保护、食品药品监管、土地审批、基本建设项目等领域的不作为、乱作为,严重损害国家利益、社会公共利益的情形。”[⑤]三是涉及公民利益的行政行为。该观点认为:“目前检察权对具体行政行为的监督对象主要包括看守、监管机关的监管活动,公安机关人民警察办理治安案件、执行职务的活

---

① 参见郑锦春、乌兰:《行政执法检察监督的正当性及其机制探析》,载《中国检察官》2014年第5期。

② 参见姚来燕:《关于行政执法检察监督的立法设想》,载《东方法学》2013年第1期。

③ 参见陈冰如等:《论检察机关行政执法监督制度的构建》,载《西部法学评论》2015年第1期。

④ 参见广州市人民检察院课题组:《论我国行政执法检察监督制度的构建》,载《中国检察官》2011年第8期。

⑤ 参见傅国云:《行政执法检察机制改革的几点设想》,载《法治研究》2016年第3期。

动,以及行政执法机关移送涉嫌犯罪案件的工作三类。这些行政行为都有一个共同特点:涉及公民的人身自由等基本权利。在现实中,与公民的基本人权联系最密切的具体行政行为主要有两类:行政处罚和行政强制。"①行政处罚和行政强制是最容易发生侵犯人民群众人身自由、重大财产安全等基本人权的两类行政行为,因而最有必要接受来自行政系统以外的外部监督。检察机关对这两类行政行为进行监督不但符合法理,也与当前法律法规对检察权监督行政权内容的规定精神一脉相承。

2. 对理论争议的评析

上述几种关于行政违法行为检察监督范围的观点,从不同的价值角度出发,阐述了检察权对行政权监督的不同理论取向,各有优劣。如若监督的权限过于狭窄,这无法对权力进行全面有效的监督,难以避免权力滥用的发生;另外,如若对行政权力限制过度,则不利于行政机关拓宽管理渠道,限制了为社会公众服务的涉及面,必然会消减为人民服务的积极性。概言之:(1)对广义说的评析。对于广义说,根据目前的立法状况,《行政诉讼法》和《行政复议法》都规定诉讼和复议的受案范围不包括部分抽象行政行为,因此部分抽象行政行为的监督方式主要基于权力机关监督和行政机关的自身监督。同时,根据我国《宪法》和《立法法》的相关规定,抽象行政行为的监督机关是制定机关的上级行政机关以及同级人大人民代表大会,因此,检察机关并没有监督行政机关抽象行政行为的权限。(2)对最狭义说的评析。最狭义说比较符合我国检察工作的实务规律,具有一定的可操作性。但是,将行政执法检察监督的范围限制于行政强制、行政许可、行政处罚等某几项行政活动中,并不能完全显现出检察机关的行政执法检察监督的职能。检察监督的范围不应当局限于其中某几项行政活动,只要有可能侵害行政相对人合法权益的行政行为,都应当是检察监督的范围。需要指出的是,过于宽泛的范围可能导致实际监督不能而致使监督虚化,影响实效。最重要的是,过宽的监管范围可能导致检察机关在具体的检察监督过

① 参见王玄玮:《论检察权对行政权的法律监督》,载《国家检察官学院学报》2011年第3期。

程中“选择性监督”,从而影响检察监督的公信力。(3)对狭义说的评析。比较而言,狭义说的观点较为合理。但是狭义的观点也有其不足之处,狭义说认为的“行政执法检察监督的范围应当是侵犯国家、公共利益或不特定主体合法权益的情形,而不包括侵害个人合法权益的情形”这种观点是值得商榷的。在多数行政执法活动中,执法的对象都是十分具体的个人或者是法人,把对个人的行政执法活动排除在监督的范围内显然是不合理的。而且,由于个人的势力单薄、能力有限,面对行政执法过程中的违法行为和不当行为,个人往往无法对其进行有效地防御,发生侵害合法权益的危害后果时也无法及时地寻求帮助,因此,侵害个人合法权益的行政执法活动更应在检察监督的范围内。从行为类型上看,应主要针对行政处罚、行政强制、行政许可、行政征收等刚性行政行为,同时也包括重大行政决策、行政不作为等可能严重影响公共利益的行为。此外,从监督领域来看,应主要集中在当前公众广泛关注的、矛盾较为突出的环境污染、食品安全、土地征收、房屋拆迁、社会保障等领域。

3. 综合论与逻辑证成

由于对行政违法行为检察监督的工作尚处于探索建立和完善阶段,检察监督的范围不宜过宽;并且,在实践中行政行为种类多,领域广,从可行性和可操作性角度出发,应将检察监督的重点放在损害国家利益和社会公共利益的行政违法行为方面,同时对损害个人、法人合法利益的行政违法行为也应当引起重视。

基于此:(1)在我国检察发展史上,曾经将检察机关的法律监督权定位为一般监督权,表现为普遍介入、全面监督,法律监督效果并不理想。在探索完善对行政违法行为检察监督的过程中,要避免以往一般性监督的弊端。(2)在法律层面应当明确行政执法检察监督的范围,在行政相对人可以通过行政复议或者行政诉讼得到法律救济的领域,检察监督应当保持一定的谦抑性,否则无法辨认行政救济与行政检察监督的界限,难以发挥两者的优势互补的效果。(3)在现有行政体制下,对于检察机关能否涉足行政机关的抽象行政行为需要进一步讨论。有论者认为,在现有法律框架下,抽象行政行为的合法性问题应由权力机关、上级行政机关审查监督,以及由审判机关在行政诉讼中进行附带审查,不宜纳入行政检察监督范围。检察机关负有维护法制统一,捍卫公平正义之基本职责,但法律监督权之行使必须是针对具体案件或者行为进行,而不能扩展到宽泛的方针政策、合宪与否。① 也有论者指出,依据《立法法》第99条②的规定,最高人民检察院只能对行政法规、地方性法规、自治条例及单行条例的合宪性、合法性,向全国人大常委会提出书面审查的要求。对于最高人民检察院是否有权对国务院各部委制定的行政规章向有关机构提出合宪性、合法性审查要求则没有规定。③ 不过,从《立法法》规定的最高人民检察院有权对行政法规提起合宪性、合法性审查要求来看,同级人民检察院应当有权对同级人民政府制定和发布的行政规章、决定、命令及其他行政规范性文件,向同级人大常委会或上级人民政府提起合法性审查的要求。十八届四中全会《决定》特别指出"探索设立跨行政区划的人民法院和人民检察院,办理跨地区案件"。这为顺利推行抽象行政行为检察监督制度奠定了体制基础的。因此,目前不应当过于限制检察机关对行政机关各种行为的监督,抽象行政行为也不例外,检察机关可以行使现有法律规定的监督权限,对行政法规的监督也应当严格按照《立法法》的相关规定。因此,行政违法行为检察监督的范围当前应当是损害国家利益和社会公共利益的行政违法行为,以及损害个人、法人合法利益的行政违法行为。对抽象行政行为的检察监督理论上亦在此列,但仍有待相关法律制度的进一步完善,以提供相应的前提和基础。

(二)行政违法行为检察监督的对象

"法治的精髓就是制约和监督国家行政机关及其工作人员",④控

---

① 参见山西省人民检察院课题组:《诉讼外行政检察监督论析》,载《湖南科技大学学报》2016年第3期。

② 《立法法》第99条规定:"国务院、中央军事委员会、最高人民法院、最高人民检察院和各省、自治区、直辖市的人民代表大会常务委员会认为行政法规、地方性法规、自治条例和单行条例同宪法或者法律相抵触的,可以向全国人民代表大会常务委员会书面提出进行审查的要求,由常务委员会工作机构分送有关的专门委员会进行审查、提出意见。"

③ 参见韩成军:《依法治国视野下抽象行政行为的检察监督》,载《河南社会科学》2015年第3期。

④ 参见张文显:《法哲学范畴研究》,中国政法大学出版社2001年版,第166页。

制权力是检察机关对行政执法活动开展法律监督的应然目的。但行政执法权的专业性和技术性以及为确保行政执法实效所需的独立性,决定检察机关应当给予行政执法机关必要的尊重,应避免检察机关妨碍行政执法机关在应对纷繁复杂的社会管理事务时的能动性与自主性。应为检察机关行政执法监督划定对象和对应的领域。

1. 行政违法行为检察监督对象的法律依据

对行政机关执法行为的监督是检察机关的固有权力。作为法律监督机关,人民检察院有权对违反法律规定的行政机关予以相应的检察监督措施。为有效落实监督权,需要法律文件的明确规定和指导。最高人民检察院先后出台办案规则和加强检察工作的决定,并在多次会议中对行政执法检察监督的工作作出指示。具体而言:(1)基本沿革。最高人民检察院《民事行政抗诉案件办案规则》(2001 年)第 48 条规定:“有下列情形之一的,人民检察院可以向有关单位提出检察建议:(一)有关国家机关或者企业事业单位存在制度隐患的;(二)有关国家机关工作人员、企业事业单位工作人员严重违背职责,应当追究其纪律责任的;(三)应当向有关单位提出检察建议的其他情形。”2010 年,全国第二次民事行政检察工作会议后,最高人民检察院下发《进一步加强民事行政检察工作的决定》,提出积极开展督促起诉、支持起诉工作;督促行政机关依职权对损害国家利益、公共利益的事件、行为提起诉讼。2012 年 12 月 25 日,曹建明检察长代表最高人民检察院在第十一届全国人民代表大会常务委员会第三十次会议上作了《关于民事行政检察工作情况的报告》,对民事行政检察工作进行了专项汇报,对我国的民事行政检察监督工作的开展提出新的要求。十八届四中全会通过《中共中央关于全面推进依法治国若干重大问题的决定》,并明确提出:“检察机关在履行职责中发现行政机关违法行使职权或者不行使职权的行为,应该督促其纠正。”2015 年 12 月 16 日,最高人民检察院第十二届检察委员会第四十五次会议通过了《人民检察院提起公益诉讼试点工作实施办法》,其第 1 条规定:“人民检察院履行职责中发现污染环境、食品药品安全领域侵害众多消费者合法权益等损害社会公共利益的行为,在没有适格主体或者适格主体不提起诉讼的情况下,可以向人民法院提起民事公益诉讼。”2016 年 3 月 13 日,曹建明检察长代表最高人民检察院在第十二届全国人民代表大会第四次会议上作了《最高人民检察院工作报告》,并在2016年的工作安排中提出:“扎实推进检察机关提起公益诉讼试点。研究建立行政违法行为法律监督制度。完善和规范检察建议的提出、受理、办理、反馈机制,完善民事执行活动监督范围和程序。”(2)对监督工作沿革的评价。随着中共中央各项文件的出台和实施,检察权对行政权的监督已经不仅仅局限于行政诉讼领域,而是更多地关注行政权对国家安全利益、社会公共利益以及公民人身财产利益管控和监督上,从全面加强对行政诉讼活动的法律监督,到当前探索建立行政违法行为法律监督制度等均有体现。在近年来的检察实践中,检察机关也发挥能动司法的功能,创造出一些有效的监督方式,如检察意见、检察建议、纠正违法通知、起诉、参与诉讼等监督方式。① 最高人民检察院检察长曹建明在《加强对司法活动的监督》中专项专门论述“完善检察机关行使监督权的法律制度”,提出三项重要任务。将其与对行政活动的检察监督相结合,可作如下理解:一是要认真贯彻《中共中央关于全面推进依法治国若干重大问题的决定》精神,积极推进相关法规范的制定和修订,进一步完善检察机关对行政活动进行监督的范围、方式、程序及保障措施。二是检察机关“对涉及公民人身、财产权益的行政强制措施实行司法监督”,对“在履行职责中发现行政机关违法行使职权或者不行使职权的行为”进行检察监督,应当切实运用好检察建议等监督手段。三是检察机关要不断提高监督水平,认真履行宪法和法律赋予的职责,进一步加强对行政活动的监督。由此可见,检察机关的监督目标现已明确指向行政机关的具体行政活动,尤其明确了监督的重点领域和对象,并在2016年将公益诉讼作为一项重点推进的改革措施予以反复强调。

2. 行政违法行为检察监督对象的基本特征

从最高人民检察院和中央会议的相关文件,可以发现,检察监督的对象主要是违法的行政行为,其本质是指侵害国家利益和社会公共利益以及侵害公民合法权益的行政执法行为。然而,行政执法行为有各

---

① 参见杨奕:《论民事行政诉讼检察监督体制的独立化发展》,载《中国人民大学学报》2012年第5期。

种各样的方式,如"许可、审批、征收、给付、确认、裁决、检查、奖励、处罚、强制等"。[①] 为了有效界定检察监督的对象,有必要对检察监督的行政执法行为的特征进行概括总结。

就检察监督的对象而言,行政执法行为通常是具有以下几个特征:(1)行政执法活动应当是具体行政行为,而不是抽象行政行为。从检察机关现有监督能力和司法资源的角度出发,检察机关在客观上不可能对所有行政行为进行监督,[②]需要监督的行政行为,应当是针对特定的行政相对人所作出的能对其造成一定影响的具体行为。个别行政主体在实施行政处罚、行政许可、行政强制等具体行政行为时,因为缺乏监督,往往"重实体、轻程序",不严格依照法定程序办事,随意执法,侵害了行政相对人的合法权益。[③] 因此,从监督的可行性和目的出发,具体行政行为才是行政执法检察监督的对象。(2)行政执法活动应当是损益性行政行为,而不是授益性行政行为。所谓"损益",是相对行政行为的结果而言,是指当行政相对人请求行政机关实施授益性行政行为时,行政机关不作为的话,同样会损害到相对人的合法权益,这时行政机关的不作为就可认定为"损益性行政行为"。授益性行政行为,是指行政主体所作的能够给相对人带来直接利益的所有行政行为。[④] 但是,在某些情况下,行政机关的授益性行政行为有可能会损害到其他相对人的利益,例如,行政机关允许工厂不经处理地向农田河流排污,这时就会损害到农民的利益,显然这种情况同样应当受到检察部门的监督和指正。(3)行政执法活动是指行政人员把法的规定落实到实处的行为,而不是指行政立法和行政司法。行政执法是指行政机关依法定职权实施的具有社会管理性质的具体行政行为,[⑤]行政司法是指"行政

① 参见姜明安:《论行政执法》,载《行政法学研究》2003 年第 4 期。

② 参见山西省人民检察院课题组:《诉讼外行政检察监督论析》,载《湖南科技大学学报》2016 年第 3 期。

③ 参见宋金玲、王龙绪、吴恒兵等:《健全行政执法检察监督:从问题到对策》,载《东南法学》2015 年第 2 期。

④ 参见程竹松:《论授益行政行为的内涵和外延》,载《行政论坛》2004 年第 2 期。

⑤ 参见周继东:《深化行政执法体制改革的几点思考》,载《行政法学研究》2014 年第 1 期。

机关根据法律的授权,按照准司法程序审理和裁处有关争议或纠纷,以影响当事人之间的权利、义务关系,从而具有相应法律效力的行为”。[①]主要是指行政复议行为、行政裁决行为、行政调解行为、行政仲裁行为。行政司法是处理相对人纠纷和争议的行政行为,并不是检察监督所针对的行政机关对相对人实施的具体的行政行为。

因此,在行政违法行为检察监督的语境下,行政执法活动应是指行政机关为了实现行政目的,依据法律、法规、规章和其他规范性文件做出的、对行政相对人的权利义务产生不利影响的具体行政行为。

3.监督对象的审查

对行政违法行为进行检察监督,其实质是对行政执法予以相应的审查。在审查环节,检察机关一般是进行合法性审查和合理性审查,然而行政执法行为与传统的监督对象存在一定的差异,对其的审查方式有必要进行探讨。

检察机关作为法律监督机关,对行政执法行为的合法性进行审查和监督是必然要求;对于合理性的问题,监督机关就难以进行有效的监督。有观点提出,检察机关对行政执法检察监督,以合法性审查为主,以合理性审查为例外。[②] 也有观点认为应以行为是否合法为审查标准。[③] 理由是:行政机关作出具体行政行为,必然是按照法律和相关规范性文件的规定而作出的,其行政权和行政裁决权也是由法律明确规定的,只有在法律的充分授权下,行政机关才能对相对人实施相应的行政行为。因此,在对行政执法行为检察监督时,监督机关首先要考虑到的就是行为是否合法的问题,由此进行的合法性监督也能做到有据可循,立竿见影。

对于行政行为的合理性问题,由于影响合理性的因素较为复杂,“合理性问题主要取决于具体行政行为所面对的事实,具有一定的特

① 参见文正邦:《论行政司法行为》,载《政法论丛》1997年第1期。

② 参见杜睿哲、赵潇:《行政执法检察监督:理念、路径与规范》,载《国家行政学院学报》2014年第2期。

③ 参见颜翔:《行政检察监督体制之改造——以行政权监督转向为视角》,载《江西社会科学》2015年第3期。

殊性”,[①]因此,监督机关通常难以进行有效监督。有观点认为,“检察机关开展行政执法检察监督,仅限于对行政执法行为的合法性进行审查,一般情形下不应审查行政执法行为的合理性”。[②] 因为行政机关在作出行政行为时,会综合考虑与相对人及其行为相关的各种因素,如相对人的年龄、性别、学历、生活背景等社会因素,通常这些因素会对行政人员作出判断造成一定的影响,同时又难以形成符合要求的文书材料,检察人员无法收集和审核这些材料,使检察监督难以取得有效地成果。

一味要求对合理性进行干涉,由于缺少相应的证据和材料,往往会为监督工作带来麻烦。权力之间可以相互监督和制约,但绝对不能越俎代庖。[③] 从监督深度上讲,应限于对合法性的监督,止步于对合理性的监督。[④] 合理性问题属于行政机关自由裁量权行使的结果,在我国目前的法治现状下,保障行政机关依法行政是当务之急,而对合理性的审查目前审查机关还缺乏相应的能力。况且,行政行为合理性问题作为行政机关自由裁量权的权限内容,一旦发现有不合理的因素,必然会牵涉是否滥用职权的问题,进而涉及合法性的层面。因此,对行政行为合法性检察监督能为合理性监督提供一定的保障,不至于造成监督的缺漏。

4. 行政违法行为检察监督对象的重点

行政执法活动涉及的范围非常广泛,将所有行政执法活动全部纳入检察监督的视野,没有必要,也不现实,须找到可行的切入点和重点监督领域。

目前,我国正处于社会转型期,对政府执法行为提供的公共服务和公共产品质量提出了更高的要求,但在环境保护、社会保障、房地产业、

---

① 参见姚来燕:《关于行政执法检察监督的立法设想》,载《东方法学》2013 年第 1 期。

② 参见郑锦春、乌兰:《行政执法检察监督的正当性及其机制探析》,载《中国检察官》2014 年第 5 期。

③ 参见韩成军:《具体行政行为检察监督的制度架构》,载《当代法学》2014 年第 5 期。

④ 参见田野:《行政执法检察监督的发展与界限——行政执法与检察监督机制研究研讨会观点综述》,载《人民检察》2015 年第 16 期。

金融证券业、治安管理、卫生监管等涉及民生问题的领域,存在较为严重的违法执法或行政不作为的现象,导致各种社会冲突。因此,除继续对行政职务犯罪追诉、公安机关的侦查活动、刑罚执行活动以及行政执法与刑事司法衔接活动等监督外,应以保障民生问题作为检察监督的出发点,将限制或剥夺公民合法权利的行政行为列为检察机关重点监督的领域是比较现实和可行的。具体而言,包括以下几个方面:(1)侵害国家和公共利益的行政违法行为。包括:一是环保利益。地方和部门利益保护有时会造成大量的环境公害,给人民的生命财产带来重大的损失。在现实中,对造成的环境破坏,除了私法救济(公民、法人或其他组织对环境侵权行为提起的普通民事、行政诉讼)、对涉及犯罪的人员刑事追诉以外,检察机关应当加强对行政机关行政不作为、乱作为的专门监督,促进行政执法的源头治理。二是国有资产。因监管不力造成国有资产流失。第一,私人与国有资产管理者暗中勾结,以资产低估等形式赚取暴利。如国有资产管理者无偿或以大大低于市场的价格转让国有资产给私营企业或个人等。第二,不履行监管职责或滥用职权,造成国有资产严重流失。如中石油“窝案”中,有的部负责人仅一项违规决策,就造成国有资产流失上亿元。① 第三,利用国有资产管理漏洞,侵占私贪、隐瞒挤占、截留转移、挥霍浪费国有资产,使大量国有资产最终流入私囊。2014年至少有20名国企高管被查处,而且均涉及贪污和国有资产流失。② 三是国有土地利益。违法出让国有土地使用权。一些地方政府滥用土地审批权,包括违法审批和越权审批,违法出让土地,权力寻租,内部监管缺失,导致大量国有土地资源流失,大批耕地被不法侵占。有的地方行政官员甚至与私营企业老板勾结,垄断公共资源,侵占国有资产,损害公共利益,其危害的严重性触目惊心。四是食品、药品安全。涉及食品、药品安全的管理。当前,一些政府机关对涉及食品、药品安全的违法行为放任不管,存在严重的不作为违法,导致国家利益、公共利益的严重损害。如原国家药监局局长郑筱萸

---

① 参见高斌:《国企贪官太“任性”任国资流失》,载《检察日报》2015年7月14日,第5版。

② 同上。

为谋取私利,对按国家规定应以假药论处或撤销批准文号的药品,却擅自同意注册,共1069种违规审批药品获得“通行证”,药品监督的法定审核职责流于形式。(2)侵犯公民利益的行政违法行为。主要包括:一是侵犯人身权、财产权的具体行政行为。在涉及公民人身权和财产权的行政行为当中,行政强制与行政处罚尤为明显。行政机关实施这些行政行为具有主动性和调整范围的广泛性,自由裁量权较大,正当程序保障欠缺,若不加以有效的监督和制约,将极易被滥用而侵犯公民的合法权利,造成严重后果。[①] 行政强制包括行政强制措施和行政强制执行,前者如强制隔离、强制戒毒、强制治疗等;后者包括代执行和执行罚等。行政处罚包括警告、责令停产停业、暂扣或吊销营业执照、没收违法收入和非法所得、罚款以及行政拘留等。行政强制、行政处罚等具体行政行为特别是行政强制应纳入检察监督的范围。二是侵犯公民其他权利的具体行政行为。近年来,侵犯公民人身权、财产权之外的其他权利的案件时有发生。如侵犯公民知情权的具体行政行为,公民申请信息公开而不被批准的具体行政行为,2011年“清华女生起诉三部委要求公开副部长职权分工案”;侵犯公民平等权的具体行政行为;侵犯公民受教育权、就业权的具体行政行为。这些权利理应纳入检察监督的范围。三是行政机关作出的授益性具体行政行为。授益性和侵益性是具体行政行为的重要分类方法,其是以行政行为的内容对相对人是否有利作为分类的标准。一般认为,授益性行政行为是为相对人设定权益或免除义务的行政行为,[②]“设定或证明权利或者具有法律意义的利益的行政行为”。[③] 如行政许可、行政给付、行政奖励等具体行政行为属于典型的授益性具体行政行为。授益性行政行为虽然是赋予权益或免除义务的具体行政行为,但这种具体行政行为也可能侵犯行政相对人或其他公民的合法权益,比如拒绝或迟延给予符合条件的

① 参见杜睿哲、赵潇:《行政执法检察监督:理念、路径与规范》,载《国家行政学院学报》2014年第2期。

② 参见姜明安主编:《行政法与行政诉讼法》,北京大学出版社、高等教育出版社1999年版,第146页。

③ 参见翁岳生主编:《行政法》,中国法制出版社2002年版,第669页。

行政相对人合法权益的;行政主体滥用职权侵害其他公民的合法权益的,包括授益目的不符合法律规定,作出具体行政行为的考虑不适当,违反了公平正义原则等;行政主体违反法定程序侵犯相对人合法权益的。

三、行政违法行为检察监督的手段与方式

在确定行政违法行为的检察监督范围后,实施检察监督的手段和方式同样需要明确。检察机关作为监督机关,法律监督的职能是指运用法律的手段,依照法定的程序,对特定人或机关实施的能够产生一定法律效果的监督工作。针对行政执法活动的监督工作,同样也应当确定相应的法律手段。行政违法行为检察监督的目的是督促行政权的合法行使,提高行政机关依法行政的自觉性和积极性,保障公民、法人及其他组织的合法权益。所以,制定行政违法行为检察监督的手段和方式,应当符合监督的目的和特点。监督手段和方式的设定是否科学合理直接影响到检察监督运行的实际效果,也关系到"检察监督那种消极的、被动的、羞答答的运作状况已引起社会民众的不满"①的现象能否彻底根除。"在现有的条件下,仍然将检察监督局限于抗诉这一途径就完全没有道理,已经不适用今天我国行政法治的现实需要"。② 重构行政检察监督制度,应当革除抗诉这种单一监督方式的弊端,建立多元化的监督体系。③ 因此,行政违法行为检察监督的方式应当包括以下内容:提出检察建议、纠正违法意见、行政行为备案、立案侦查、支持起诉、行政公益诉讼以及提起抗诉等,只有把事前、事中、事后等多种监督方式、监督手段相结合,才能建立全面有效地检察监督体系,进而更加有效地发挥检察权对行政执法活动与违法行政行为的监督作用。

---

① 参见章剑生:《论影响实现行政诉讼价值目标的法律机制及其对策》,载《法律科学》1996年第2期。

② 参见姜明安:《行政诉讼中的检察监督与行政公益诉讼》,载《法学杂志》2009年第10期。

③ 参见颜翔:《行政检察监督体制之改造——以行政权监督转向为视角》,载《江西社会科学》2015年第3期。

（一）对抽象行政违法行为的监督

在现有法律规定之下，检察机关对抽象行政行为的监督权限极其有限，主要的依据来源于《立法法》第 99 条的规定，但随着深化体制改革进程的逐步推进，法律将会赋予检察机关更多的权限，对行政执法行为的监督也将更加完善。

1. 提请立法机关对涉嫌违宪（违法）的行政法规进行审查

《立法法》（2015 年修正）第 99 条第 1 款规定："国务院、中央军事委员会、最高人民法院、最高人民检察院和各省、自治区、直辖市的人民代表大会常务委员会认为行政法规、地方性法规、自治条例和单行条例同宪法或者法律相抵触的，可以向全国人民代表大会常务委员会书面提出进行审查的要求，由常务委员会工作机构分送有关的专门委员会进行审查、提出意见。"根据这一规定，如果最高人民检察院认为行政法规与宪法或法律相抵触，有权提请全国人大常委会进行审查。行政法规是国务院颁布的，不会主动提起颁布的法规违宪而提请审查；中央军委是军事机关，较少涉及地方事务；最高人民法院限于司法机关的被动性，不能主动就行政法规是否违宪、违法的问题进行考虑；省级人大常委会作为一级地方机关，也不容易对效力及于全国的行政法规提出意见。相较而言，这些机构中只有最高人民检察院最应该、也最适合行使这一"法规违宪提请审查权"，对效力最高的抽象行政行为——行政法规进行监督。

2. 建议国务院对涉嫌抵触上位法的政府规章进行审查

根据《立法法》的规定，规章不由全国人大常委会审查，而由国务院行使最终审查决定权。因此，规章未被列入《立法法》第 99 条规定的提请审查对象范围。不过，根据国务院的有关行政法规，检察机关可以参与对规章的违宪（违法）审查。如《规章制定程序条例》（以下简称《条例》）第 35 条规定，国家机关、社会团体、企业事业组织、公民认为规章同法律、行政法规相抵触的，可以向国务院书面提出审查的建议，由国务院法制机构研究处理；如认为较大的市的人民政府规章同上位法相抵触的，也可以向本省、自治区人民政府书面提出审查的建议，由省、自治区人民政府法制机构研究处理。虽然《条例》并非针对检察机关作出的授权性规定，但重要的是《条例》肯定了包括检察机关在内的各类监督主体可以参与对政府规章进行的监督。作为国家的法律监督机关,人民检察院开展对政府规章的监督,按一定工作程序向国务院提出审查建议,这是有据可依的。

(二)对具体行政违法行为的监督

结合现行法律及各地司法实践,检察机关开展行政违法行为检察监督的方式主要包括检察建议、纠正违法、督促起诉、支持起诉、提起行政公益诉讼等情形。

1.提出检察建议

检察建议是检察机关履行法律监督职能的重要手段,其内容为:(1)检察建议的概念。检察建议是检察机关在履行检察职能的过程中,针对妨碍检察目的实现的违法或者不当行为、诉讼活动以及可能再次引发违法犯罪的隐患问题,以书面形式,向特定的被建议对象提出纠正、处理或者改进工作意见的检察行为。[①] 其目的是建立常规性的对行政立法、行政规范性文件提出审查请求的检察建议制度。检察建议具有灵活便捷、柔性非对抗、易于被行政机关接受等特点[②],能在不引起强对抗的基础上协调检察权和行政权的关系。[③] 这是行政执法检察监督中最常用的监督方式,是检察机关的单方行为,虽不具有法律上的强制力,但应赋予其较强的约束力。[④] (2)检察建议的目的与后果。提出检察建议是为了让被建议机关有针对性地消除管理上的漏洞,完善相关行政行为工作制度,弥补缺陷,正确执法。但如何正确地行使,具体解决争议,仍有赖于行政机关依据职权进行处分,检察机关只提出一种可能的建议。[⑤] 此外,由于检察建议不具有强制性,被建议机关在收到检察建议后并不必然会按照建议的内容完善相关工作,但被建议机

① 参见吕涛:《检察建议的法理分析》,载《法学论坛》2010年第2期。

② 参见孙长春:《构建违法行政行为法律监督的新常态》,载《红旗文稿》2015年第7期。

③ 参见韩成军:《具体行政行为检察监督的制度架构》,载《当代法学》2014年第5期。

④ 参见李晓果:《行政执法检察监督热的再思考》,载《学术论坛》2015年第2期。

⑤ 参见解志勇:《行政检察:解决行政争议的第三条道路》,载《中国法学》2015年第1期。

关必须及时作出是否接受并采取相关措施的决定;如果不接受检察机关的建议,应当及时回复并说明理由,否则就要承担一定的法律后果。(3)检察建议的适用。对具有重大而明显瑕疵的违法行政执法行为,审查终结后应针对不同情形,作出提出检察建议、通知纠正违法、移送职务犯罪线索等决定。行政执法行为主体资格方面有瑕疵的,应向行政执法机关发出《检察建议书》,建议纠正违法行为,并对行政机关执法不规范、制度不健全等问题提出改进意见。行政执法行为内容方面有瑕疵的,如发现行政执法行为事实不清、适用法律法规错误,应提出撤销行政执法行为并重新作出行政执法行为的检察建议。对于行政机关不行使或怠于行使职权,致使国家、社会公共利益遭受损害的情形,应提出以督促履行职能为内容的检察建议,督促行政机关依法履行职能。(4)检察建议的作用。检察建议是检察机关在履行法律监督职能过程中,结合执法办案,建议有关单位完善制度,加强内部制约、监督,正确实施法律法规,预防和减少违法犯罪的重要方式。在检察权对行政权进行监督的相关立法完善之前,应积极发挥检察建议这种监督方式的良好作用,保护人民群众的基本权利不受侵犯,促进行政机关依法行政水平的提升。① 根据《人民检察院检察建议工作规定(试行)》,检察机关可以与被建议机关的上级部门加强联系、促进沟通,联动研究被建议机关的整改措施,提高检察建议落实的可能性。如被建议机关拒绝接受建议并不予理睬的,检察机关可向该部门的上级领导机关反映情况。

此外,对于行政机关不主动履职、不依法起诉、不落实检察建议或纠正违法通知的行为,可以考虑建立检察督促令制度②,并明确其适用条件等问题。

2. 纠正违法意见

一般而言,检察建议可适用于一般轻微违法作为,纠正违法通知可

---

① 参见王玄玮:《行政权检察监督的法理分析和制度设计》,载《云南师范大学学报》2011 年第 4 期。

② 参见王华伟、刘一玮:《试论行政执法检察监督方式之改进》,载《湖北社会科学》2017 年第 6 期。

适用于情节较重的违法作为,主要为:(1)纠正违法意见的概念。纠正违法意见,是指检察机关在履行检察职能的过程中发现侦查、审判、执行等活动中存在违法诉讼行为时,依法向违反法律程序的部门提出要求其改正的检察意见。纠正违法意见适用于行政机关违反法律的明确规定,并且法律规定是羁束性的情形,检察机关据此直接要求行政机关作出或改变特定行为。[①] 一旦发现行政执法人员存在一般违法行为时,检察机关应当向行政执法机关发出《纠正违法通知书》,提出纠正意见,[②]如果不及时予以纠正的话,会发生难以弥补的损失。[③] 因此,检察机关可以发挥检察权的能动作用,按照法定程序提出纠正意见,要求相关行政机关在规定的期限内予以纠正,并将结果书面告知检察机关。[④] (2)纠正违法意见的特征。这种监督方式的优点是灵活、简洁、高效,有利于节省社会资源,能充分发挥行政机关的主观能动性,从而用较小的成本达到监督行政权,纠正违法具体行政行为的目的,避免造成严重危害和损失。因此,纠正违法意见要求行政机关必须在一定的期限内对违法具体行政行为进行改正并予以答复。与检察建议相同,纠正违法意见同样是检察机关行使检察权的行为方式之一,但是,两者的性质、使用范围,及其程序等方面都存在差异。相对于检察建议而言,纠正违法意见往往适用于检察机关已经确认具体行政行为存在违法的现象,同时,纠正违法意见通常是具有强制性的,行政机关在收到纠正违法意见后,应当对其中指出的问题进行审查,并且应当具体落实,因此更容易引起行政机关的重视和关注。事实上,纠正违法意见这种监督方式也存在一定的缺陷,其最突出的问题是所依据的法律文件

---

① 参见解志勇:《行政检察:解决行政争议的第三条道路》,载《中国法学》2015年第1期。

② 参见贾小刚:《非诉行政执行检察监督的制度构建》,载《人民检察》2015年第4期。

③ 参见姚来燕:《关于行政执法检察监督的立法设想》,载《东方法学》2013年第1期。

④ 参见王稼瑶、刘丽娜:《诉讼外行政检察监督之制度构建》,载《人民检察》2014年第6期。

位阶过低,有待立法上的授权和确认。[①] (3)纠正违法意见的后果。针对纠正违法意见中的法律问题,行政机关应当提出自己的理解,并将理解意见向检察机关反馈;如果在审查后发现行政行为并无违法迹象,行政机关应当向检察机关提出明确的答复并附上充分的理由或意见。如果被监督的行政机关无故不予回复或者明确拒绝纠正意见的,检察机关可以向其上级机关或是行政监察机关发出提请书,提请督促被监督者纠正违法行为。检察机关也可以向上一级检察机关报告,上级检察机关认为纠正违法意见正确,应当通知被监督者的上级机关,督促被监督者纠正违法行为。如果上级检察机关认为纠正违法意见是错误的,应当通知下级检察机关撤销纠正违法意见书。同时,检察督促令制度也在未来建构的序列。

3. 行政执法备案

行政执法备案是指行政机关的执法部门在作出具体的行政行为后,应当将相关材料报送到有关行政机关备案记录,并且接受该机关的审查监督。在平时的行政执法中,检察机关应对行政执法后行政机关制作的结论性文件进行备案审查。[②] 有些地方不仅政府机关建立行政执法备案监督制度,检察机关也在尝试借鉴这项制度。比如,浙江省永康市在2006年便开始试点行政执法资料移送检察机关备案工作机制。[③] 在该制度实施的过程中,要求行政执法机关向检察机关移送有关行政管理、行政审批、行政执法的资料信息,检察机关对其移送的资料信息进行备案和审查,这样的备案审查制度能够有效降低职务犯罪发生的可能性,一定程度上能够提高对职务犯罪侦查工作的效率,同时也能够更好地开展刑事立案工作。此外,在必要的情况下,对于重大的行政执法事件,检察机关应当走访行政职能部门,了解情况。对行政执法案件材料、执法人员、涉案人员的调阅、调查、取证。向具体办案的行

---

① 参见韩成军:《具体行政行为检察监督的制度架构》,载《当代法学》2014年第5期。

② 参见姚来燕:《关于行政执法检察监督的立法设想》,载《东方法学》2013年第1期。

③ 参见宋英辉、何挺:《浙江永康行政执法检察备案机制评析》,载《国家检察官学院学报》2006年第2期。

政机关提出口头或者书面的质询。通知行政相对人,询问、证实有关情况,听取申辩意见。[1]

4. 案件材料报送和移送

检察机关对行政执法机关不移送涉嫌犯罪案件,或者明知违法行为构成犯罪而故意作为一般行政违法行为对行为人先行适用了行政处罚的,有权要求乃至于责令行政执法机关将案件移送司法机关作为刑事案件予以追究。检察机关发现涉嫌犯罪的案件,认为行政执法机关应当移送而不移送的,有权要求其书面说明不移送的理由,并对其提供的书面理由加以质询,认为其不移送的理由不能成立的,有权向其发出督促移送刑事案件通知书,行政执法机关接到通知书后,应当移送案件,并将移送情况书面告知检察机关。对于行政执法机关应当移送而拒不移送案件的,检察机关有权向该机关的上级或纪检监察机关提出给予相应处理的督促意见,有关机关应在一定期限内将处理情况书面告知检察机关。对于拒不移送案件涉嫌职务犯罪的,由检察机关立案侦查、提起公诉,以追究其刑事责任。[2]

5. 立案侦查

当检察机关在对行政违法行为进行检察监督时,针对违法行为提出检察建议或者提起公诉时,如发现其中的违法行为已经构成犯罪,可依法移交给有管辖权的部门进行侦查,进入刑事司法程序。检察机关对于行政机关人员在实施行政行为的过程中所发生的职务犯罪进行侦查和追诉,是检察机关作为监督机关行使职权的表现之一,同时也是检察机关对行政机关进行监督最直接的方式。假如行政机关的办案人员在履行职务或者实施行政行为的过程中,收受他人贿赂或者有滥用权力、玩忽职守的嫌疑,检察机关就可以立即启动职务犯罪的立案侦查程序,对相关犯罪嫌疑人进行控制和羁押,审查行政行为的实施状况,查明事实真相。

---

① 参见姚来燕:《关于行政执法检察监督的立法设想》,载《东方法学》2013年第1期。

② 同上。

6. 支持起诉

《人民检察院组织法》和最高人民检察院《关于加强民事行政检察工作若干问题的意见》为检察机关支持公民、法人或其他组织提起行政诉讼提供法律依据。支持提起行政诉讼是检察机关在公民、法人或其他组织的合法权益遭受重大侵害,由于无力起诉或不敢起诉等原因未提起诉讼时,支持其提起行政诉讼,以维护其合法权益的一项诉讼制度。检察机关可以对下列行政纠纷案件支持公民、法人或其他组织提起诉讼:(1)因怕被报复而不敢起诉行政机关的;(2)因不懂法律等原因而不知去告、无力去告的;(3)由于涉及人比较多互相观望、意见不一而放弃起诉的。

7. 提起抗诉

提起行政抗诉。检察机关对法院作出的行政判决提起抗诉,不仅是对法院审判权的直接监督,也是对行政执法行为的间接监督。法院不依法行使审判权,就可能无法使行政机关违法的行政执法行为得到纠正,使公民、法人或其他组织的合法权益得不到救济。我国《行政诉讼法》仅规定了检察机关对生效行政裁判的抗诉,没有明确规定上诉抗诉权,而且在再审审级、再审期限等操作层面也存在缺陷。在行政诉讼法修改时需要对检察机关行使行政审判监督权的对象、审级、方式等程序问题进行完善。

此外,还包括发布禁止令之监督权,对于严重侵害公民合法权益、宪法基本权利的具体行政行为,当事人缺乏救济能力或情况紧急可能造成重大社会影响的,检察机关可向相关的行政机关颁布“禁止令”,责令其中止该行为。①

(三)检察机关提起行政公益诉讼

《中共中央关于全面推进依法治国若干重大问题的决定》指出,“探索建立检察机关提起公益诉讼制度”。最高人民检察院于2015年2月5日公布的《关于贯彻落实〈中共中央关于全面推进依法治国若干重大问题的决定〉的意见》,也把探索建立检察机关提起公益诉讼制度,作为“加强对违法行政行为的法律监督,积极促进依法行政”的重

① 参见张雪樵:《违法行政检察监督机制的谱系化》,载《人民检察》2016年第11期。

要任务。[①] 2015 年 7 月,《全国人民代表大会常务委员会关于授权最高人民检察院在部分地区开展公益诉讼试点工作的决定》,开启检察机关提起公益诉讼的新篇章。随后,最高人民检察院出台《人民检察院提起公益诉讼试点工作实施办法》(以下简称《人民检察院试点办法》,2015 年 12 月),对检察机关提起公益诉讼作出具体的规定。2016 年 2 月,最高人民法院发布《人民法院审理人民检察院提起公益诉讼案件试点工作实施办法》(以下简称《人民法院实施办法》)。2017 年 6 月,根据《全国人民代表大会常务委员会关于修改〈中华人民共和国民事诉讼法〉和〈中华人民共和国行政诉讼法〉的决定》,《行政诉讼法》第 25 条增加了一款,[②]正式从基本法层面确认检察机关提起行政公益诉讼的合法性,也明确规定案件范围、诉前程序、起诉资格等基本制度。

1. 检察机关提起公益诉讼制度概述

公益诉讼缘起于古代罗马法,是相对私益诉讼而言的。[③] "私益诉讼是保护个人权利的诉讼,仅特定的个人才能提起,公益诉讼则是保护社会公共利益的诉讼,除法律具有特别规定外,凡市民均可提起。"[④]公益诉讼自产生后不断发展,到现代社会已趋于完善,无论是英美法系国家还是大陆法系国家,都形成了各具特色的公益诉讼制度,对于维护社会公共利益和国家利益具有不可替代的价值。[⑤]

公益诉讼是指有关国家机关、社会团体和公民个人根据法律的授权,对违反法律、侵犯国家利益或社会公共利益的行为,向法院提起诉

---

① 参见姜涛:《检察机关提起行政公益诉讼制度:一个中国问题的思考》,载《政法论坛》2015 年第 6 期。

② 《行政诉讼法》第 25 条增加了一款,作为第 4 款:"人民检察院在履行职责中发现生态环境和资源保护、食品药品安全、国有财产保护、国有土地使用权出让等领域负有监督管理职责的行政机关违法行使职权或者不作为,致使国家利益或者社会公共利益受到侵害的,应当向行政机关提出检察建议,督促其依法履行职责。行政机关不依法履行职责的,人民检察院依法向人民法院提起诉讼。"

③ 参见袁本朴:《检察机关提起行政公益诉讼刍议》,载《人民检察》2015 年第 3 期。

④ 参见《罗马法原论》(下册),周枏译,商务印书馆 1996 年版,第 886 页。

⑤ 参见袁本朴:《检察机关提起行政公益诉讼刍议》,载《人民检察》2015 年第 3 期。

讼,请求人民法院进行纠正和制裁的诉讼活动。行政公益诉讼,简称行政公诉。学界和实务界已对行政公益诉讼的概念进行广泛研究。有的认为,“行政公诉是指为了维护国家利益和社会公共利益,由国家特定的机关(主要是检察机关)针对行政主体的违法行政行为而提起的诉讼”。[①] 也有的认为,“行政公诉是指检察机关在履行法律监督职责过程中,认为行政机关的行政行为违反了有关法律规定,侵害了公民、法人和其他社会组织的合法权益,危害了国家和社会公共利益,依照行政诉讼程序向法院提起诉讼,要求法院进行审理并作出裁判的活动”。[②] 综上所述,行政公益诉讼是指人民检察院依据法律监督职能,对行政机关违反法律规定,侵害国家利益和社会公共利益的行政行为,向人民法院提起诉讼,要求法院进行审理并作出裁判的诉讼活动。通常表现为,当行政机关不按照检察建议的内容履行职责且没有正当理由时,检察机关向人民法院提起行政公益诉讼,由法院居中裁判。[③]

在很长一段时间,我国法律并未对检察机关的行政公诉权作出明确的规定。不过,学术界对行政公诉问题的探讨并不少,已经形成了一定的共识:“在我国建立行政公诉制度,由检察机关行使行政公诉功能,已经是一股不可逆的历史潮流。立法机关应当适时地修订行政诉讼法,明确规定检察机关行使行政公诉的功能。而且,行政公诉已经不仅仅是一个纯粹理论探讨的问题,有的地方已经进行了成功的实践。[④] 实践表明,行政公诉是行政权检察监督的一种有效方式。理论上也一致认为,检察机关应当加大探索的力度,积极推动立法机关对行政公诉

① 参见邓思清:《我国检察机关行政公诉权的程序构建》,载《国家检察官学院学报》2011 年第 4 期。

② 参见孙谦:《论建立行政公诉制度的必要性与可行性》,载《法学家》2006 年第 3 期。

③ 参见李晓果:《行政执法检察监督热的再思考》,载《学术论坛》2015 年第 2 期。

④ 在河南省宜阳县就有这样的事例:县工商局在 6 年间利用行政职权向 300 余家企业及工商户违法收取未鉴证合同的鉴证费 56 万元,群众对此反映强烈,社会影响较大。但是,各工商户和企业作为被管理单位,不愿、不敢诉诸法律。鉴于此,县检察院以原告的身份代表国家对县工商局依法提起诉讼。县法院开庭审理后,依法支持了检察院的诉讼主张。

作出规定,早日填补这一立法空白,从而形成检察权对行政权进行监督的完备体系。[①] 2017年,随着《全国人民代表大会常务委员会关于修改〈中华人民共和国民事诉讼法〉和〈中华人民共和国行政诉讼法〉的决定》的通过,《行政诉讼法》第25条增加了一款,以立法的形式,明确增加了检察机关的行政公诉权。

2. 行政公益诉讼的特征

根据《人民检察院试点办法》与《人民法院实施办法》等的规定,相比于其他诉讼,行政公益诉讼有其内在的特殊性,并主要包括以下特征:(1)监督性。行政公诉属于公权力对公权力的监督,是作为国家法律监督机关的人民检察院对行政机关违反法律规定,侵害国家利益和社会公共利益的行政行为的监督,不同于一般民事诉讼和行政诉讼,亦不同于刑事公诉。行政公诉中,检察机关诉的动因主要是基于宪法地位,实现对行政公权力的司法监督。(2)公益性。行政公诉的目的是纠正行政违法行为,以维护国家或者社会公共利益。对公权力的监督并非法律监督的最终目的,而是通过有效的监督保证法律的统一正确实施,实现对国家利益、公共利益和个人利益的保护和平衡,维护统治和秩序。检察官负有客观、中立、全面维护公共利益的义务,是社会正义的探寻者和实现者。(3)法定性。行政公诉要以法律明确规定为前提。一是范围条件法定。检察机关基于法律监督权而提起行政诉讼,其范围应限制在行政机关违反国家法律规定,侵害国家利益和社会公共利益的行政行为,一般不宜干预仅涉及公民私益的情形。二是诉讼程序法定。行政公诉从管辖、启动、事实认定、提起公诉等一系列诉讼活动都应受到相关程序法和实体法规制,否则将导致行政公诉的滥用。(4)程序性。行政公诉是检察权对行政权的监督,其本身不具有处断性,不能直接撤销或变更违法行政行为,对于行政行为是否合法只能由人民法院裁判,行政行为最终作出或纠正也由行政机关负责,除涉及职务犯罪之外,相关的问责和处罚也只能由行政监察机关依法决定,人民检察院没有实体处分权。行政公诉的价值在于提起司法监督程序,这

---

① 参见王玄玮:《行政权检察监督的法理分析和制度设计》,载《云南师范大学学报》2011年第4期。

也体现了检察监督程序性监督的共性特点。

3. 我国行政公益诉讼制度的实体优化

构建我国行政公益诉讼制度是一项重大认法活动和司法改革，是一个涉及基本原则、诉讼程序等各方面内容的完整体系，对认法技术、法律衔接也有较高要求，在此仅就几个需要重点把握的问题和环节提出初步意见。主要为：(1)行政公益诉讼的基本原则。行政公益诉讼的原则，就是贯穿于行政公益诉讼主要过程和主要阶段，起支配指导作用的基本准则。行政公益诉讼既应遵循一般诉讼的基本原则，也应遵循以下原则：一是主动干预原则。行政公益诉讼与一般行政诉讼的最大区别，就在于提起公诉的主体是检察机关。检察机关在实践中应积极作为，应主动发现行政行为违法(含不作为)侵害国家和社会公共利益的情况，通过深入基层了解、充分利用"两法衔接"平台等方式，扩展线索发现渠道，完善线索发现机制，适时依法提起公诉。二是维护公益原则。在行政公益诉讼中，检察机关以维护国家和社会公共利益作为其首要职责和最终目的。只有当行政行为严重侵害了国家利益或社会公共利益，检察机关才能提起公益诉讼。① 公益原则即表明了行政公诉权存在的价值，实际上是对检察机关提起行政公诉的条件和范围进行了限定。三是监督违法行为原则。我国《行政诉讼法》第2条规定：公民、法人或者其他组织认为行政机关和行政机关工作人员的行政行为侵犯其合法权益，有权依照本法向人民法院提起行政诉讼。这一规定赋予相对人充分的诉权，也隐含着相对人合法权益一旦受到行政行为侵犯，就应得到司法救济与保护。而行政公益诉讼则是检察机关出于法律监督的认场，提起诉讼应该针对行政行为违反法律规定的情况，即只有对确实违法且侵害国家和社会公共利益的行政行为才能提起行政公益诉讼。只有在行政机关错误履行其职权或者不履行其法定职责时，司法机关才可以通过私益或者公益诉讼的程序介入，确保行政机关

① 参见朱全宝：《论检察机关提起行政公益诉讼：特征、模式与程序》，载《法学杂志》2015年第4期。

能够纠正其行政行为或者履行其相应职责。[1] 四是谦抑平衡原则。由于行政权涉及面大、覆盖领域广、面对和处置的情况纷繁复杂,因而必须具备一定的裁量性和必要的灵活性。一方面是行政公诉权内容配置的限度。对可诉行政行为一般应限于违反法律规定且侵害国家和社会公共利益,就从范围上体现了对行政公诉权的限定。另一方面是行政公诉权行使下的限定。检察机关只有在必要时才能提起行政公益诉讼,在缺乏与案件有直接利害关系的具体原告的情况下,已经没有其他可以替代的救济方式,检察机关方可提起行政公益诉讼。[2] 亦即,提起行政公诉应在没有其他主体提起诉讼或适格主体怠于或不能提起诉讼的情形之下。在提起公诉前,应提醒并给予行政机关自我纠错的机会,以体现司法的必要节制。(2)行政公益诉讼的适用范围。实施行政公诉的目的是为了维护公共利益,因此,只有在行政行为违法,使国家利益和社会公共利益受损时,才可赋予检察机关提起行政公诉的权力。主要包括:一是行政机关的行政行为没有侵害特定行政相对人的合法权益,而是违法损害国家利益、社会公共利益,无确定的原告。检察机关以法律监督者的身份向法院提起诉讼,对维护公共利益就显得非重要。二是授益性行政行为。一些行政行为授予公民、法人或其他组织以权利和利益,但是却严重白侵害了国家利益或社会公共利益。由于公民、法人或其他组织本身就是受益者,自然不会去起诉,这种情况下需要检察机关作为公诉人提起公诉,维护公共利益。三是抽象行政行为。检察机关对侵犯公共利益的具体行政提起行为公诉时,如果认为作出该具体行政行为所依据的行政法规、规章及国务院制定的规范性文件以外的其他行政规范性文件不合法,在向法院提起行政诉讼时,也可就此一并向法院提出检察意见。

进言之,检察机关提起行政公益诉讼应限于行政机关违法作为或不作为,造成或即将造成国家利益、社会公共利益受到侵害的重大行政

---

① 参见王明远:《论我国环境公益诉讼的发展方向:基于行政权与司法权关系理论的分析》,载《中国法学》2016年第1期。

② 参见朱全宝:《论检察机关提起行政公益诉讼:特征、模式与程序》,载《法学杂志》2015年第4期。

案件,具体把握中应注意以下几点:一是行政公益诉讼应界定在因行政权直接引发且可以直接通过行政公权获得救济的范围之内。以针对国有资产流失开展的督促起诉或督促履职案件为例,督促起诉通过督促监管部门履行职责,采取民事手段乃至民事诉讼来实现;而督促履职则可以通过被督促单位的直接行政行为来实现。二是行政公诉对象包括行政机关违法作为和不作为。修改后行诉法将可诉范围扩大为"行政行为"。作为可提起行政公诉的行政行为,包括行政机关违法滥作为和依法应当作为而不作为。与违法作为相同,行政不作为往往同样会导致危害后果发生,其不只是行政机关和行政工作人员对其法定职责的放弃,更是对法定权益造成侵犯的违法行为。三是要区分侵害国家利益、社会公共利益和侵害特定多数人利益的情形。实际上,侵害社会公共利益的行为往往也是直接或间接侵犯他人利益的行为,只是一般其侵犯的往往是不特定多数人的利益。而对于行政机关违法滥作为或不作为侵犯特定多数人的利益的具体行政行为,不应该属于行政公诉的范围,而应通过行政集团诉讼的方式进行救济。四是在行政行为同时对国家利益、社会公共利益和特定相对人利益造成侵害时,一般遵从个人诉讼优先。行政公诉的目的旨在保护无人保护的国家利益、社会公共利益,如果有明确的行政相对人提起诉讼能够达到同样效果,那就诉的直接关联度而言,应以私诉优先,行政公诉不再提起或撤回。但是,从诉讼的经济和效率角度考虑,当检察机关发现有行政行为侵害国家利益、社会公共利益,且无行政相对人起诉时,就可以提起行政公诉,不需要具体去调查是否存在行政相对人、行政相对人是否要提起诉讼。

4. 我国行政公益诉讼的适用程序

由于行政公诉的特殊性,其在审查起诉前的案件管辖、受理、调查和提起公诉后的举证责任等方面都应有别于一般行政诉讼,而且为了维护司法权与行政权、法律与效率的必要平衡,在起诉前应设置必要的前置审查程序。《人民检察院试点办法》与《人民法院实施办法》对此作出了较为具体的规定。

总体来看:(1)案件管辖。在地域管辖方面,行政公诉案件与一般行政诉讼案件相同,遵从属地管辖原则,司法改革后如设立跨区域法院和检察院,则相应遵从其管辖。按照管辖原则,对于下级检察院怠于行使行政公诉权或者难以行使行政公诉权的,上级检察院可以直接管辖;下级检察院认为案情重大、复杂或者社会影响大,需要由上级检察院提起诉讼的,可以请求移送上一级检察院提起公诉。(2)案件审级。行政公益诉讼应实行二审终审制,终审即生效,不再设置审判监督程序,对于生效裁判检察机关不能抗诉。一是从现行诉讼制度看,两审终审制是我国刑事诉讼、民事诉讼和行政诉讼的基本审级,从诉讼制度的连贯性和实际运行看是基本合理的,既考虑了诉讼效率,也提供必要救济程序;二是效率是行政行为的重要特征和追求,社会管理事务往往处于不断变化中,需要及时处置和应对,尤其对于造成及即将造成国家利益、社会公共利益侵害的情形,更讲求处置效率;三是行政公益诉讼不同于一般诉讼,其诉讼主体同为国家机关,是公权力对公权力的监督,固然其维护公正和权益的基本价值不容置疑,但客观上也折损败诉方公权力的权威。为此,应当尽量减少诉讼的绵延拖沓,充分体现和维护公权力的权威性和确定性,不应设置审判监督程序。(3)诉前程序。诉前程序除了受理、认案、审查、决定是否提起诉讼等程序,还应增设前置程序。概言之:一是案件受理。检察机关受理行政公诉案件应该有三种情形:第一,群众举报。群众发现可能存在损害国家利益和社会公共利益的行政行为后向检察机关举报。第二,有关机关交办。党委、人大、上级检察院以及其他部门发现行政违法行为时交给检察机关办理。第三,检察机关自行发现。检察机关通过检察活动、网络舆情等渠道,发现侵害国家利益和社会公共利益的行政行为。二是认案和调查。检察机关在受理案件后,经过审查认为存在行政违法行为、有明确被告、行政违法行为符合管辖范围、有必要追究行政责任的,应由民行检察部门按程序报批后认案。认案后,检察机关应就案件的事实、提起行政公诉所需的事实证据进行必要调查。调查取证权是行政公诉权行使的基础,没有调查取证,检察机关就无法发现案件线索或收集案件相关证据。三是前置程序。司法权本应就是最终保障性的权力,加之检察机关提起行政公益诉讼的谦抑性,检察机关经过认案、调查程序以后,认为行政行为的确违法且侵害国家利益和社会公共利益的,应该通过检察建议或督促履职的方式要求该行政机关依法自行纠正和妥善处理,督促履职多用于行政机关不作为的情形。(4)诉中程序。诉中程序是指提起行政公益诉讼后参与法庭审判的程序。这与一般的行政诉讼并无本质不同,可分为庭前准备工作和出庭公诉两个部分,出庭公诉则包括宣读起诉书、出示书证、物证和视听资料;宣读鉴定意见和勘验报告;对出示的证据进行询问和质证;发表出庭意见并进行必要的辩论等环节。在诉讼中也依法享有当事人应享有的诉讼权利、承担相应的诉讼义务。(5)诉后程序。诉后程序是指检察机关对行政公诉案件裁判的审查、抗诉或对结果的承受。如果法院裁判支持检察机关的行政公诉诉求,作为法律监督机关,检察机关同样还负有监督判决得到执行的职责,同时,对于行政机关作出的违法行政行为中存在的问题提出防范和完善的检察建议。如果法院裁判不支持检察机关的诉求,检察机关应对裁判进行认真审查,认为确有错误的,可以向下一级人民法院提出抗诉。需要明确的是,无论法院是否支持检察机关诉讼请求,检察机关都不承担诉讼的法律后果。

5. 行政公益诉讼的实践考察及思考

2015 年 12 月,山东省庆云县检察院依法向庆云县人民法院提起行政公益诉讼。这是全国首例行政公益诉讼案件。2016 年 1 月,贵州省锦屏县法院依法判决确认锦屏县环保局行为违法。这是法院判决的首例检察机关提起公益诉讼案件。

2015 年 7 月 1 日,十二届全国人大常委会第十五次会议作出《关于授权最高人民检察院在部分地区开展公益诉讼试点工作的决定》,授权最高人民检察院以生态环境和资源保护、国有资产保护、国有土地使用权出让、食品药品安全等领域为重点,在北京、内蒙古、吉林、江苏、安徽、福建、山东、湖北、广东、贵州、云南、陕西、甘肃 13 个省、自治区、直辖市的检察机关开展为期 2 年的提起公益诉讼试点。考虑到司法改革的规律、试点地区的差异和诉前程序的作用,最高人民检察院要求“三步走”:2016 年上半年,各试点地区一个不少的实现起诉案件零的突破;2016 年年底,所有试点市级检察院均有案件起诉到法院;2017 年上半年,所有试点基层检察院消灭起诉案件空白。2016 年 6 月 30 日,北京市石景山区检察院对该市工商行政管理局石景山分局不依法履行职责的行为,向区法院提起行政公益诉讼。至此,在试点一周年前夕,13 个试点地区均有检察机关提起公益诉讼,第一步目标按期实现。

截至2016年9月,试点地区的检察机关在履行职责中共发现公益诉讼案件线索2982件;办理公益诉讼案件1710件;办理诉前程序案件1668件;向法院提起公益诉讼42件,其中,民事公益诉讼28件,行政公益诉讼13件,行政附带民事公益诉讼1件。试点地区检察机关办理的1668件诉前程序案件中,行政公益诉前程序案件1591件,行政机关回复1348件,行政机关纠正违法或履行职责1214件;民事公益诉前程序案件77件,社会组织提起诉讼17件。

此后,试点工作步入快车道,几乎每个月都有试点地区检察机关提起公益诉讼。来自最高人民检察院的统计数据显示,截至2016年9月,试点地区检察机关共在履行职责中发现公益诉讼案件线索2982件,办理诉前程序案件1668件,向法院提起公益诉讼42件。在发现的2982件案件线索中,生态环境资源保护领域2221件,国有土地使用权出让领域371件,国有资产保护领域280件,食品药品安全领域110件。根据最高人民检察院在2017年全国人民代表大会的工作报告,13个省区市检察机关试点以来在生态环境和资源保护等领域共办理公益诉讼案件5109件。其中,向相关行政机关或社会组织提出检察建议、督促履行职责4562件。相关行政机关已履行职责或纠正违法3206件,相关社会组织提起公益诉讼28件,合计占70.9%。对仍不履行职责、公益继续受到侵害的,向人民法院提起诉讼547件。通过办案,督促恢复被污染、破坏的耕地、林地、湿地、草原12.8万公顷;督促1443家违法企业进行整改,索赔治理环境、恢复生态等费用2亿元;督促收回欠缴的国有土地出让金54亿元。

2017年7月11日,在大检察官研讨班上,最高人民检察院公布,通过认真贯彻党中央部署和全国人大常委会授权决定,加强顶层设计和督促指导。2015年7月以来,北京等13个试点省区市检察机关共办理公益诉讼案件9053件,其中诉前程序7903件、提起诉讼1150件。诉前程序案件中,行政机关主动纠正违法5162件;起诉案件中,法院已判决结案437件,全部支持检察机关诉讼请求。2017年5月23日,习近平总书记主持召开中央深改组第三十五次会议,充分肯定检察机关提起公益诉讼试点成效,并要求各级机关与部门提供法律保障。

综上可见,在实践过程中检察机关能够发现行政执法机关存在的行政违法问题，在环保领域和食品药品安全领域均能发现需要监督的线索，然而最终采取行政公益诉讼的案件不多，大多数案件都能够通过诉前程序对违法行政行为予以纠正，但行政公益诉讼作为一项重要的检察监督措施，其存在的必要是毋庸置疑的。行政公益诉讼并不是监督行政违法的唯一途径，在面对具体的案件时，检察机关应当有针对性地作出选择，在检察建议、提出纠正意见等诉前监督措施与行政公益诉讼中进行衡量，一旦发现行政机关无视监督，则坚决采用行政公益诉讼予以追究其法律责任，以维护国家利益以及社会利益。

四、行政违法行为检察监督的程序运行

行政违法行为检察监督制度需要一套完善的运作程序，只有构建完备的程序性机制，才可以使制度更为成熟和持久。行政违法行为检察监督的程序是一个严密的逻辑体系，各个程序环环相扣，以此有效合理地使诉讼外的行政违法行为检察监督取得实效。

（一）行政违法行为检察监督程序概述

任何实体的目标定位都需要借助程序的技巧以安排和落实，法律上实体性的目标追求只有被装置于程序性的逻辑框架中时，才能真正体现出其实践意义。①

对行政违法行为进行检察监督的具体程序，各地在实践中通过各种方式在进行探索。完善监督程序的立法是亟待解决的首要问题。监督程序的提起可以采用以下三种形式：第一，当事人向检察机关提出投诉或申诉。接到投诉或申诉的部门应主动应对，对不属于本部门职权范围的，应及时转交相应的职权部门处理，不应相互推诿，使当事人求助无门；第二，检察机关可以依照职权主动寻找线索，发现案源，尤其对于一些社会影响较大的案件，应主动介入，启动案件程序并立案调查；第三，设立行政执法档案备案制度，检察机关可以及时发现问题，解决问题，方便预防和及时发现行政执法中的违法问题。

（二）行政违法行为检察监督的具体程序

检察监督程序是监督工作有效落实的重要保证，办案人员能够借

① 参见谢晖：《论法律程序的实践价值》，载《北京行政学院学报》2005 年第 1 期。

助明确的程序逐步有序实施监督工作,监督程序亦能规范办案人员的职责。负责具体案件的办案人员应当严格按照步骤履行监督责任,不得随意更改或忽略某个程序。

1.立案受理

所有案件均应经过立案受理,才能进入实质性处理阶段。① 人民检察院受理同级行政机关行政违法行为的监督案件;上级检察机关认为确有必要,也可以受理下级检察机关管辖的监督案件。涉及县级以上人民政府行政违法行为的案件以及社会影响较大、疑难复杂的监督案件,一般由上一级检察机关受理,以便排除当地政府的行政干预。立案条件包括:一是有行政违法行为发生,有明确的行政主体、侵害具体行政相对人的人身和财产权益,有相关的证据证明;二是根据相关法律规定,发生的行政违法行为属于检察机关行政检察监督的管辖范围。②

2.审查

检察机关对涉及的行政行为进行全面审查。审查时有权调查核实,可以调阅、复制行政机关的有关材料,询问相关人员,涉及专门技术时,可以要求有关单位指派专家协助调查。行政机关有关人员和行政相对人有配合调查的义务。具体案件应该确定专门的调查人员,独立判断是否立案,是否展开、继续或中止调查,是否听证,并对案件最终处理方式和结论,提出方案,供领导决策。在对行政机关的调查中,检察机关可以受邀参与行政过程,但不能干预正常行政,不能代替行政机关作决定。③ 检察机关决定立案后,审查的程序应当按照以下步骤:第一,要审查行政主体是否合格;行政行为是否有法律依据;适用法律法规是否正确;是否符合法律程序;行政主体是否具有超越职权、滥用职权或怠于履行职责的情形;行政主体作出的违法行为造成的危害后果等。第二,检察机关审查行政执法检察监督案件,认为确有必要的,可

① 参见解志勇:《行政检察:解决行政争议的第三条道路》,载《中国法学》2015年第1期。

② 参见山西省人民检察院课题组:《诉讼外行政检察监督论析》,载《湖南科技大学学报》2016年第3期。

③ 参见解志勇:《行政检察:解决行政争议的第三条道路》,载《中国法学》2015年第1期。

以组织有关当事人进行听证。第三,对于涉及公民人身、财产权益的行政强制措施,检察机关审查过程中不应停止行政强制措施的执行。第四,对于比较重大、复杂的有争议的行政执法检察监督案件,应由检察委员会讨论决定最终的审查意见,以确保检察监督的质量和实效。①

3. 沟通

在审查程序结束后,如发现行政主体在行使行政权过程中,确实有违法行为,就要主动与被审查机关进行当面沟通,将最终形成的审查意见向被审查的机关书面通报,通报中主要是阐述清楚违法事实,并明确检察纠正意见。以此达成共识,从而促使行政机关在检察机关提出检察建议之前自行纠正行政违法行为。

4. 决定

与行政机关沟通后,该行政机关仍对于其存在的违法行为不予纠正,检察机关要采取书面形式,检察机关应在规定的期限内作出处理决定:(1)认为符合监督条件的,应当通过检察建议书、纠正违法意见书等向相关行政机关提出监督意见;认为行政行为合法或不属于监督范围的,应当终止审查。(2)发现有关主管人员或直接责任人员有违纪违规行为的,应当移交有关部门处理;涉嫌职务犯罪的,检察机关应当立案侦查,依法追究相关人员的刑事责任;构成其他犯罪的,则移交公安机关处理。

5. 反馈

检察机关针对行政机关的行政违法行为提出检察建议之后,行政机关对检察建议的内容是否采纳、持何种意见应当在一定时间内向检察机关进行回应、回复。简言之:(1)应当明确规定检察建议的答复期限、逾期未答复的跟进监督措施。(2)行政机关需在指定期限内向检察机关作出接受或不接受检察建议的决定,并充分说明理由。对于接受检察建议内容的,应将纠正的结果向检察机关进行通报;不采纳检察建议的,应当说明理由同时附上相关证据及说明。(3)检察机关对于行政机关决定接受的检察建议应当进行备案,跟踪行政机关的依法纠

① 参见山西省人民检察院课题组:《诉讼外行政检察监督论析》,载《湖南科技大学学报》2016 年第 3 期。

正;对于行政机关未采纳检察建议的,可以提请上级检察机关向该行政机关的上级行政机关提出检察建议,或提请同级人大常委会对行政机关的行政违法行为进行监督。需要说明的是,在具体的操作流程方面,各地区可以因地制宜,采取多种方式。当事人投诉的案件,流程设置必须以方便当事人为原则,主动审查的,应协调好与不同行政机关之间的关系,既要方便审查,又不能造成过度的工作负担。

(三)程序保障机制

1. 提请复议、复核

行政机关如果对检察机关依法作出的具有法律效力的检察建议产生异议,应在规定的时间内,向本级和上一级人民检察院提请复议、复核。如在规定时间内未表示异议,则推定其接受检察建议。

2. 提起行政公益诉讼

在行政机关不接受检察机关的检察建议,或者虽然表示接受但在实际工作上不纠正其违法行为时,检察机关对其违法行为,如在符合提起行政公益诉讼的情况下,应当依法提起行政公益诉讼。行政公益诉讼是指对损害国家和社会利益的行政违法行为,由法律规定的国家机关和组织向人民法院提起诉讼的制度。必须明确,检察机关在提起行政公益诉讼前应当先行向有关行政机关发出检察建议,督促其纠正行政违法行为,这种以检察机关发出检察建议作为诉前督促告知程序的制度设计,既能降低诉讼成本,节约司法资源,又能使得国家和社会公共利益得到及时有效的救济。同时,应建立具体的、可操作性强的法律和规章制度来规范整个监督程序,使监督有法可依,规范有序。在立法中,需要针对行政执法检察监督制度基本的、主要的程序性问题进行精细建构,确保其在科学理性法治规则的指引下规范运作,只有这样才能够真正、完全激发其社会功效。

五、行政违法行为检察监督的保障

在检察监督的程序运行过程中,即使严格实施规定的步骤,仍可能会在运作过程中遭遇行政机关推诿、规避等状况,使监督手段受到钳制,监督效果大打折扣,如无相应的保障措施,监督机制将无法落实,因此,有必要探讨行政违法行为检察监督的保障机制,扭转行政检察监督机构在检察机关内部边缘化的趋势。

(一)当前行政违法行为检察监督保障的不足

1. 监督功能未被充分激活

民行检察监督相对于刑事检察监督来说实施的效果并不明显,监督的作用并未有效进入公众的视野范围。为提高民行检察监督制度的实际效用,应当进一步加大宣传力度。推广该制度的最好形式就是由该制度的运行产生出源源不断的积极效果,以监督效果本身作为宣传的载体,由监督效果生成人们对检察监督制度的信赖感。监督效果是民行检察监督制度的价值所在,是其内在生命力所在,应当受到高度关注。目前,监督效果还未得到充分体现。比如,民行监督的力量相对薄弱,办案的数量虽然在逐年上升,然而上升的速度极其缓慢,平均比例不到法院审判案件总量的百分之一。监督案件的数量不形成足够规模,就难以产生应有的或理想的监督张力和监督效能,监督效果的非理想状态就难以改变。

2. 监督效率相对不高

要强化监督效果,就要使民行检察监督制度的观念深入人心,得到民众的信仰和支持,其关键的制度生长点就是监督效率要提高。监督效率不高主要表现在三个方面:行动速度慢、办案周期长以及受案数量少。目前,民事诉讼法和行政诉讼法均未规定检察院提出抗诉的时效制度,因而检察院办理民行抗诉案件也缺乏应有的制度约束。当事人向检察院提出抗诉申请,到检察院通过审查、立案以及到最后讨论决定是否抗诉,到最终实际地提出抗诉,以及法院再排期审判,再到最后再审的结果出来,由此可见,从立案到结案是非常缓慢而又漫长的过程。监督效率低,其结果就是使涉案的当事人以及普通民众逐渐丧失对民行检察监督制度的信心,这与目前所倡导的建立高效公正权威的社会主义司法制度的目标或要求是严重不相适应的,应当尽快改变这种状态。

3. 监督机制不顺畅

监督机制是提升监督效率、强化监督效果的制度性前提,它所涉及的领域包含了从立案受理到再审裁判作出的全部过程,按照其自然步骤和环节,可以分为许多具体的机制,如立案机制、审查机制、听证机制、讨论机制、评议机制、决断机制、决策机制、监督理由阐述机制、监督文书撰写机制、检察建议机制、反馈机制以及跟踪监督机制等。毫无疑问的是,立案机制、审查机制等均需要构建相应的规章制度予以体现和保障,制度和机制是一物两面的关系,监督机制不畅实质上便是监督制度不完善的表征。因此,完善和健全监督机制的工程需要具体落实到制度建设之中,包括立法建设和规章建设,同时还涉及监督机构的设置、监督人员的配置、监督分工的合理安排、监督环节的衔接机制、监督管理制度等方面。畅通监督机制,乃是完善监督制度的系统性工程。

(二)行政违法行为检察监督的立法完善和制度构建

1.立法完善

按照依法治国的精神,完善行政违法行为检察监督的相关立法是关键前提,可以为检察机关监督行政违法行为提供保障,具体从以下三方面着手:(1)调整立法定位,提升法律位阶,增强检察机关对行政执法监督的效力。对于行政违法行为进行监督制约,多数监督权规定于行政法规、司法解释和多部门联合发布的意见等低位阶的规定中,而且这些规定之间存在诸多矛盾和抵触之处。为了有效解决上述问题,应对繁多的规定进行梳理,对不合时宜的条文进行废止和修改,对其中的重要制度如行政执法机关移送涉嫌犯罪案件等上升到法律的层面予以规定。(2)将任意性规范修改为强制性规范,加强检察监督力度。在现行的法律法规中,对行政执法进行法律监督的规定多表述为“可以”如何做,少有“‘应当’‘必须’”等强制性法律用语。任意性规范不利于检察监督权的有效行使,使监督行为的力度不够。为了增加检察监督的刚性和力度,有必要将一些任意性法律规范修改为强制性法律规范,这是完善行政执法检察监督的关键。(3)明确《检察建议书》《纠正违法通知书》等法律文书的效力。最高人民检察院《人民检察院建议工作规定》对检察建议的对象作了较为明确的界定,主要是违法、不当的具体行政行为和行政管理漏洞。检察建议的效力虽在该规定中有所提及,但主要表现为一种非强制的监督方式,检察机关通过跟踪回访来促使建议的采纳落实。随着三大诉讼法的修改,《纠正违法通知书》不再局限于刑事诉讼程序中,其已扩展到民事、行政检察实践环节或领域。现有法律法规[①]关于《检察建议书》和《纠正违法通知书》效力的规定强调柔性监督,且对具体监督程序和有关单位未落实应如何处理规定不够详尽,仍有进一步完善的空间。

2. 制度构建

目前,行政违法行为检察监督的制度建设已经逐渐步入正轨,而在完整的行政检察监督制度出台之前,进一步完善制度建设仍然是当前工作的重中之重。在推动行政违法行为检察监督建设的过程中,除了应当继续加强行政诉讼监督机制与构建行政违法行为检察监督的规范体系和运行机制等之外[②],还可以从以下几方面着手:(1)确立检察机关对行政执法的四项监督权。行政执法检察监督权,可以视为是一项从属于法律监督权的下位权力,是一种以防止行政执法权滥用,维护行政相对人合法权益为目的,在诉讼程序外进行,且有别于其他监督权力的监督权。[③] 行政执法检察监督权,是检察机关依法对行政执法活动进行检查监督的权力依据与合法性基础。在此基础上,应明确具体的权能,主要有:行政执法监督提前介入权、调查权、督促执法权和行政违法纠正权。首先,检察机关有权主动介入行政执法机关的案件查处,也可以接受行政执法机关的邀请介入案件查处,提出具体建议。介入的范围可以是社会团体、新闻媒体、人民群众反映强烈、社会影响重大的行政执法案件;涉及重大人身安全、公共安全、食品安全、生产安全、环境污染等案件。其次,调查权包括情况信息调查权和收集固定证据权。2012 年《民事诉讼法》修改时,赋予检察机关民事检察监督证据调查权,《行政诉讼法》修改时应参照《民事诉讼法》的规定,赋予检察机关因履行行政监督职责需要,有向行政机关及其工作人员调查核

① 当前,对检察建议和纠正违法行为规定较为具体的是 2016 年 6 月 1 日实施的《人民检察院强制医疗执行检察办法(试行)》(高检发执检字〔2016〕9 号),其中详细规定了检察机关在强制医疗执行检察中,发现违法情形的处理程序,并对被监督机关的反馈作出较为明确的应对措施。

② 参见刘艺:《构建行政检察监督机制的意义、方法和重点》,载《人民检察》2016 年第 16 期。

③ 参见马颜昕:《行政法重点问题与法治政府新课题——中国行政法学研究会 2016 年年会综述》,载《行政法学研究》2017 年第 1 期。

实情况的权力。[①] 最后,督促执法权和行政违法纠正权则是在提前介入和调查的基础上根据具体情况来行使的权力。通过确立具体的权力,不仅可以提高检察监督的效能,也有助于限制行政检察监督权的滥用。(2)建立独立的行政执法检察监督机构。目前,检察机关内部设立的审判监督庭,是立足于在诉讼领域对审判权的监督,为纠正法院生效裁判错误和违法审判行为,对行政执法行政的监督只涉及在行政诉讼中的被告违法行为。没有对诉讼外行政执法行为进行监督的职能、人力、资源和程序,也与检察机关对行政权的法律监督要求不相适应。为了有效监督行政机关的执法行为,检察机关应成立专司监督行政机关执法行为的机构。[②] (3)信息通报核查机制。信息和有效资源的畅通,贯穿检察机关行政执法程序监督制度的始终,具有重要的作用。可以说"信息畅,则监督顺"。因此,需要和行政执法机关建立有效、畅通的信息通报核查机制。主要包括:一是畅通执法程序材料的移交。即上文所述,作为检察机关阅卷调查权的保证,应以联席会等形式,确定行政执法机关将相关的执法卷宗及时交付检察机关,作为监督的重点核查对象。二是建立信息通报制度。检察机关对已经启动的行政执法程序监督的数据,对制发检察建议等情况,及时向行政机关及其上级部门,向政府法制办等具有对行政权进行监督的机构、部门进行通报,并向人大内务司法委员会报告,共同协商、研究执法过程和监督过程中遇到的工作困难和法律难题。三是完善信息核查监测系统。动态跟踪监督信息在执法主体之间流转、互通的情况,定期了解核查执法主体是否接到检察机关相关的处理建议和意见,避免行政机关因未收到检察机关文件所导致的应对不及时;同时监测行政执法机关对检察机关意见的处理过程处于何阶段,及时督促行政执法机关反馈处置结果,防止监督过程中行政再次不作为导致的监督无力,同时有利于提高执法和监督的效率。(4)健全检察机关与行政执法机关的协调工作机制。可以成立一个由检察机关、公安机关和行政执法机关组成的相对固定的监

---

① 参见杜睿哲、赵潇:《行政执法检察监督:理念、路径与规范》,载《国家行政学院学报》2014年第2期。

② 同上。

督保障协调小组,各组成单位既相互独立又相互配合,保持常态工作沟通机制。通过定期召开联席会议等形式,保障对行政违法行为的实时动态监督。(5)形成多方位、立体化的行政违法行为检察监督体系。具体可采用发送法律监督文书,调阅、调查、取证、质询,备案审查,介入重大现场执法活动,支持督促起诉,提出抗诉,提起公益诉讼等方式开展监督。检察机关在行政执法监督中,有权调阅行政机关的执法卷宗、档案及其他与被监督行政行为有关的材料,以实现行政执法与刑事司法的有效衔接。从受理违法行政行为到提起行政公益诉讼,监督工作的实施应当严格按照监督程序和步骤。其间,任何一个环节都要明确职权范围,具体工作落实到位,确保监督工作的规范实施,坚持能动灵活的原则,多种机制相互配合,逐步形成多方位、立体化的行政违法行为检察监督体系。

六、行政违法行为检察监督的各地实践样态及思考

行政违法行为检察监督在相关制度进一步完善的前提下,应当有序地开展执法实践。只有通过实践,才能检验检察监督制度的科学程度,才能发现制度的漏洞,并在实践中探索弥补漏洞的解决机制,为不断完善行政执法检察监督制度打下坚实的基础。行政违法行为检察监督的目标是充分发挥检察机关法律监督职能作用,促进依法行政、严格执法,维护宪法法律权威,维护社会公平正义,维护国家和社会公共利益,因此,应当在实践探索中进一步规范、创新中不断发展。

(一)各地实践情况

目前,行政违法行为检察监督的实践主要表现为:制定规范性文件,在规范性文件指引下探索办案,以及检察监督实施机制的各种专项活动。

1.制定监督规范

在实践中,行政执法检察监督的实践探索,为检察机关和检察权回归到法律监督的宪法定位积累了较多的成功经验。例如,在1979年《国务院关于劳动教养的补充规定》和1982年《国务院关于转发公安部制定的劳动教养试行办法的通知》中,都规定了检察机关对劳动教养机关的活动实行监督。2008年的《最高人民检察院劳动教养检察工

作办法》规定检察机关对劳动教养的执行进行全面监督。《人民警察法》第42条规定:“人民警察执行职务,依法接受人民检察院和行政监察机关的监督。”这其中自然包括检察机关对行政执法的监督。《治安管理处罚法》第114条规定:“人民检察院收到对公安机关及其人民警察办理治安案件,不严格执法或者有违法违纪行为的检举、控告应当依据职责及时处理。”

在省级政府层面,2009年10月23日,黑龙江省人大常委会通过的《关于加强检察机关法律监督工作的决定》;2009年11月28日,山东省人大常委会颁布的《关于加强人民检察院法律监督工作的决议》;2004年10月,珠海市人民检察院制定的《法律监督工作实施细则》。这些都对检察机关监督行政执法活动作出规定。2017年2月,贵州省食品药品监督管理局与省人民检察院联合印发《贵州省食品药品行政执法与检察监督衔接工作制度》,建立健全两部门办理食品(含食品添加剂)、药品、医疗器械、化妆品等领域涉嫌犯罪案件的协作配合工作机制。明确人民检察院和食品药品监管部门应当分别履行的监督职责和监管职责,并对两部门应尽的法律监督义务进行细化,建立在这些领域涉嫌犯罪案件的线索通报、案件移送、信息共享、信息发布等工作机制。

在地方政府层面,2015年8月18日,宁波市人民政府办公厅印发《宁波市行政执法监督工作机制建设试点工作实施方案》,并提出:探索建立行政执法检察监督与政府法制监督协作机制。开展行政执法检察监督与政府法制监督协作机制建设试点工作,探索建立协作联席会议、监督信息互通和工作协助、建议落实反馈和案件线索移交等制度,充分发挥各自的监督职能,进行协同监督。围绕社会关注、群众关切的热点和难点问题,将食品药品安全、安全生产、生态环境保护等领域作为行政执法专项监督的重点。通过新闻媒体、群众投诉举报和行政执法案卷评查等途径,发现问题,并采取组织抽查、书面检查、实地查看、现场暗访等方式,对行政机关违法行为、滥用职权、久拖不决、失职渎职等“乱作为”“慢作为”和“不作为”等问题进行查处,并可以约谈相关责任人,依法追究行政执法机关和行政执法人员的法律责任。2016年2月10日,厦门市人民政府印发《〈关于加强人民检察院法律监督工作的决议〉的若干意见》并提出:市、区人民政府应当积极探索并完善依法行政与检察监督互动工作机制，建立工作情况通报、协作配合机制。通过召开联席会议、建立信息共享平台等形式，通报工作情况，研究依法行政和检察监督的全局性、政策性、倾向性问题及其他重大事项。2016 年 12 月 2 日，平顶山市政府印发《关于加强行政执法检察监督的若干意见》，并提出为检察机关全面开展行政执法检察监督工作提供保障，支持检察机关对破坏经济发展软环境、群众反映强烈、媒体关注、影响稳定的行政执法案件进行专项监督，支持检察机关重点对行政不作为、乱作为以及履职不到位等情况，依法发出检察建议，督促执法主体履行法定职责。2017 年 9 月 8 日，长春市检察院制定《长春市人民检察院关于加强行政检察监督促进依法行政的实施意见》，强调要重点围绕生态环境和资源保护、国有财产保护、国有土地使用权出让等领域开展监督工作。对法院办理行政机关房屋拆迁、土地出让金和环保等重点领域的行政处罚和行政决定的非诉行政执行案件加强监督。

由此可见，检察机关长期在探索对行政执法活动的监督路径，从 1979 年对劳动教养的监督，到 2016 年提出依法行政与检察监督的互动机制，行政违法行为检察监督将要进入全面发展的局面。检察监督不再仅仅针对某个制度领域，而是以行政违法行为为中心点，全面覆盖行政执法活动的各方面，着重关注与民生利益息息相关的食品药品安全、安全生产、生态环境保护等领域。构建行政与检察的互动机制，联合社会公众力量，进一步加强对行政执法行为的监督力度。

2. 监督办案

早在 20 世纪 90 年代，检察机关就已开始结合工作实际，向被监督对象发出检察建议。[①] 但一直没有迈出实质性步伐，直至最近才有了较大发展。其动力主要来自两方面：一是“加强行政执法与刑事司法衔接”。[②] 二是“加强和创新社会管理”。[③] 前者拓展检察院监督的行

① 参见《最高人民检察院关于加强贪污贿赂犯罪预防工作的通知》（高检发贪检字〔1992〕91 号）。

② 参见《关于加强行政执法与刑事司法衔接工作的意见》（中办发〔2011〕8 号）。

③ 参见《最高人民检察院关于充分发挥检察职能参与加强和创新社会管理的意见》（2011 年 11 月）。

政机关的范围,后者提高检察院开展行政检察工作的价值定位。当前,各级检察机关的行政检察实践取得显著成绩。

其现状为:(1)监督数量增加。如安徽省在2007~2009年,各级检察机关发送给政府机关的检察建议共计1349份,是发给法院的将近两倍。涉及改进行政监督管理工作内容的比重最大。[①] 山东省2009年年底至2011年年初,各级检察机关就向委、政府和有关部门提出检察建议1607份。比较突出的是,针对国有土地出让金收缴、涉农资金发放、环境污染等领域的问题,协助有关部门为政府收缴土地出让金52.6亿元,查办违法截留涉农资金案件数十件、环境污染案件十余件。此外,监督数量增加的地区情况还有:一是云南。云南检察机关受理各类民事行政监督案件1775件,审查不服生效裁判监督案件263件,提出抗诉7件,提出再审检察建议14件,向法院发出执行监督检察建议238件,提出审判程序违法行为监督检察建议366件,实现了民行检察工作诉讼过程与结果监督共同推进的监督格局转变。二是上海。2015年以来,上海市检察机关受理民事行政申请监督案件1372件,主要涉及合同类纠纷、劳动争议类纠纷、物权类纠纷和婚姻家庭纠纷等民生类案件。经过审查,向法院提出抗诉51件、再审检察建议6件。共受理针对法院在执行活动中违反法律规定的情形实行法律监督的执行监督案件230件,制发检察建议34件,促成执行和解6件。三是浙江。2016年,浙江省检察机关办理行政执法监督案件617件,行政诉讼监督案件313件,有效监督纠正了行政不作为、乱作为现象。浙江省检察机关针对水环境保护中的行政不作为、乱作为现象,发出检察建议45件;就食品安全监管不作为、乱作为现象,发出检察建议76件;同时,督促办理起诉案件15件,挽回、避免国有资产损失近3亿元。(2)监督质量提高。2012年江西瑞昌检察院针对公安、国土、城建、安监、工商、烟草等行政执法机关普遍存在的执法程序、法律适用、行政处罚等问题,及时发出检察建议16条,全部收到回复,并得到整改落实。自2012年以来,山东省济宁市已经成功办理行政执法监督案件26件,被监督对

① 参见刘铁流:《检察机关检察建议实施情况调研》,载《人民检察》2011年第2期。

象多数在15天内进行了答复,其中有一些案件影响广泛,例如,建议卫生部门查处地沟油问题,就直接促成了对200多家餐饮单位的排查,社会效果显著。与此同时,2015年,上海市检察机关受理民事行政申请监督案件1372件,主要涉及合同类纠纷、劳动争议类纠纷、物权类纠纷和婚姻家庭纠纷等民生类案件,经过审查,向法院提出抗诉51件、再审检察建议6件,仅占法院民事、行政案件结案总数的0.4%和0.2%。上海市检察院副检察长龚培华说:“比例虽低,但质量不低。今后,我们更要打开大门,尽心尽力履职,提高监督效能,提升当事人对司法救济的信心,从而减少信访不信法现象的发生。”(3)监督对象和权力机关的认可度较高。检察机关监督行政执法获得了政府部门的认可。例如,2011年宁夏回族自治区人民政府、宁夏回族自治区人民检察院发布《行政执法工作与检察监督工作相衔接的若干规定》,这宣示了政府对检察机关监督行政的一种积极态度。截至2016年3月28日,该区各级检察机关通过“两法衔接”信息平台共审查各类行政执法案件18,327件,发出检察建议书34份,监督行政执法机关移送涉嫌犯罪案件142件175人,公安机关立案116件148人,检察机关批准逮捕31件43人,审查起诉35件51人,作出有罪判决29件41人。其中,中卫市检察院依托“两法衔接”信息平台监督立案的明盛染化有限公司腾格里沙漠环境污染案、同心县检察院追回犯罪嫌疑人拖欠农民工工资案、灵武市检察院监督国土部门立案查处的非法采矿案等有影响的案件,取得了良好的社会效果和法律效果。① 更重要的认可来自权力机关。例如,2005年8月,由河南省项城市检察院起草的《检察建议工作管理办法》获该市人大常委会审议通过并正式颁布实施。山东无棣县人民检察院《行政执法检察监督工作暂行办法》经该县人大常委会会议批转,要求各行政执法部门配合、支持。2016年,宁夏回族自治区检察机关共向行政机关提出检察建议480件,同比上升48.2%,而行政机关的采纳率达100%。实践表明,检察机关监督行政活动是卓有成效的,获得了广泛认可和社会支持,各地的行政检察实践方兴未艾,呈现百花齐

① 参见单曦玺:《宁夏向人大常委会报告“两法衔接”工作》,载《检察日报》2016年3月27日,第1版。

放态势,已成为检察体制改革的重要方向。

3. 试点探索

在实践中,许多地方检察机关对行政违法行为监督进行探索,一些地方还开展了较系统的试点工作,取得有益的经验。珠海市人民检察院通过加强与信访、人大、政府、政协和舆论媒体监督的互相配合,把教育、建议、纠正、移送四种监督方式有机结合起来,对行政执法活动进行监督,收效很好,被作为检察机关管理创新的实例进行报道和经验推广。2011 年,山东省人民检察院确定全省 10 个基层检察院,开展行政执法检察监督的试点工作,山西、浙江、广西、黑龙江、广东等省也进行试点,为建立行政违法行为检察监督制度提供有益的经验。

主要有:(1)山东。莱芜市钢城区检察院近日聘请 5 名乡镇司法所长为该院民行检察工作络员。他们将协助该院收集民事行政申诉案件的信息资料,接收申诉人已发生法律效力的民事行政判决、裁定及调解的申诉材料,并引导其依法申诉;发现重大、有影响的民事行政案件线索,及时向检察机关移送,并结合发现的问题向民行检察工作提出建议。[①] (2)山西。2013 年 5 月,山西省检察院开展了对行政执法行为进行检察监督的试点工作,选择太原等四个市级院作为试点先试先行。提出要因地制宜、因案制宜,采取多种方式和手段进行监督:对个别轻微的程序性问题,可以口头方式纠正的,及时进行当面沟通;对行政机关行政不作为的,可以发出书面检察建议,及时督促其依法履行职责;对具体行政行为存在执法不规范、不合理的,可以发出书面检察建议,督促改正;对行政机关在执法过程中存在违法行为的,可以发出纠正违法通知书,督促相关行政机关纠正其违法行为;对于发现执法人员在执法活动中有贪污受贿、徇私枉法、玩忽职守和滥用职权等犯罪行为的,应当及时将案件线索移送有关部门查处,依法追究其法律责任。在总结试点工作经验的基础上,2014 年 5 月 30 日,该院下发《关于探索开展行政执法行为检察监督专项活动的实施方案》。[②] (3)广东。

---

① 参见刘占涛:《信息快车》,载《检察日报》2014 年 9 月 25 日,第 9 版。

② 参见马倩如:《向不规范行政执法说"不"》,载《检察日报》2014 年 6 月 12 日,第 1 版。

2015年7月6日,广东省惠东县人民检察院召开行政违法检察监督工作推进会,该县环保局、林业局、水务局等单位负责人应邀参加。会上,该院通报了开展行政违法检察监督试点工作的目的、内容和进展,听取了行政执法单位对检察机关开展此项工作的意见建议,并组织参会人员围绕提高监督实效、促进依法行政等议题建言献策。[①] (4)广西。2016年4月22日,广西壮族自治区平南县检察院民行科干警到该县大新镇开展"民行检察宣传"活动。活动期间,该院深入辖区内所有乡镇进行设点宣传,重点对《民事诉讼法》《行政诉讼法》《人民检察院民事诉讼监督规则(试行)》等司法解释涉及的民行检察监督内容进行宣传,以点带面拓展案件来源渠道。

(二)对我国行政违法行为检察监督实践的思考

无规矩不成方圆,党的十八届四中全会对检察机关督促纠正违法行政行为这一重要事项作出了顶层设计,要求检察机关在履行职责中,发现行政机关违法行使职权或者不行使职权的行为,应该督促其纠正。如何构建和完善行政执法检察监督机制,成为摆在检察机关面前的一个重要课题。

从实践情况来看,检察机关在落实行政违法行为检察监督的实际工作中,也勇于尝试,敢于大胆创新,通过出台相关规定,指导监督工作的实施,通过专项活动的开展有效提高监督工作的效率,开展宣传活动获得广大公众的支持,逐步形成多元化的监督工作格局。然而,目前的实践还处于深入探索阶段,仍存在许多有待进一步完善的地方。例如,工作范围领域不明确,监督权限过大、导致检察人员滥用职权,落实检察监督工作的程序不够完善,检察执法人员的素质有待提高等。

为落实和细化法律规定,应当建立完善程序严密、标准统一、责任明确的行政执法检察监督体系。简言之:(1)在完善行政违法行为检察监督程序规范方面,坚持从每个部门、每个岗位、每个环节、每项要求抓起,明确办案程序、细化操作规范,厘定权力边界、确保行政执法公正和监督公正。(2)在完善行政违法行为检察监督标准规范方面,检察机关坚持以标准化促进规范化,最高人民检察院应当明确对行政执法

① 参见罗光:《信息快车》,载《检察日报》2015年7月8日,第13版。

行为的监督工作步骤以及认定行政行为违法的标准,统一监督尺度,规范自由裁量。(3)在完善行政违法行为检察监督言行规范方面,2015年,最高人民检察院出台了《最高人民检察院职务犯罪侦查工作八项禁令》,着力解决检察人员在履职行为等方面存在的不文明、不规范问题,为行政执法检察监督的合法进行提供法律保障。(4)在完善行政违法行为检察监督责任规范方面,2015年,最高人民检察院出台了《关于对检察机关办案部门和办案人员违法行使职权行为纠正、记录、通报及责任追究的规定》,强化责任追究,防止检察人员滥用监督权力,打破监督的职权范围。完善监督制度规范,是规范行政执法行为的有效保障。最高人民检察院应当不断探索建立健全检察机关行政执法监督制度体系,为检察人员有效监督行政行为筑起了制度的屏障。

总之,我国检察权与行政权之间监督与被监督的关系,使其不可能缺少对方而独立存在。如果行政权缺少检察权的监督,既违背权力制衡的一般规律,也必然导致行政执法权力的滥用,影响国家法律监督机关的宪法地位。完善对行政违法行为的检察监督,是全面深化改革的必然要求。全面深化改革是在宪法框架下的以法治为依托的改革,加强行政执法的法律监督,应当以维护宪法法律权威为立足点,把对行政主体及其工作人员的职务违法犯罪行为和具体行政行为的合法性监督作为主要内容,以法治权、以权制权,促进行政法治。为此,行政违法行为检察监督是我国实行依法治国,建设社会主义法治国家的重要举措,在当前深化检察监督工作改革的大背景下,完善行政违法行为检察监督的制度规范已刻不容缓,检察监督将会在不断实践、不断总结、不断完善的过程中,继续发挥社会主义制度建设的保驾护航作用。

新型检律关系的构建与发展*

张 垚**

目 次

党的十八届四中全会《关于全面推进依法治国若干重大问题的决定》(以下简称《决定》)提出了要推进以审判为中心的诉讼制度改革,其目的在于促使办案人员树立"以审判为中心"的办案的理念,确保侦察、审查起诉的案件事实证据经得起法律检验,保证庭审在查明事实、认定证据、保护诉权、公正裁判中发挥决定性作用。强化办案人员的责任意识,通过法庭审判的程序公正实现案件裁判的实体公正,有效防范冤假错案发生。《决定》确立了"以审判为中心"的诉讼制度的改革方向。近日,最高人民法院、最高人民检察院、公安部、国家安全部、司法部联合发布了《关于推进以审判为中心的刑事诉讼制度改革的意见》(以下简称《意见》),最高人民法院随即制定并发布了《关于全面推进以审判为中心的刑事诉讼制度改革的实施意见》(以下简称《实施意

---

* 本文获得中国法学会第十二届中国法学青年论坛"深入推进司法体制改革"主题征文活动二等奖。

** 杭州经济技术开发区人民检察院检察官助理。

见》),将改革的具体内容进一步细化,使刑事诉讼制度改革进入了全面实践阶段。

随着"以审判为中心"的刑事诉讼制度改革的不断深入推进,检律关系的传统格局将发生调整和改变,检律之间的良性互动将进一步增强,以发挥二者在刑事诉讼领域的更大效能。

一、检律关系的发展轨迹现状

在传统的以侦查为中心的刑事诉讼制度构架下,律师、检察机关均无法完全发挥其职能,二者在诉讼中互动呈现出对抗、对立化趋势,检律关系恶性发展迹象明显。

(一)律师职权的缺位与异化

在刑事诉讼中,个人力量与国家公权力显然无法抗衡,普通民众在应对掌握翔实的案件证据、谙熟于法律的专业司法人员指控时,显得无力而又无助,法律的天平在未开始评判之前早已倾斜。在此种境况下,律师这一社会角色便应运而生,起到了维护被追诉人的合法权益、帮助被告人抵御强大国家权力"侵害"的作用。

我国《宪法》赋予了被告人辩护权,①从中可推出被告人的辩护权属于一项基本权利。② 律师的辩护权产生于法律的授权和被追诉人的委托之下,从权利的源起及目的来看,可以将其定位于"与基本权利相关的权利"。③

但在我国的刑事诉讼发展过程中,律师的辩护权却始终未享受与基本权利相当的待遇。诉讼环境导致律师长期缺位,律师履权异化现象层出不穷。

1. 诉讼环境导致律师长期缺位

"和为贵,讼则凶"的传统诉讼观念孕育了中国本土的"厌讼"情

---

① 《中华人民共和国宪法》第130条:人民法院审理案件,除法律规定的特殊情况外,一律公开进行。被告人有权获得辩护。

② 具体论证参见尹晓红:《获得辩护权是被追诉人的基本权利——对〈宪法〉第125条"获得辩护"规定的法解释》,载《法学》2012年第3期。

③ 参见陈卫东、亢晶晶:《我国律师辩护保障体系的完善——以审判中心主义为视角》,载《中国人民大学学报》2016年第3期。

结。“以非为是,以是为非,是非无度,可与不可日变。所欲胜因胜,所欲罪因罪”,以讼师为代表的古代律师成为颠倒是非、串通公堂、欺压百姓、威胁政权的异类所在。[1] 在传统法律文化与大一统的国家权力运作模式背景下,讼师不仅要帮助当事人抵御强大的公权力,更要承受社会舆论的“道德谴责”[2]。在集权化的国家权力面前,讼师无法承担诉讼对立而带来的不利后果,进而选择在公堂上闭口不言、消极应诉或以私下交易等方式争取当事人利益,更有甚者顺从公权力,成为官衙压迫民众、攫取利益的工具。与社会主流“相悖”的职业特点,加之公权力引领下的社会负面评价增多,导致讼师行业不被统治阶级及社会民众所重视。故古代律师仅能依靠书写诉状、交涉官衙、熟谙律法等技术性社会需求而在摇曳中脆弱生存。

中华人民共和国成立后,新律师制度得以确立并不断发展。律师的职权也伴随着法治建设进程的加快而不断完善、巩固。虽然新修订的《刑事诉讼法》及《律师法》对律师的职权进一步明确,但传统的诉讼观念和滞后的实际诉讼操作流程,仍为律师戴上了隐形的镣铐:律师会见权、阅卷权遭受一定阻碍;律师调查取证权的支持力度较弱;律师权利救济机制缺乏细化操作及强力保障;律师意见忽略处理等。与此同时,律师群体中有一部分律师安于诉讼环境现状,进行“稻草人式辩护”,将心思用于谋求自身利益最大化,对委托人敷衍了事,更有极少数律师无视法律法规进行“恶诉”,激发了社会公众、办案机关对律师极大的不信任感,进而加大对律师的隐形限制,恶性循环由此展开。

由此可知,诉讼环境始终是律师职业发展的桎梏,而律师缺位则成为刑事诉讼发展历程中的主要特征之一。

2. 律师履权异化现象不断涌现

近年来,随着自媒体的迅猛发展,以庭外造势为主要表现形式的律

---

① 参见方立新、许翰信:《纠葛,讼师与中国古代法律文化》,载《浙江大学学报》(人文社会科学版)2003 年第 6 期。

② 遭受社会舆论的谴责的原因包括:律师职业定位对以“无讼”为价值追求的传统法律文化的威胁;律师职业的法律辩护冲击民众的道德评判标准。

师履权异化现象频繁发生,严重扰乱了正常的司法秩序,损害司法公信力。[①] 少数“死磕派”律师的工作重心并不在案件本身,而是将更多地精力放在法庭之外,通过舆论引导及“行为艺术的表演”来博得公众的同情与支持,试图利用庭外力量来抗衡公权力,以达到“绑架”法庭审理和判决的目的。

庭外造势现象的涌现,实质上反映出律师对于司法环境的信心不足。冤假错案及贪腐案件频发、传统的案件“未审先判”式的官方舆论引导不断击打着律师脆弱的司法信念。他们采用“先发制人”式“反击”,企图营造有力舆论环境,扩大其辩护权的法庭话语权,让法庭在作出裁判前无法回避地遭受到舆论的“污染”,从而不得不着重考虑“社会效果”,在依法裁判基础上作出一定的妥协或退让。从另一个层面来看,庭审虚化让律师无法施展拳脚,调查取证权的薄弱导致“无证可举”,证人、鉴定人等相关人员出庭效率低造成“无人可质”,“过场式”庭审致使“无言可辨”,律师采取非法律方式解决法律问题也属“无奈之举”。此类律师履权异化现象虽然在个案中可能达到律师的既定目的,但却带来了严重的副作用:律师与司法机关呈现出激烈的对立局面,律师在刑事诉讼中的边缘化地位并未发生改变,在全民法治观念较为薄弱的时代背景下“闹诉”等一系列恶性事件随时有可能发生,成为我国法治建设进程中的隐患。

(二)检察机关的监督短板与诉讼束缚

我国检察机关长期受“流水线型”刑事诉讼结构的影响。所谓的“流水线型”刑事诉讼结构,即“侦查中心主义”,意指侦查机关在刑事诉讼中居于主导地位,案件审理主要依据言词证据,后续的审查起诉和审判阶段的实体性选择都受到侦查结果的深刻影响。在此刑事诉讼结构中,由于侦查机关起到决定性作用,故挤压了检察机关在刑事诉讼环节的职能空间,在一定程度上“架空”检察权及审判权,检察权的作用被弱化,检察监督短板凸显,公诉职能被严重束缚,刑事诉讼领域检察的存在感越发稀薄,检察公信力持续降低。

---

① 参见方娟:《刑事案件律师庭外造势若干法律问题研究》,载《政法论坛》2016年3月刊。

1. “流水线型”刑事诉讼结构下检察监督短板凸显

根据权力制约理论，只有在各项权利相互制约的平衡状态下，社会的各项活动才可以正常进行。检察权作为法律监督权，它的配置就是为了对侦查权、审判权进行有效的制约。其中，公安机关原本就因其将行政权与司法权集于一身，在刑事诉讼环节享有立案、侦查、行使强制措施及执行刑罚等较大的权力，然而在“流水线型”刑事诉讼结构下该权力得到了进一步膨胀、扩张。从目前来看，在刑事诉讼领域，检察机关作为公安机关的主要牵制力量，在法律监督方面权力配置不尽完善，对侦查机关的牵制力仍显不足。①

一是检察机关的监督方式较为单一。检察机关对于公安机关的监督主要依赖于批准逮捕权，但在刑事立案、侦查活动、刑罚执行与强制措施的采取与变更等方面均缺乏更为细化的规定及有力措施。例如，目前检察机关只享有对逮捕措施的审查批准权，不享有对于其他强制性侦查措施的审查批准权，难以确保侦查机关对犯罪嫌疑人能够采取正确的强制措施。侦查机关在缺乏有力监督的情况下，侦查过程难免会发生违法违规的现象，对全案及当事人等可能造成破坏性的后果。

二是检察诉讼监督的法律效力仍需完善。检察机关发现公安机关的侦察活动存在违法行为时，可行使检察纠正权，对其提出纠正意见，但现有法律对于检察纠正权的效力保障仍不充分，在侦查机关不纠正违法行为的情况下，检察机关无法采取更有效的方式予以直接纠正，仅能通过后期的审查起诉权予以间接否定，由此可以看出检察监督的效力及后果仍需法律进一步完善。

三是检察监督的介入节点往往具有滞后性。目前，行使检察监督权的作用主要体现于救济性及否定性，而其存在的侦查引导功能仍未完全发挥作用，致使检察监督具有一定的滞后性特征。一方面，检察机关所处的刑事诉讼环节具有先天性的滞后特点；另一方面，检察机关获取案件、侦查等有效信息的工作相对滞后，难以全面及时掌握案件基本情况，无法及时行使监督职能。

---

① 参见朱孝清、张智辉：《检察学》，中国检察出版社 2010 年版，第 334 ~ 335 页。

2. 诉讼环节的检察指控职能存在感稀薄

受“侦查中心主义”的影响,公诉环节在刑事诉讼中大都扮演着类似于生产流水线上运输工的角色,法庭上检察官的存在感较为稀薄。

一是侦查人员“未审先定”的固化思维、证据收集标准不一等原因,导致检察官在案件证据的调取、补充方面存在不少困难。在办案的压力下,公诉方往往会忽略案件细节及辩护方意见,寻找规避案件自身短板的方式进行“带病”起诉,法官在此种压力下也只能“带病”宣判,这样的办理方式不利于查清案件事实,案件中的实体正义与程序正义必然评价失衡,成为冤假错案的诱发原因。

二是案件裁判证据的侧重程度导致公诉方指控犯罪力度偏弱。法庭上公诉人主要通过宣读卷宗笔录的方式把控法庭调查,并以此为依据展开辩论,法官也依据案件材料中的言词证据形成内心确信,此时的法庭调查及辩论环节所设置的作用便被大大削减,在此情况下,公诉人则以保证庭审顺利进行作为其出庭工作的重心,于是采取“照本宣科”的方式展示证据,简要阐述有罪的公诉意见便可完成出庭任务,无须对辩方所提出的观点及问题作进一步详细解答,将一定的证据证明及论证工作转由法官进行审查、裁判,法庭上控辩双方交锋激烈程度可想而知。公诉人“消极行使”公诉权必然导致法庭中公诉方的存在虚化,极易忽视案件潜在的隐患与漏洞,不利于查明案件事实,影响依法作出公平、公正的评判。

(三)检律关系的存在理据及发展困境

在刑事诉讼环节,检察机关与律师的关系集中体现在控辩对抗和审判监督两个方面。双方既有共同的职业追求,也存在显著的职业互补性。但现实中,二者由于过分强调对抗性,在传统刑事诉讼制度的持续影响下,检律关系的发展已步入困局。

1. 检律关系的存在理据

控辩平衡是现代刑事诉讼法中的一项基本原则,意味着无论是代表国家意志的检察机关还是普通的被告人均具有平等的诉讼地位,以达到控辩力量均衡对等的局面,利于法庭公正、公平地听取各方意见,作出正确裁决。而检律关系的存在理据便源于此。控辩平衡原则包含平等武装与对抗、平等保护与合作两方面的内容①。

平等武装与对抗要求控辩双方在平等的法律地位上，拥有对等的攻防手段，展开实力相当的交锋、对抗。控方在公权力的支撑下，对案件有极强的掌控力，而辩方则需依靠被赋予的诉讼权利来牵制公权力，以保证双方在法庭审理前均在平等的攻守起点，这就意味着检察院必须为律师提供一定的诉讼便利，并接受律师的监督。而在法庭审理阶段，为保持法官依法裁判的中立性，公诉人与辩护人应当充分发挥自身职能，出示案件相关的证据并对全案证据进行质证，就全案的犯罪事实及争议焦点展开辩论，由于双方所处不同的诉讼立场，所以在这一阶段对抗性特征极为明显。

平等保护与合作则要求平等的保护双方的诉讼权利，在诉讼过程中，通过检律之间的互动与交锋相互影响、相互促进，在事实认定方面自然地形成合力，共同推动案件的高效审理、判决工作，以实现司法效益的最大化，体现司法和谐的现代价值追求。检律双方平等保护与合作的基础源于二者的法律职业共同体特征及司法效益理论。我国施行统一的法律职业准入、考察制度，包括检察官、律师在内的法律职业者均具有统一的法律知识背景及模式化思维方式，使用相同的法律语言，有着共同的职业利益与责任，肩负起我国法治事业发展的重要使命。在刑事诉讼领域，公正与效率均极为重要，司法资源短缺现状越发明显，检察官在抗辩式诉讼机制和疑案从无规则的深入推进下，将承担更大的败诉风险。② 在此背景下，检察官与律师共同合作，力求减少司法资源不必要的内耗，注重以案件为中心的多种利害关系人之间的和谐关系，在法律允许的范围内依法、高效的作出各方当事人满意的裁决结果，并节约大量的司法资源，体现了良好的司法效益观。

2. 检律关系发展的困境

在司法实践中，检律关系受制于传统的刑事诉讼制度，双方的职能

① 参见冀祥德：《控辩平等论》，法律出版社2008年版，第34～54页。

② 参见冀祥德、张文秀：《从对抗转向合作：中国控辩关系新发展》，载《中国司法》2011年第12期。

及作用均无法充分施展,检律实力不平衡状态始终存在,恶性对抗行为屡见不鲜。

检律互动过分强调对抗性,忽视合作的重要性,源自彼此缺乏基本的职业认同感与信任感。双方在刑事诉讼中普遍采取防御性措施,以保障信息不对称下的诉讼优势地位。检察官基于指控有力的考虑,利用对案件的掌控优势,通过设置隐形障碍、消极保障等方式,变相阻碍律师的阅卷权、会见权、申请调取证据权等权利的充分行使;而律师则严守获取的新的证据,企图通过"证据突袭"的方式,抢占诉讼优势地位,甚至将维护当事人合法利益与"脱罪"相等同,诱导当事人作出有悖于事实真相的供述与辩解。单方面强调双方对抗的做法,使检律关系进入恶性循环状态,司法内耗严重,不注重诉讼效率和质量,不利于保护当事人的诉讼权益。

检律诉讼力量对比仍然悬殊,律师权益保障并不到位,律师权利无法制衡检察公权力,始终成为检律关系良性发展的一大"瓶颈"。检察机关不仅具有指控犯罪的职能,更作为法律监督机关,具有纠正违法行为、保障律师权益的重要职责。律师及其当事人合法权益受到不法侵害时,可以选择向检察机关反映或控告、申诉,检察机关应当给予必要的帮助,并依照职权对侵害诉讼权益的行为予以纠正。但现实中,检察机关对于保障律师权益的意识仍较为薄弱,律师在遭受职业挫折并无改变、纠正之途径时难免会借助"法外之力"加以抗衡,这一做法不仅为案件的办理带来压力,更重要的是损害了司法的权威与公信力,加重了检察机关的敌视情绪。在此基础上,检擦机关更不乐于擦亮"肮脏对手"的"武器",置自己于危险境地,控辩平等理论的"以权利制衡权力"的构想显然无法实现。

二、"以审判为中心"的刑事诉讼制度改革的催生作用

随着"以审判为中心"的刑事诉讼制度改革的深入推进,检律双方在刑事诉讼中的职能将得到进一步释放,"挑战"与"合作"成为今后一段时期检律关系发展的关键词。检察官的"先天优势"逐渐丧失,律师介入刑事诉讼活动的范围逐步扩大,力度也进一步增强,检察官面临的"诉讼风

险”只增不减。[①] 律师职权的补位，检察工作的主动应对将推动以审判为中心的刑事诉讼制度向前发展，释放出改革的可期待性红利。

(一)以审判为中心的刑事诉讼制度改革探析

以审判为中心的刑事诉讼制度改革，旨在破解“侦查中心主义”所带来的侦查决定审判、审判配合检控、审判依附侦查的诉讼异化难题，尊重司法规律，体现司法活动终局性与权威性属性，着力构建以审判为定点、以控辩双方为底边的等腰三角形的诉讼结构，注重发挥司法的亲历性、判断性以及程序的正当性等内容。其内涵可从几个方面进行解读：一是在职能意义上，重申唯审判职能可以对外产生决定被告人是否有罪及判处何种刑罚的法律效果；二是审前程序必须面向审判程序、服务于审判程序；三是审判职能的权利主体为法院，审判权的运作及职能发挥，必须以审判的方式进行；四是在权利运作上，实现“一审中心主义”，巩固第一审程序在事实认定的问题上居于程序体系的重心地位，突出第二审的救济功能。[②]

根据《意见》及《实施意见》的内容，探索刑事诉讼制度改革的着力点，确定检律关系发展的方向目标，但在此之前仍需厘清在“以审判为中心”背景下检律关系发展的认识误区，确保检律关系按照改革既定路线向好、健康发展。

1. 推进刑事诉讼制度改革的着力点

《意见》对侦查、公诉、庭前及庭审等环节予以充分说明，强调证据裁判原则，重视程序公正，注重庭审的重要性等内容。其中，《意见》提出要进一步完善补充侦查制度、公诉、不起诉机制，完善检察院对侦查活动和刑事审判活动的监督机制，健全包括辩护人在内的权利保障制度，并强调辩护人等其他任何人不得有干扰司法机关诉讼活动的行为。上述内容为检律关系深入发展定下了主基调。结合《实施意见》的相关内容，此次刑事诉讼制度改革的着力点可归纳为几个方面：

一是兼顾惩罚犯罪与保障人权目的。在惩罚犯罪的同时，更加注

① 参见王洪宇、周红：《新型检律关系之科学构建》，载《学术交流》2014 年第 10 期。

② 参见陈卫东：《以审判为中心：当代中国刑事司法改革的基点》，载《法学家》2016 年第 4 期。

重保障人权。检察院将加强对逮捕后羁押必要性的审查,监督并规范非羁押性强制措施的适用;完善讯问制度,防止讯刑逼供等非法取证行为,探索建立重大案件侦查终结前对讯问合法性进行核查的制度。保障诉讼权益系保障人权的应有之义。司法机关将加大力度保障当事人和其他诉讼参与人的知情权、陈述权、辩论辩护权、申请权、申诉权,着力保障辩护人会见、阅卷、搜集证据和发问、质证、辩论辩护等权利,完善法律援助制度。

二是坚持严格司法与依法裁判理念。坚持四大原则,即证据裁判原则、非法证据排除原则、疑罪从无原则、程序公正原则,严格按照法律规定的证据裁判要求,建立健全符合裁判要求、适应各类案件特点的证据收集指引,规范庭审的质证、辩论等环节,发挥庭审的决定性作用。

三是完善相互配合与相互制约机制。刑事司法活动重心移转,矫正传统的司法权力分段作业式线性模式,诉前阶段的司法活动必须围绕审判来开展工作。司法机关在相互配合的基础上,要更加注重相互制约,充分发挥检察权的监督职能,体现律师在司法权力制约中的作用。

四是协调司法公正与司法效率关系。细化撤回起诉权的行使条件及方式,规范庭前准备程序,确保法庭集中审理,完善繁简分流机制,优化司法资源配置,重视检律双方在速裁程序、认罪认罚从宽制度改革工作的推动作用。

2. 厘清改革过程中检律发展的三个误区

在推进改革过程中,"以审判为中心"往往会被律师曲解为"以法院为中心",即放大审判权的作用,忽视侦查、公诉等相关环节,将所有的精力集中于审判阶段。在律师权益保障问题上,亦曾有学者提出鉴于检察院既是对手,又是裁判员的角色定位,无法充分保障律师权益,因此建议由法院给予充分保障。①

与此同时,不少司法人员对于律师权利具有极强的附属性特征的错误思想仍根深蒂固。这三大误区将阻碍检律关系的良性发展,成为刑事诉讼改革的羁绊,必须予以厘清。

---

① 尹晓红:《获得辩护权是被追诉人的基本权利——对〈宪法〉第125条"获得辩护"规定的法解释》,载《法学》2012年第3期。

首先,以审判为中心并非以法院为中心。以审判为中心意味着构建司法权力运行的平衡结构,强调审判阶段居于核心地位。法院的判决权威性来自于公正的庭审,法院自身也不能游离于庭审之外进行事实认定。相反法院对于案件事实的认识也应"以庭审为中心"。[①] 这表明公安机关、检察机关在改革中并非配角,更要在侦查、审查起诉等环节立足职能为法庭提供确实、充分而又清晰的证据材料。律师必须注重诉前环节,在查清事实、保障当事人人权等方面提供必要的支持。

其次,检察机关仍系保障律师权益的最佳选择。检察机关具有宪法所赋予的法律监督职能,对侵害律师诉讼权益的违法行为予以监督,可体现监督职能保障律师权益的合法性、正当性。检察机关连接着侦查与审判环节,可及时纠正侵害行为,全天候保障律师权益。反观法院,对于侦查阶段的侵害行为仅能作出否定性评价,侵害主体虽然会承担不利后果,但不能在第一时间制止该行为的发生,保障律师权益的救济性工作作为空间有限,而提前介入又使法院难免遭受"审前污染"的质疑,不利于审判工作的开展。

最后,律师权利具有不可忽视的基本权利属性。基本权利具有"主观权利"和"客观法"双重性质[②]。"主观权利"的核心功能反映在基本权利遭受国家侵害时,个人可以请求国家停止侵害。"客观法"的基本含义在于基本权利不仅是个人的权利,更是基本法确立的价值秩序,公权力应自觉遵守这一秩序,并尽己所能创造和维护有利于基本权利实现的条件。[③] 在遭受侵害时,律师具有向公权力寻求救济的权利,并且,其辩护权维护了公平正义的司法价值秩序。从上述两点分析可知,律师的辩护权具有与"基本权利"相当的资格地位,并非被告人辩护权的附属权力,在刑事诉讼中具有不可替代的作用。

(二)改革对于检律关系的影响

在"以审判为中心"的刑事诉讼制度改革架构下,传统检律关系的

---

① 参见魏晓娜:《以审判为中心的刑事诉讼制度改革》,载《法学研究》2015 年第 4 期。

② 参见张翔:《基本权利的双重性质》,载《法学研究》2005 年第 3 期。

③ 参见张翔:《基本权利的范围建构》,高等教育出版社 2008 年版。

对抗对立状态正在瓦解,检察官的“先天优势”逐渐丧失,律师介入刑事诉讼活动的范围逐步扩大,程度加深,检察官面临的“诉讼风险”只增不减。① 检察机关将充分发挥诉前主导作用,强化法律监督职能,在查明案件事实、保障人权,提升司法效率等方面将与律师有更多的互动与交流。律师职权的补位,检察工作的主动对接将会成为未来的改革背景下检律关系互动发展的常态。

1. 律师职权的补位

律师独特的职业定位对证据具有不可替代的检验功能,特别是在证据的程序合法性方面,并且对证据中无罪、罪轻部分也起到了收集、提请法庭注意的作用,同时在庭审中控辩双方的均衡对抗也促使法官对案卷有更为全面的把握与考量。律师的职业特性决定了在“以审判为中心”的刑事诉讼制度改革背景下,律师职权的归位与扩张将成为必然的发展趋势。《意见》第17条明确规定:依法保障辩护人会见、阅卷、搜集证据和发问、质证、辩论辩护等权利,完善便利辩护人参与诉讼的工作机制。可以看出,在更加重视证据裁判原则的情况下,律师的调查取证权、会见权、阅卷权将会充分得到保障;庭审实质化中律师的辩方作用也越发突出、重要。

改革为律师拓展了更大的诉讼参与空间,如羁押必要性审查、认罪认罚从宽机制处理等均离不开律师的参与和推动。包括值班律师制度在内的法律援助制度的完善,在极大程度上将会刺激潜在的律师市场需求,加深公众对于律师职业的认知,转变传统观念,提升对律师的好感度。

2. 检察机关的主动对接

对于检察机关而言,面对“以审判为中心”的改革方向,检察机关对接改革的主要措施是充分履行公诉权,即“以公诉为中心”主动对接“以审判为中心”,将检察工作以提起公诉为时间节点进行划分,可分为公诉主导下的审前环节与控方应对下的庭审环节两个部分。

审前环节中,检察机关对于侦察机关的引导、监督职能将进一步增强,引导侦查机关以裁判的要求和标准收集、固定、审查、运用证据,并

① 参见王洪宇、周红:《新型检律关系之科学构建》,载《学术交流》2014年第10期。

完善退回补充侦查的引导、说理工作,建立重大案件侦查终结前对讯问合法性进行核查制度,健全强制措施监督机制以及探索新背景下职务犯罪案件办理模式,发挥诉前主导作用,为公诉权的行使扫清障碍。受理审查案件后,根据案件的实际情况妥善做好分流办理工作:对于达到起诉标准的案件,视具体案件启动合适的诉讼程序;对未达到法定证明标准的案件,依法作出不起诉、撤回起诉的处理。

庭审环节中,控方需提高自身出庭能力以应对不断完善、充实的庭审程序,摆脱"过场式庭审"的固有观念,树立庭审中的诉讼风险意识,建立重大案件庭前准备预案机制,强化庭审监督功能,积极推动庭审实质化。

3. 挑战与合作带来的改革巨大红利

改革进程中,律师职权的补位对检察机关带来了不小挑战,但二者的发展方向确显露出趋同性特征,这实质上体现了检律功能互补性与控辩地位对等性。

在审前阶段律师的调查取证权、会见及通信权、阅卷权的扩张将打破证据诉方"单一化"的垄断格局,落实听取律师意见制度,完善便利律师参与诉讼机制,为检察机关带来诸多的诉讼"不利因素"和审查工作中的"额外麻烦"。律师从维护当事人合法权益的立场出发,对检察官办理案件过程的"监督"也伴随保障律师权的力度而增强。特别是律师权益受到侵害时,检察机关还要"花费精力"去监督、纠正违法行为,保障律师权利。

案件进入审判环节后,律师的举证权、质证权、辩论辩护权的巩固和保障将为公诉方带来前所未有的压力。在注重庭审实质化的趋势下,证据的情况、庭审的效果将直接影响到法院的裁判结果,对于控方的检察机关而言,最初出庭保证庭审顺利结束的任务已经无法与指控成立画等号,律师庭审地位的提升为公诉人出庭准备提出了更高的要求,加大了其工作量和诉讼风险。

这些挑战虽然给检察机关带来了不小的压力,但改革带来的巨大红利却是显而易见的。改革指明检律良性发展方向,扩展检律合作领域,规范双方的诉讼互动机制。律师补位带来的讼诉风险实质上是在降低冤假错案的发生率,律师权利的保障与相互监督推动了检察机关权力运行规范化工作进程,举证、质证、辩论等庭审环节实质化提升了检察官的存在感,进而增强了检察机关的司法公信力。

(三)新型检律关系的概述

借刑事诉讼制度改革之东风,最高人民检察院检察长曹建明提出了"构建新型健康良性互动的检律关系"。[①] 检察机关通过规范司法行为、保障律师权益、构建阳光司法体制、健全律师职业救济制度等一系列举措推动律师权益的补位,积极应对律师带来的"挑战",适应刑事诉讼改革对检察机关提出的要求。

在新型检律关系中,既包括控辩双方实质的对抗性,也包括了检律职能实际的互补性和协调一致性。健康、良性发展是新型检律关系顺应"以审判为中心"的刑事诉讼制度改革的前提和基础,而检律互动性则是二者关系长远发展的保障与动力。

综上所述,新型的检律关系包括但不限于传统的控辩对抗性及检律职能互补性、协调一致性以及诉讼联动性,构成健康、良性、互动的"双螺旋"发展构架。

三、新型检律关系的发展路径

新型检律关系存在于刑事诉讼制度改革的方方面面,在传统刑事诉讼制度基础之上不断填充、调整、完善。针对"以审判为中心"的改革方向,新型检律关系的构建将重点在以下三个路径中展开:

(一)庭审实质化下控辩对抗性增强

控辩对抗性的增强在于刑事诉讼改革中完善、充实了庭审环节,并将部分内容适当庭审前置,使控辩精力得以集中,控辩双方的力量可以充分施展。在法庭的引导下,要求相关人员出庭作证,充分而又有针对性地发表质证意见,围绕争议点开展有效辩论,向法院展示案件真实全貌的同时,控辩双方共同拨开真相的门帘,从而达到"愈辩愈明、愈辩愈清"的改革目的。

1. 审前程序为控辩对抗提供条件

审前程序的主要作用在于起到过滤、归纳,提高起诉、审判质量,提

---

① 参见曹建明:《构建新型健康良性互动的检律关系共同担负起社会主义法治工作者的职责使命》,载《检察日报》2015年3月10日,第2版。

升司法公信的作用。现阶段,主要体现在两个方面:

一是庭前会议。《意见》第10条规定:完善庭前会议程序,对适用普通程序审理的案件,健全庭前证据展示制度,听取出庭证人名单、非法证据排除等方面的意见。《实施意见》对庭前程序的启动条件、举行方式、会议内容、法律效力及与庭审的衔接均作出较为详细的规定。庭前程序的设置旨在确保法庭的集中审理,提高庭审的质量及效率,保证控辩双方诉权的行使。①

庭前会议将程序性环节前置,对案件证据予以开示,避免法庭因程序性事宜中断审理的情况。在庭审前集中控辩双方的"对抗点",通过提前解决庭审中的程序问题和整理部分实体问题,保证了庭审的连续性、针对性、高效性,控辩双方也可将更多的精力和体力倾注于案件实体问题的证明、辩论的过程。

二是诉前会议。诉前会议系检察机关借鉴庭前会议而作出的有效探索,主要针对复杂案件,由检察官主持并召集侦查人员、犯罪嫌疑人、辩护律师等相关涉及人员,各方以案件审查起诉有关的程序性事项和实体性问题为内容,围绕主要争议点充分发表意见,所发表的意见将作为检察官处理案件的重要参考依据。②

诉前会议的目的系核实相关事实、证据,正确适用法律,以达到诉前过滤的功效。鉴于检察官的客观公正义务,故诉前会议主持人与公诉人两者角色不存在冲突。诉前会议与庭前会议在功能上也各具特色,前者主要保障的是起诉至法院的案件质量,而后者则主要保障的为庭审的高效进行。但从设置效果来看,二者均为控辩双方提供了更为优越的"对抗"环境,有效防范和化解潜在的诉讼风险,提升诉讼效率和质量。

2. 调查、质证环节是控辩对抗的基础

庭审实质化建立在充分的法庭调查、质证之上。在法庭调查方面,

---

① 参见成懿萍、冯兴吾:《庭前会议制度的实践困惑及对策》,载《中国检察官》2015年第6期。

② 参见王春媛、宁积余:《诉前会议的制度构建与实践考察》,载《人民检察》第20期。

要求证据全面出示,既包括有罪证据,也包括无罪、罪轻或罪重的证据,保证诉讼证据出示在法庭、案件事实查明在法庭。根据控辩双方对出示证据的争议与否,法庭将选择繁简适当的质证过程。

在法庭的质证方面,落实证人、鉴定人、侦查人员出庭作证制度是此次刑事司法改革的亮点之一。《意见》第12条规定了公诉人、辩护人等对证人证言有异议,人民法院认为该证人证言对案件定罪量刑有重大影响的,证人应当出庭作证。控辩双方对有异议的证人证言均有权向法院提出要求该证人到庭作证、接受询问。《实施意见》对该条进行了细化,提出对证人应采取必要专门性保护措施以及建立证人出庭作证补助专项经费机制,保障落实证人出庭作证制度。证人的出席将有利于判明证据的真伪,准确查清案件事实真相,增加了庭审过程中的激烈程度。一方面,公诉人可以通过询问证人,强化其所出具证据的证明力;另一方面,辩护人则可在询问中找出或排除案件的疑点,通过向法庭展示,以强化自身的辩护观点及立场。该项举措既是司法程序公正的要求,又是查清犯罪事实的需要,可以充分施展法律赋予被告人与证人对质的权利,扭转我国刑事诉讼中证人出庭率低的过场式质证模式。①

从完善律师权力的角度出发,在法治化进程加快的背景下,律师调查取证权也应当作为一个重要改革方向。② 一要减少对律师独立调查权的限制,扩大律师调查的范围,规范调查的手段与方式。二要完善司法机关对于律师调查取证权协助、保障律师调查取证机制,规范申请调查证据的流程操作,建立反馈答复机制。检察机关应强化监督职能,对于损害律师调查取证权的行为应采取必要的保障措施,对怠于协助的行为依法予以纠正,为检律在法庭上充分举证提供证据支持,夯实控辩对抗基础。

---

① 参见杨宇冠、刘曹祯:《以审判为中心的诉讼制度改革与质证制度之完善》,载《法律适用》2016年第1期。

② 参见冀祥德:《中国刑事辩护制度发展的命运——以建立中国控辩协商制度为视角》,载《北方法学》2007年第2期。

3. 法庭辩论环节成为控辩对抗的主战场

法庭的辩论是控辩双方立足法庭所开示的证据，对定罪、量刑发表自身的意见。所以控辩双方必须紧紧围绕定罪和量刑两个方面开展有针对性的交锋。对于被告人认罪的案件，控辩双方的关注点将更多的集中于量刑方面；对于被告人不认罪的案件，法庭将起到归纳争议焦点、充分听取意见的角色，着重保障辩护人的辩护权。

但在被告人认罪的情况下，律师可否"逆流而上"，针对定罪加以分析、辩驳？这在理论上涉及律师独立辩护权的问题。一种观点认为律师的辩护权系法律赋予，为极大限度地发挥律师执业技能及法律经验，不应受包括被告人在内的其他因素干扰。另一种观点认为被告人与辩护人的关系建立在于私法契约关系，律师应当履行对当事人的忠诚义务，并且被告人的辩护权利系原始权利而律师则为继受权利，后者应从属于前者意志。①

笔者认为，律师基于专业的法律职业定位从维护被告人合法权益的角度出发，开展有效的独立辩护工作顺应了"以审判为中心"的刑事诉讼制度改革的发展方向，可以避免被告人在犯罪事实及法律适用等方面智识不足或在办案人员威胁、恐吓等方式下导致被告人意志被严重影响而作出背离事实真相的供述等情况。但在准许辩护人开展独立辩护的基础上，也应设置相应惩戒措施防止辩护人违背当事人合法权益，作"谄媚式"或"哗众取宠式"辩护。

作为控辩双方交锋的主战场，未来的法庭辩论环节更加有效、更为激烈。公诉人及辩护人将会在庭前做充分的准备，双方的论、辩证技巧也在相互作用下不断提升。即便在被告人认罪的情况之下，公诉人亦不能放松"警惕"，仍要在庭前熟悉案情、准备相应出庭材料，从而真正达到庭审实质化的目的。

（二）证据裁判原则所呈现出的检律互补性越发明显

充分贯彻证据裁判原则是以审判为中心刑事诉讼制度改革的内在要求与实质内涵。在改革推动下的证据裁判原则应包括三个方面的内容：一是要求案件的事实均应有确实、充分的证据予以证明；二是明确

① 参见宋远生：《律师独立辩护的有限适用》，载《法学》2014 年第 8 期。

没有证据证实不得认定犯罪事实,对于证明犯罪构成要件的事实,应当综合全案证据排除合理怀疑,对于量刑证据存疑的,应当作出有利于被告人的认定;三是规定侦查机关、人民检察院应按照裁判要求和标准收集、固定、审查、运用证据,人民法院应当按照法定程序认定证据,依法作出裁判,实现刑事诉讼环节证据标准一致化,建立适应各类案件特点的证据收集指引,保证证据真实性并排除非法证据。

因律师职业定位为其带来了"独特视角",律师则更加关注证据的收集、固定、审查、运用过程,对非法证据"情有独钟",极大地弥补了检察官"重实体、轻程序"的传统观念带来的职业思维惯性缺陷。随着律师调查取证权的保障,律师将提供更多的关于当事人无罪、罪轻的证据,并在阅卷、提交意见等环节提醒检察官对在卷的或提交的上述证据进行必要的注意与审查。

1. 检律互动补齐程序公正短板

证据裁判原则要求实体公正与程序公正并重,且程序公正在一定程度上具有优先性。《意见》第4条规定:对采取刑讯逼供、暴力、威胁等非法方法收集的言词证据,应当依法予以排除。侦查机关收集物证、书证不符合法定程序,可能严重影响司法公正,不能补正或者作出合理解释的,应当依法予以排除。

在案件非法证据的"雷区"中,检察官、律师均作为"探雷、排雷"的"工兵"角色。二者的性质互补、作用叠加。因受传统诉讼环境的影响,检察官从指控犯罪的目的出发,对证据的甄别、排除可能会出现一定的"容忍度",但律师对于非法证据更为纯粹的态度将促使检察官重新对案件的证据(特别是证据程序公正方面)进行审视、衡量,避免出现重大的诉讼"风险"。而律师提交的证据同样也面临着检察官的检验。通过双方对于非法证据审查的互动,补齐了我国刑事诉讼过程中"轻程序"的短板。

2. 检律平衡有罪及无罪、罪轻证据地位

检察官基于指控犯罪的角色定位,在无形中便侧重于有罪的证据,对无罪、罪轻的证据具有一定的排斥心理。而律师基于最大限度地保护当事人合法权益的职责要求,将充分重视无罪、罪轻的证据。从二者对于证据的把握重点来看,具有鲜明的对立性。但将之置于整个刑事诉讼的全局之中，就会发现恰因二者的共同作用从而使整个证据体系达到了一个平衡。通过检律平衡有罪及无罪、罪轻证据地位，使证据可以全面、均等、清晰地展现在法庭面前，推动法庭依法审判工作。同样，在检察机关退回补充侦查环节，律师对犯罪嫌疑人无罪、罪轻的意见也将提升检察机关的引导、说理工作；在讯问合法性核查机制方面，律师的推动作用亦不容忽视。

3. 以检察为主导的审前程序中的律师推力

以检察为主导的审前程序在于适应改革的新要求，发挥检察独特的诉讼地位和监督优势，以检察监督引导侦查机关调查取证，从源头上贯彻证据裁判原则。①

以检察为主导的审前程序架构中应当注重两个方面的内容：一是转变审查模式，从"书面审查"逐步转变为"亲历性审查"，要求检察官亲自核实"在案证据"，扩大证据审查范围，重视犯罪嫌疑人及辩护人提供的证据线索及所发表的意见，适时启动非法证据的排除程序；二是加强检察引导侦查工作，着重从立案环节的侦查方向、侦查过程证据收集与固定的动态化指导、协助证据梳理及案件定性、案卷证据的补充、排除与完善的四路径入手，把握检察介入时机与力度，充分发挥律师在此过程中的协助作用，强化对侦查权的制约，或通过赋予检察机关对消极侦查、违法侦查等行为使用惩戒、更换的强制性权力，督促侦查人员树立证据裁判理念，严格执行证据裁判原则。

（三）惩罚犯罪与保障人权趋向性更为一致

以审判为中心的刑事诉讼制度改革推进的每一步都蕴含着惩罚犯罪与保障人权并重的司法理念。每一项具体制度的完善与实践将赋予检察官与律师更多的责任，也为检察官和律师提供了更大的施展空间，在惩罚犯罪与保障人权方面二者的趋向性将更为一致。

1. 以法律援助为依托的律师介入模式

现阶段，我国刑事诉讼领域仅包含自行辩护及在特定情况下的指定辩护。倘若犯罪嫌疑人、被告人未委托律师为其辩护，辩护权利已经

---

① 参见陈胜才：《以审判为中心的检察应对——从证据裁判原则是审前保障机制展开》，载《人民检察》2015 年第 21 期。

被实质削弱,控辩力量必然失衡。特别是刑事诉讼制度改革推进中,犯罪嫌疑人、被告人逐渐拥有了实体性兼程序性的判断选择权,没有律师力量的介入,仅由检察官与其沟通、协商,难免会有不公之嫌。并且我国全民法治素养水平仍较低,大多数当事人均不具备专业的法律知识,倘若无律师进行辩护,很大程度上可理解为已经被剥夺了辩护的权利。

目前,我国律师队伍人员仍不富足、法律水平参差不齐,短时间内很难保证每一位犯罪嫌疑人、被告人均有律师为其辩护,引入全面的强制辩护机制并不现实。但其作为未来的刑事诉讼改革的必然发展趋势,可以通过渐进的方式深入推进。《意见》第20条指出要建立法律援助值班律师制度,完善法律援助制度。健全依申请法律援助工作机制和办案机关通知辩护工作机制。基于现实考虑,可以逐步扩大指定辩护的范围,在辩护程序的启动上采取当事人申请与司法机关申请相结合的方式,在功能上区分值班律师与援助律师的作用:值班律师的主要作用为当事人释法、监督侦查活动,不全程参与刑事诉讼活动,适用于轻微刑事案件及侦查阶段;援助律师则在一般情况下全程参与诉讼活动,主要适用于重大、疑难、当事人不认罪,以及当事人主体需特殊法律保护的案件类型。

完善律师援助制度,首先保证在现行指定辩护的范围下,法律援助实施到位;其次健全依申请法律援助工作机制和办案机关通知辩护工作机制:侦查机关应将侦查阶段当事人申请时间、通知及委托情况、本案律师信息及意见附卷,检察机关应当在规定的时间内向法律援助机构申请辩护并认真听取辩护人的意见,及时有效答复辩护人所提出的申请,并对侦查机关、审判机关落实律师援助制度予以法律监督;最后建立法律援助值班制度,通过为犯罪嫌疑人、被告人提供法律帮助的方式,弥补辩护人缺失所带来的法律知识匮乏、诉讼劣势地位。在此之中,检察机关既是法律援助程序的启动机关之一,也是维护机制的监督者。随着法律援助制度进一步完善,检察官与律师将存在更多的交集,二者促进、推动刑事诉讼的作用将更为趋向一致。

2. 检察主导的强制措施审查机制

以审判为中心的刑事诉讼制度改革要求,检察机关应当建立对强制措施的监督机制,加强对逮捕后的羁押必要性审查,规范非羁押性强制措施的适用。2016年1月,最高人民检察院通过了《人民检察院办理羁押必要性审查案件规定(试行)》(以下简称《规定》)。该规定规范了羁押必要性审查工作,使其具有了可操作性、救济性。

在羁押必要性审查方面,律师对强制措施审查工作的规范具有不可忽视的作用:一是律师可以申请检察机关启动羁押必要性审查程序。律师的职业立场以及参与刑事诉讼的特点,律师可以在第一时间跟进案件办理,了解案情进展,在发生具有变更强制措施的情况下,律师可及时申请侦查机关变更强制措施或启动检察机关对强制措施的监督机制。并且,对一般案件而言,律师在侦查阶段接受委托后即可介入案件,会见当事人,了解案情,可以弥补检察机关介入侦查节点时间滞后、监督不力的短板。二是律师从基于当事人立场向侦查机关、检察机关表达意见或提供证据材料线索,可以扭转强制措施决定机关的有罪推定的惯性思维,为采取适当的强制措施提供重要依据。三是律师可对检察机关的审查过程予以监督并有权申请相应救济的权利。律师在发现对当事人采取的强制措施不当的情况,可向检察机关申请变更,检察机关应当在一定期限内及时处理并给予其有效答复。律师对处理存有异议的情况下,应当赋予其申诉的权利。探索建立律师与检察官惩戒委员会联系渠道,规范律师举报流程,对于在审查强制措施过程中检察人员的违法行为,律师可以通过向检察官惩戒委员会举报的方式进行监督、纠正。

律师在羁押必要性审查机制环节中对检察机关将起到的督促、帮助作用,可以有效解决检察机关监督滞后性、片面化的短板,推进该项制度的实施,保证对犯罪嫌疑人、被告人采取的强制措施合法、恰当。

(四)司法公正与司法效率拓宽检律联动空间

2016年11月,根据《全国人民代表大会常务委员会关于授权最高人民法院、最高人民检察院在部分地区开展刑事案件认罪认罚从宽制度试点工作的决定》,最高人民法院、最高人民检察院会同公安部、国家安全部、司法部制定了《关于在部分地区开展刑事案件认罪认罚从宽制度试点工作的办法》(以下简称《试点办法》),凭借前期刑事速裁试点工作的有效探索和经验积淀,随着各项配套制度的出台,认罪认罚从宽制度已经进入实践阶段。《意见》第21条规定:完善刑事案件速裁程序和认罪认罚从宽制度,对案件事实清楚、证据充分的轻微刑事案件,或者犯罪嫌疑人、被告人自愿认罪认罚的,可以适用速裁程序、简易程序或者普通程序简化审理。《实施意见》指出在推进速裁程序改革方面,逐步扩大适用范围,完善运行机制,对被告人认罪的轻微案件,探索实行快速审理和简便裁判机制;在推进认罪认罚从宽制度改革方面,要求依法审查被告人认罪认罚的自愿性和真实性,确认被告人了解认罪认罚的性质和法律后果;在宣判方面,则要求提升宣判率,速裁案件应当庭宣判。

从性质上分析,刑事案件速裁程序是认罪认罚从宽制度的重要表现形式,但认罪认罚从宽制度的适用范围要比刑事速裁程序的范围要宽广。二者均系在建立在侦控机关指控犯罪嫌疑人、被告人有罪的基础之上的一种制度延伸,广泛存在于刑事诉讼过程之中。① 认罪认罚从宽制度是在犯罪嫌疑人、被告人自愿作出真实的认罪认罚意思表示的情况下,所采取的从宽处理的刑事案件解决方式。它建立在控辩平等结构基础之上,体现了社会契约自由观念以及实用司法功利主义,兼顾司法公正与司法效率,既是一种刑事诉讼程序,同时也具有刑事实体属性。检察机关与律师将在认罪认罚从宽制度中发挥更大的作用。

1. 检察机关的参与。在认罪认罚从宽制度中,检察机关的工作凸显重要地位。首先,检察机关是认罪认罚从宽制度的程序启动者。虽然侦查机关可对案件行使建议权,并且在侦查环节已经涉及犯罪嫌疑人是否认罪的情节,但考虑到侦查机关的定位以及其建议权的效力,故不应将侦查环节认定为认罪认罚从宽制度的启动环节。在审查起诉环节,检察官通过审查案件材料,对案件进行繁简分流处理,也就是认罪认罚从宽制度的甄别阶段。检察机关对于符合适用认罪认罚从宽制度条件的案件以其规定程序进行处理,进而提起公诉,并建议法院依照认罪认罚从宽制度程序予以确认、判决。在案件条件变更或犯罪嫌疑人不同意适用的情况下再转为普通处理流程。在此阶段,认罪认罚从宽制度的大部分工作已经完成,并且检察机关作出的建议,法院原则上应采纳,其建议权具有实际的效力。其次,检察官负有与犯罪嫌疑人、被告人协商、释法的职责。基于犯罪嫌疑人、被告人具有的选择权以及反

① 参见陈卫东:《认罪认罚从宽制度研究》,载《中国法学》2016 年第 2 期。

悔权，检察官在此过程中不仅要核实、查清案件，同样也要做好与犯罪嫌疑人、被告人的协商、释法工作，以便令其充分了解法律规定，对其犯罪行为进行正确的评估，准确了解所承担的法律后果，重视犯罪嫌疑人、被告人的自愿性。最后，检察机关具有准审判性质的量刑建议权。在认罪认罚从宽制度中，程序的适用是在当事人认罪认罚的条件下进行的，所以必然会带来从宽处理的结果。当事人向检察机关签订具结书，除认可其犯罪行为外，也应认可文书中所列明的检察机关向审判机关提出的具体量刑建议，同时基于司法公信力，检察机关应当以该量刑建议向法院提起公诉，法院亦不能在不符合法律及适用条件的情况下作出调整。当然，检察机关作为法律监督机关对于认罪认罚从宽制度具有监督权，可以通过抗诉等手段予以监督，在此不再展开。

2. 律师的参与。《试点办法》指出办理认罪认罚案件，应当保障犯罪嫌疑人、被告人获得有效法律帮助，确保其了解认罪认罚的性质和法律后果，自愿认罪认罚。鉴于繁简分流机制双方力量需对等平衡，且本着最大限度保障犯罪嫌疑人、被告人合法权益的目的，律师的角色必不可少。一是律师具有程序启动的建议权。律师经审查案件后，认为符合适用条件的，可建议检察机关适用认罪认罚从宽处理的程序。检察机关也应当对于律师的建议予以充分考虑，并在一定期限内作有效答复。二是律师对于认罪认罚从宽制度程序的推动作用。《试点办法》明确指出犯罪嫌疑人自愿认罪，同意量刑建议和程序适用的，应当在辩护人或者值班律师在场的情况下签署具结书。律师在此过程中有提供相应法律咨询、阐释选择该项制度的利弊得失的责任，基于职业定位特征，犯罪嫌疑人很大程度上会信赖辩护人的建议，所以律师的阐释将在极大程度推动诉讼程序的进程。三是参与协商裁决结果，保障犯罪嫌疑人、被告人合法权益。律师可向检察机关提出关于量刑的建议，并且在存在被害人的情况下，具有参与、协调并获得对方谅解的职能，同时对于量刑不适当的情节，有权对裁决结果表示异议，有效降低司法机关侵害当事人权益的可能性。[1]

---

① 参见陈重喜、李瑛：《检察环节辩护律师参与认罪良性协商机制探析》，载《人民检察》2016 年第 23 期。

不难看出,检察官与律师在认罪认罚从宽处理制度程序中均起到了审查、引导、监督的作用。当该制度完善到一定程度后,势必扩展案件适用范围,释放该项机制中惩罚犯罪与保障人权的更大效能,检察官与律师的参与范围和作用也将进一步提升。

四、新型检律关系的展望

新型检律关系的发展决定了是否能够达到"以审判为中心"刑事诉讼制度改革的阶段性目标,影响到后续改革路径的进一步延伸。充分重视新型的检律关系,巩固检律关系发展根基,顺应刑事诉讼发展趋势,加强二者权益的救济和保障,规范检律互动行为,促进检律关系良性、长远发展。新型检律关系的发展要抓住二者的根基所在,以保障促发展。大致应具备以下三个方面:

一是培养检律职业协调性。检察官、律师均接受相同的司法培养模式,并有相同的职业准入基本的门槛,所以在二者之中培养其职业的协调性,并非难事。增强检律互信,提升检律双方办案水平是培养检律职业协调性的主要内容。建立任职交流机制,增强双方的职业认知与尊重;搭建业务沟通平台,畅通交流渠道;在检察官、律师举行的其他活动、培训及业务竞赛中,预留一定比例的名额,实现相互邀请、相互讲授、相互评价。

二是保障与完善律师权益。律师作为地位相对弱势的司法职业群体,其活动的顺利开展,需要检察机关更多的配合和有效的保障。检察机关应采取多项措施保障律师正确行使会见权、充分行使阅卷权、依法行使调查取证权,利用检察监督职能降低刑辩律师的职业风险,逐步建立起检察机关的律师辩护权利救济配套机制,审查侵犯律师辩护权的行为,为律师的"扩权"提供保障。①

三是建立检律惩戒与追责机制。建立检察官侵犯律师权益的惩戒、追责机制,与律师违规处理机制进行良好衔接。检察官惩戒委员会与律师协会应加强合作,特别是在违规违纪问题上的受理、移交方面,

---

①　参见林琳:《辩护律师权利的保障与救济——以我国新〈刑事诉讼法〉背景下检察机关发挥检察监督为视角》,载《法学杂志》2015年第11期。

确保准确、快速处理违规违纪的检察官或律师，保证案件合法、有序办理。检察机关也应建立律师权益的救济模式，明确律师权利救济的内部监督渠道和申诉渠道。通过惩戒、追责，规范检察官、律师行为，保证案件经得起法律检验，有效防范冤假错案的发生。

热点聚焦之一：司法责任制与检察工作

检察官办案组中主任检察官的职权配置 *

陈思群 **　江　学 ***　陈　鹤 ****　吴加明 *****

目　　次

一、绪　论

主任检察官制度是检察人员分类管理改革的重要组成部分与产物。在检察改革中，主任检察官制度上承主诉、主办检察官改革试点，下启检察机关办案责任制，因而，在检察改革中扮演着重要的角色。从

---

* 本文系国家检察官学院 2016 年度科研基金资助项目《主任检察官职权配置》(GJY2016C04)的结项成果。

** 上海市人民检察院第二分院检察长。

*** 上海市浦东新区人民检察院侦查监督处检察官。

**** 上海市浦东新区人民检察院民事行政检察处检察官助理。

***** 上海市政府台湾事务办公室工作人员。

主任检察官制度的发展演进来看,无论是从其前身——主诉、主办检察官制度,还是其后基于主诉、主办检察官的制度改造与实践探索,抑或再后来的定位于基本办案组织形式与办案责任制的落实,该制度都是以检察人员分类管理改革为发展脉络,是检察人员分类管理改革进一步深入和细化的结果。

对于主任检察官的研究,进行制度构建和总体设计的多,对具体问题的专门研究较少。本文选取主任检察官的职权配置为切入点,基于检察改革实践的经验总结,对主任检察官职权配置中存在的问题进行分析,查找原因所在,并对主任检察官职权的合理配置提供参考性意见。

二、检察人员分类管理改革下的主任检察官

对主任检察官制度的认识与分析应放在检察人员分类管理改革的背景下进行。只有在这一背景之下,我们才能认清它的"前世今生",并对它的发展方向进行正确预判。

(一)检察人员分类管理改革

1996 年,我国刑事诉讼法进行了中华人民共和国成立以来首次大幅修改,基本确立了职权主义向当事人主义诉讼模式的转变,而这一转变也对传统的人员管理行政化模式形成了挑战。为适应新的诉讼模式,检察人员分类管理改革被提上了议事日程。

从我国检察人员分类管理改革的实践来看,大概经历了改革试点、全面推进和深入细化三个发展阶段。

1. 改革试点阶段(1999 ~ 2007 年)

1999 年,最高人民检察院(以下简称高检院)在其制定的《检察工作五年发展规划》中首次提出了检察人员分类改革,并主张对检察人员实行检察官、书记员、司法行政人员、司法警察和专业技术人员的分类管理。随后,高检院确定了在上海市浦东新区人民检察院、重庆市渝中区人民检察院、山东省济南市天桥区人民检察院等基层单位进行试点改革。2000 年,高检院在《检察改革三年实施意见》中则将检察人员分类为检察官、书记员、司法警察和司法行政人员,取消了专业技术人员的分类,似是将其归入了司法行政人员之中。及至 2004 年,高检院在《2004 ~ 2008 年全国检察人才队伍建设规划》中又提出了新的分类,

将检察人员划分为检察官、检察事务官(检察官助理)和检察行政人员三类。在改革试点过程中,广东省深圳市人民检察院也于2001年加入试点行列之中;①2003年,山东省平邑县人民检察院也加入了试点。②

上海市浦东新区人民检察院的分类管理改革始于2000年。在改革前,检察人员区分为检察员和司法警察两类,改革试点后,依据改革精神增加了检察书记员、检察行政人员、检察专业技术人员三个职位系列。对书记员设置单独序列,参照《检察官法》实行等级制,并配以相应的行政级别待遇;对检察专业技术人员,则从法律职务管理中剥离,按照专业技术职务初、中、高三个等级,配套相应的行政级别待遇;检察行政人员参照《国家公务员暂行条例》进行管理。③ 该院的改革试点比较忠实当时的改革精神,基本实现了行政化管理与司法化的相对分离,但尚处于初始阶段,对新增的三类职位序列的分类管理相对简单,对三类职位序列的管理没有明显差异。④ 由于改革仅涉及人员分类,尚未触及内设机构调整,有人称之为"小改模式"。⑤

山东省平邑县人民检察院的改革试点始于2003年,将检察人员划分为检察官、检察事务官和检察行政官三类,并于2005年出台了《平邑县人民检察院检察人员分类管理改革试点工作方案》,采取"竞争上

① 相关介绍参见程金华:《检察人员对分类管理改革的立场》,载《法学研究》2015年第4期;张庆立:《检察人员分类管理制度改革探析》,载《上海政法学院学报》(法治论丛)2014年第4期。

② 关于山东省平邑县人民检察院的改革试点时间,有两种说法:1999年和2003年。但从平邑县人民检察院的材料来看,应为2003年。具体可参见平邑县人民检察院王正海、张晓的文章《检察人员分类管理改革之思考与建议》,载《人民检察》2007年第20期。

③ 参见张华、朱毅敏:《检察人员分类管理思考》,载《上海市政法管理干部学院学报》2001年第5期。

④ 应予说明的是,这里介绍的改革试点情况都是试点时特定时段的情形。后来,随着改革的全面推开,情况发生了很大变化。本文有关各地试点情况的介绍,也都是就试点时期这个时间段而言的。

⑤ 张庆立:《检察人员分类管理制度改革探析》,载《上海政法学院学报》(法治论丛)2014年第4期。

岗、双向选择”的方式进行人员分类。与此同时，对内设机构进行整合，将其调整为三局、三室、两部、一中心、一大队 10 个部门。[①] 平邑县的改革既有人员分类划分，又有内设机构整合，但基本保留了科长（主任）负责制，因而被称为“中改模式”。[②]

重庆渝中区人民检察院的改革试点涉及人员分类、机构整合和部门负责人的职能调整。在人员分类上，同样划分为检察官、检察事务官和检察行政官，但在此基础上作了进一步细分：检察官既包括了正副检察长，还区分为主任检察官、副主任检察官。检察事务官进一步区分为检察官助理、检察侦察官、检察技术官、司法警察四个职系。在内设机构上，将其整合为刑事检察局、职务犯罪侦查局、诉讼监督局、检察长办公室、政治部、检察事务局。在部门负责人的职能配置上，取消了原业务部门负责人的案件审批权。重庆渝中区的改革试点较为彻底，因而被称为“大改模式”。[③]

在改革试点过程中，高检院也一直予以关注，并适时进行工作指导。2003 年 6 月和 8 月，先后进行了检察人员分类管理的专题研究，并在此基础上，于年底制定了《检察人员分类改革框架方案》，提出了改革的整体设想。2006 年，《检察人员分类改革框架方案（讨论稿）》发布，向全国检察系统广泛征求意见，并于 2007 年制定公布了《检察人员分类改革框架方案》，[④]标志着改革由局部试点走向全面铺开。

从改革试点情况来看，试点各地的实践各不相同，改革力度也不尽相同，包括高检院对检察人员分类管理的认识也在逐渐深化与调整之中，这从高检院对人员分类的五分法、四分法和三分法的摇摆不定上就可见一斑。对于各类人员的细分与职权的具体配置也还只是粗略的，

---

① 王正海、张晓：《检察人员分类管理改革之思考与建议》，载《人民检察》2007 年第 20 期。

② 张庆立：《检察人员分类管理制度改革探析》，载《上海政法学院学报》（法治论丛）2014 年第 4 期。

③ 同上。

④ 以上内容参见程金华：《检察人员对分类管理改革的立场》，载《法学研究》2015 年第 4 期；张庆立：《检察人员分类管理制度改革探析》，载《上海政法学院学报》（法治论丛）2014 年第 4 期。

需要进一步丰富与再调整。

2. 全面推进阶段(2007~2015年)

承前所述,2007年高检院公布实施《检察人员分类管理改革方案》,以检察官单独职务序列为主导的检察人员分类管理改革进入一个“新纪元”。2009年,高检院在《2009~2012年基层人民检察院建设规划》中要求,要积极稳妥地推行检察人员分类管理改革。2011年,中组部和高检院联合制定了《检察官职务序列设置暂行规定》,促进检察业务部门和综合管理部门人员的精简整合。2012年,两机关联合起草了《检察人员分类管理制度改革指导意见(征求意见稿)》,广泛征求改革意见。2013年,上述两机关又联合发布了《人民检察院工作人员分类管理制度改革意见》,对全国检察机关实施人员分类管理改革提供制度指引,成为各检察机关开展改革的纲领性文件。在该规定中,检察人员被划分为检察官、检察辅助人员和司法行政人员三类,是在包括员额制、司法责任制等改革中均获认同的人员分类标准。

在全面推进阶段,检察人员分类管理改革已经基本定型。在人员分类上,检察职务被划分为检察官、检察辅助人员、司法行政人员三个单独职务序列;检察事务官的概念被弃之不用;检察官被划分为主任检察官、独任检察官和普通检察官;检察辅助人员包括了检察官助理、书记员、司法警察和检察专业技术人员等类别。在内设机构上,在基层检察院试行大部制改革的同时,强调“因院制宜”,小院可以实行大部制,大院则可斟酌处理;具体设立多少个内设机构也不作统一规定,体现了改革的灵活性。同时,在内设机构负责人的职权配置上,不应享有案件审批权正成为一种有力的主张;取消内设机构负责人的声音也不小。

3. 深入细化阶段(2015年以后)

在检察人员分类管理改革的内容基本确定后,到了2015年前后,改革的重心转移至改革内容的进一步细化与深入。2015年9月,最高人民检察院发布了《关于完善人民检察院司法责任制的若干意见》,围绕检察办案责任制的贯彻落实,分别对检察长(分管副检察长)、检委会专职委员、检察官、检察官助理的职责权限作出了规定。其中有关检察官的职责权限,还进一步区分了主任检察官、独任检察官,作出了不同的职权配置。中央政法委书记、高检院领导也在讲话中对检察官的地位和作用进行了阐述。以上规定与讲话精神成为本轮司法改革的指针与纲领。

针对上述规定,各地方检察机关也纷纷出台有关实施细则,对中央和高检院的改革精神予以贯彻落实。以上海为例,上海市院在2015年底即出台了《上海检察机关落实司法责任制工作细则(试行)》,对以上各类检察人员的职权职责进一步予以明确;并制定了《上海市各级检察院检察官权力清单(2015年)》,对各主要业务部门检察官的职权制作了权力清单。该权力清单还对上海市院、分院、基层院三级检察机关检察官的权限分别进行了规定。上海各基层检察机关又结合本院实际情况,对本院检察工作人员的职责权限加以明确。例如,有些检察官缺额比较大的检察院,为避免员额制改革对检察办案造成的负面影响,还对未入额的资深检察官助理(一般为员额制之前已经独立办案甚至带组办案的检察员,由于员额限制,未能成为入额检察官,因而被归入检察官助理之中)由本院检察长进行授权,授予其行使检察官的职权。

我国的检察人员分类管理改革仍是进行时。当前的分类管理改革还是主要针对检察官。接下来,对检察官助理、书记员、司法警察、检察专业技术人员的职权职责配置将逐步展开,检察人员分类管理改革也将进一步纵深发展。

(二)主诉、主办检察官改革

主诉、主办检察官改革始于20世纪末。"主诉检察官制度的出现最早可以追溯到1995年,由河南省郑州市人民检察院率先试行主诉检察官制度,两年之后河南省其他地市也开始试行,如南阳市以及驻马店市等。1998年,北京市海淀区人民检察院开始推行检控分离机制下的主诉检察官办案责任制。1999年年初,最高人民检察院在全国检察长工作会议上通过了《检察工作五年发展规划》,规划中提出了在全国范围内推行主诉检察官制度的要求。"[①]1999年4月,高检院根据全国检察长工作会议和检察机关深化改革座谈会关于推行主诉检察官办案责任制的精神,决定在北京、上海等12省市检察机关开展主诉检察官办

① 杨桢:《主诉检察官制度理论与实证研究》,中国社会科学院研究生院刑事诉讼法学2012年硕士学位论文,第3页。

案责任制的试点。“据统计,截至同年7月,全国各省、自治区、直辖市检察机关有181个分、市院和988个基层院试行了主诉检察官办案责任制,分别占全国分、市院和基层院总数的48%和31%。鉴于试点工作进展顺利,最高人民检察院决定从2000年起,①在全国各级检察机关审查起诉部门全面推行主诉检察官办案责任制。”②

主诉、主办检察官办案责任制是以落实办案责任制为目标而实施的,也就是说,传统的三级审批制办案模式无法有效落实办案责任。因此,通过改革,意在统一和落实责权利。除了推行新的办案模式,主诉、主办检察官办案责任制还承载着检察官的“司法官化”“放权检察官”或“还权检察官”等改革任务。龙宗智教授认为,司法具有判断性、独立性、亲历性和法律适用目的性等特征,主诉检察官办案责任制就是要实现检察办案的上述司法属性,促进检察官向司法官的转变;主诉检察官办案责任制同时负有将检察权下放给检察官的改革任务,或者更准确地说,是将本属于检察官的检察权“归还”给检察官。从以上关于主诉检察官办案责任制改革定位的论述看,这与现行的主任检察官改革是一脉相承的。有些人因为主诉、主办检察官办案责任制改革的“无疾而终”③而试图将主诉、主办检察官制度与现在的主任检察官制度改革完全切割开来,这种做法是失之于客观的。

主诉、主办检察官办案责任制试点与改革并不成功,原因是多方面的,这些经验教训,在我们进行主任检察官制度改革时应予以汲取,避免重回老路。笔者认为,以下经验教训值得我们铭记:第一,检察业务

---

① 2000年,最高人民检察院制定《检察改革三年实施意见》,在此意见中再度明确要改革检察官的办案机制,全面建立主诉检察官办案责任制。同年,最高人民检察官办公厅制定下发了《关于在审查起诉部门全面推行主诉检察官办案责任制的工作方案》,自此主诉检察官制度开始在全国推行。

② 王戬:《走出行政化的误区——主诉检察官制度探析》,载《中央政法管理干部学院学报》2000年第4期。

③ 到底是无疾而终还是改革失败,人们有不同看法。检察系统认为,公诉部门的主诉检察官办案责任制是比较成功的,但主办检察官办案责任制忽视了侦查、批捕工作的特殊性,因而改革效果不理想。高检院现在的研究室主任万春就持该观点,可参见樊崇义、龙宗智、万春:《主任检察官办案责任制三人谈》,载《国家检察官学院学报》2014年第6期。而理论界则认为主诉、主办检察官办案责任制改革是失败的。

活动司法化或去行政化的不彻底。主诉、主办检察官办案责任制以适度司法化为目标,但由于三级审批制依然故我,主诉、主办检察官变相为新增的审批层级,三级审批沦为了四级审批。第二,权责不一致问题未能解决。由于主诉、主办检察官没有成为真正相对独立的办案主体,案件仍需报部门领导等审批,三级审批制固有的权责不明问题依然存在。在某些地方,还存在检察长不愿放权、不敢放权给主诉、主办检察官现象。第三,主诉、主办检察官利益保障不力,改革驱动力不足。在改革试点过程中,为激励主诉、主办检察官,各地方均采取了一些措施,如主诉、主办检察官可以享受上浮一级福利待遇,或者给予主诉、主办检察官津贴,或者优先提升行政级别,等等。但随着工资收入的透明化与津补贴等的规范化,原先给予主诉、主办检察官的种种待遇无法继续保留,改革的动力逐渐衰减、消失。正如高检院研究室万春主任所指:"后来之所以进行不下去,还不是案多人少的问题,主要是因为规定了主诉检察官的权力、责任,但其待遇却无法保障。当然,改革中赋予主诉检察官的权力在很多方面也打了折扣,同时确定的责任比较大,而《国家公务员法》实施以后,原本用作激励机制的津补贴制度被明令禁止,不能再给检察官发放法律规定以外的津补贴了,由此导致办案人员的积极性无法充分调动。"①第四,改革未能充分关注检察职能多样性的特点,导致主办检察官改革效果不理想。很多试点地方除了在公诉部门试行主诉检察官办案责任制,还在职务犯罪侦查、侦查监督、监所、民行检察等业务部门推行主办检察官办案责任制,而主办检察官改革一般都是想当然地拷贝主诉检察官的内容,但却罔顾检察权的多元化属性与各业务部门业务活动的差异性,从而导致改革试点的种种不适应,最终只能不了了之。②

(三)主任检察官改革

主任检察官改革的发起源自主诉、主办检察官办案责任制改革的

① 樊崇义、龙宗智、万春:《主任检察官办案责任制三人谈》,载《国家检察官学院学报》2014 年第 6 期。

② 有关论述参见樊崇义、龙宗智、万春:《主任检察官办案责任制三人谈》,载《国家检察官学院学报》2014 年第 6 期。

难以为继。这一改革大概经历了局地探索、改革试点、全面推广三个发展阶段。

1.局地探索阶段(2007～2013年)

在主诉、主办检察官改革日渐式微的情况下,主任检察官改革在北京、上海等地悄然开始探索,并取得了较好的实践效果。

北京市的探索始于北京市人民检察院第一分院。该院在主诉检察官办案责任制的基础上,于2007年在公诉部门施行主任检察官办案责任制。"具体构建模式如下:将公诉部门划分为若干办案组,以一名主任检察官为办案组组长,配若干名检察员、助理检察员与若干书记员;主任检察官具有副处长的行政职务,是案件第一责任人,对一般案件的办理享有决定权,对上级交办、督办及专案等重大案件的办理享有建议权,原则上只接受检委会、检察长的领导;由主任检察官根据案件难易程度、组内人员办案经验、办案数量等因素统筹安排和分配案件的办理。"①通过主任检察官办案责任制,要做到业务与行政管理分权,实现去行政化;要做到业务决策权责集中,实现扁平化;要强化办案主体的专业素能,实现职业化。在北京的探索中,主任检察官办案责任制里包含了有关主诉检察官的内容,在主任检察官办案组这个团队里,为主任检察官配备的助手可以是普通检察官,也可以是主诉检察官,但这里的主诉检察官似乎不再是主诉检察官办案责任制里面那种拥有相对独立办案主体身份的主诉检察官,与普通检察官只存在名义上的不同。并且,由于北京探索模式只局限于公诉部门,主任检察官制度并未完全取代主诉检察官制度,因而保留有较明显的主诉检察官制度的印迹,从整体来说,改革很不彻底,试验的意味很浓重。加之探索仅限于一分院一家单位,且不是更具范本价值的基层检察院,其影响也相对较小。

上海的主任检察官制度试水于2011年。上海市院在这一年确定了闵行区、浦东新区等检察院开展主任检察官制度的探索。闵行区检察院的主任检察官制度主要在侦监、公诉、金融检察、未检等主要业务部门进行试验,浦东新区检察院的试验范围则涵盖自侦、刑检、控申、民

---

① 高保京:《北京市检一分院主任检察官办案责任制及其运行》,载《国家检察官学院学报》2014年第2期。

行等全部业务部门。“闵行区院根据检察工作的规律性要求和检察业务的不同特点,确定多元化的办案模式。在侦监科、公诉科、金融检察科、未检科4个部门实行大组制和小组制的主任检察官办案组织形式:大组制由1名主任检察官和若干名检察官、书记员共6至7人组成;小组制由1名主任检察官、1名检察官和1至2名书记员共3至4人组成。同时,在金融检察科和未检科实行主任检察官领导下的‘捕、诉、监(研)、防’一体化的办案模式。”①浦东新区检察院则在全院所有业务部门推行主任检察官制度,原有的主诉、主办检察官制度被主任检察官制度所取代,主任检察官带组办案,主任检察官办案组主要按照专业类别设置,每个主任检察官办案组专门办理某一类或几类案件,主任检察官办案组成为基本的办案组织。相比较北京市的探索,上海的试验以最为广泛的基层检察院为试验田,以新的主任检察官制度取代原先的主诉、主办检察官制度,因而更为彻底,也更具推广复制的价值。

2. 改革试点阶段(2013~2014年)

北京和上海的探索获得了高检院的支持和肯定。2013年12月,最高检决定在北京、上海、重庆、河北、湖北、广东、四川7个省(市)17个工作基础较好的市、县检察院试点开展主任检察官办案责任制改革。② 从各地试点的情况来看,主任检察官办案责任制有了较为明确和有一定共识的制度雏形。

从有关材料来看,试点取得了如下成果:第一,检察官独立办案,终身负责。试点改革都强调检察放权,制定了检察官权力清单。除了少数重大权力,大多数检察权经检察长授权,下放至主任检察官手中,主任检察官办案组拥有了较大的独立自主办案的权力。第二,机构整合,效率提高。在不少试点地方推行大部制改革,借此重新整合检察机关内部资源,较大降低了业务部门非办案人员的比例,人员构成更趋合理,办案效率进一步提升。第三,监督到位,保障待遇。有权力就必须

① 潘祖全:《主任检察官制度值得进一步探索》,载《检察日报》2013年6月28日,第3版。

② 叶俊:《主任检察官改革试点这一年》,载《民主与法制时报》2015年5月24日,第6版。

有监督。检察权下放给主任检察官、检察官,除了原有的检察长、检委会的监督制约,还有检察官办案组的内部制约,主任检察官对组内案件质量把关,检察官、检察官助理对其具体负责的事项承担责任。另外,还有案件办理的流程管控、检务公开等监督手段。在待遇保障方面,主要包括职级待遇、晋升渠道、经费保障等内容。①

3. 全面推广阶段(2014年至今)

及至党的十八届四中全会,主任检察官办案责任制则被写进了大会决定。在《中共中央关于全面推进依法治国若干重大问题的决定》中有这样的表述:"完善主审法官、合议庭、主任检察官、主办侦查员办案责任制,落实谁办案谁负责"。主任检察官办案责任制被写入党中央的文件之中,这标志着该制度在全国范围内得以确立。

同年,也就是2014年,曹建明检察长在第十二届人大常委会第十一次会议上所作的《关于人民检察院规范司法行为工作情况的报告》中表示:"党的十八届四中全会对全面推进依法治国作出战略部署,对规范司法行为、保证公正司法、提高司法公信力提出了新的更高要求。全国检察机关将以这次全国人大常委会听取和审议专项报告为契机,从加快建设社会主义法治国家的高度,把规范司法行为作为长期性、基础性的战略任务来抓,坚持问题导向,坚持严格司法,不断提高检察机关规范司法的能力和水平,努力让人民群众在每一个司法案件中感受到公平正义。"为此,要进一步深化司法改革和检察改革,"推进主任检察官办案责任制改革,依法科学划分办案权限,建立办案质量终身负责制,落实谁决定谁负责、谁办案谁负责。"主任检察官办案责任制改革成为当前检察改革的重要任务之一。

2015年1月,高检院发布了《最高人民检察院关于贯彻落实〈中共中央关于全面推进依法治国若干重大问题的决定〉的意见》,其中第34项内容为落实司法责任,涉及主办检察官改革:"完善主任检察官办案责任制,建立健全检察机关司法办案组织,科学设置检察机关内部司法办案权限,完善配套制度,落实谁办案谁负责,形成符合检察工作规律、

① 参见叶俊:《主任检察官改革试点这一年》,载《民主与法制时报》2015年5月24日,第6版。

检察职业特点的组织结构、责任体系和运行机制。”因此,主任检察官办案责任制是落实司法责任制的重要举措。

2015 年 2 月,高检院发布的《最高人民检察院关于深化检察改革的意见(2013~2017 年工作规划)(2015 年修订版)》,将健全检察权运行机制作为一项重点任务,其中包括深化检察官办案责任制改革:“以落实和强化检察官执法责任为重点,完善主任检察官办案责任制,科学界定主任检察官、副检察长、检察长和检察委员会在执法办案中的职责权限。建立健全检察机关执法办案组织,完善检察机关执法办案责任体系。改革和完善执法办案指导决策机制,规范案件请示汇报制度,明确各层级的办案责任。”该规定进一步明确了主任检察官办案责任制改革的具体内容。

同年 9 月,高检院制定出台了《最高人民检察院关于完善人民检察院司法责任制的若干意见》(以下简称《意见》),明确检察官办案组为检察办案基本组织形式之一,主任检察官为办案组的负责人,并对主任检察官的职责权限作了较为详细的规定。该规定是各地检察机关落实主任检察官办案责任制的重要依据,是深化该项改革的纲领性文件。

三、主任检察官职权配置的实践探索

承前所述,主任检察官职权配置的纲领性文件是高检院的《意见》,各地方的主任检察官办案责任制改革也多是根据该文件,并结合本地特点制定实施意见和检察官的权力清单。

(一)主任检察官职权配置的顶层设计

1. 高检院《意见》有关主任检察官的规定

根据高检院《意见》规定,检察机关实行检察官办案责任制,检察官对承办案件终身负责。检察机关办案组织形式有两种:独任检察官和检察官办案组,独任检察官即由一名检察官独立承办案件,同时为独任检察官配备必要的检察辅助人员;检察官办案组由两名以上检察官组成,配备必要的检察辅助人员,办案组的负责人为主任检察官。采取何种办案组织形式,应根据履行职能需要、案件类型及复杂难易程度而定。具体而言,对于审查逮捕、审查起诉案件,一般由独任检察官承办,重大、疑难、复杂案件也可以由检察官办案组承办;对于直接受理立案侦查的案件,一般由检察官办案组承办,简单案件也可以由独任检察官承办;对于诉讼监督等其他法律监督案件,可以由独任检察官承办,也可以由检察官办案组承办。换言之,审查逮捕和审查起诉案件原则上由独任检察官承办,检察官办案组承办为例外,即只有重大、疑难、复杂案件才考虑由检察官办案组承办;对于自侦案件,原则上由检察官办案组承办,例外情况下由独任检察官承办,即只有简单案件才考虑由独任检察官承办;对于诉讼监督等其他案件,则应视情况适用独任检察官或检察官办案组。

2. 高检院《意见》关于主任检察官职权配置的规定

对于主任检察官的职权如何配置,高检院《意见》给出了原则性的规定,主要是通过分别明确检察长、检察官、主任检察官、业务部门负责人的职责权限的方式实现的。

首先,检察长的职责权限归属于检察长,非经授权或委托,其他检察人员不得履行。具体包括如下十项:决定是否逮捕或是否批准逮捕犯罪嫌疑人;决定是否起诉;决定是否提出抗诉、检察建议、纠正违法意见或提请抗诉,决定终结审查、不支持监督申请;对人民检察院直接受理立案侦查的案件,决定立案、不立案、撤销案件以及复议、复核、复查;对人民检察院直接受理立案侦查的案件,决定采取强制措施,决定采取查封、扣押、冻结财产等重要侦查措施;决定将案件提请检察委员会讨论,主持检察委员会会议;决定检察人员的回避;主持检察官考评委员会对检察官进行考评;组织研究检察工作中的重大问题;法律规定应当由检察长履行的其他职责。

其次,《意见》还明确列举了检察官的职责权限。由于主任检察官属于检察官之一种,该规定当然适用于主任检察官。具体包括如下八项:讯问犯罪嫌疑人、被告人;询问关键证人和对诉讼活动具有重要影响的其他诉讼参与人;对重大案件组织现场勘验、检查,组织实施搜查,组织实施查封、扣押物证、书证,决定进行鉴定;组织收集、调取、审核证据;主持公开审查、宣布处理决定;代表检察机关当面提出监督意见;出席法庭;其他应当由检察官亲自承担的事项。

最后,《意见》还规定了两项专属于主任检察官的职责:负责办案组承办案件的组织、指挥、协调以及对办案组成员的管理工作;在职权范围内对办案事项作出处理决定或提出处理意见。

另外,《意见》还明确了业务部门负责人的职责范围。按照《意见》规定,业务部门负责人应由检察官担任,且事实上通常是主任检察官,因此,这对于主任检察官职责权限的研究也是有意义的。业务部门负责人除了承办案件,还应当履行以下五项职责:组织研究涉及本部门业务的法律政策问题;组织对下级人民检察院相关业务部门办案工作的指导;召集检察官联席会议,对重大、疑难、复杂案件进行讨论,为承办案件的检察官或检察官办案组提供参考意见;负责本部门司法行政管理工作;应当由业务部门负责人履行的其他职责。

从以上规定可以看出,高检院《意见》基本划定了主任检察官的职责权限范围,但这些规定显然还不够具体、细致,无法满足检察工作实际的需要。一方面,《意见》关于检察长保留职权的范围仍然较大,检察权下放的力度仍然不足。并且,由于检察长可以将自己的职权授权或委托检察官行使,进一步下放检察权既有现实需要,也有可行性途径,在各地的改革实践中,一般都对检察长的职权作了更大程度的下放。另一方面,《意见》未对主任检察官和检察官的职权作更为细致的划分。除了对办案组的组织管理权和对案件的决定权、拟处意见权之外,主任检察官的职责权限完全等同于一般检察官,这样的规定不能体现主任检察官身为办案组负责人的身份定位,作为“检察官中的检察官”或者说“精英检察官”,主任检察官理当享有更多的职权,承担更大的职责。

(二)主任检察官职权配置的上海探索

为贯彻落实高检院《意见》,上海市检察院于 2015 年年底起草制定了《上海检察机关落实司法责任制工作细则(试行)》(以下简称《细则》),并分别针对三级检察机关制定了 2015 年版本的检察官权力清单。各下级检察院也根据本院情况,出台了各自的实施办法。

1. 上海市院《细则》关于主任检察官职权配置的规定

秉承高检院《意见》的原则和精神,上海市院对主任检察官制度进行了细化和补充。

第一,将检察官办案组划分为专业化办案组、团队制办案组、合议制办案组、专案办案组等四种类型。专业化办案组根据案件相对集中、专业性强的特点组建,以确保案件执法统一、提高检察官专业化能力。组内检察官在主任检察官的组织管理下,依据授权独立行使检察权。团队制办案组根据职务犯罪案件办理需要团队协同配合的特点组建。组内检察官在主任检察官的组织指挥下协同办案。合议制办案组根据重要法律监督事项需要由多名检察官充分讨论合议的特点组建。组内检察官在主任检察官的主持下,合议决定重要法律监督事项。因特别重大案件办理需要,可临时组织跨院、跨部门的检察官组成专案办案组,由检察长(副检察长)负责或指定专人担任办案组负责人。

第二,将更多的检察权下放给包括主任检察官在内的检察官。关于检察长的职权范围,上海市院的规定虽然与高检院的相同,但同时规定,检察长可以授权主任检察官、检察官行使,这就解决了检察权下放的技术操作问题。上海市院通过进一步明确检察长保留职权的方式,为放权检察官预留了较大的空间。例如,有关刑检部门检察官办案职权,除下列案件应当由检察长(副检察长)或检察委员会决定外,其余均可授权独任检察官和检察官办案组检察官行使:不构成犯罪或证据不足而不批准逮捕、决定不予逮捕、不起诉的案件;决定撤回起诉的案件;重大、有影响的案件是否批准(决定)逮捕、是否提起公诉等决定权;其他检察长(副检察长)认为需要决定的案件或事项。对比检察长的职权范围规定,普通案件的决定逮捕和批准逮捕权、决定起诉权可以下放给检察官。又如,对比检察长职权范围与自侦部门检察官办案职权的负面清单,对于不涉及人身权利的强制措施的决定权,也可以下放给检察官。

第三,进一步扩大了主任检察官的职权范围。较之于高检院《意见》,上海市人民检察院的《细则》将以下3项权力明确授予主任检察官:负责刑检案件的审核工作;负责职务犯罪案件侦查活动的组织和指挥;负责主持讨论决定以人民检察院名义提出的监督事项。需要进一步说明的是,这里的刑检案件"审核权"不同于以往的"审批权"。审核权的要义在于:审核是对案件处理结果或处理意见的审查核实,而不对处理结果或处理意见加以变更,因而审核者不对案件质量负责,但可能负有监督责任。换言之,审核权与审批权的重要区别在于:一是审核权只是审而不决,有意见分歧的,可以提交有关机构议决,如召开检察官联席会议、提请检察长审核或提交检察委员会议决;而审批权则是既审又决,可以直接改变处理决定。二是审核者不对案件质量负责,而审批者应对案件承担相应的责任。正如《细则》起草说明所指出:“案件审核是加强内部监督制约,保障案件质量的重要制度,是对案件质量进行把关的重要方式之一,也是上海有特色的一项探索。上海检察机关在改革试点过程中,已较早探索刑检部门主任检察官对组内检察官承办案件进行审核的制度。为确保检察官依法独立行使检察权,《细则》对刑检、自侦、监督部门的案件审核层级、审核方式以及责任承担分别作了明确规定。刑检部门主任检察官对组内检察官独立承办的案件进行审核,业务部门负责人对本部门主任检察官承办案件和独任检察官承办的案件进行审核,需由检察长(副检察长)决定和审核的案件应由业务部门负责人、主任检察官先行审核。《细则》明确了除检察长审核案件可直接改变案件处理决定外,业务部门负责人、主任检察官无权改变检察官决定,确保检察官依法独立行使检察权;《细则》为了界定明晰司法责任,进一步明确经审核后未改变检察官处理决定的,司法责任仍由检察官承担。”

2. 上海市院关于主任检察官权力清单的规定

与上海市院《细则》相配套,该院于2015年年底还出台了2015年版的《上海市各级人民检察院检察官权力清单》。言外之意是,目前的检察官权力清单只是阶段性的,随着改革的进一步推进和情况的改变,检察官权力清单也会进行相应的调整。因此,这份权力清单只具有一定的参考价值,而不是结论性的改革成果。

上海市院制定的检察官权力清单有三个明显特征:一是该清单考虑了检察权的多元性特征,针对不同业务部门制定了不同的权力清单。检察权既有司法属性,又有行政属性,还有人认为同时具有监督属性,当中既有刑事内容,又有民事与行政内容;既有审查批准逮捕和审查起诉职能,又有职务犯罪侦查以及其他法律监督职能。因此,上海市院制定了十类业务部门的检察官权力清单,这十类业务部门分别为反贪部门(含反渎部门,作者注)、侦查监督部门、公诉部门、未成年人刑事检察部门、金融检察部门、刑事执行检察部门、民事行政检察部门、职务犯罪预防部门、社区检察部门、控告申诉检察部门。二是考虑了不同层级检察机关的差异,分别制定了市院、分院、基层院三级检察机关检察官权力清单。三是将检察权划分为三种情形:检察长(副检察长)或检察委员会决定的职权;检察官(主任检察官)决定(行使),但需提请检察长(副检察长)审核的职权;检察官决定(行使)的职权。这样的规定很好地表明了检察长职权与检察官职权之间的明确划分及相互关系,笔者认为,这样的"立法技术"值得肯定。

从以上介绍可知,关于主任检察官的职权配置,上海将其区分为两种情况:由主任检察官决定或行使的职权;由主任检察官决定或行使但需经审核的职权。为行文方便,我们姑且将前者称为自主职权,将后者唤作需审核职权。上海的主任检察官职权根据业务类型划分为十类,限于篇幅,也为避免烦琐,我们仅以反贪部门和公诉部门的主任检察官权力清单为例加以分析。

根据上海市院《细则》,反贪部门主任检察官的自主职权虽也区分了市院、分院、基层院三种情形,但职权配置情况实则完全相同。具体包括如下7项职权:参与线索、案件的评估研判,参与线索的核查、初查和案件的侦查工作,提出工作意见或建议;根据初查方案、侦查计划等,执行初查措施、侦查措施;负责讯问犯罪嫌疑人、询问证人、调查和调取证据、扣押、冻结、处理涉案财物等,并收集和固定有关证据材料;执行和宣布立案、不立案、撤销案件、移送起诉、移送不起诉等侦查阶段的诉讼决定;送交执行强制措施,负责操作变更、解除、撤销强制措施、案件移送及其衔接工作;撰写案件请示报告,制作侦查阶段法律文书;负责接待律师及案件相关人员;对承办案件线索开展释法说理、答复工作。由于这种"立法例"没有区分主任检察官和其他检察官的职权范围,规定中涉及的另外两项职权"协助主任检察官和指导检察官助理开展司法办案工作;完成主任检察官交办的其他办案事项"明显不属于主任检察官的职权,属于普通检察官的职权范围。在职权设置时不对主任检察官与普通检察官的职权予以明确划分,我们认为,这是有待改进和完善的。

反贪部门业务较强的行政属性决定了职务犯罪侦查必须采取团队办案的模式。在上命下从、注重效率的工作模式下参与案件办理的检察官需要接受主任检察官、部门负责人、分管副检察长的逐层领导和指挥,因此,在需审核的检察官职权的配置上并没有普通检察官,需审核的职权只有主任检察官才享有。在这点上,反贪部门的职权配置有别于其他业务部门。从《细则》规定来看,市院反贪局主任检察官享有如下15项需审核职权:(1)审核并提请线索初查方案,审核并提请启动、暂缓、延长、中止、恢复、终结线索的初查;(2)按照初查方案组织开展初查措施;(3)审核并提请立案、不立案、撤销案件、移送起诉、移送不起诉;(4)负责承办线索、案件的评估研判;组织、指挥、协调办案组成员的办案活动;(5)审核并提请采取、变更强制措施;(6)审核并提请开展搜查、勘验、检查、鉴定、辨认、技术侦查等侦查措施;(7)审核并提请讯问犯罪嫌疑人、询问证人或调取、扣押物证、书证、视听资料、电子数据等;(8)审核并提请查询、扣押、冻结、移送或处理涉案财物;(9)审核并提请通缉追捕、采取边控措施、赴外省市或境外调查取证;(10)对特别重大贿赂犯罪案件,决定是否批准律师会见;(11)对适宜启动没收违法所得程序的案件,决定制作移送没收违法所得意见书;(12)组织起草并提请报批初查终结报告、立案请示、侦查终结报告等案件请示报告和侦查计划、检察建议等;审核并提请对外制发的法律文书;(13)组织对下级院反贪部门办案工作的指导;审核并提请下级院提出的个案请示;(14)对全市重大、疑难、复杂案件线索进行研判,并提出"五办"意见(提办、交办、督办、参办、专办);(15)其他需要由主任检察官决定的办案事项。分院反贪部门主任检察官需审核的职权与市院一级基本相同,只不过不享有专属于市院反贪部门的第(13)项、第(14)项职权。基层院反贪部门主任检察官享有14项需审核的职权:(1)决定启动、暂缓、延长、中止、恢复、终结不属于检察长(副检察长)决定的线索的初查,决定其初查方案,并上报检察长(副检察长)审核;(2)按照初查方案组织开展初查措施;(3)审核并提请立案、不立案、撤销案件、移送起诉、移送不起诉;(4)负责承办线索、案件的评估研判;组织、指挥、协调办案组成员的办案活动;(5)审核并提请采取、变更强制措施;(6)审核并提请查询、扣押、冻结、移送或处理涉案财物;(7)决定开展搜查、勘验、检查、鉴定、辨认等侦查措施;(8)决定讯问犯罪嫌疑人、询问证人或调取、扣押物证、书证、视听资料、电子数据等;(9)对特别重大贿赂犯罪案件,决定是否批准律师会见;(10)对适宜启动没收违法所得程序的案件,决定制作移送没收违法所得意见书;(11)审核并提请采取技术侦查措施;(12)审核并提请通缉追捕、采取边控措施、赴外省市或境外调查取证;(13)组织起草并提请报批初查终结报告、立案请示、侦查终结报告等案件请示报告和侦查计划、检察建议等;审核并提请对外制发的法律文书;(14)其他需要由主任检察官决定的办案事项。这14项职权与市院、分院反贪部门主任检察官的职权也是大同小异。

公诉部门主任检察官的职权也包括自主职权和需审核职权两种。由于公诉业务具有较强的司法属性,业务活动主要是证据分析和法律适用,进行团队合作的需求远不如职务犯罪侦查那般强烈,通常情况下,检察官个人就能胜任,在办案组织形式上一般为独任检察官。正因如此,上海市院《细则》并没有专门针对主任检察官规定职权范围,而是只规定了检察官的职权范围,主任检察官的职权范围与检察官的职权范围是一致的。但如前所指,笔者认为这是不合适的。

市院公诉部门主任检察官的自主职权包括如下9项:(1)指定案件管辖或报上级院指定管辖;(2)决定进行复勘、复检,补充鉴定或扣押物证、书证,收集、调取新的证据;(3)决定延期审理(第二次延期须报经部门负责人审核);(4)决定采纳下级院的抗诉意见;(5)决定对上诉案件建议法院维持原判;(6)决定对上诉案件建议法院不改变定性但可在原量刑幅度内改判;(7)要求侦查机关(部门)追诉犯罪嫌疑人或犯罪事实;(8)申请证人、鉴定人和有专门知识的人出庭;(9)除本清单列明由检察长决定(行使)和审核外的其他事项。分院公诉部门主任检察官的自主职权与市院基本相同,但从规定来看,多出了“决定退回补充侦查”“决定变更移诉事实、法律适用”“决定提起公诉并提出量刑建议(重大案件除外)”等职权,同时少了市院公诉部门主任检察官享有的“决定采纳下级院的抗诉意见”这一职权。笔者认为,上述4项职权,无论是市院还是分院,公诉部门主任检察官都应该享有,事实上也是如此。但在《细则》中为何区别对待?笔者认为,这可能是规定本身的不细致、不精确所致。基层院公诉部门主任检察官享有如下9项自主职权:(1)适用简易程序、速裁程序;(2)决定进行复勘、复检,补充鉴定或扣押物证、书证,收集、调取新的证据;(3)决定延长办案期限半个月;(4)决定退回侦查机关(部门)补充侦查(第二次退补须报经部门负责人审核)；(5)决定变更移诉事实、法律适用，要求侦查机关(部门)追诉犯罪嫌疑人或犯罪事实；(6)决定提起公诉并提出量刑建议(重大案件除外)；(7)申请证人、鉴定人和有专门知识的人出庭；(8)建议延期审理(第二次延期须报经部门负责人审核)；(9)除本清单列明由检察长决定(行使)和审核外的其他事项。基层院公诉部门主任检察官自主职权除了不享有“指定案件管辖”“建议法院对上诉案件维持原判”“建议法院对上诉案件不改变定性但可在原量刑幅度内改判”“采纳下级院抗诉意见”等上级院专有的职权，以及只有基层院才享有的“适用简易程序、速裁程序”职权外，其他职权与分院的相同。

市院公诉部门主任检察官的需审核职权包括如下 4 项：(1)决定重新鉴定或开展侦查实验；(2)决定变更下级院的抗诉理由；(3)建议法院对上诉案件改变定性；(4)建议法院对上诉案件不改变定性但应在原量刑幅度外改判。相比较而言，分院公诉部门主任检察官的需审核职权多了 4 项：申请上级院指定管辖；决定变更、追加起诉内容；决定提请上级院抗诉；决定对涉案财物进行处理。从理论上来说，这 4 项职权市院公诉部门主任检察官也应该享有，为何没写进市院公诉部门主任检察官的权力清单，是不是因为市院一般很少承办一审案件？我们不得而知。而基层院公诉部门主任检察官的需审核职权有 5 项，与分院的相同，只不过不享有“决定变更下级院的抗诉理由”“建议法院对上诉案件改变定性”“建议法院对上诉案件不改变定性但应在原量刑幅度外改判”这些上级院才可能享有的职权。

3. 基层检察院关于主任检察官职权配置的探索

在上海，各基层检察院根据市院《细则》及其他有关规定，也对主任检察官职权配置予以了明确。在闵行、浦东新区等先行试点的基层检察院，则在《细则》之前就制定了各自的主任检察官制度。下面仅以参与试点的浦东新区检察院为例进行分析。

浦东新区检察院既是上海地区探索主任检察官制度的试点单位，后又被高检院确定为全国范围内试点主任检察官办案责任制的试点单位。在 2011 年，浦东新区检察院就制定了《上海市浦东新区人民检察院主任检察官办案责任制》，其中对主任检察官的职权配置进行了规定。2016 年，该院又根据上海市院的《细则》，重新出台了《浦东新区人民检察院关于深化主任检察官制度的实施办法(试行)》。

在2011年版本的主任检察官制度中,主任检察官办案责任制覆盖了反贪局、反渎局、侦监处、公诉一处、公诉二处、未检处、控申处、民行处、监所处、驻监检察室、派出院等有关业务部门。案件管理处当时尚未成立,自然没有纳入;研究室也不在其列。关于主任检察官的职权,并没有采取现在的"负面清单+正面清单"的方式加以尽可能的明确,而是采取直接列举的方式。在立法技术上,分别按照公诉部门、侦监部门、自侦部门、控申部门、民事行政部门、监所处和驻监检察室7个类别规定了主任检察官的职权范围。从职权配置看,当时的业务部门负责人仍然是独立于主任检察官之外的一种业务审批权,因而,主任检察官的职权行使存在3种情形:主任检察官自主决定的事项;报部门负责人决定的事项;报检察长(分管副检察长)或检察委员会决定的事项。例如,公诉部门的主任检察官,对下列事项应提出拟办意见,报部门负责人决定:属于其他区县院管辖的案件;追捕、追诉案件;对赃款、赃物等扣押物品的处理;本院自行侦查案件需退回补充侦查的;对公安机关移送起诉的案件,决定第二次退回补充侦查的;改变移送起诉的定性、减少罪名或者影响量刑档次的;需要延期审理、恢复审理的;起诉以后需要变更、追加起诉的;需由部门负责人(派出院检察长)决定的其他事项。对下列事项应提出拟办意见,报部门负责人先行审核,由部门负责人报本院检察长(或经授权的分管检察长)决定:本院自行侦查的案件;上级和本院领导督办、交办的案件;涉及区管干部、处以上干部、人大代表、政协委员、民主党派人士的案件;报送上级检察院管辖的案件;对取保候审或监视居住的犯罪嫌疑人、被告人决定逮捕的;公安机关对不起诉案件申请复议的;提起公诉后撤回起诉的;经三级审批案件的判决、裁定审查;对法院的判决、裁定提出抗诉意见的;被害人申请要求抗诉,拟提请抗诉的;制发纠正违法通知书;制发检察建议书;需作司法鉴定或精神病鉴定的;其他按照规定应当上报或需要上报的事项。上述种种规定表明,在主任检察官制度试点之初,检察权的下放是有限的。

在2016年版本的主任检察官制度中,关于主任检察官的职权配置,主要通过2种方式予以明确。一是从整体上明确主任检察官的职责范围;二是通过列举检察长(分管副检察长)或检察委员会具体职权的方式划定主任检察官的职权范围。

关于主任检察官的职责范围,浦东新区院是按照刑检部门、自侦部门、诉讼监督部门的划分,分别规定了各类主任检察官的职责。以刑检部门的为例,第一,主任检察官主要职责办理重大、复杂案件,对本办案组内检察官办理案件,承担审核、监督、管理等职权,指导检察官进行证据调查、审查起诉、诉讼监督、文书拟写等。对一些疑难复杂案件,主任检察官可以召集组内检察官进行研究讨论,以发挥集体智慧,确保办案质量。集体讨论意见仅作为办案决策的参考,办案责任由决策者承担。第二,为确保办案质量实行审核制。主任检察官所办案件,由部门负责人担任的主任检察官进行审核;办案组内检察官所办案件由主任检察官进行审核。审核同意或不同意承办检察官意见,须通过书面明示的方式进行。主任检察官审核同意承办检察官意见,发生差错时,承办检察官承担办案责任,主任检察官承担审核责任;审核意见与承办意见发生分歧时,主任检察官不能直接改变承办检察官的决定,承办检察官接受主任检察官审核意见的,发生差错时,承办检察官承担办案责任,主任检察官承担审核责任;承办检察官不接受主任检察官审核意见的,主任检察官认为确需改变承办检察官决定的,须通过主任检察官联席会议讨论,并经部门负责人审核后报检察长(分管副检察长)或检委会决定,并归入案件材料。主任、独任检察官所办案件及审核意见,经检察长(分管副检察长)或检委会决定,被改变其承办、审核意见的,最终确认其原承办或审核意见系错误的,作为考核内容并记入司法档案。

关于主任检察官的具体职权范围,浦东新区院2016年版本采取了负面清单的方式,较之于上海市院的《细则》,规定为更为详细和具体。也以公诉部门为例。除以下由检察长(分管副检察长)或检察委员会行使的职权之外,其余职权授权主任检察官、独任检察官依法行使:(1)决定改变案件管辖;(2)特别重大、疑难复杂、零口供(指被告人始终作无罪辩解,且其对主要事实供述与被害人陈述不一致,证据处于“一对一”状态)、首例新罪名新类型、上级交办督办、社会关注度大的敏感案件提起公诉的;(3)自侦案件的提起公诉;(4)涉及区管干部、处以上干部、人大代表、政协委员、民主党派人士的案件提起公诉;(5)决定制发纠正违法通知书、检察建议;(6)决定自侦案件退回补充侦查部门,或建议作撤案处理的;(7)决定变更逮捕强制措施为取保候审的;(8)决定撤回起诉或变更重罪为轻罪(含同罪降低刑格)起诉的;对提起公诉的案件,在法院宣告判决前,决定变更原起诉书指控事实和适用法律与起诉书不一致的;(9)决定不起诉、对公安机关不服不起诉的复议;(10)提出抗诉、对生效判决提请上级院抗诉、向法院提出再审检察建议的;(11)决定将执法人员、律师涉嫌犯罪线索或者证据移送有关机关;(12)决定对作证的证人、鉴定人、被害人进行保护;(13)涉案财物的处理仍按院规定执行;(14)决定提起附带民事诉讼;(15)对法院强制医疗决定提出纠正意见;(16)案件判决、裁定审查的审批。诉判不一致的,由部门领导审核后报检察长(分管副检察长)审批;原由检察长(分管副检察长)审批决定提起公诉的案件,诉判一致的,由部门领导审批;(17)其他应当由检察长(分管副检察长)或检委会行使的权限。但是,这种规定方式只给出了负面清单,没有明确正面清单,在明确性方面仍然有所欠缺。并且,这种规定也未能进一步区分主任检察官、独任检察官、普通检察官的职权划分,因而,还有再作改进的空间。

四、主任检察官职权配置的比较分析

从前文的介绍和分析可知,我国的主任检察官制度改革脱胎于早前的主诉、主办检察官改革,并且是为了克服后者的种种弊端而开辟的一条“蹊径”。换言之,主任检察官制度与主诉、主办检察官制度之间存在着无法割裂的千丝万缕的联系。因此,主任检察官的职权配置,应与主诉、主办检察官的职权配置进行对比分析。另外,国外也存在主任检察官制度,尤其是我国台湾地区的主任检察官制度改革,对我们的主任检察官制度构建无疑具有参考、借鉴价值。

(一)主任检察官与主诉、主办检察官的职权配置

上海市浦东新区检察院是上海最早探索主诉、主办检察官办案责任制的改革的试点单位之一,在2003年就制定了公诉、民行部门主诉检察官办案责任制以及侦监、未检、控申、监所、自侦部门、派出院主办检察官办案责任制的规定,并出台了《关于实行主诉检察官等级管理的规定(试行)》《主诉、主办检察官重大办案情况报告制度》等规定,到了2009年,又制定了统一的《上海市浦东新区人民检察院主诉、主办检

察官办案责任制暂行规定》。通过上述一系列规定，主诉、主办检察官的职权范围逐渐得以明确。

1. 主诉、主办检察官职权配置

在浦东新区院的改革试点中，主诉、主办检察官是主诉、主办检察官办案责任制的主要责任人。为下放检察办案权限，落实检察办案责任，检察长将部分检察权授权给主诉、主办检察官行使，同时，业务部门负责人仍享有一定的案件审批权，加上检察长与检委会的保留权力，形成了不同层级并存的案件审批机制：对于授权主诉、主办检察官决定的案件，精简了审批流程，只有承办人承办和主诉或主办检察官审批两个环节；对于重大疑难复杂、终局处理等案件，则形成承办人——主诉、主办检察官——部门负责人——检察长或检委会的四级审批；还有一些案件，则形成承办人——主诉、主办检察官——部门负责人的三级审批。

在浦东新区院的实践中，主诉、主办检察官办案责任制一般是通过组成固定的主诉、主办检察官办案组的方式实现的，组内配备有若干助理检察员和书记员，同时，由于主诉、主办检察官的职数有限，组内通常还配有一两名具有独立办案能力的检察员。除了主诉、主办检察官独立承办案件外，组内的检察员也承担着办案任务，主诉、主办检察官对组内检察员承办的案件行使审批权。由此可以看出，在主诉、主办检察官办案责任制中，检察权下放至主诉、主办检察官一级，检察员、助理检察员都不是独立的办案主体，不能独立行使检察权；主诉、主办检察官除了办理案件，还同时承担着组内案件审批权、案件分配权等组织管理权限。

主诉、主任检察官的职权配置有如下三种情形：需经检察长、检委会审批的职权、需经部门负责人审批的职权、自行决定的职权。

以公诉部门的主诉检察官为例，对于拟作不起诉的案件，需交由主诉检察官联席会议讨论，并报检察长或检委会决定。对于以下案件或事项，则应报部门负责人先行审核，再报检察长决定：自侦案件；上级和本院领导督办、交办的案件；涉及区管干部、处以上干部、人大代表、政协委员、民主党派人士的案件；由上级检察院管辖的案件；建议撤案的；公安机关对不起诉案件申请复议的；对犯罪嫌疑人、被告人变更强制措施的;起诉后又撤回起诉的;三级审批案件的判决、裁定审查;对法院的判决或者裁定提出抗诉意见的;被害人申请要求抗诉的;发纠正违法通知书;发检察建议书;需作司法鉴定或精神病鉴定的;其他按照规定应当上报或需要上报的事项。

对以下案件或事项,应报业务部门负责人决定:属于其他区县院管辖的案件;追捕、追诉案件;对赃款、赃物等扣押物品的处理;自侦案件决定退回补充侦查的;公安机关移送起诉的案件,决定第二次退回补充侦查的;改变移送起诉的定性、减少罪名或者影响量刑档次的;需要延期审理、恢复审理的;起诉以后需要变更、追加起诉的;除本《暂行规定》(指《上海市浦东新区人民检察院主诉、主办检察官办案责任制暂行规定》)第19条第9项所列案件以外的一审判决、裁定的审查;需要与法院、公安机关等有关部门的领导协调的事项;需由部门负责人决定的其他事项。

2. 与主任检察官职权配置的比较

从以上分析可知,主任检察官的职权配置与主诉、主办检察官的职权配置存在如下三方面主要差异:

第一,检察权下放的层级和力度不同。如前所指,在主诉、主办检察官办案责任制中,检察权只下放到主诉、主办检察官一级,检察员和助理检察员均不享有独立自主的检察权。主任检察官办案责任制则不同,检察权是下放到每个入员额的检察官。在获得检察长授权这个层面上来看,主任检察官与独任检察官、检察官办案组内的检察官以及实践中被授权独立办案的检察官助理一样,都是享有检察权的相对独立的主体,只不过主任检察官享有的权限更大一些而已。因此,在主任检察官办案责任制下,检察权得到了进一步的下放,检察权下放的力度也更大。

第二,审批与审核——权限性质不同。细心的读者会发现,在主诉、主办检察官办案责任制中,业务部门负责人、检察长对案件享有审批权;而在主任检察官办案责任制中,业务部门负责人和检察长享有审核权。审批与审核,一字之差,权限性质却截然不同。在审批权中,享有审批权的业务部门负责人、检察长与承办人或主诉、主办意见不一时可以直接变更处理决定。在审核权中,业务部门负责人对案件处理决定有不同意见的，只能书面记载不同意见，再按规定报检察长审核；检察长不同意承办人意见的，可以更改决定，但应对更改后的决定承担责任，或者提交检委会讨论决定。

第三，办案责任与监督责任——责任分配不同。在主诉、主办检察官办案责任制中，主诉、主办应对案件质量负责，即应承担办案责任，但由于部门负责人和检察长对案件负有审批之责，审批人可直接变更处理决定，这实际上取消了主诉、主办检察官对案件的决定权，因此，审批人也应对案件质量负责。换言之，部门负责人、检察长也应对案件质量负责。这就导致案件出现质量问题时权责不明、责任无法追究等现实问题。在主任检察官办案责任制中，案件承办人对案件质量负责，主任检察官对组内检察官承办的案件只负责审核，部门负责人、检察长也是如此，一般只审核案件。如果审核案件有错误，应承担的是监督责任，而不是办案责任。

（二）我国台湾地区主任检察官制度的借鉴

1. 我国台湾地区主任检察官制度简介

我国台湾地区主任检察官的设置，依据的是台湾地区“法院组织法”第59条第2项规定。“该项规定各级法院及分院检察署检察官员额在六人以上者，得分组办事，每组以一人为主任检察官，监督各该组事务。该项规定系在1980年6月29日所增修（当时条次为第26条），增修条文的立法理由指出，各级检察机关事务繁简不一，员额编制亦异，有检察官员额多至四十人以上，每一检察官每月配受之案件，达一百余件者，似此情形，以检察首长一人之力，实难收监督指挥之效。为谋补救缺失，乃增订第2项，规定检察官在六人以上者，得分组办事，每组置主任检察官一人，监督各该组事务，其职位与同级法院庭长同。”①“主任检察官原设立目的仅在分担检察长监督指挥之责，对于案件业务日益增多之检察署，检察长实难亲力亲为督导每一位检察官之办案，因此在检察长之下，设主任检察官分组带领检察官，分担检察长督导之

① 施庆堂、林丽莹：《台湾地区的主任检察官制度》，载《国家检察官学院学报》2016年第6期。

责,唯基于检察工作特色,主任检察官后发展为带领团队办案的功能。”[①]由此可知,我国台湾地区主任检察官制度始于1980年,设立原因是为了分担检察长的督导之责,后又发展出带领团队办案的功能。申言之,台湾地区主任检察官不是检察放权与扁平化管理的产物,而是对办案组织过于扁平化与行政化不足的补救之措。故而,我国台湾地区的主任检察官制度与大陆的主任检察官制度在产生原因与制度设计上都有很大的不同,台湾地区的主任检察官更类似于大陆检察机关的内设机构负责人。

遴选担任主任检察官,应具备5个方面条件:“(1)担任检察官八年以上;(2)最近五年,考绩三年列甲等、二年列乙等以上,或职务评定均为良好;(3)最近三年办案成绩,侦查八十五分以上、办理公诉九十分以上、办理刑事执行七十分以上;(4)最近三年未曾依台湾地区‘公务人员考绩法’受平时考核记过以上之处分或依‘法官法’第95条第2款规定受警告处分或受惩戒处分者;(5)具有领导及协调能力、操守风评均佳,且身心健康者。”[②]

台湾地区主任检察官享有如下7项职权:本组事务之监督;本组检察官办案书类之审核;本组检察官承办案件行政文稿之审核或决定;本组检察官及其他职员之工作、操作、学识、才能之考核与奖惩之拟议;个人陈诉案件之调查及拟议;法律问题之研究;检察长交办事项及其他有关事务之处理。[③] 关于主任检察官的职权,台湾地区的检察官将其梳理为两类:检察业务督导和行政业务督导。检察业务督导又有个案意义上的督导与通案意义上的督导之分。前者表现为督导本组检察官侦办案件,对案件进行审核。主任检察官可以提供法律建议或搜证建议,但不能强迫检察官改变决定,并在需要调度人力、交通车辆或对外协调时,提供协助。后者表现为对所在办案组的专业特色、办案流程、案件

① 施庆堂、林丽莹:《台湾地区的主任检察官制度》,载《国家检察官学院学报》2016年第6期。

② 同上。

③ 参见李翠玲:《台湾地区主任检察官制度的变迁与发展》,载《人民检察》2015年第20期。

类型等方面进行规划与分析，以及涉及协同办案、团队办案时的协同与合作等相关事宜。行政业务督导包括对本组检察官工作与品操之考评、案件处理之管考，如检察官按月、按季结案数是否正常、是否依规定按期进行案件、办理案件是否逾期等。此外，还处理对检察官之陈情案件。①

2. 两岸主任检察官职权配置的比较

从以上介绍可知，两岸主任检察官制度存在明显的制度差异。就主任检察官的职权配置而言，具有以下重要区别：

第一，职能定位不同。在我国大陆，主任检察官是检察官办案组的负责人，在对组内案件和人员承担组织管理职责的同时，还负有办理案件的义务。按照有关规定，检察长、部门负责人、主任检察官都应当带头办案，并且应当办大案要案和疑难复杂案件。为了落实检察长、业务部门负责人办案，一些地方还规定了办案数量或比例等指标。因此，主任检察官的主要职责是承办案件，应承办重大疑难复杂案件，而主任检察官的监督、管理职责则是次要的。在大陆的制度设计中，由于业务部门负责人仍然保留，大部分的监督与行政管理职责由部门负责人承担，主任检察官的监督与管理职责较少，且仅限于其所在办案组。在台湾地区，主任检察官本质上属于行政官，是为了襄助检察长进行检察业务督导和行政业务督导而设立的，本身并不承担办案业务。虽然主任检察官有时也承办案件，但这和检察长办案一样，办案义务或责任并非源自检察长、主任检察官之身份，而是因为检察长、主任检察官同时具有检察官身份。在台湾地区，检察官才是独立官署，才是承办案件的责任主体，主任检察官、检察长无权对检察官独立承办案件进行干涉，因而，检察长、主任检察官也不承担办案责任。

第二，具体职权不同。从高检院《意见》和上海市院《细则》来看，主任检察官的职权配置除了有限的组织管理职责，更应承担大量的承办案件职责。对于主任检察官的办案职责权限的规定，也没有区分主任检察官和其他检察官。换言之，主任检察官和其他检察官一样，都是

① 参见施庆堂、林丽莹：《台湾地区的主任检察官制度》，载《国家检察官学院学报》2016 年第 6 期。

检察权下放的对象,是最基本的办案力量。进一步而言,主任检察官是检察办案的中坚和骨干。正因如此,检察改革为主任检察官配置了与普通检察官完全相同、同样广泛的办案职责权限。在台湾地区,主任检察官的7项职权都是监管性质的,没有一项涉及办案职权。

第三,法律责任不尽相同。在大陆,主任检察官既承办案件,又对组内其他检察官承办案件负有审核职责。作为案件承办人,主任检察官应对其承办案件承担办案责任,对案件质量终身负责;作为案件的一级审核人,主任检察官对其审核案件负有监管职责。也就是说,在大陆,主任检察官的法律责任有两种类型:办案责任和监管责任。在台湾,主任检察官上承检察长,下系检察官,为一级监督管理机构,负有检察业务和行政业务上的监督管理责任,但不承担办案责任。

另外,从掌握的资料来看,德国、法国等西方国家也设有主任检察官或类似制度。但由于西方国家检察官独立行使检察权的法律历史和法律文化悠久,检察官的司法化与办案组织的扁平化从来不是问题,不存在借助主任检察官制度实现改革目标的现实需求,这些国家的主任检察官制度与我国正在探索的主任检察官办案责任制大异其趣,再作分析研讨的意义不大,本文不再深究。

五、主任检察官职权配置的问题与完善

我国的主任检察官办案责任制改革仍在进行中,作为一项正在推进中的在建制度,对其进行评价,首先应注意这样一个问题:由于制度尚未定型,无论是经验的肯定还是问题的揭示,都只能是阶段性的,得出的结论也是相对性的。尤其是其中存在的问题,有可能只是发展进程中必须经历的暂时的问题,随着改革的推进,这些问题也就自然消失了。但是,为了顺利推进改革,对这些阶段性的、发展中的问题,我们仍然需要进行分析研判,并提出相应的对策建议。因为即使是改革进程中的问题,也是需要我们积极予以解决的。

(一)主任检察官职权配置的问题

主任检察官办案责任制改革是在吸取了主诉、主办检察官办案责任制改革的经验教训基础上的“二次革命”,从一开始就行走在一条避免重蹈覆辙的谨慎之途上。有了前车之鉴,主任检察官办案责任制改

革取得了不少成果,但毋庸置疑,改革中的问题依然存在。笔者认为,以下三方面问题仍有待我们解决:

1. 改革目标的阶段性、渐进性问题

如前所指,主任检察官办案责任制改革仍处于进行时,要想实现预定的改革目标,必须一步步推进。因此,在改革总目标之下,应根据工作需要设定一个个阶段性、渐进性目标。

很显然,主任检察官办案责任制并非司法责任制改革的终极目标。司法责任制的目标是将办案责任落实到直接承办案件的检察官身上,检察官独立办案,并且对所办案件的质量独立担责、终身担责。然而,在我国当下,这一目标的实现尚缺乏现实基础。由于承办案件的检察官长期依赖于三级审批制,难以真正做到独立办案,多数检察官并不具备完全独立办案的能力,要求他对案件质量独立担责、终身担责,既不现实,也不合理。正是基于这种现实情况,我们在实践中探索主诉、主办检察官办案责任制和主任检察官办案责任制,而不是一开始就实行检察官办案责任制。在这种意义上,笔者主张,主任检察官办案责任制系阶段性改革目标,是从我们检察工作的现实情况出发设计的过渡性制度,只有检察官中的精英——主任检察官已经具备独立承担司法责任的能力之后,我们才能着手实施检察官独立承担司法责任的工作。

从现有的主任检察官职权配置情况看,除了有关案件监管和组内事务管理等职责,在执法办案权限上,主任检察官与普通检察官的职权范围无异,司法办案责任也直接落实到了承办案件的检察官身上。执法办案职权一下子下沉至检察官,主任检察官只对案件承担审核的责任,实际上是将主任检察官对组内案件应负的司法责任完全转移到了检察官身上,这样的所谓主任检察官办案责任制可谓名不副实,与其说是主任检察官办案责任制,毋宁说是检察官办案责任制。这种情况可以说是在追求改革目标的过程中过于急功近利,忽略了需要一步步执行的阶段性、渐进性目标,因而违背了事物发展的基本规律。

2. 主任检察官职权配置的错配性问题

主任检察官的职权配置应考虑主任检察官的职能定位以及办案组织形式问题。主任检察官是检察官办案组的负责人,而检察官办案组是检察机关基本办案组织形式之一。作为检察官办案组的负责人,主任检察官的职权配置就不能仅从主任检察官本人承办案件的需要进行考虑,而应同时考虑整个办案组的工作需要,并且,后者应是职权配置更应考虑的因素。

从现有规定来看,在具体职权配置上,主任检察官的办案职权范围与普通检察官没有任何区别;作为主任检察官专有的案件审核与办案组的组织管理职责,并不涉及执法办案权限,基本上属于行政权性质。也就是说,在对主任检察官进行职权配置时,几乎没有考虑身为办案组负责人的主任检察官与组内普通检察官的区别,也没有考虑作为检察官中的精英的主任检察官理应握有更大的执法办案权限,而普通检察官享有的职权应该有所节制的理性要求。所以,笔者认为,目前对主任检察官职权的配置存在错位问题,与其职能定位及责任担当不符。

3. 主任检察官司法责任分配问题

司法责任分配虽然不属于职权配置问题,但与职权配置密切相关,因为责任的发生与承担是以职权为前提和基础的。可以说,没有权力(权利)就没有责任。因此,讨论职权配置问题,无法不涉及责任负担问题。

根据现有规定,主任检察官应对自己承办的案件承担案件质量责任,在这点上与承办案件的普通检察官没有分别。对于组内检察官承办的案件,主任检察官只负有审核之责,即同意承办人意见的,案件质量由承办人负责,主任检察官不承担办案责任;在审核过程中有故意或重大过失的,则对案件质量负监管责任。如主任检察官不同意承办人意见,是不能直接改变处理决定的,而是将案件提交检察官联席会议讨论,或提请检察长审核,案件质量责任也与主任检察官无关。

从上述规定可知,虽然名为主任检察官办案责任制,且检察官办案组是基本办案组织,但司法责任实际却不是由主任检察官或办案组承担,而是落实到了承担案件的检察官头上。这样的司法责任分配,显然与主任检察官办案责任制的名义不符,也难以体现检察官办案组所应具备的基本办案组织的法律属性。

除了以上三方面问题,还有诸如主任检察官与业务部门负责人之间的关系与权力划分、主任检察官与检察长以及检委会之间的关系等问题存在,由于论述甚众,本文不再重复。

（二）主任检察官职权配置的完善

针对上述问题，笔者提出如下应对之策：

1. 准确认识和把握主任检察官的职能定位

从西方的实践经验来看，彻底司法化的办案责任制应是强调检察官的独立办案，检察官应尊崇事实和法律，运用自己的法律知识与法律思维，独立自主地作出事实认定和法律适用，而不受任何组织或个人的干涉，因此，检察权的主体既不是检察长，也不是内设机构负责人或者某种办案组织，检察权归属于检察官，检察官是独立的官署。

在我国，检察工作受制于诸多主客观因素，检察官独立办案的条件尚不具备，在改革之初，只能通过员额制遴选出一批相对优秀的检察官——入额检察官，并在入额检察官中遴选出一批精英——主任检察官和独任检察官，由独任检察官（佐之以一定辅助人员）独立办案；或者由主任检察官领衔办案组独立办案。借此方式，假以时日，待至其他检察官经验渐丰、能力渐增，每名检察官都具备主任检察官的能力和水平后，再实行检察官独立办案才具备可行性。

由此可知，主任检察官办案责任制是检察官办案责任制目标下的过渡性制度安排。作为一项中间制度，主任检察官办案责任制是我国无法跨越的一个发展阶段，任何跨越的尝试都将是欲速则不达。也正因为是一项过渡性的中间制度，也就预决了主任检察官办案责任制终将被检察官办案责任制所取代。因此，主任检察官也是改革进程中的一个临时存在，随着入额检察官能力和水平的逐渐提高，主任检察官终将退出历史舞台。就算以后还有主任检察官一说，那也不可能是现在意义上的主任检察官。可以这么说，主任检察官是对入额检察官的再次精选，作为“检察官中的检察官”，主任检察官必须负担起检察官专业化、职业化和精英化的历史使命。作为入额检察官的“标杆”，主任检察官无论是在职权配置还是责任承担上，都应该与普通检察官有明显区别，对主任检察官“隆其权力、尊其地位、厚其待遇”的同时，还应承担与其权、利一致的责任。

2. 检察权的下放范围与层级应合理

在主任检察官办案责任制改革中，检察权的下放是重要内容之一。为了表明改革的决心与力度，不少地方尽可能将检察权下放，检察长与检委会的保留权力很少。笔者认为,这样的改革方向无疑是正确的。但值得探讨的问题有两个:第一,检察权下放到哪一层级才是合适的?第二,放权范围是否应当体现差异性?

从高检院和上海市院的规定来看,除了检察长和检委会保留的权力,其他检察办案权都被下放至员额检察官这一层级。将检察办案权下放给每个承办案件的检察官是检察官独立办案和对案件质量终身负责的必然要求。没有独立的办案权就无法独立办案;无法独立办案,又怎能对案件质量终身负责?但是,如前所言,在我国尚没有做到检察官完全独立办案:有些案件可以由独任检察官独立办理;有些案件则只能由检察官办案组办理。在检察官办案组里,承办案件的检察官应接受主任检察官的领导指挥,并不具有完全独立的办案职权,这点在职务犯罪侦查部门表现得尤为明显。因此,笔者认为,将检察办案权下放给每个检察官的做法过于绝对,应根据不同情况区别对待。对案件作出处理决定的权力下放给主任检察官、独任检察官,如批准逮捕、决定起诉等检察权;非决定性的检察权则可以下放给每个检察官。当然各自权限范围的确定应根据各地检察院、各个检察院的具体情况予以确定,不必也不应强求一致。但如无论如何,在并非所有检察官都具备独立办案能力的情况下,将部分检察权保留给独任检察官和主任检察官,应该作为一项原则来贯彻执行。

同时,放权范围应体现差异性也是应予坚持的一项原则。我国幅员广阔,地区差异巨大,东西地区差异、城乡差异等问题依然明显,并将在较长时期内存在,这些差异也对检察工作水平直接产生影响。检察工作水平的差异既体现在地域上,也体现在具体的检察机关上,还体现在每个检察官个体上。上述种种差异决定了检察放权范围不应整齐划一。具体而言,检察工作水平决定放权的力度和范围:检察工作水平高,检察放权的范围可以大些,检察长和检委会保留的检察权则可以少些;检察工作水平低,下放的检察权就可以少些,而多留些权力给检察官和检委会。各省级院在考量检察权下放时应当如此,各地市院、各基层院也应如此。在决定是放权给检察官还是主任检察官、独任检察官时,同样应该如此。在不同的改革阶段,放权范围也应有所不同,刚开始时放得谨慎点、少点,越往后,放权的范围应逐渐扩大,检察权也应逐渐下沉。

3. 主任检察官与组内检察官司法责任的重新分配

司法责任制旨在通过明确权责将司法责任落实到具体的个人。在独任检察官这种办案组织形式中,由于只有独任检察官具备检察官身份,司法责任自然由独任检察官承担;检察官办案组则不同,除了身为办案组负责人的主任检察官,组内还配有若干检察官,从理论上来说,主任检察官与组内检察官都应承担司法责任。因此,在检察官办案组中,主任检察官与组内检察官的责任分配是确定司法责任时无法回避的一个问题。

对于办案组的司法责任问题,高检院《意见》作出了原则性规定:"检察官办案组承办的案件,由其负责人和其他检察官共同承担责任。办案组负责人对职权范围内决定的事项承担责任,其他检察官对自己的行为承担责任。"从规定来看,主任检察官不仅要对自己承担的案件承担司法责任,还应对组内检察官承办的案件承担司法责任,即对其职权范围内决定的事项承担责任。上海市院的《细则》也有类似规定:"检察官办案组团队承办的案件,由主任检察官和其他检察官共同承担责任。检察官办案组合议决定的案件,由主任检察官和检察官共同承担责任。"这样规定是因为上海市院将检察官办案组细分为专业化办案组、团队制办案组、合议制办案组、专案办案组四种类型。该规定只明确了团队制办案组和合议制办案组中主任检察官和检察官的责任负担问题,对另外两种办案组的司法责任分配问题则未涉及。由此似乎可以得出结论:在专业化办案组和专案办案组中,主任检察官并不承担司法责任。这以结论又似乎可以从另一项规定中窥出端倪:主任检察官对组内检察官承办案件行使审核权,而不是审批权。在审核模式下,案件责任由承办案件的检察官承担,主任检察官只有审核错误所致的监管责任。

笔者认为,根据现有制度设计,检察官办案组是检察机关基本办案组织形式,在法律上明确办案组织的目的在于明确检察职权与司法责任,作为基本办案组织形式,检察官办案组是检察权行使的基本单元或主体,与之相对应,检察官办案组也应是司法责任负担的主体。质言之,在司法责任发生时,应由检察官办案组而不是某个检察官承担司法责任。作为检察官办案组的负责人,主任检察官应代表检察官办案组对外承担司法责任;在办案组内部,则根据实际参与办案情况,在主任检察官与组内承办案件的检察官之间合理划分责任份额。

在主任检察官与组内检察官的责任划分问题上,笔者主张:无论办案组为哪种类型,主任检察官对组内检察官承办的案件都不应只是享有审核权,而应是对案件处理结果享有决定权(检察长、检委会保留的权力事项除外)。对组内案件享有决定权不仅体现在具有明显行政属性的职务犯罪侦查部门的主任检察官身上,对侦监、公诉等刑检业务部门以及监所、控申等诉讼监督部门的主任检察官同样适用。如若代之以审核权,主任检察官制度将重蹈主诉、主任检察官制度的老路,主任检察官将异化为一级案件审批机构。因此,享有案件决定权的主任检察官应对组内检察官承办的案件承担司法责任;同时,直接承办案件的检察官则应对自己参与办理的案件事项承担相应责任。

4. 主任检察官与业务部门负责人的关系厘清

主任检察官办案责任制是检察工作进一步司法化的产物,但是,在谈及司法化问题时,我们应克服一种片面思想,即司法化意味着全面彻底地司法化与全面彻底地去行政化。笔者坚持认为,检察权的属性无法从其字面意义上判定,检察权本身就是一种多元化、复合型的权力整体,对检察权中的各项权能,司法化的程度也存在差异:对于审查逮捕、审查起诉与提起公诉等检察权,司法化的程度应该很高,但就职务犯罪侦查权而言,需要司法化,但保留必要的行政化管理同样重要,过度地去行政化就会矫枉过正。对于主任检察官的职权配置,重点是落实司法化,给检察官、主任检察官配置合适的执法办案权限,但身为检察官办案组负责人的主任检察官,必要的案件管理与组织人事管理权限也是必不可少的。从高检院《意见》和上海市院《细则》的规定看,主任检察官享有一定的业务管理权与行政事务管理权,笔者认为这是合适的。

在主任检察官与业务部门负责人的关系处理上,以下两种主张都值得商榷:一种观点认为,主任检察官只应享有执法办案权限,只管检察业务,不理行政事务。在主任检察官与业务部门负责人的关系上,前者只负责业务,后者只管理行政事务,司法权能与行政事务截然分开。另一种观点认为,主任检察官既执法办案,又管理组内行政事务,一肩担两责,由于其行政管理职权与业务部门负责人的权限重合,因此,应取消业务部门负责人的设置。

对此,笔者认为,在检察机关内设机构尚未取消之前,主任检察官的职能定位主要在于业务办理以及与办案业务相关的管理,如果将与业务相关的管理活动剥离出去,交由部门负责人行使,则部门负责人由于负有对所在业务部门的管理之责,再接手每个办案组内的事务管理,可能负荷过重,力不从心,这是其一;其二,办案组内的管理事务多与案件办理相关,而业务部门负责人通常不接触承办人办理的案件,不了解案件办理情况,若接手相关管理事务,恐难胜任。因此,前一种主张并不合适。至于后一种主张,直接取消业务部门负责人的观点也不合适。除了少数很小的检察院,取消业务部门的主张并不现实,现在的改革主张,也只是整合内设机构,实行"大部制"改革。这是因为,检察权的多样性决定了内设机构设立的必要性与业务部门管理事务的复杂多样性。取消内设机构和部门负责人,相关的管理事务不可能上提至检察长、副检察长,而只能转移至主任检察官头上,而主任检察官的制度设计决定了其工作重心只能是在办案业务上,过多的行政管理事务必将破坏这一制度设计。

在主任检察官与业务部门负责人的关系问题上,笔者主张,业务部门负责人应专职负责本部门的行政管理事务与业务规划,业务部门负责人同时担任主任检察官并带头办案、带组办案的职能定位含糊不清,与司法改革的方向相背离,应予改进。主任检察官对本组案件承担司法责任,同时负担办案组内的相关业务管理与事务管理职责。

六、结　语

基于检察官办案组之上的主任检察官办案责任制或主任检察官制度是司法责任制改革的阶段性、过渡性制度安排,它是司法责任制的"半成品",需要进一步"深加工"。主任检察官肩负着检察官职业化、专业化、精英化的历史使命,作为检察官的中坚与骨干力量,主任检察官应当发挥对普通检察官进行"传帮带"的示范与引导作用。一旦主任检察官完成了上述历史使命,所有检察官的业务能力与工作水平已经与主任检察官相当,主任检察官制度也就该"功成身退"了。但从我国检察工作实际看,主任检察官办案责任制是一个无法跨越的必经阶段,这个过程的长短,这一制度的成效好坏,取决于我们检察系统所有工作人员以及热爱、关心检察事业的每一个人。对主任检察官的职权配置进行分析研究,对检察官办案组的司法责任分配进行讨论评判,目的都是进一步健全和完善制度设计,使其有效发挥潜在功效。对于一个正在发展与变动中的制度进行评价,无论是经验与成果的肯定还是问题与不足的揭示,都只是相对的,不论好坏对错,不分褒贬臧否,我们研究的出发点和归宿,都是构建一个好的制度,收获一个好的结果。

司法责任制改革中的检察官职业伦理研究*

"司法责任制改革中的检察官职业伦理研究"课题组**

目　　次

党的十八大之后，中央全面深化司法体制改革和工作机制改革，在此大背景下，2013年最高人民检察院（以下简称高检院）出台了《检察官办案责任制改革试点方案》（以下简称"试点方案"），以基层检察院为试点单位，通过科学划分执法权限，建立健全检察机关执法办案组织，在消除检察活动行政化倾向、突出检察官主体地位、落实检察办案责任等方面取得了积极明显的成效。然而，司法的基础是司法官的素质。当前我国司法领域问题突出、司法公信力不高，究其原因，除了司法体制、职权配置、权力运行机制等制度性深层次因素之外，司法腐败、冤假错案、办案粗疏、作风不正等司法人员职业伦理的缺失也给社会公

* 本文为国家检察官学院2016年科研基金资助项目《司法责任制改革中的检察官职业伦理研究》（GJY2016C01）的结题成果。

** 课题组负责人：阮祝军，上海市人民检察院政治部主任，全国检察业务专家。课题组成员：王强、王春丽、梁春程，上海市嘉定区人民检察院检察官。

众留下了严重的负面影响。①

正如史尚宽先生所言:“虽有完美的保障审判独立之制度,有彻底的法学之研究,然若受外界之引诱,物欲之蒙弊,舞文弄墨、徇私枉法,则反而以其法学知识为其作奸犯科之工具,有如为虎附翼,助纣为虐,是以法学修养虽为切要,而品格修养犹为重要。”②因此,实现司法办案责任制需要制度和人的良性互动,既要依靠办案责任制的机制约束弥补人性中的弱点,也要依靠检察官职业伦理的内部遵循来克服制度中固有的僵硬和不足。因此,司法责任制改革,不仅要在检察办案组织构建、检察官权力配置等机制方面进行优化探索,对于改革放权后如何确保办案检察官具有良好的职业操守、如何加强检察官职业伦理建设同样需要予以足够的关注。

一、检察官办案责任制改革概述

(一)检察官办案责任制的历史沿革

1999年,高检院在全国推行主诉检察官办案责任制;2000年,高检院办公厅发布了《关于在检察机关侦查部门开展主办检察官办案责任制试点工作的意见》(以下简称《意见》),即确定若干名承担主诉、主办职责的检察官,并以每名检察官作为第一责任人,组成一定的办案组织,相对独立地行使审查起诉、出庭支持公诉、职务犯罪侦查等职权,并承担责任的办案制度;2007年以来,各地检察院纷纷试点主任检察官办案责任制;2014年,高检院又全面推行主任检察官办案责任制,衔接主诉检察官、主办检察官办案责任制进行了进一步改革,一方面扩大了办案责任制的适用范围,将业务范围拓展到职务犯罪侦查、批捕、公诉、民行检察监督等其他执法办案和法律监督领域;另一方面探索了一系列制度、机制,确立组织形式、明确权责、规范配套制度等,给予了办案责任制以法律和政策上的支撑。2015年9月,为更好地保障人民检察院依法独立公正行使检察权,提高司法公信力,中央全面深化改革领导

① 龙宗智:《检察官客观义务与司法伦理》,载《国家检察官学院学报》2015年第3期;万毅:《检察官职业伦理的划分》,载《国家检察官学院学报》2014年第1期。

② 史尚宽:《宪法论丛》,荣泰印书馆1973年版,第336页。

小组第15次会议审议通过《关于完善人民检察院司法责任制的若干意见》,首次从中央层面出台检察官办案责任制的规定,全面阐述了检察官司法责任制改革的主要内容。

(二)检察官办案责任制改革的目标和基本原则

检察官办案责任制改革的目标是保障检察机关依法独立公正行使检察权,突出检察官办案主体地位,健全司法办案组织,科学界定内部司法办案权限,完善检察机关司法办案责任体系,优化人力资源配置,形成符合检察工作规律、检察职业特点、检察队伍管理和法律监督运行要求的组织结构、责任体制和运行机制。

检察官办案责任制改革的基本原则:一是坚持遵循司法规律与依法改革相统一。在宪法、检察院组织法、检察官法等法律制度的框架下,推进符合司法职业特点的检察改革。二是坚持突出检察官办案主体地位与加强监督制约相统一。在强化检察官办案主体作用的同时,强化对检察官的监督制约,确保严格公正文明廉洁执法。三是坚持合理放权与加强领导相统一。在依法、合理下放职责权限,确保检察官权责明晰、权责相当的同时,坚持检察机关领导体制,加强检察长、检察委员会对执法办案活动的领导,确保检察工作的统一性。四是坚持主观过错与客观行为相统一。对检察官实行办案质量终身负责制和错案责任倒查问责制的同时,要区分责任的类型和过错程度,确保检察官办案责任与处罚相适应。

(三)检察官办案责任制改革的主要内容

检察官办案责任制是指检察官作为基本的办案组织,在履行办案职责过程中所形成的组织关系、工作机制,以及为了保障检察官客观、公正、独立地行使职权而建立的保障机制和监督机制。① 检察官办案责任制改革主要包括以下内容:

1. 实行检察人员分类管理和检察官员额制

为了进一步加强检察队伍专业化、职业化建设,此次检察改革对检察人员实行分类管理,检察院工作人员划分为检察官、检察辅助人员、司法行政人员。检察官是各级检察院依法行使国家检察权的检察人

① 蔡巍:《检察官办案责任制比较研究》,载《人民检察》2013年第14期。

员,包括各级检察院检察长、副检察长、检察委员会委员、检察员。检察辅助人员是各级检察院协助检察官履行检察职责的工作人员,包括检察官助理、书记员、司法警察、检察技术人员等。司法行政人员是各级检察院从事行政管理事务的工作人员,包括各级院从事政工党务、行政事务、后勤管理等工作的人员。

其中对于检察官实行员额管理,根据2014年6月中央全面深化改革领导小组第三次会议审议通过《关于司法体制改革试点若干问题的框架意见》和《上海市司法改革试点工作方案》规定,上海市检察人员员额控制以上海检察机关队伍总数为基数,检察官占全市检察机关队伍总数的33%。三级检察院检察官员额配置比例由市院向基层院逐级递增,市院、分院、基层院检察官配比分别确定为:30%、33%、34%。检察官必须在司法一线办案,并对办案质量终身负责。担任院领导职务的检察官办案要达到一定数量。业务部门负责人须由检察官担任。

2. 健全司法办案组织及运行机制

以检察权的合理配置与规范运行为目标,遵循精简、统一、高效原则,逐步整合相关内设机构设置,核定机构数量,明确工作职责。同时建立健全检察官办案组织,实行专业化分工,负责相关执法办案工作,淡化检察办案中的行政化色彩,实现办案组织的专业化、扁平化。

根据履行职能需要、案件类型及复杂难易程度,实行独任检察官或检察官办案组的办案组织形式。独任检察官承办案件,配备必要的检察辅助人员。检察官办案组由两名以上检察官组成,配备必要的检察辅助人员。检察官办案组可以相对固定设置,也可以根据司法办案需要临时组成,办案组负责人为主任检察官,其主要职责是在自己办理案件的同时,在刑检部门主要职责是对组内检察官办理案件进行审核把关,在自侦部门主要职责是组织、指挥组内检察官办案,在监督部门主要职责是组织组内检察官对重要监督事项进行讨论合议。

3. 健全检察长、检察委员会的监督制约机制

加强检察长、检察委员会对执法办案的领导和监督。检察长(副检察长)办案的方式,既包括直接办理案件,又包括决定案件、审核案件、签发法律文书4种形式。检察长(副检察长)要进一步改变业务领导和指导的方式,应当直接办理一定数量的重大案件或重要监督事项,

又要运用好决定权、审核权和文书签发等方式履行检察长职权。

检察委员会讨论决定的案件,主要是本院办理的重大、疑难、复杂案件,涉及国家安全、外交、社会稳定的案件,下一级人民检察院提请复议的案件。检察官可以就承办的案件提出提请检察委员会讨论的请求,依程序报检察长决定。检察委员会对案件进行表决前,应当进行充分讨论。

4. 明确检察人员职责权限

依法统一制定、发布检察官办案责任制授权清单,明确规定检察长、检委会、副检察长、主任检察官、检察官在办案中的职责权限。同时,为了突出检察官司法办案主体地位,在坚持检察长对检察工作领导的同时,进一步扩大对检察官的授权,明确除了法律规定必须由检察长(副检察长)或检察委员会决定的事项之外,其余职权都可授权独任检察官和检察官办案组行使。

检察官承担包括出庭支持公诉、询问关键证人和对诉讼活动具有重要影响的诉讼参与人、代表检察机关当面提出监督意见、采取涉及人身权利的强制措施等十项办案职责。检察长对部分法定职权行使决定权,对部分法定职权可通过审核把关的方式行使。但决定和审核在责任的承担上是不同的,检察长决定的案件,司法责任由检察长承担;检察长审核同意检察官案件决定意见的,司法责任由检察官承担。

5. 健全检察管理与监督机制

进一步完善司法办案内部监督制约机制,确保检察权依法正确行使和提高执法办案质量。一是健全案件管理制度,加强流程管理和节点控制,以案件分流、受理、立案、批捕、起诉等环节为关键节点,进行严格监督。二是健全检察官联席会议制度,检察官联席会议主要讨论疑难复杂、新类型案件、首例案件等案件的法律适用问题,检察官联席会议讨论形成书面意见,供检察官办案组和承办检察官参考。三是健全案件质量评查和司法责任评鉴机制。通过重点评查、专项评查、随机评查等方法检查已办案件的质量,通过发现问题规范司法行为,确保案件质量的重要制度。对检察官司法办案中可能存在重大质量问题的案件或严重违背职业操守等情形开展评鉴,确认检察官是否存在过错责任或违法违纪行为需要承担相应责任。

6. 严格司法责任认定和追究

完善司法办案责任体系,构建公平合理的司法责任界定与追究机制,真正落实谁办案谁负责、谁决定谁负责,是落实司法责任制的关键所在。高检院《意见》坚持权责明晰、权责相当的基本原则。首先,司法责任包括故意违反法律法规责任、重大过失责任和监督管理责任。其次,检察人员应当对其履行检察职责的行为承担司法责任,在职责范围内对办案质量终身负责。再次,司法办案工作中虽有错案发生,但检察人员履行职责中尽到必要注意义务,没有故意或重大过失的,不承担司法责任。最后,检察人员在事实认定、证据采信、法律适用、办案程序、文书制作以及司法作风等方面不符合法律和有关规定,但不影响案件结论的正确性和效力的,属司法瑕疵,依照相关纪律规定处理。检察人员与司法办案活动无关的其他违纪违法行为,依照法律及《检察人员纪律处分条例(试行)》等有关规定处理。

二、职业伦理建设对检察官办案责任制改革的意义

(一)检察官职业伦理的基本内容

所谓职业伦理,是指在职业范围内形成的比较稳定的价值观念、行为规范和习俗的总称。[①] 西方传统意义上的"职业"(Profession)主要指具有某种学识,而享有特权并承担特殊责任的某些特定的服务型行业。[②] 它不同于一般的社会伦理和个人道德,是特定行业或者职业成员内部形成的最基本的价值取向和行为标准,反映了一个职业群体的主导价值和精神特质,具有普适性、稳定性和外在约束性。这些特点在法律职业中尤其明显。

法律职业作为社会职业的一种,是指所有以操作、研究、实施法律为主要目的的职业,其包含的范围有广义和狭义之分。广义的法律职业可以分为五类:第一类是那些对法律冲突予以裁判的人,其中最重要的是法官和治安官,另外还有仲裁人、检察官、在准司法机构以及行政法院中工作的官员等;第二类是代理人,即代表有关当事人出席各种审判

① 李本森:《法律职业伦理》,北京大学出版社2008年版,第4页。
② 李学尧:《法律职业主义》,中国政法大学出版社2007年版,第4页。

机构审判的人员;第三类是法律顾问,通常他们不出席法庭;第四类是法律学者;第五类是一种各国极不一致,然而其重要性却在不断增强的人员,即受雇于政府机构或私人企业的法律职业者。① 狭义上的法律职业则主要是指依托深厚法律知识背景而居于法律实施核心层的独立存在的职业,包括法官、检察官和律师。不过,不管是广义还是狭义的定义,检察官都是法律职业共同体的重要成员。

作为法律职业共同体中的核心成员,检察官不同于一般公务人员,其经过长期的法律专业学习和训练后,会形成一种基于纯粹技术的身份荣誉感和责任感。但不同于医生,检察官的这种技术权威必须建立在社会公众的信任之上,如果不能保持整个职业团体的廉洁正派,那么其技术功能将消失殆尽。② 由此可见,检察官职业具有公共性和技术性的重要特征,而且这种特征也成为其独特的职业伦理逐渐为检察官职业共同体所传承。

检察官职业伦理是指检察官在履行职务过程中必须遵守的伦理规范或行为准则。我国检察制度虽然建立得较早,但对于检察官制度则一直到20世纪90年代才逐步开始关注。1995年2月28日,第八届人大第十二次会议讨论通过《检察官法》,正式昭示着新中国检察官制度的确立。该法第3条规定检察官必须"忠实执行宪法和法律,全心全意为人民服务",第8条规定检察官应当履行下列义务:"(一)严格遵守宪法和法律;(二)履行职责必须以事实为根据,以法律为准绳,秉公执法,不得徇私枉法;(三)维护国家利益、公共利益,维护自然人、法人和其他组织的合法权益;(四)清正廉明,忠于职守,遵守纪律,恪守职业道德;(五)保守国家秘密和检察工作秘密;(六)接受法律监督和人民群众监督。"从而初步确立了检察官应当恪守的职业道德义务。2002年高检院颁布了《检察官职业道德规范》,明确将"忠诚、公正、廉洁、严明"作为检察官职业道德规范。2009年,在继承、吸收原有规定并补充新鲜内容的基础上,高检院专门制定《检察官职业道德基本准则(试

---

① [美]埃尔曼:《比较法律文化》,贺卫方译,三联书店1990年版,第105~106页。

② 参见[德]马克斯·韦伯:《学术与政治》,冯克利译,三联书店1998年版,第68页;[美]布莱恩·甘遒迪:《美国法律伦理》,郭乃嘉译,商周出版社2005年版,第6页。

行)》(以下简称《基本准则》),从坚定政治信念、保障公正执法、保持清正廉洁、遵守检察礼仪、加强自律和他律等方面,规定了检察官在履行检察职能以及职务外活动中应当遵循和恪守的基本道德规范。此后为规范检察官职业行为,高检院又先后出台《检察官职业行为基本规范(试行)》《最高人民检察院机关严肃纪律作风的规定》《检察机关文明用语规则》《检察人员八小时外行为禁令》等规定,对检察官职业伦理提出更多具体的指引和要求。

本轮检察改革启动以来,高检院对检察官职业伦理尤为关注。2016年10月20日,最高人民检察院第十二届检察委员会第五十六次会议修订《检察人员纪律处分条例》,严肃检察纪律,规范检察人员行为,保证检察人员依法履行职责,确保公正廉洁司法。2016年12月5日,最高人民检察院召开第十二届检察委员会第五十七次会议,通过《中华人民共和国检察官职业道德基本准则》(以下简称《准则》)。《准则》共有5条,第1条为坚持忠诚品格,永葆政治本色。第2条为坚持为民宗旨,保障人民权益。第3条为坚持担当精神,强化法律监督。第4条为坚持公正理念,维护法制统一。第5条为坚持廉洁操守,自觉接受监督。这是检察机关成立以来第一部坚持正面倡导、面向全体检察官的职业道德规范。

(二)检察官职业伦理的对检察官办案责任制改革的作用

法律职业伦理具有示范、调节、提升和辐射等社会功能,具体到当前检察官办案责任制改革的背景下检察官职业伦理的作用,笔者认为,一方面检察官职业伦理为检察官办案责任制改革的合理性进行价值背书,借此提升全社会对检察机关和检察官的司法信心。另一方面也是意图通过理性的力量为检察官办案责任制构建起伦理标准,确保改革措施能落到实处。

1. 检察官职业伦理是推行办案责任制的合理性前提

检察官办案责任制改革关涉检察权运行、检察资源配置、检察管理等一系列改革措施,并且已经逐步在上海、吉林等改革试点区域落地实施。但是“徒善不足以为政,徒法不足以自行”,这次改革的成效到底如何,如习近平总书记指出的那样,说一千道一万,要依靠人民群众来评判。在司法改革的背景下,检察官的社会地位和职业保障会慢慢提高,人民群众对检察工作和检察官的要求和期望也会越来越高。这个要求和期望既包括司法办案的能力,也包括职业伦理。

从设立检察官制度的目的来看,不管是大陆法系还是英美法系,都把检察官作为法律的守护人和国家公益的代表,其职业伦理都要求检察官代表国家追诉犯罪,公正严明,不惧权贵,维护社会公平正义,保障社会公共利益;同时要求保障人权,尊重程序正义,客观中立,依法追诉,防止过度追诉,防范陷无辜者于罪名。[①] 我国检察机关是宪法法律规定的国家法律监督机关,相较于其他国家检察机关,拥有更高的法律地位和检察职权。此次检察官办案责任制改革的目标是保障检察机关依法独立公正行使检察权,其突出检察官办案主体地位,以公正为最终目的,以独立客观为核心内容,以依法为底线要求,与检察官职业伦理建设的目标高度一致。

检察官不仅要有很高的政治业务素质,还应有很高的职业道德;不仅有其良好的职业素养,还有其特有的人格力量;不仅应该是公正司法的化身,还应是践行社会主义核心价值观的表率。这种优良的品质来源于一名检察官的职业良知。要具备一个法律人的浩然正气、不偏不倚的公正之心,不畏强势、不分贫贵、不贪名利,在任何诱惑和干扰面前,不为私心所扰、不为人情所困、不为关系所累、不为利益所惑。因此,检察官办案责任制的实现,不仅需要良好的办案组织和工作机制,更需要具有独立办案能力且品行良好的检察官。[②] 检察官作为检察权行使的唯一主体,必须在办案中秉持良好道德品格、遵循司法职业伦理,才能让社会树立起对司法的信心,支持检察官办案责任制等司法改革。

2. 检察官职业伦理是落实办案责任制的必然性要求

公正是法治的生命线,司法是维护社会公平正义的最后一道防线。正如英国哲学家培根所言,一次不公正的裁判,其恶果甚至超过十次犯

---

① 张志铭、于浩:《国际检察官职业伦理评析》,载《国家检察官学院学报》2014 年第 1 期;王永:《我国检察官职业伦理规范研究》,山东大学 2012 年博士学位论文,第 81 页。

② 万毅:《检察官职业伦理的划分》,载《国家检察官学院学报》2014 年第 1 期。

罪。因为,犯罪虽然触犯了法律,但只是污染了水流,而不公正的裁判则毁坏法律,就好比污染了水源。[①] 司法公正对社会公正具有引领作用,司法不公对社会公正具有致命破坏作用。自2013年以来,浙江张氏叔侄案、内蒙古呼格吉勒图案等多起刑事冤假错案的曝光引起社会的广泛关注,反映了我国司法领域中存在权力运行、权力制约、司法作风等诸多问题,也给各级司法机关带来巨大的舆论压力。中央领导也多次对政法机关严防冤假错案做出重要批示,突出强调"要努力让人民群众在每一个司法案件中都感受到公平正义",要求坚守防止冤假错案底线。此后,中央政法委、最高人民法院、最高人民检察院和公安部就防止冤假错案分别出台了相关的指导意见,针对执法司法中存在的突出问题,根据现行法律规定,对审判环节疑罪从无原则、证据裁判原则、严格证明标准等作了重申性规定,明确要求法官、检察官、警察对办案质量终身负责。

然而,为了防止检察官权力的滥用,我国检察机关长期以来实行"检察人员承办、科处长审核、检察长决定"的"三级审批制"。在这种行政化控制的办案模式下,检察办案权和决定权的行使主体完全分离,具体承办案件的检察官仅仅是负责检察事务的办事人员,权力与决策都集中到行政中层和检察首长,因此从实然的角度来看,检察官并未能独立地行使完整的检察权,追究其办案责任也难言公平。[②] 在检察官办案责任制改革之后,检察官在一般案件处理上具有较大的独立性和决定权,而"掌握权力者除了承担一般的公民义务之外,还需承担更多的由权力引出的责任"。[③] 因此,检察官在职业荣誉和职业保障得到提升的同时,为了保证办案质量、降低其办案风险,自然需要对他们提出较高的职业伦理要求。

实践中,司法职业伦理与法律职业密切联系,很多内容都以法律和纪律规范的形式体现出来,因此在实施过程中具有规范性和强制性的

① [英]弗兰西斯·培根:《培根论说文集》,水天同译,商务印书馆1983年版,第193页。

② 杜磊:《检察官办案责任制改革探索》,载《环球法律评论》2015年第3期。

③ 何怀宏:《政治家的责任伦理》,载《伦理学研究》2005年第1期。

特征。同时,司法职业伦理不仅是一种纯粹的规范性伦理,而且是一种责任伦理,它关注的不仅仅是伦理规范,还关注由这些规范而产生的实际效果。[①] 检察官职业伦理指引从业者凭良心和良知执业,规范检察办案行为,并对违反者予以惩戒,以维护职业的地位和尊荣,有利于强化检察官的内部自律和内心自省。[②] 相较于"三级审批制"的外部监督措施,检察官职业伦理在办案责任制改革中实际上起到了检察权控制模式由外部控制向内部自律转变的作用。[③]

三、办案责任制改革中检察官职业伦理建设面临的困境

(一)司法独立:人民检察院还是检察官?

讨论司法改革或者司法职业伦理,第一个绕不过去的话题就是司法独立。按照1982年国际律师协会第十九届双年会上通过的《司法独立最低标准》、1988年联合国人权委员会《关于审判人员、陪审员和陪审技术顾问的独立性及律师的独立性的宣言草案》、1995年第六届亚太地区首席大法官会议通过的《司法机关独立基本原则的声明》等国际或者地区宣言,司法独立包括三层含义:首先是司法权的独立,其次是司法机关的独立,最后是司法官的独立。这三者的关系是司法权独立是司法独立的基础和前提,如果完全不承认司法权在一定程度上独立于立法权、行政权的地位,司法机关独立和司法官独立都将无从谈起。司法机关的独立在于为司法权的独立行使提供组织和场所保障,并为司法官独立行使职权排除干扰和提供职务上的保障。司法官独立是司法独立的核心,也是司法独立的落脚点。[④] 司法活动具有亲历性、程序性、中立性、阶段性的特征,很多情况下需要由具体的司法官独立

---

① 王申:《从"法官集体嫖娼事件"看司法伦理规范建设的重要性》,载《法学》2013年第8期。

② 张志铭、徐媛媛:《对我国检察官职业伦理的初步认识》,载《国家检察官学院学报》2013年第5期。

③ 陈卫东:《合法性、民主性与受制性:司法改革应当关注的三个"关键词"》,载《法学杂志》2014年第10期。

④ 参见谭世贵、饶晓红:《论司法改革的价值取向和司法架构》,载《诉讼法论丛》第6卷,第40页。

作出司法判断,因此独立性是司法职业的内在的特定要求,唯有独立的司法官才能参加审理,也唯有赋予司法官行使职权时较大的独立性才有可能实现对具体个案的公正处理。

我国实行的是全国人民代表大会领导下的一府两院制度,依照《宪法》第123条至第131条的规定,人民法院和人民检察院由人民代表大会选举产生,共同构成国家的司法机关,并独立于其他国家机关。人民检察院作为国家法律监督机关,依照法律规定独立行使检察权,不受行政机关、社会团体和个人的干涉。可见,宪法为了确保检察机关实施有效监督、严格执法、维护公平正义,赋予其依法独立行使检察权的权力。但同时,与西方国家强调司法官独立的制度存在差异,从上述宪法条文表述中可以看出,宪法对于依法独立行使检察权的主体,突出强调的是人民检察院而非检察官,这一点在作为基本法律的《刑事诉讼法》和《人民检察院组织法》的规定中也得以体现。《刑事诉讼法》第5条规定,"人民法院依照法律规定独立行使审判权,人民检察院依照法律规定独立行使检察权,不受行政机关、社会团体和个人的干涉"。《人民检察院组织法》第9条规定,"人民检察院依照法律规定独立行使检察权,不受其他行政机关、团体和个人的干涉"。均将独立行使检察权的主体都规定为"人民检察院"。但是,同样是基本法律,《检察官法》第2条、第6条和第9条却规定,检察官是依法行使国家检察权的检察人员,检察官的职责包括法律监督、代表国家提起公诉、进行侦查以及其他相关活动。检察官享有依法履行检察职责不受行政机关、社会团体和个人干涉的权利。对于法律文本之间的反差,有人提出从《人民检察院组织法》的规定内容看,我国检察机关内部实行的是检察长和检察委员会集体领导相结合的领导体制,而不是检察长负责制,更不是单一的检察官负责制,因此我国无论是作为根本法的《宪法》,还是作为基本法律的《刑事诉讼法》和《人民检察院组织法》都规定人民检察院独立行使检察权,因此《检察官法》所规定的检察官的独立具有相对性。①

此次检察官办案责任制改革在办案组织建设和检察官办案主体地

① 参见朱孝清、张智辉主编:《检察学》,中国检察出版社2010年版,第290页。

位的确立上开辟了新的路径,其一大重要目标就是要突出检察官执法办案的主体地位,但这些改革并没有从根本上改变以人民检察院为权力主体的基本格局,也没有在法律层面为检察官或者主任检察官确立独立办案的主体法律地位。[①] 因此,在检察官办案责任制改革的背景下,如何看待检察官独立行使检察权的职业伦理要求需要我们进一步探讨。

(二)检察一体:检察官办案组还是检察官?

检察一体,是指上下一体、协同配合、职能统一的检察权运行方式。检察一体原则是世界各国检察机关普遍实行的组织原则和活动原则,其主要内容为:一是在上下级检察机关和检察官之间存在上命下从的领导关系;二是各地和各级检察机关之间具有职能协助的义务;三是检察官之间和检察院之间在职务上可以发生相互承继、转移和代理的关系。上命下从的领导关系是检察一体的核心,职能协助以及职务的移转、承继和代理是检察一体原则的必然要求,也是检察职能和检察官职务的重要特点。[②] 我国《人民检察院组织法》第10条和《检察官法》第5条规定,"最高人民检察院领导地方各级人民检察院和专门人民检察院的工作,上级人民检察院领导下级人民检察院的工作",就是检察机关上命下从原则的集中体现。

本次检察官办案责任制改革的一大特点就是检察办案组织的改革,其中引入主任检察官制度,即主任检察官办案组作为规范的、稳定的、常态的基本办案组织,在检察长的领导下,在主任检察官的主持、指导和管理下,对案件行使决定权并承担办案责任的制度。[③] 除法律规定必须由检察长或检委会行使的职权外,其他案件处理决定可以由主任检察官负责的办案组织独立作出,检察业务部门负责人主要负责案件审核、案件办理和行政管理。主任检察官在执法办案中可以直接对分管副检察长、检察长负责,部门负责人审核意见与办案组织意见不一

---

① 谢鹏程:《检察官办案责任制改革的三个问题》,载《国家检察官学院学报》2014年第6期。

② 谢鹏程:《什么是检察一体》,载《检察日报》2006年4月18日。

③ 最高人民检察院2013年重点课题组:《主任检察官制度研究——以"闵检模式"为样本的近景观察与思考》,载《中国法学》2015年第1期。

致的,可以接受,也可以不接受,但对检察长、分管副检察长的指挥、决定和命令,主任检察官必须服从。

对此,有观点认为,主任检察官并非一级办案组织,我国的主任检察官制度改革,将主任检察官定位为一级办案组织的方案和思路,从根本上讲是对日本、韩国以及我国台湾地区主任检察官制度的一种误读、误解;主任检察官不应行使定案权,否则,有违检察独立原则并违背该项制度改革的目的和初衷。检察官办案责任制改革应当全面确立检察官的独立自主性,在此基础上构建检察官独立与检察一体相协调的机制。① 也有观点认为,检察机关具有法律监督、司法、行政三种属性,不同的业务部门属性不一,实行检察官责任制不能一概而论,要注意办案模式和工作性质相适应。② 还有一种观点认为,上述主任检察官与改革之前的主诉(办)检察官似乎并无本质区别,"主任检察官"只是用来代替以往的主办检察官、主诉检察官和主侦检察官的统一称谓。我国台湾地区的主任检察官乃监督者,需负责检察事务监督、行政管理及法学研究等多层面的工作,尤以对检察事务的监督职责最为重要,而非责任机制。我国大陆以解决检察行政化,加强检察官独立性的名义实行主任制改革,是对制度功能的错误定位。如果为落实检察官的办案责任制,不如更多关注检察官的司法独立人格。③

笔者认为,检察办案组织是检察权运行的基础,主任检察官制度是对检察机关现行办案组织框架的具体设计和检察职权的新型配置,检察官职业伦理规范的形式和内容与"检察一体化"的组织结构及程度密切相关,对于检察官办案责任制改革中检察官的职业伦理要求具有较大的影响。我国检察机关是国家的法律监督机关,代表国家行使检察权,检察官依法独立办案,是有效监督、严格执法和维护公平正义的必要条件。但同时,检察机关承担着维护国家法制统一,"检察院有不

---

① 万毅:《主任检察官制度质评》,载《甘肃社会科学》2014年第4期;陈卫东、杜磊:《检察官客观义务的立法评析》,载《国家检察官学院学报》2015年第3期。

② 樊崇义、龙宗智、万春:《主任检察官办案责任制三人谈》,载《国家检察官学院学报》2014年第6期。

③ 王一超:《检察官办案责任制改革的进路分析——兼对主任检察官制度的反思》,载《西南政法大学学报》2014年第3期。

可分割的性质。检察机关的司法官——至少是属于同一检察院的司法官，在法律上都被看作是组成同一个人，其职责吸收了每一个成员的个人身份。”①实行检察一体，上级检察机关可以纠正下级检察机关在行使职权过程中的偏差，实现上级对下级的有效制约，但同时这种“上命下从”的领导关系也可能给上级不当地干预下级行使权力提供了条件。上述观点分歧实际上反映了检察官独立行使检察权与检察一体上命下从的组织要求的客观冲突。

(三)规则困境：理念伦理还是责任伦理？

如上文所述，我国检察官职业伦理的规定主要分布在《宪法》《刑事诉讼法》《人民检察院组织法》《公务员法》《检察官法》《检察官职业道德规范》《检察人员纪律处分条例(试行)》《检察人员执法过错责任追究条例》《检察官职业道德基本准则(试行)》《检察官职业行为基本规范(试行)》等。从制定主体的角度来看，既有《宪法》《刑事诉讼法》《人民检察院组织法》《公务员法》《检察官法》等由全国人大或全国人大常委会制定的宪法法律，又有《检察官职业道德规范》《检察人员纪律处分条例(试行)》《检察人员执法过错责任追究条例》《检察官职业道德基本准则(试行)》《检察官职业行为基本规范(试行)》等由检察机关制定的内部职业行为规范和纪律规定。从法律渊源的角度来看，既有以宪法法律和司法文件形式表现出来的正式渊源，也包括历史传统、公平正义原则、公共政策、社会道德理念、习惯法中蕴含的非正式渊源。从规定内容的角度来看，《宪法》主要从政治伦理和组织伦理方面，对检察机关的角色定位、产生方式、领导任命和基本权责等作了原则性的框架规定。《人民检察院组织法》《公务员法》对职业伦理的内容规定则侧重于一般国家工作人员的行为和理念，例如，《人民检察院组织法》主要侧重规定了人民检察院的目标原则、法律职权、组织形式，《公务员法》主要围绕公务员的任职条件、义务与权利，职务与级别、录用考核、职务任免、职务升降、奖励惩戒、工资培训、交流回避、辞职辞退、申诉控告、法律责任等进行规定，但囿于目的内容和体例安排

① [英]卡斯东·斯特法尼等：《法国刑事诉讼法精义》(上)，罗结珍译，中国政法大学出版社1999年版，第128页。

的限制,上述两部法律关于检察官职业伦理的条文仍然较为原则,并没有专门针对检察官的职业义务作出明确规定。相较而言,《检察官法》是第一部正式规定检察官职业伦理的法律规范,不仅对检察官的职责、义务和权利予以较多条文的规定,而且对检察官的任职条件、回避、等级、考核培训、奖励惩戒、工资福利、辞职辞退、申诉控告、检察官考评等方面予以配套性规定。不过内容更加详尽具体的,仍然是《检察官职业道德基本准则(试行)》《检察官职业行为基本规范(试行)》等检察机关专门性规范,例如,依据《人民检察院组织法》第 10 条和《检察官法》第 5 条的授权和要求,高检院制定《检察人员纪律处分条例(试行)》《检察人员执法过错责任追究条例》等职业纪律,就是对《检察官法》中检察官惩戒考评制度的细化和实施规定。

根据学者的分类,政治家的伦理可以分为信念伦理、责任伦理和规则伦理,其中信念伦理更注意行动意图的纯洁性,责任伦理更注意行动后果的可接受或承受性,而规则伦理更注意行动的方式或手段的正当性。① 虽然从政治与法律的角度来看,检察官不是政治家,在西方司法官一般要求保持政治中立,但检察官作为法律公共事务的重要参与者,在职业伦理的内涵界定上可以借鉴上述层次分类的方法。从总体来看,我国关于检察官职业伦理的规定数量虽多,但多为检察系统的内部规范,缺乏有效的外部伦理规范。同时,各种规范体系庞杂,层次不明,在架构逻辑和具体内容上存在重复、交叉的问题,没有从信念伦理、责任伦理和规则伦理等方面对检察官职业伦理进行区分,也没有明显的侧重。尤其是对一些奖励或惩戒性的伦理内容,只是作了原则性宣示,并没有规定相应的标准和奖惩措施,过于抽象和概括,未能形成对检察人员办案行为统一的指引。②

四、检察官职业伦理的比较研究——以美国为例

"他山之石,可以攻玉"。本部分拟从比较法的视角,考察美国的

① 何怀宏:《政治家的责任伦理》,载《伦理学研究》2005 年第 1 期。

② 王永:《我国检察官职业伦理规范研究》,山东大学 2012 年博士学位论文,第 96 ~ 106 页。

检察官职业伦理规范,并结合其政治制度、检察体制、检察职能等差异进行比较研究,期望能为我国完善检察官职业伦理建设体系、落实和深化检察改革提供有益借鉴。

(一)美国检察官职业伦理的法律渊源

美国检察官职业伦理的法律渊源很多,在美国没有一部法律或者判例可以单独称为"检察官职业伦理",它是由司法判例、国会法案、美国律师协会和各州律师协会制定的规范、联邦地区检察官协会制定的准则、司法部行为指南等组成。

1. 司法判例

美国属于普通法系国家,相较于法国、德国等大陆法系国家,其最大的特色就是判例法或者"法官造法"。根据遵循先例原则,法院在检察官伦理领域的经典司法判例,往往成为约束和指引司法官员行为的法律规范。例如,在1935年"伯格诉合众国"一案中,美国联邦最高法院明确指出,美国检察官代表的不是普通的一方当事人,而是国家政权,他应当公平地行使自己的职责。因此检察官在刑事司法中不能仅仅以追求胜诉作为自己的目标,而应确保实现公正,从这个意义上讲,检察官是法律的奴仆,具有双重目标,既要惩罚犯罪,又要确保无辜者不被错误定罪。① 又如,在1976年"因布勒诉派其曼"一案中,联邦最高法院认为检察官就其提起刑事公诉与出庭支持公诉上享有绝对豁免,所有与该检察院检察官因履行职责引发民事责任诉讼而产生的律师费及判决开支,应当由该院检察官基金承担,确定了检察官行使职权时享有的民事责任豁免权。②

2. 公务员法案

根据美国联邦宪法规定,联邦总统可以任命检察总长,检察权归属于三权之中的行政权,因此检察官作为政府雇员应当遵守所有公务员的职业伦理规范。例如,1883年国会通过的《彭德尔顿联邦文官法》,该法标志着美国文官制度的正式建立,确立了竞争考试、职务常任和政治中立的三项基本原则。1958年国会通过的《政府工作人员十项道德

① Berger v. United States, 295 U.S. 78 (1935).

② Imbler v. Pachtman, 424 U.S. 409 (1976).

规范》,这是美国历史上首次以国会决议的形式建立的道德规范,但当时并没有法律约束力,其中最重要的一条就是官员向社会公众公开财产。1965年约翰逊总统颁布的《11222号行政行为标准行政令》,该法令是关于政府道德迄今仍然是美国联邦官员和雇员的道德标准指南,但其还不是法律,违反该规定可能只会受到内部谴责,而不会受到法律惩罚。1978年国会通过的《政府道德法》,该法律最引人注目的是全面而系统地规定了官员财产申报制度,并建立了独立检察官制度。1989年国会通过《道德改革法》作为《政府道德法》的修订法案,对官员财产申报制度进一步完善。1992年美国政府道德署发布的《行政部门雇员道德行为准则》,该准则是一部跨部门法规,共分8章,对政府雇员行为规定十分详细,并附有大量实际案例。上述规范对政府公职人员的从政行为给予严格细致的规范,形成了科学严谨、操作简单、全面系统的公务员道德法律体系①,也是检察官职业伦理的重要法律渊源。

3.律师行为规则

美国是一个法律职业共同体发展很成熟的国家,美国检察官的基本角色定位是“公职律师”或者“政府律师”,在美国要想成为检察官必须首先成为律师,而且都必须加入美国律师协会或者当地的律师协会,因此另一种检察官职业伦理规范的形式渊源是适用于法律职业共同体的专业行为准则,一般由是美国律师协会负责制定、修改。如1908年《职业道德规范》、1969年《职业责任模范守则》、1974年《刑事司法准则》、1983年《职业操守模范规则》,等等。其中1983年《职业操守模范》克服了1908年《职业道德规范》和1969年《职业责任模范守则》内容庞杂、用语含糊、相互矛盾、难以判断等缺点,该范本包括规则和注释两个部分,规则明确、体系简单,是美国最重要、最具有影响力的律师行业自律成为规范之一,被称为美国“律师职业伦理的奠基石”。② 而1974年《刑事司法准则》是由美国众多法官、检察官、法学教授和律师共同制定的刑事司法领域的行动准则。1974年时任联邦最高法院首

① 高海青:《美国公务员的监督制度》,载《学习时报》2014年8月11日,第2版。

② 许身健:《欧美律师职业伦理比较研究》,载《国家检察官学院学报》2014年第1期。

席法官的沃伦·伯格在准则第一版正式公布时极为褒奖,认为是"美国有史以来法律界在刑事司法领域的最广泛的一项历史性探索。"特别是1992年增设的"检察职能"和2008年增设的"检察侦查"两个专章,详细阐述了美国检察机关的定位、职权以及业务范围,也相应地规定了检察官的职业规范。美国检察官不仅据以指导办案,更将其作为新进人员培训的重要入门书。①

4. 检察官行为规则

美国检察官既属于政府雇员,又作为律师协会会员,同时又承担检察职能,因此其职业伦理的内容非常宽泛,除了与政府公务员、律师受到相同或者部分相同的伦理规范约束外,还要受到特别针对检察官提出的伦理规范拘束。例如,由各地检察官自愿组成的美国地区检察官协会1977年制定《全美检察准则》,并在1991年和2009年两次修订,目前分为通用标准、关系、调查、审前注意事项、诉辩交易及交易的适当性、审理、量刑、量刑后事项8个章节,每节后作相应解释,十分具有可操作性,是美国检察官履行职能的专业行为指南。而1998年《合众国检察官手册》由美国联邦总检察长、副总检察长牵头主编,是一本采取活页汇编、便于合众国检察官及其他雇员便捷查阅的手册。《合众国检察官手册》共有九个章节,包括组织和功能、上诉、执行、民事、环境与自然资源、税务、反垄断、公民权利、刑事等内容,涉及与联邦检察官办公室工作相关的一般政策和指引,以及联邦检察官办公室与联邦司法部所属的法律分支部门、调查部门等内部机构的关系。其中"组织和功能"一章具体规定"审前注意事项、行为标准、司法不合格标准、作证行为、起诉政府及与客户的关系、非歧视原则"等检察官职业行为要求。手册作为内部文件不具有法律效力,其旨在引导检察官科学、公正地运用裁量权以实现司法正义。相较于其他规范性文件,《合众国检察官手册》最大的特点在于和商业活页服务一样,每季度更新、每一年汇总向美国检察官发行,并在司法部网站上对公众开放,便于公众对检察官行使权力的监督。

---

① 祁建建:《美国律协〈刑事司法标准〉之〈有罪答辩标准〉评析》,载《中国刑事法杂志》2016年第5期。

(二)检察官职业伦理的内容

鉴于本文主要研究的是检察官职业伦理,而美国检察官职业伦理的特别规定主要集中在1974年《刑事司法准则》、1977年《全美检察准则》、1983年《职业操守模范》和1998年《合众国检察官手册》等文件中,因此我们主要考察上述规范关于检察官职业伦理的内容。

1. 突出检察官客观公正的义务

《刑事司法准则》第3章"检察职能"规定,检察官负责刑事检控,身兼司法行政管理、国家公诉和法庭职务,承担追寻正义而不单单为追究犯罪,对刑事审判实体和程序法律的缺失应尽力弥补,同时知晓并遵循有关职业传统、伦理和法律方面的要求。① 第4章"检察侦查"一章规定,检察侦查通过获得合法、充分事实证据,帮助检察官作出是否起诉、以何罪名起诉等客观公正的判断,进而确保有罪者受到惩处、无辜者不受起诉。《全美检察准则》开篇就鲜明指出:"检察官为刑事司法系统的独立司法行政官,检察官的主要职责在于追求正义,确保有罪者受到追究、无辜者不受伤害,同时尊重被害人权利。"②无论检察官参与何种活动,其首要考量为公共职责。检察官行使检察裁量权、证人责任豁免等职权的时候应将社会利益置于重要位置,必须在收集信息和公共安全利益的重要性之间进行平衡。只有掌握充分的可采性证据时,才能启动对被告人权利影响甚大的刑事指控。③《职业操守模范》在关于职业伦理的对象要求中统一用语"lawyer",但其视检察官为代表人民的政府代表,身兼追求正义的重任,非寻常眼界且局限于蝇头小利的律师所能同日而语。④ 特别是第3.8条注明"检察官特定责任",规定检察官在提起公诉的过程中,基本职责并不是要证明被告有罪,而是实现公平正义。

2. 强调检察官独立判断的权利

《全美检察准则》指出,检察官在决策过程中应当独立判断,对已

① American Bar Association Standards for Criminal Justice – Prosecution Function, Standard 3 – 1. 2 the Function of the Prosecutor.

② National Prosecution Standards-General Standards, Standard 1 – 1. 1.

③ National Prosecution Standards-General Standards, Standard 1 – 1. 2.

④ 参见张鸿巍:《美国检察制度研究》,人民出版社2009年版,第283页。

经、即将或可能干扰司法行政的职业不端行为作出回应。无论是选择指控还是决定分流，检察官都不应屈服于外界压力。当现实或者潜在利益冲突的存在阻碍检察院对刑事案件实施调查或检控时，检察院应任命或寻求任命特别检察官，或依法转介该事项至适当政府机构。①《合众国检察官手册》规定，检察官起诉时应考虑既定的社会政策、适当的非刑事替代性措施、被告人是否愿意合作等合理因素，而不得将个人种族、宗教、性别、民族、政治、派别、个人活动及信仰；检察官个人对于被告人的情感，被告人的社会关系及被害人的因素；对检察官个人职业或个人情况潜在的可能影响等偏见作为是否对被告人提起公诉的参考标准。②

3. 强调检察官与相关主体的合作

《刑事司法准则》规定了检察官与警察和其他执法机构的合作关系，尤其强调侦诉人员分离原则，要求检察官不得指导或建议他人使用检察官不得使用的手段来规避检察官职业伦理规范。③《全美检察准则》规定，检察官在与内部检察官、法院、执法部门、嫌疑人及被告人、辩护律师、被害人、证人、新闻媒体发生关系的过程中，应当在其他检察院、执法部门间应保持良好的关系，加强工作正面沟通与信息交流，实现资源及调查信息共享，促进刑事司法系统平稳运行，以确保全面实现“最佳司法利益”。检察官对于被害人、证人应履行传递信息、协助、保护等义务。④《合众国检察官手册》在“环境与自然资源”章节规定，联邦检察官办公室和各地区检察官办公室应合理分工、互助协作，建立信息通报、信息同享、监督协作等机制，发挥检察监督合力。⑤

4. 强调检察官对司法不端行为的举报职责

《全美检察准则》规定，地方检察官作为对其司法区负责的公共官

① National Prosecution Standards- General Standards, Standard 1 – 1.6, 1 – 3.5. National Prosecution Standards-Pre-trial Considerations, Standard 4 – 2.

② United States Attorney's Manual-Organization and Functions.

③ American Bar Association Standards for Criminal Justice- Prosecution Investigations.

④ National Prosecution Standards-Relations, Standard 2 – 4.3, 2 – 5.

⑤ United States Attorney's Manual-Environment and Natural Resources Division.

员,既是法庭官员,也是刑事司法系统的关键成员,追求正义是每个检察官所必须承担的责任。如果发生司法丑闻,不管是检察官、律师还是法官,则整个司法系统将为之蒙羞,也使公众产生该系统内所有成员均贪腐的误解。因此,检察官必须担任"守夜人"的角色,对检察官内部、辩护律师和法官的不端行为具有举报职责,以抵制司法不公及贪腐。①

5. 强调法律职业共同体的尊重和礼仪

《全美检察准则》规定,检察官无论在庭内还是庭外,在与所有职业联系打交道过程中,无论面对的是被害人、证人、执法人员、辩护律师、法官、陪审员还是被告人,都应以较高的尊严与诚信要求来规范自己,始终保持对司法体系及对法庭的应有的尊重,行事端正、公平与礼貌待人。这既是检察官职业化的要求,也是专业化的一个方面。②

6. 检察官指控犯罪刑事诉讼中的行为规范

《全美检察准则》规定,除非法律或者相应伦理规范另有规定,检察官向大陪审团提交证据应遵循以下规定:公开无罪证据、排除非法证据、尊重当事人特权保护、不得不当影响证人、不得意图让证人自证其罪、不得提交伪证、不得作虚假陈述。在刑事庭审之前或者过程中,检察官不应作出实质上很可能损及司法程序公正的法外陈述。③《职业操守模范》规定,检察官需要承担审慎提起检控、保障被告人获得律师帮助的权利、不可以寻求无辩护人的被告人放弃重要审前权利、及时披露无罪或罪轻证据或者信息、除有特殊理由不传唤律师出庭来获得相关证据、避免不当的法外陈述、及时披露和调查罪疑证据以及对罪错判决的纠正弥补等职业伦理义务。④

7. 检察办案及时性和谦抑性原则

《全美检察准则》规定,检察官履行追求正义的职责时,应铭记

① National Prosecution Standards-Relations, Standard 2 – 4.4, 2 – 6.5, 2 – 8.6.

② National Prosecution Standards-Relations, Standard 2 – 6.1, 2 – 8.1.

③ National Prosecution Standards-Relations, Standard 2 – 14.4. National Prosecution Standards-Investigations, Standard 3 – 3.5. National Prosecution Standards-Pre-trial Considerations, Standard 4 – 8.2.

④ Model Rules of Professional Conduct-Rule 3.8 Special Responsibilities of A Prosecutor.

“迟来的正义非正义”这句格言。从社会的角度来看,延迟对违反刑法行为的处置使刑事司法系统稳定性和效率性充满不确定性。被告人对其未来状态,被害人及其家庭成员也对案件知之甚少。简单来说,延迟不符合任何人的“最佳利益”。①《合众国检察官手册》在“刑事”章节规定,要重视刑法谦抑原则和特殊预防的经验,在是否作出起诉决定时,既要看有无充分的替代性非刑事救济,又要看对具体行为人的效应。②

(三)美国检察官职业伦理规范的特点

相较于大陆法系国家,美国检察官职业伦理规范除了也强调“客观中立”“相互合作”“法律监督”等普遍价值外,更突出检察官的独立判断、道德指引、内部自律。

1. 强调检察独立甚于检察一体

检察一体原则是大陆法系国家检察机关普遍实行的组织原则和活动原则,但如上所述,在美国检察官职业伦理规范中更强调检察官不受干扰、独立判断的权利,而很少见到关于检察官内部一体领导的规定。究其原因,美国是一个联邦国家,其检察系统是一个“三级双轨、相互独立”的检察体制,联邦、州和地方检察系统相互独立,之间不存在行政隶属和上下级关系,呈现出明显的非集权、分散性和独立性特征。③司法部部长兼任联邦检察总长,但主要负责人事等行政管理,州检察长只是名义上的首席检察官,实际上由于其是民选官,大多从事政治性活动,不承担具体的公诉检察职能,也无权过问地方检察官的办案工作。

2. 更加注重对检察官行为的激励和引导

富勒将道德规范区分为“义务的道德”和“愿望的道德”,其中前者“可比之于语法规则”,意味着尊重社会生活的基本要求,后者则相当于“批评家为卓越而优雅的写作所确立的标准”,意味着实现个人全部潜能。④ 就检察官职业伦理规范而言,美国检察官的职业伦理偏向于

① National Prosecution Standards-Pre-trial Considerations, Standard 4 - 10.

② United States Attorney's Manual-Criminal.

③ 参见张鸿巍:《美国检察制度研究》,人民出版社2009年版,第38页。

④ [美]富勒:《法律的道德性》,商务印书馆2005年版,第8页。

后者,以引导激励为取向而淡化违反规定的责任。例如,1908年《职业道德规范》,明确其旨在"指导律师朝法律工作最理想的道德境界努力",是"来激励律师而非规范律师的行为"。《全美检察准则》也特别说明该规定不适用于"司法机关决定检察官是否犯错或从事不端行为"和"被惩戒机构于提出违反伦理规范的指控"。不过,虽然上述检察官职业伦理本身并不是严格意义上的法律,但它们往往是联邦和地方法院制定法庭规则的重要范本。因此,可以说美国检察官的职业伦理规范实际上是对检察官设定了较高的道德目标,虽然个体达不到也不至于惩罚,但其为检察官职业行为设定了指引和界限。

3. 突出法律职业共同体的内部自律

在违反职业伦理的惩戒方面,虽然法院拥有从批准从业到取消资格的一切权力,但几乎所有的惩戒都由律师协会全程调查并最终向法院提出惩戒建议。究其原因,美国检察官的基本角色定位是"公职律师"或者"政府律师",根据美国联邦颁行的《马科达德－马斯亚法》和《全美检察准则》规定,联邦检察官必须遵守所有州协会的道德准则,地方检察官应参与当地律师协会。因此,在美国要想成为检察官必须首先成为律师,而且必须加入美国律师协会或者当地的律师协会,这就使检察官对于这些协会总体上呈现出从自愿到强制的"一体化"义务特征。① 虽然美国检察官职业伦理的法律渊源很多,但实际上针对检察官的职业伦理规范主要是由代表律师协会或者检察官协会制定,其对检察官也相应获得较大的监管权限。

(四)美国检察官职业伦理建设的启示

1. 检察一体与独立行使职权的伦理冲突是各国检察官职业伦理规范中面临的一个待解难题。一方面,依法独立行使职权是国际上通行的检察官职业伦理准则,联合国《关于检察官作用的准则》中规定:"检察官作为司法工作的重要行为者,应在任何时候都保持其职业的荣誉和尊严。""各国应确保检察官得以在没有任何恐吓、阻碍、不正当干预或不合理地承担民事、刑事或者其他责任的情况下履行其专业职责。"

---

① 参见张鸿巍:《美国检察制度研究》,人民出版社2009年版,第281页、第291页。

“检察官在履行职责时应不偏不倚履行其职能,并避免任何政治、社会、文化、性别或任何其他形式的歧视。”但是司法独立本身不具有终极价值,而只具有一种工具价值,司法独立的最终目的是确保司法公正的实现。在日本,每一个检察官都被定义为政府机关,是日本检察制度的特别之处。检察官是具有行使检察权权限的政府机关,每个检察官作为政府机关,都有行使检察权的权限,而并非只有检察厅的长官才有这种权限。在执行检察事务方面,检察官以自己个人的名义而不是以检察总长或检察长辅助者的名义来独立地履职行权。正因为检察官不是唯命是从地服从所属检察厅的长官命令,而是具有自主决定权和代表国家意志的独立机关,日本检察官被称为“独任制官厅”。①

另一方面,检察一体原则是在承认检察官独立性的前提下而设立的。美国本身是一个联邦制国家,这种“分散制”的社会传统导致美国检察机关的组织体制具有很强的分散性,在检察领导体制上也存在非集权和独立性的特征。但是,考虑到检察官是代表国家追诉犯罪,检察权的行使必须有整体性、一致性,以免追诉标准不统一造成检察官在面对具体案件时无所适从,实际上美国检察系统也在作出相应的量刑指南和行为指导。同时,针对恐怖主义、互联网犯罪等新型犯罪,为了使检察权行使更加有高效有力,美国联邦检察系统也十分注重发挥团队力量。在检察署中,每个检察署中的检察官是绝对的领导,以个人负责制为基础,权力很大,例如,在是否起诉、辩诉交易、起诉范围、起诉对象等方面具有很大的自由裁量权。② 但是在团队里面,助理检察官、司法警察、技术人员等一般成员都不具有典型的独立性,他们作为检察官手脚的延伸,所有行为必须听从检察官的指挥和安排。

2. 检察官职业伦理如何进行分类和分层,需要根据各国对于检察官职业行为规范的目的决定。伦理与道德最大的不同在于伦理的规则性。伦理是整体,包括人际行为事实如何的规律及其应该如何的规范;道德是部分,仅是人际行为应该如何规范。③ 前者更重理论性,后者偏

① 裘索:《日本国检察制度》,商务印书馆2003年版,第25页。
② 何家弘:《检察制度比较研究》,中国检察出版社2008年版,第21~22页。
③ 王海明:《新伦理学》,商务印书馆2001年版。

重可操作性。美国检察官职业伦理规范最典型的特征就是行为指引规则化和程序化,但是其责任的缺失,使其检察官职业伦理的约束力有所弱化。现代应用伦理学发展的一个重要特征是责任伦理的发展,更强调伦理主体的责任和程序性,而不是高尚性和实体性。检察官职业行为规则属于职业伦理的外部表现形式,必须具有一定的程序性和责任性要求。这一点我们可以借鉴邻国日本的经验。为保证伦理规范的施行,日本设立了内部伦理监督官和相对独立的人事院及人事委员会,人事院有权就职业伦理问题进行调查、研究、培训、监督、审查,对违规人员采取处罚措施。人事院对内阁保持相对独立,人事委员虽然由内阁提名,但必须经国会两院同意后方可任命,其人事和资金预算也是独立的;有权就人事和职业伦理问题直接向国会提议,既有制定、修改、废除相关伦理规则的准立法职能,也有贯彻公务员法令的行政职能。同时对不正当处分之情形,还有准司法职能的审查及裁决权,在日本政府系统中居于特殊地位。日本《检察厅法》第23条有关于职业伦理惩罚的规定,比如检察官缺乏效率、严重违反职业纪律、或因其他身心障碍导致履行职务之不能,经检察官资格审查委员会①审查决议后,可以免去其职务;对所有检察官进行三年一次的定期审查;依据法律规定,只有检察官资格审查委员会具有罢免检察官的权力,其他任何组织或个人无权罢免检察官,以保障其公正执法。相较而言,我国检察官职业伦理规范都属于实体性规范,而缺乏配套的程序性伦理规范作为实施的保障,大大降低了规范在实施上的价值。

3. 检察职业伦理规范与各国整体法治发展的进程及法律职业共同体的状况有着密切的关联。法治发展程度越先进的国家,法律职业共同体的凝聚度越高,相关法律职业伦理规范通常是由职业团体依据法律授权制定,不仅覆盖面较广,内容也详细和周延,同时由于其独立性和权威性,相关法律职业伦理规范的执行也往往依赖于职业团体的内部自律行为。相对而言,大陆法系国家的检察官一般不是从律师中选任,而是主要从法律院校的毕业生中选拔,通过考试、见习、培训等方式

① 日本的检察官资格审查委员会是由国会议员、法官、律师及学者等组成,担任委员的国会议员中,应有2名参议院议员和4名众议院议员,分别由参议院和众议院选出。

培养而成,且多是实行任命制而非选举制,尽管法官、检察官由于相同的培养途径、相同的资格条件,二者在身份认同和职务联系十分紧密,在职业伦理层面具有相似性。而大陆法系的律师在任职和管理方面与法官、检察官差异较大,其在内心也认为自己是在野法曹,而且律师和法官、检察官职务调换的途径和频率较窄,职业伦理的要求相对没有法官、检察官那么高,因此是否要采用类似于美国这种由法律职业共同体制定和执行职业伦理规范的模式,需要具体结合各国的法律生态环境而定。

五、办案责任制改革中检察官职业伦理建设的建议

(一)名正言顺:明确检察官的主体法律地位

如上文所述,域外检察官制度都特别强调检察官的独立性和身份保障。与之相比,我国对于检察官的定位,无论是主任检察官还是独任制检察官,都只意味着具有代表人民检察院依法行使检察权的资格和身份,而不是独立的机构或者官署,并不具有英美法系、大陆法系国家检察官那样的独立法律地位和完整的办案主体资格。① 但是,所有检察权最终都要落实到具体的检察官,没有检察官的相对独立就不可能有检察机关的独立行使职权,确认承办检察官具有独立自主决定案件的权限,是构建权力与责任相协调的办案机制的逻辑起点。② 否则不管检察官职业伦理规定得多么完美,其在检察官办案责任制改革中、在保障检察官的依法独立公正行使检察权方面都存在制度上的缺陷。

具体到制度层面,笔者认为在当前司法改革的背景下,保证检察官独立办案的主体地位,第一,要严格落实中办、国办印发的《领导干部干预司法活动、插手具体案件处理的记录、通报和责任追究规定》和中央政法委印发的《司法机关内部人员过问案件的记录和责任追究规定》(以下简称"两个规定"),进一步健全和完善检察权运行制约监督体系,切实杜绝说情打招呼、违规干预司法等情形,把干涉检察官办案

① 参见朱孝清主编:《检察学》,中国检察出版社 2010 年版,第 289 ~ 290 页;谢鹏程:《检察官办案责任制改革的三个问题》,载《国家检察官学院学报》2014 年第 6 期。

② 参见杜磊:《检察官办案责任制改革探索》,载《环球法律评论》2015 年第 3 期。

的权力关进制度的笼子里,确保秉公用权、依法办案、廉洁司法。按照上述两个规定的要求,检察机关领导干部和上级检察机关检察人员因履行领导、监督职责,需要对正在办理的案件提出指导性意见的,应当依据程序以书面形式提出,口头提出的,检察人员应当记录在案。检察官在办案过程中遇到给检察机关人员干预、插手、过问检察机关司法办案的,应当做好记录、通报和报告,严肃追究相关责任。“两个规定”既能排除外部对检察权行使的违法干预和影响,建立“防火墙”和“隔离带”,又能促进检察人员自觉规范自身言行,防止违规干预和过问他人办理案件,为检察官依法独立公正行使职权提供制度保障和救济途径,具有极好的规范指导作用,应当成为检察官独立办案的首张保护牌。

第二,从本质上来看,检察官责任制是一种承办负责制,就是谁办案谁负责。承办负责制是主导性责任机制,一般案件的办理,不是以主任检察官为中心,而仍然应当以承办检察官为主体。① 根据上海市司法改革的相关文件规定,本次司法改革方案中对检察官案件决定权的确立主要体现在两个方面。首先,制定了检察官授权清单,明确应当由检察长或者检委会依法行使的权力,将办案中的大部分权力授权给主任检察官或检察官行使。其中法律明确应当由检察长、检委会行使的职权由检察长、检委会行使,其他经检察长授权的案件处理均由主任检察官和检察官独立作出。其次,主任检察官、检察官在职责范围内,根据事实和法律独立办理案件。② 主任检察官领导下的各办案组直接受检察长的领导,对检察长负责。如此,检察官审查案件的权限在制度上得到了确认,其在案件审查过程中的独立权力也得到了拓展和保障,而这则是办案责任制能够真正得到落实的根本保障。

第三,最高人民检察院为了摸索改革经验而于2013年开始在7个省市17家检察机关试行的主任检察官制度是以主任检察官为基数组成办案组织,主任检察官负责组内案件的审批和其他管理工作。而在

① 樊崇义等:《主任检察官办案责任制三人谈》,载《国家检察官学院学报》2014年第6期。

② 摘自《上海市检察改革先行试点工作总结》及《关于上海检察改革试点工作若干问题的意见》。

本次司法改革中,主任检察官制度在吸收域外经验的基础上又作了新的改良,即变主任检察官对组内检察官办理案件的审批权为审核权,主任检察官可以提出意见但不能直接改变检察官审查结果。如果双方无法达成一致意见,主任检察官可以将案件提交检察长或检委会决定。审批与审核虽只有一字之差,但却是对检察官独立审查案件权力的有力保障。

综上所述,我们建议在修改《人民检察院组织法》时增加以下规定:第一,赋予下级检察院、检察官和检察官办案组具有独立的执法主体资格和责任能力,领导干部不得干预司法活动、插手具体案件处理,司法机关内部人员不得过问案件。第二,明确检察机关的办案组织主要是独任检察官和检察官办案组,独任检察官也可以编入检察官办案组进行管理。第三,除法律规定必须由检察长或检委会行使的职权外,其他案件处理决定可以由检察官或者检察官办案组独立作出。检察官办案组的负责人为主任检察官,属于主任检察官有权决定的事项,主任检察官对其决定负责。

(二)监督制约:明晰检察一体原则的实施规则

"一个国家检察官的性质与检察官在宪法、法律上的地位有着重要的关系,更与该国刑事诉讼的结构和模式关系密切"。① 在我国,在赋予检察官独立依法决定权力的同时,为了保证检察官的主体地位,加强内部监督制约,也相应地设置了检察一体原则的规定——检察官非经检察长指派或者授权并以人民检察院的名义对外进行的活动不具有法律效力——保证上级检察院、检察长、检委会对司法办案工作的领导权和指挥权,加强上级院、检察长、检委会对司法办案的领导和监督制约。但是,长期以来我们对于检察官的管理,实行的是与行政机关相同的行政级别管理体制,采行政绩效考核,但与行政机关不同的是,检察机关的核心在于办案业务而非行政事务。这种与检察机关工作内容不相匹配的管理模式便可能造成部分检察官心系考核而忽略办案,甚至是因害怕承担责任而不敢办案,依赖于领导审批现象的出现。如此,检察官的首要责任在于定分止争,维护社会的公平正义,而检察官的考核

① 陈国庆:《检察制度原理》,法律出版社2009年版,第54页。

却取决于行政绩效和领导意见,检察官在工作中所起到的效果可想而知。因此,实行检察一体原则,最重要的是建立一个明确的游戏规则,使检察权行使的方式透明化,让作为独立官厅的检察官抑或是具有领导指挥权的上级检察长官,都可以成为被监督的"监督者",其违法违规责任同样可以得到及时有效追究,这才是检察组织伦理健康发展的唯一正解。①

笔者认为,解决检察官独立与检察一体原则冲突的游戏规则,主要内容就是权力配置、书面意见、职务移转、责任承担。具体来说,第一,根据"谁办案、谁决定、谁负责"的总体原则,积极探索决定权、审核权、承办权的职权定位和责任归属,通过设定权力清单,细化明晰规范职权行使,确保司法责任制落到实处。第二,上级检察机关或者检察长对下级检察官发出指令,必须要有制度依据,而且要以书面方式为之。如果检察官接受意见的,继续办理此案,但此时检察官要自我负责,为自己的决定承担责任。如果检察官不接受意见的,上级检察机关或者检察长可以指派其他检察官或者亲自接替该检察官,不能强令其遵守。无论是提出书面意见还是职务移转,都有一个同样的结果,那就是责任转移,即谁决定,谁负责。② 第三,如果上级检察院或者检察长认为检察官不适宜执行某项职务或者在事务处理意见上存在分歧的,可以行使职务替代权和职务转移权,但必须采用法律文书的形式作出决定或者指令并代位承担责任。至于有的国家赋予检察官在职权范围内独立行使检察权的特权,规定检察官对上司的反抗之权或者拒绝上级的命令,允许检察官在法庭上的言论不受上级的左右,所谓"口头可自由、笔杆听上司"的做法③,笔者认为,尽管这种对检察一体的限制,加强了检察官的独立,有利于防止检察权运行的政治化、地方化,避免检察一体原则的负面影响,但在现阶段,与我国检察领导体制和原理不符合,也与

---

① 王永:《我国检察官职业伦理规范研究》,山东大学2012年博士学位论文,第83页。

② 参见林钰雄:《检察官论》,法律出版社2008年版,第202~216页;谢鹏程:《检察官办案责任制改革的三个问题》,载《国家检察官学院学报》2014年第6期。

③ 参见宋远升:《检察官论》,法律出版社2014年版,第184页。

我国政治法律历史文化传统相悖,应慎重考虑,不宜贸然照搬。第四,建议加强职能部门之间的配合和制约,提升法律监督效能制定,在推进检察官依法独立行使办案职权和检察官办案责任制的同时,通过侦诉联动、捕诉衔接等长效工作机制,充分整合各职能部门的法律监督资源,补齐工作短板。

(三)因地制宜:围绕检察权运行规律设定职业伦理

南宋哲学家朱熹在《近思录》中提道:"学之道,必先明诸心,知所往,然后力行以求至,所谓自明而诚也。"推行检察官办案责任制改革,出发点是突出检察官办案主体地位,核心则是探索检察权的科学运行方式。因此,研究检察官职业伦理建设必须要围绕检察权运行的特点和内在要求进行。按照西方"三权分立"理论,检察权在严格意义上不是一项独立的国家权力,既然不能是立法权,只能将之放到行政权或司法权中来研究,因此西方"三权分立"理论是我国有些学者主张检察权是行政权或者司法权的理论来源。我国《宪法》第三章第七节将人民法院和人民检察院在一节中加以规定,成为将人民检察院和人民法院并列为司法机关,将检察权理解为司法权的法律依据。另外有学者认为检察权是法律监督权,则是受苏联检察权理论和我国宪法、人民检察院组织法将检察机关定位于法律监督机关的影响。我们认为,检察权作为国家权力结构中的重要组成部分,如何界定其属性和对其配置作出优化,是一国政权建设的重要内容,对此不能硬性套用国外的某些理论和经验来研究我国检察权的属性,我国检察权有其自身的独立性,是一项独立的国家权力。

检察权,是国家权力的重要组成部分,我国还没有综合统一的检察法,我国检察机关的职权分别由宪法、人民检察院组织法、检察官法、刑法、刑事诉讼法、民法、民事诉讼法、行政法、行政诉讼法等国家法律加以规定。依照宪法和法律,检察机关是我国的法律监督机关,在刑事诉讼中承担了审查批捕、出庭公诉和职务犯罪侦查的职责,负有对侦查、审判以及刑罚执行活动监督的重要职能。这些职能中,审查逮捕、审查起诉、抗诉等工作都具有鲜明的司法属性。如审查逮捕,对于一个公民是否采取羁押措施在许多国家都是由法官审查决定的;又如审查起诉,在英美法系国家,曾经出现过一些案件必须由大陪审团作出裁决后才能提起公诉;再如不起诉,不起诉决定是一项确定实体处理具有终局性效力的决定,司法裁决的性质明显。此外,检察机关的诉讼监督职能,如立案监督、侦查监督、执行监督等,需要检察机关以外部监督者的身份,秉持法律统一实施的责任来开展,是一种法律监督行为,同样具有司法监督属性。

综上所述,笔者认为,检察官办案责任制改革中,在司法属性较为突出的公诉、侦监等刑检部门,检察官的判断性和独立可操作性比较强,在办理一般案件时可以采用独任检察官加辅助人员的模式办理案件,在办案要求上也可以较多地强调独立的职业伦理。而在职务犯罪侦查、诉讼监督类等案件,以及重大敏感、疑难、复杂类刑检案件中,案件侦查、起诉过程较长,社会关注度高,仅靠单个检察官单枪匹马很难开展工作,这时应该由主任检察官、检察官、辅助人员组成检察官办案组模式,检察官办案组在主任检察官领导下行使承办权,相应地,这时更多地需要强调检察官之间的紧密合作、同甘共苦的"心理一体",以全体协作的职业伦理要求,全体检察官群策群力、共同履行职务,共同担当外界干扰或办案压力。[①] 此外,十八大后党中央对检察机关在法律监督和职务犯罪侦查中的职权和体制提出了新的要求。为了加强对国家和社会公共利益的保护,促进行政机关依法行政、严格执法,党的十八届四中全会提出探索建立检察机关提起公益诉讼制度,十二届全国人大常委会第十五次会议审议通过了《全国人民代表大会常务委员会关于授权最高人民检察院在部分地区开展公益诉讼试点工作的决定》,2015年7月2日,最高人民检察院发布了《检察机关提起公益诉讼试点方案》。试点方案明确了,检察机关提起民事公益诉讼的案件范围限定在污染环境、食品药品安全领域侵害众多消费者合法权益的案件,提起行政公益诉讼的案件范围限定在生态环境和资源保护、国有资产保护、国有土地使用权出让领域造成国家和社会公共利益受到侵害的案件。2016年12月25日第十二届全国人民代表大会常务委员会第二十五次会议通过《关于在北京市、山西省、浙江省开展国家监察体制试点工作的决定》,将人民检察院查处贪污贿赂、失职渎职以及预防

---

① 万毅:《检察官职业伦理的划分》,载《国家检察官学院学报》2014年第1期。

职务犯罪等部门的相关职能整合至监察委员会。对此,笔者认为不管是职能的扩展还是调整,对于检察官职业伦理的要求并没有减弱而是加强,在民事行政公益诉讼和职务犯罪的侦查起诉中,检察机关承担的任务和压力更大,更加需要强调检察一体的整体协作观念。

(四)伦理分层:由伦理关系向责任伦理转化

伦理关系是指人与人之间、反映其伦理规定的关系。在检察官的职业伦理关系中,体现这种伦理关系的最主要方式是相关主题间的交互作用及实践。① 在这个范畴的检察官职业伦理,主要是指检察官处理检察活动所涉及的社会关系所应遵循的人伦准则。恪守检察官职业伦理就是要扮演好职业角色,履行好检察职责,处理与当事人、同行以及法官、警察和律师关系。② 具体来说,检察官与被告人之间需要秉持彼此平等和相互尊重,通过这样的职业伦理建构来控制检察官的专横权力,实现检察官与被告人之间力量的平衡。检察官与法官之间需要提升检察官职业伦理的使命感,通过职业伦理建设强化检察官法律监督的自觉性,实现检察官与法官之间的力量平衡。检察官与被害人之间需要重新认识被害人的主体地位,认真对待被害人的自由选择权利,实现检察官与被害人的平衡,检察官与辩护律师之间需要立足于法律职业共同体建设,以相互尊重来实现检察官与辩护律师之间的力量平衡。③

职业伦理是某种职业或者专业的从业人员以伦理自然规律为基础,根据本行业的专业知识,经过逻辑推演而形成的伦理。西方传统意义上的“职业”(profession)主要是指具有某种学识,而享有特权并承担特殊责任的某些特定的服务型行业。法律职业不同于一般的职业(occupation),基于三大基石:专业性、公共性和自治性。④ 因此职业伦理是一个含义不断变化的概念,一般包括意识、行为和规则三个层次,包含责任伦理、信仰伦理、德性伦理三个方面。

---

① 宋远升:《检察官论》,法律出版社 2014 年版,第 47 ~ 48 页。

② 李文嘉:《检察官伦理的养成》,载《国家检察官学院学报》2015 年第 6 期。

③ 宋远升:《检察官论》,法律出版社 2014 年版,第 48 ~ 51 页。

④ 季卫东:《法治秩序的构建》,中国政法大学出版社 1999 年版,第 198 页。

检察官职业伦理是维护检察职业形象的重要手段,是提升检察公信力的内在要求,也是加强高素质检察队伍建设的必然要求。检察官的责任伦理不能是指政治家的那种政治伦理职责,而应该具有高度的职业化特点。所谓检察官的责任伦理,是处理检察官履行职责时所形成的相关社会关系应当遵循的人伦准则,属于检察官职业行为的基本要求,如果违反则需要予以职业惩戒。所谓检察官的信仰伦理,是指检察官作为法律守护人依法使用检察监督权力的承诺,要求检察官养成法律思维、理性思维和程序思维的品格,具有比被监督者更高的法律修养和对法治的献身精神。[①] 所谓检察官的德性伦理[②],是指检察官履行检察职能,实现公平正义,维护国家社会公共利益的卓越成就。从域外法律职业伦理发展历程看,其经过从早期职业伦理戒律到条文式职业行为规则直到20世纪80年代之后向"哲学与道德"回调的趋势。[③] 但现代应用伦理学发展的一个重要特征则是责任伦理的发展,更强调伦理主体的责任和程序性,而不是高尚性和实体性。例如,我国台湾地区"法务部"1996年6月24日颁布、2003年8月15日修正的《检察官守则》总计21条涵盖了检察官的使命、办案态度、操守、检察一体、执法原则、专业知识及对外言行社交等,比较全面地囊括了检察官职业伦理的核心价值与理念。其中第1条就规定"使命","检察官应坚持人权之保障及公平正义之实现,并致力司法制度之健全发展,不因个人升迁、尊荣或私利而妥协。"明确了检察官的职业信仰伦理。接下去的条文则从"公正""认真""恳切""效率""比例原则""检察一体""利益回避""侦查不公开""言论谨慎""保密""廉洁""慎重交友""禁止参加政治活动""禁止参加不当社会活动""从事非本职工作之禁止及例外""禁止以不当方式参与商业活动""避免涉及不适当之金钱往来""馈赠

① 李文嘉:《检察官伦理的养成》,载《国家检察官学院学报》2015年第6期。

② "德性"在中国道德文化语境中主要指人的"品德",在西方道德文化语境中则是指人或物的角色、身份、职业、特性相称的"卓越成就",例如,在古希腊人那里,武士的德性就是其勇敢;智者的德性就是其智慧;教师的德性就是教书育人的成就,等等。参见万俊人:《路难岂止是长安》,载《读书》2017年第1期。

③ 许身健:《欧美律师职业伦理比较研究》,载《法律职业伦理论丛》(第2卷),知识产权出版社2015年版,第4页。

财物之禁止及限制”“接受招待之禁止及限制”等方面规定了检察官应当实践的公共利益、廉洁之规范、执行职务之规范，这些可以说是检察官的基本职业要求。最后的第21条是“充实新知”，要求检察官应精研法令，并随时充实办案所需知识技能，以掌握社会动向及最新犯罪形态，打击犯罪。这可以称为追求专业卓越的德性伦理。笔者认为，检察官职业伦理最主要的内容是责任伦理。因此，未来应重点通过改革法学教育和职业培训、制定检察官伦理规范、完善职业伦理监督、评价、奖惩机制等来培养检察官的职业责任伦理。

（五）底线伦理：检察官办案责任的分辨界限

责任伦理本身是规则规定，其特征是责任的分辨。底线伦理则是基于现代法治社会最基本的法律制度，针对公共权力拥有者、使用者的制度化的伦理要求。虽然，在理性主义占据垄断地位的现代社会，对于检察官的职业伦理规范而言，更主要的是一种可以具体操作的责任型伦理规范。[①] 但在司法伦理学上，责任概念不仅仅是产生于外在的强制规范，还包含了正义、善良意志等自然法概念。不同职业伦理下产生的职责是完全不同的，其所产生的职责含义甚至会与遵循人类基本生存准则而产生的职责含义处于对立的两极。有把枪口抬高一厘米的主权是应主动承担的良心义务。任何人都不能以服从命令为借口而超越一定的道德伦理底线。[②] 检察官的职业伦理来源于责任感，检察官办案责任制就是要求检察官保持职业伦理责任感并为其职务行为的后果承担责任。尤其是一些底线伦理和行业规范，检察人员履职必须遵从，一旦违反即不适合做一名检察官。

从比较法的视角看，无论是国际检察官职业伦理（如联合国《检察官角色指引》和国际检察官联合会《检察官专业责任守则和主要职责及权利的声明》），还是世界各国检察官职业伦理，都规定有两种类型的职业伦理规范，其中惩戒性规范作为底线伦理，一般比较具体；期待

---

① 宋远升：《论检察官职业伦理的构成及建构》，载《法学评论》2014年第3期。

② 如德国法西斯的鹰犬艾希曼的价值观，汉娜·阿伦特认为是一种“庸常之恶”，职责借口的犯罪比其他犯罪更邪恶，其没有内心的谴责。参见萧瀚：《法槌十七声》，法律出版社2013年版，第131页。

性规范作为上线伦理则比较抽象。因此笔者认为,在检察官办案责任制改革的背景下,检察官职业伦理建设应当更加注重对检察官职务行为的指引或提示,探索完善因执法办案造成严重后果或恶劣影响等情况的追责制度,确定司法责任和承担主体,科学认定应承担的司法责任,真正把责任落实到"人"。尤其要明确底线伦理和确立司法责任豁免制度,对办案中虽有错案发生,但检察官恪尽职守,依法办案,没有故意、过失和严重违反办案纪律的行为,不应承担司法责任。但即使没有发生错案,办人情案关系案,严重违反法律程序的,也要严肃追责。

这一点上,笔者认为可以借鉴上海市检察改革的有益经验。上海市人民检察院根据高检院纪律规定制定《上海检察机关检察官从业规范(试行)》,并在市委政法委、市高级法院、市检察院联合下发《关于上海法官、检察官从严管理六条规定》之后,制定《上海检察机关关于严禁检察官违反任职回避规定,对领导班子成员配偶、子女和检察官配偶在本市从事律师、司法审计、司法拍卖职业实行"一方退出"机制的规定(试行)》《上海市人民检察院机关加强纪律作风建设的规定》等一系列相关配套制度措施。这些规定条文都不多,但没有停留在理念宣示的自律层面,而是通过实践中比较容易判断的具体标准转化成显在性的行为指引,如落实检察官任职回避,严禁打探案情、泄露办案秘密、干预他人办案,不得私下与案件有利害关系的人员私下接触、交往,严禁接受职权和职务影响范围内的吃请、送礼及其他任何形式的利益输送,严禁涉足夜总会、企业会所、私人会所及其他与职业身份不符的娱乐休闲场所等,获得社会的好评。①

(六)伦理惩戒:检察官办案责任的实现途径

检察官职业伦理的一项重要保障机制即为对法官、检察官的纪律惩戒,因此在制定了相应的检察官职业伦理规则的同时,还需要有科学

① 刘栋:《为全国司法体制改革当好探路先锋——上海推进司法体制改革试点这一年(下)》,载《文汇报》2015年7月24日,第1版。

合理的奖惩途径。① 例如,我国台湾地区为提升检察形象,加速司法改革,于2000年制定了“检察官评鉴办法”,对检察官司法办案中可能存在重大质量问题的案件或严重违背职业操守等情形开展评鉴。根据台湾地区监察院公报,自1994年到2009年,被弹劾检察官共30人,其案由包括:侦办李某妹等案草率结案而予以不起诉;侦办无名儿童尸案草率结案;詹某动非法羁押174天;林某达侵占案草率办案;赖某源案监权羁押;周某参投资电玩业,借助职务机会泄密;蔡某政案关说诈财380万元,出入色情场所、多案涉及贪污及泄密。洪某贞案,建议利用“肥皂擦伤下体”保外就医;台凤公司炒作股票案;贷款于电玩业者;滥发搜索票;龙马高尔夫球队炒作股票案;出入色情场所;排解赌债纠纷。陈某任案不当关说暂缓发监,擅命警方提供资料;赵某光案意图剪灭事证;黄某杀人案不起诉、受贿、包赌、关说等;涉足色情场所、不当应酬、行为不检;未依报准出国旅游;参与赌博;制作不实笔录、滥权拘提;多次要求承办案件女性当事人发生性行为,等等。②

上海检察机关在检察官办案责任制改革过程中,成立了法官、检察官遴选(惩戒)委员会,制定了检察官个案评鉴、社会评议、年度考核、司法档案管理等制度。以检察官责任评鉴为例,上海市检察院成立司法责任评鉴委员会,委员会成员由案管部门负责人、纪检监察部门负责人、检察官遴选(惩戒)工作办公室负责人、检察业务专家、人大代表、政协委员、科研院校专家学者等9人组成。对于检察官司法办案中可能存在重大质量问题的案件、严重违背职业操守、引起社会不良反响等情形的情形,先由所属检察院提出初核意见,再由评鉴委员会进行评鉴。评鉴委员会召开全体会议,以无记名的方式决定是否需要追究检察官司法责任。认为需要追究的,应当听取检察官的意见。检察官对处理意见不服的,可以申请复议一次。对违反职业道德、违反法律枉法裁判、徇私枉法的检察官由检察官遴选(惩戒)委员会进行惩戒,确认

---

① 如在我国台湾地区,“检察官伦理规范”具有法规命令的效力,而违反此伦理规范的法律效果与检察官评鉴及惩戒机制相连接,因此具有较强的法的拘束力。参见龙宗智:《检察官客观义务与司法伦理》,载《国家检察官学院学报》2015年第3期。

② 姜世明:《法律伦理学》,元照出版有限公司2010年版,第258~259页。

检察官是否应承担责任,作为检察官业绩评价和惩戒依据,既避免司法从属于政治或者行政,也避免司法垄断、自身监控的弊端,有利于实现检察权独立行使与有效监督、制约之间的平衡,值得借鉴。①

六、结语:制度与人的相互救赎

世界上没有完美的制度,也没有完美的人。职业操守作为职业道德的外部表现和行为规范,不仅要求检察官遵循法律、秉公司法、恪守公平与正义,更要求检察官一身正气、两袖清风、清正廉洁、干净磊落,做严格司法的典范、遵纪守法的典范、廉洁自律的典范。检察官办案责任制改革为检察官职业伦理建设提供了一个较好的外部环境和发展契机。但同时,制度也并不是万能的,作为外在的规则约束,制度必须以人内在的约束为基础,没有自律的他律不可能获得成功。党的十八大以来,习近平总书记对政法队伍建设和检察队伍建设作出了许多具有深远影响的重要指示,阐明了新形势下政法队伍建设和检察队伍建设一系列带有方向性、根本性的重大问题。中央和高检院近期分别下发《关于新形势下加强政法队伍建设的意见》《中华人民共和国检察官职业道德基本准则》,是检察机关适应司法体制改革形势、提升检察队伍正规化专业化职业化水平的实际步骤。司法责任制确立检察官有职有权、相对独立的办案主体,同时也对检察官职业道德提出的更高要求。在当前司法改革的背景下,我们必须坚持权力、责任与职业伦理相统一,把职业伦理作为评判检察官的重要条件,科学设计、内心认同、综合考评,让广大检察官像敬畏"头顶灿烂的星空"一样把职业伦理准则铭记在心,提高检察机关司法公信力!

---

① 参见《上海市检察机关案件质量评查工作办法》《上海检察机关关于加强司法办案内部监督制约的规定(试行)》《上海检察机关个案评鉴实施办法(试行)》《上海检察机关关于规范检察官管理的若干意见(试行)》《上海检察机关关于检察官业务考核的规定(试行)》《上海检察机关关于规范检察权运行的若干意见(试行)》等。

司法责任制改革背景下的办案质量保障与控制

张　宇*

目　次

当前,司法体制改革不断深化,其中司法责任制改革正是其中最为核心的内容。对此,习近平总书记明确:司法责任制是牛鼻子。孟建柱在上海召开的全国司法体制改革试点工作会上指出:“完善司法责任制等改革,是这轮改革的基石,对建设公正高效权威的社会主义司法制度具有决定性影响。”笔者认为,对检察机关而言,司法责任制作为一个整体性的制度机制体系,其最为基础和关键的改革举措就是检察官办案责任制。为保证该项改革的规范实施和深入推进,最高人民检察院于2015年制定下发了《关于完善人民检察院司法责任制的若干意见》(以下简称“若干意见”)对“检察官办案责任制”及相关内容和机制进行了相对明确的规定。

贵州作为全国第一批司法体制改革试点省份,各项司法体制改革措施已全面推行。贵州省检察院袁本朴检察长强调:“通过实行检察官办案责任制,让案件承办人根据对证据和事实的审查,独立作出判断,并在此基础上决定法律适用,形成让办案者决定、让决定负责的办

* 贵州省安顺市人民检察院常务副检察长,全国检察业务专家。

案模式是实行责任制的目标。”贵州省检察院根据“若干意见”规定和袁本朴检察长要求,结合改革试点工作实际,于2015年制定了《关于完善县(市、区、特区)级检察院司法责任制明确检察官权限的暂行规定》和《关于完善市(自治州)级检察院司法责任制明确检察官权限的暂行规定》(以下简称“两个暂行规定”)。2017年3月,为进一步规范检察官办案责任制的运行,高检院出台了《关于完善检察官权力清单的指导意见》,根据该指导意见精神,贵州省检察院也在总结试点工作做法基础上,对“两个暂行规定”进行修改完善。

总体而言,检察官办案责任制的实行极大地放权于检察官或检察官办案组,尽管相应的办案责任也由其承担,但对于外部而言办案最终结果仍然是检察机关的决定和责任。为此,如何在实行改革的同时有效保障和控制办案质量是个现实而紧迫的问题。

一、检察官办案责任制改革的内涵

搞清楚检察官办案责任制与传统办案模式的区别,是我们研究其质量风险并采取有效质量保障和控制措施的前提。

(一)检察官办案责任制的概念

2013年12月,最高人民检察院制定的《检察官办案责任制改革试点方案》中明确提出“建立以主任检察官制度为主要内容的检察官办案责任制”,要求以主任检察官为基数组成办案组织,赋予主任检察官执法办案相应决定权,并在北京、上海、广东、重庆、四川、贵州等7个省市开展试点工作。2014年党的十八届四中全会通过的《中共中央关于全面推进依法治国若干重大问题的决定》(以下简称《决定》)明确要求,完善主任检察官制度,落实谁办案谁负责。这在党的历史上还是第一次对检察官办案责任制进行规定。2015年,最高人民检察院制定的《关于深化检察改革的意见(2013~2017年工作规划)》明确:“要深化检察官办案责任制改革,完善检察机关执法办案责任体系。”“若干意见”明确提出推行检察官办案责任制,实行检察人员分类管理,强调检察官必须在司法一线办案,并对办案质量终身负责。同时还明确实行独任检察官和检察官办案组的办案组织形式,其中独任检察官承办案件,配备必要的检察辅助人员;检察官办案组由两名以上检察官组成,配备必要的检察辅助人员，办案组负责人为主任检察官。在“若干意见”中，还规定了业务运行方式，检察长、检察官、主任检察官的职责权限等重要内容。

可见，司法责任制是一个完整而庞大的改革体系，包含办案组织、运行机制、职权界定、监督管理、责任追究等多项改革措施及配套制度。检察官办案责任制则是司法责任制改革中一项最为基础性和关键性的改革举措。而主任检察官办案责任制的内涵则更小，只是检察官办案责任制的一种具体形式和内容。在厘清三者的关系后，有助于我们准确把握检察官办案责任制概念和内涵。

具体到检察官责任制概念和内涵的界定上，众说纷纭，如龙宗智认为检察官责任制就是“检察官有职有权有责。能够相对独立地办理案件，作出决定。谁承办谁负责，检察官责任制也可以称为承办负责制”。① 蔡巍认为：“检察官办案责任制，是指检察官作为基本的办案组织，在履行办案职责过程中所形成的组织关系工作机制，以及为了保障检察官客观、公正、独立地行使职权而建立的保障机制和监督机制。”②重庆市检察机关“检察官办案责任制改革实证研究课题组”研究认为：“所谓检察官办案责任制，是指以检察官为办案主体，依法执行检察事务，享有相应权力，承担相应责任，并受到监督制约，从而保证案件质量、维护司法公正的一种工作制度。”③

笔者认为，以上界定都是从不同的角度得出不同的认识和结论。实质上，检察官办案责任制就是关于检察职权赋予检察官行使并承担相应责任的机制。其核心内容在于权力授予、职权行使和责任承担三个方面。

（二）检察官办案责任制与传统办案模式的主要区别

党的十八届四中全会《决定》指出：“完善确保依法独立公正行使

① 龙宗智：《加强司法责任制：新一轮司法改革及检察改革的重心》，载《人民检察》2014 年第 12 期。

② 蔡巍：《检察官办案责任制比较研究》，载《人民检察》2013 年第 14 期。

③ 检察官办案责任制改革实证研究课题组：《检察官办案责任制改革实证研究》，载《中国检察》2016 年第 25 卷。

审判权和检察权的制度。”这既是这一轮司法体制改革的动因,也是改革的目的。

在传统的检察制度构建下,且不论检察院整体的职权行使受到外部干预和影响较多,就一项具体的检察执法办案工作而言,往往实行承办人审查、科室负责人审核、分管检察长(检察长)审批的“三级审批”为主和过于倚重科室讨论、检察委员会集体决策的传统办案模式。客观而辩证地来看,这种传统的办案模式在检察机关恢复重建后的一定历史时期和执法环境下,也发挥了一定的积极作用,尤其是在检察官整体素质不高,整个外部环境对法治理解和接受程度偏低的情况下,对确保案件的总体质量、提高执法的外在权威等方面较为明显。但其弊端同样是不容忽视且越发凸显的。一方面其不符合司法亲历性的要求,违背司法办案的本质属性,造成“审的不定、定的不审”的怪现象;另一方面,传统办案模式下,层层审批导致的是办案责任层层稀释,最后往往化解于集体决策的无形。近年来逐渐曝光的一些冤假错案,其成因也直接剑指传统办案模式的弊端。“最具有司法权的检察机关而最不以司法的方式办案,这是一个突出的悖论。承办责任和决定权的完全分离,不符合检察权的运行规律,造成一线办案人员缺乏荣誉感和责任心,一线留不住法律精英,妨碍了办案质量,也对检察官队伍建设及检察机关的长远建设十分不利。”①

推进检察官办案责任制,正是为了大力解决传统办案模式的弊端,确保检察权依法独立公正行使的重要改革。其与传统办案模式的区别主要在四个方面:一是凸显检察官的独立性。改变以往检察机关内部强调执法办案大一统、上命下从的格局,通过检察官办案责任制的实行,突出检察官最为办案主体的独立地位,在司法办案中消除行政化色彩。二是回归司法办案的亲历性。自古以来,司法办案便有“听讼”“察言观色”等要求和经验总结,强调司法官员需要亲身接触当事人、审查案件证据、正确适用法律并形成理性分析判断。正如有学者所言:“必须建立健全检察办案活动中决策者亲历案件事实的工作机制。”②

① 龙宗智:《检察官办案责任制相关问题研究》,载《中国法学》2015年第1期。
② 向泽选、曹苏明:《检察规律及其启示》,载《华东政法大学学报》2010年第6期。

检察官办案责任制正是通过让检察官独立自主办案,实现执法办案活动的亲历性和决断性,从而是检察权的运行符合其规律。三是强调办案责任的确定性。检察官办案责任制改革的一个重要方面,就是落实"谁办案、谁负责"。决定的独立性伴随的是责任的确定性。这样一来,以往我们在一些冤假错案中所看到的,检察官办案草率不负责任或领导和外部稍加影响,检察官就改变正确决定等情况将极大程度上避免。四是激发检察官的能动性。检察官办案责任制的实行,改变以往职权行使的被动性,与独立性相生的除了责任,还有内生的荣誉感和责任感,这也将促使检察官增强职业归属感,注重维护自己的形象和声誉,主动提高自身综合素质,积极自觉地全面履职。

二、实行检察官办案责任制存在的质量风险

如上所析,检察官办案责任制改革是必需的,其正面和积极的效应是毋庸置疑的。但改革作为打破一种既有惯性的举措,其可能导致的阻力和偏差我们也应当充分估计并作出防范性应对,这样才能确保改革的正确方向、实现改革成果的最大化。检察官办案责任制的关键词在于"办案",而质量正是办案工作的生命线。因此,我们在推进检察官办案责任制过程中,无论是推进改革的重点、防止改革的偏差还是检验改革的成效,都必须聚焦到办案质量这个关键上来。对此,需要从检察官办案责任制改革后的办案方式、职权配置、素质能力等方面来分析。

(一)办案方式转变

"检察官的办案方式是指检察官办理案件的组织形式。根据组织形式的内容不同,可分为独任制和协同办案制两种。其中独任制是指检察官在检察辅助人员的协助下相对独立地办理案件并作出决定;而协同办案制则是指两个以上检察官相互协调或配合办理案件"。[①] 龙宗智所言基本符合改革后的实际,只是在称谓上,分为独任检察官办案制和检察官办案组办案制。实践中,因为职务犯罪侦查强调集团作战,故检察官办案组主要在职务犯罪侦查办案工作实行,另外则是在极少数复杂疑难刑事案件的起诉、重大诉讼监督工作中存在。

---

① 龙宗智:《检察官办案责任制相关问题研究》,载《中国法学》2015 年第 1 期。

独任制则是检察官办案责任制的主要方式,尤其在绝对数量(不含备案审查、行贿档案查询工作)占检察机关逾70%的办案工作的审查逮捕、审查起诉办案中,绝大多数均采用独任制。独任制意味着大量的检察办案工作相对独立的由检察官自主承担,尽管有检察辅助人员、书记员加以辅助,但其都只是作为检察官的助手,按照检察官的安排开展工作,决定由检察官作出并承担责任。与以往检察机关在相关案件办理中的二人办案制不同,传统的二人办案制一人为主办、另一人为协办,双方往往都具备办案资质,客观上存在配合与监督的关系;而独任检察官则意味着在所办理案件中,其在该类案件的授权范围内具有绝对的自主权。在这一点上,我国的改革与德国的模式相似。德国检察官的职权主要是侦查权、公诉权和刑罚执行权。"根据《德国法院组织法》第144条的规定,检察官在行使职权时,法定为检察长的代理人,对外以检察长名义进行执法,无须再获得检察长的授权,纵使检察官在内部关系上违背了上级的指令,其对外的诉讼行为仍然具有完整的效力。据此,德国检察官所采取的办案方式为独任制。"①

(二)职权范围扩大

"若干意见"专章规定了检察人员职责职权,其中明确"决定是否逮捕或是否批准逮捕犯罪嫌疑人""决定是否起诉"等10项职权由检察长(含受委托的副检察长、检察委员会专职委员)履行。但随着改革试点工作的深入推进,其中部分职权也逐渐由检察官独立行使,如对一般刑事案件的批准决定逮捕、提起公诉,等等。对此,高检院2017年3月出台的《关于完善检察官权力清单的指导意见》中,亦采取有限放开并承认的态度,明确规定:"基层人民检察院和地(市)级人民检察院的一般刑事诉讼案件中多数办案事项决定权应当委托检察官行使";"诉讼监督案件中以人民检察院名义提出终结审查、不支持监督申请的决定权,可以由检察长(副检察长)或检察委员会行使,也可以委托检察官行使"。具体权力清单的内容由省级检察院确定,根据贵州省"两个暂行规定"的(征求意见稿),也充分体现了扩大检察官授权范围的精神。根据实践,对于检察官可以行使的职权(按高检院精神不含办案

① 龙宗智:《检察官办案责任制相关问题研究》,载《中国法学》2015年第1期。

职责、非办案业务、可操作性及事务性工作等),除了职务犯罪侦查工作相对授权较少之外,可以大致简单地总结为"诉讼案件中说'是'的权力,如批准决定逮捕、决定提起公诉;诉讼监督案件中说'不'的权力,如不支持二审抗诉、立案复查后决定不提抗"。[①] 实践运行中,从贵州省2016年通报的司法体制改革情况看,全省检察院90%以上的案件已由主任(独任)检察官决定和审批。

可见,尽管权力清单对于不批准逮捕、不起诉、提起抗诉、启动监督等大量权力仍明确由检察长行使,未授予检察院独立行使,但就已授权范围而言,相较改革前而言仍是不可相提并论的。譬如,在审查逮捕中,对于刑事犯罪嫌疑人社会危险性的认定、宽严相济刑事政策的把握往往有较大弹性,存在把不应逮捕或不用逮捕的犯罪嫌疑人批准(决定)逮捕的可能;在审查起诉中,对于不应或可以不提起公诉的案件提起公诉,对提起公诉被告人法定或酌定情节的认定、提出量刑建议的幅度、共同犯罪案件中不同被告人的作用顺序排列等,无不直接关系到案件当事人的权益。此外,尽管检察官不具有独立决定不捕、不诉的权力,但其具有审查提出意见的职责,这同样也会对后面的审核审批带来不容忽视的影响。

(三)业务素质的更高要求

在传统办案模式下,由于一个决定往往要经过三级审核审批,期间还存在较多的集体讨论决策过程,故检察官即便存在执法办案差错,在检察机关决定做出之前其被发现和纠正的概率相对较高。但在实行检察官办案责任制后,对于一般案件的审查处理都由检察官个人决定。一方面对检察官个人证据审查、法律适用、经验阅历等业务素质提出更高的要求;另一方面办案活动客观上缺乏外在监督,对检察官道德素质也带来更大的考验。

综上分析可见,实行检察官办案责任制后,客观上还是存在办案质

① 笔者认为,这样的设置应该是根据实际办案情况、特点和影响考量,一般而言,检察机关的诉讼案件往往涉及侦查等已实施环节,在检察环节终止或终结往往会涉及诉讼程序的进退存续和多方利益,而诉讼监督的启动同样涉及相关诉讼程序的发起和既有利益格局的调整,故较为慎重,仍需检察长或检察委员会来决定。

量风险。当然,我们绝不能因噎废食,动摇改革的决心和方向,延缓改革步伐,但要考虑建立有效的机制、采取合理的措施加以平衡与解决。

三、强化办案质量保障与控制的基本构想

实行检察官办案责任制改革后,如何实现对办案质量的保障与控制,当前理论实务界都更多地着眼于监督制约,但笔者认为,这固然没错,但只是其中一个重要方面,应该从办案主体、办案规律、办案实际出发,从规范业务管理、强化办案监督、提供辅助支持、科学考核评价、强化素能提升四个方面综合予以考虑,构建办案质量保障控制体系。

(一)规范业务管理

本文所提业务管理,包含微观的具体办案管理与宏观的业务指标管理两个方面。前者主要是从办案全流程出发对检察官办案工作的管理,后者主要是从整体案件质量控制和问题发现出发而做的设计。

1.具体办案管理方面。一是完善分案管理机制。贵州省检察机关于2017年5月初已试点统一业务系统司改版,实行随机分案为主、手动分案为辅的机制。笔者认为,在制定分案规则时要结合本地案件数量、案件类型、人员状况等实际情况,充分考虑办案专业化方向。如对于经济类犯罪案件、毒品类犯罪案件实行专门办理,另对于案件数量较大、人少案多矛盾突出的单位,可以通过实行繁简分流,从侦查机关送案环节即区分轻罪认罪案件,在检察环节专门分案办理。以此提高办案专业化水平、避免人少案多带来的质量隐患。对提前介入侦查案件等案件实行同一检察官办理分案模式。根据需要探索建立收案通报制度,对于相关重点罪名、新罪名案件,案管部门及时告知办案部门,办案部门决定是否手动分案确定承办检察官。二是深化案件质量评查。近年来,检察机关通过开展案件质量评查,有力促进规范司法,但在促进办案实体质量提升方面的功能还发挥不够,需要通过科学界定评查案件范围,其原则上应为已有诉讼结果案件;在评查标准中增加和细化实体评价内容,如共同被告人地位排列是否正确、定罪量刑情节认定是否合理全面、对非法证据和瑕疵证据的处理是否得当、监督事由是否充分,等等;在评查结果运用上加大反馈、整改、总结力度。三是开展重点案件评鉴。结合案件质量评查工作的开展,对判决无罪、撤回起诉、存

疑不起诉、抗诉维持等与被监督单位、侦查机关、法院定性分歧较大的案件,探索实行办案质量评鉴,通过组织检察委员会委员、业务骨干、专家学者进行充分研讨,对办案质量提出合理评鉴意见。四是科学办案绩效管理。把对执法办案业绩评价聚焦到执法办案数量、质量和效果上来,探索不同案件之间、不同部门办案工作之间复杂系数的设定,对检察官办案情况进行科学考核。五是规范司法业绩档案。制定司法档案模本,完整收集、记载、反映检察官的执法办案总体情况、案件质量评查情况、理论调研情况、奖惩情况、教育培训情况,为对检察官的培养、管理和考核提供翔实依据。

2.整体案件质量控制方面。一是开展案件质量评估。案件质量评估是指通过对一定时期的检察办案情况,分条线和类型进行统计分析,发现存在的突出问题和明显趋势,以采取有针对性的措施加以引导和指导。具体可按照反映执法办案效率、质量、效果等,对各条线关键性数据和指标进行梳理、分类、分析和研判。二是强化办案质量预警。办案质量预警是案件管理部门和上级业务部门定期或即时对发现的异常指标和重点案件进行关注并向办案单位、部门和领导进行通报的机制,以提醒其引起高度重视并分析和处理,对于可能存在案件质量问题及时解决。

(二)加强办案监督

司法责任制改革的核心在于放权,但放权到位的同时不意味着放弃监督。对此,曹建明指出:"在司法责任制改革中既要按照'谁办案谁负责、谁决定谁负责'的要求,做实检察官的权力,又要强调加强监督制约,保证检察官依法公正行使检察权。"既要防止出现"一放就乱",打着改革的旗帜谋取红利现象出现,又要避免过分强调控权监督导致"一限就死"的现象。

当前,由于改革运行初始,出于各种考虑,各地出台了如法律文书审核、领导口头审批等方式加强监督,但这实质上与检察官办案责任制的精神不相一致,绝非长久之计,应该在严格按照权力清单授权检察官独立行使权力的同时,充分运用改革后的组织监督功能、流程监控手段等方式来加强办案监督。一是发挥检察长和部门监督功能。除部门通过分案机制做到初始案件质量预控制之外,部门负责人、检察长(分管检察长)应注意审查检察官所办案件是否属于应提交检察联席会议讨论、应报检察长审核审批的范围,防止检察官不按程序或越权办案。对认为属于应提交检察官联席会议讨论范围的案件,可以依职权责令承办检察官提交。检察长(分管检察长)可以结合收案情况,对重点案件办理情况进行抽查,按"若干意见"的规定检察行使审核权。二是流程监控常态化。实现对所有检察官办案数量、进度和程序的全程动态监控。对存在的问题及时监督纠正,对于发现的重大程序性问题或质量隐患,必要时可以建议检察长(分管检察长)更换办案检察官。目前,贵州省检察机关已全面运行网上流程监控系统。三是优化检察委员会职能作用。规范检察委员会讨论案件的范围和程序,改进检察委员会讨论案件的范围和方式,增强检察长、检委会委员对疑难复杂刑事案件的亲历性和专业指导性,赋予检察委员会见案件当事人、听取律师意见、调阅卷宗、责令调查核实证据等权力,加强类案监督指导和案件质量评查工作,实现将案件中心从案件讨论到业务指导转移上来,从个案拍板到权威指导,从具体把关转向组织监督上来。① 四是深化检务公开,接受外部监督。通过诉讼流程公示、法律文书公开、受理控告举报、听取律师意见、邀请人民监督员参与、接受人大执法检查等方式,主动接受外部监督。

(三)提供辅助支持

从过去倚重集体决策的模式向个体独立决策的模式转变,不可避免地需要一个过程,尤其对于一些办案经验尚不够丰富的年轻检察官或在办理一些重大疑难复杂案件之中,充分利用制度机制和信息大数据手段提供有力的办案辅助与支持十分必要,这也是保障办案质量的有效举措。

1. 充分发挥检察官联席会议功能。笔者认为,检察长和部门负责人监督启动检察官联席会议是一种监督措施,但检察官联席会议本身则更多是帮助检察官办案决策而非监督功能。改革中,贵州省检察院出台了《贵州省检察机关检察官联席会议暂行规定(试行)》对该项工

① 郑青:《关于实行主办检察官办案责任制的几点思考》,载《第三届全国检察基础理论论坛》,江西井冈山出版社2013年版。

作予以规范。需要强调的是,各单位和部门应当根据实际情况合理确定需要提交联席会议讨论的案件范围。同时,为避免参加联席会议的其他检察官发言随意不尽责,可以结合案件最终诉讼结果或处理情况,建立联席会议观点采纳分析通报制度,定期对列席会议的检察官发言正确进行统计并纳入司法业绩档案。

2. 深化大数据辅助办案运用。早在1897年,美国大法官霍姆斯在《法律的道路》一文中说道:"对于法律的理性研究,懂得法条的人可能掌握着现在,但掌握未来的人则是统计学与经济学大师。"①如果说以往我们认为大数据还是个概念,那当下我们已经实实在在地感受到"大数据时代"的来临。近年来,贵州省检察机关扎实推进信息化建设和运用,从统一业务系统在全国率先上线、"12309平台"的运行、法检互联的实现到办案辅助系统等的开发运用,为检察机关打开更为广阔的视域,为检察工作科学发展提供更加强力的保障。笔者认为,科学的办案辅助系统,至少可以从三个方面为办案提供有力支持:一是通过要素比对,及时发现个案在程序、证据上与同类一般案件存在异常和风险,使承办检察官在全面审查案件的同时,及时聚焦问题和关键点,有效防控和降低办案风险;二是通过法条推送,使检察官能够全面掌握与该案件罪名等关键词有关的所有法条、司法解释和相关规定,避免出现法律适用问题;三是通过类案推送,使检察官能够全面掌握与所办案件相似的同类案件的处理情况,同时提供法律文书参考。此外,同时也可以通过对检察官所办案件的全程留痕和比对分析,发现同一检察官办理同类型案件中的法律适用、执法尺度是否一致,以此实现有效内部监督。

3. 完善专家咨询服务机制。地市级以上检察院和有条件的基层检察院,应充分调查外部资源,根据实际办案需求,建立完善专家提供咨询服务制度,通过广泛聘请专家学者、专业领域人才、业务骨干,在办理相关类型案件中,对涉及司法鉴定、电子取证、金融管理、公司运营、证券交易、国际贸易等领域的专业知识提供专家意见和专业支持,更好地

---

① 参见霍姆斯1897年在美国波士顿大学法学院发表的题为《法律的道路》的演讲。

保证办理疑难复杂案件和新类型案件的质量。同时,对于开展该项工作所需费用,在检察业务经费开支项目里也是有明确规定的。2017年,贵州省检察院也开展了疑难刑事案件专家聘请工作,但在范围和领域上还可以更加突出专业化和权威性。

(四)强化素能提升

实际上,检察官办案责任制推行后,最大的风险就是人的素质能力不足的风险。尤其是在西部欠发达省份,许多边远民族地区检察院在改革前就存在进人难、留人更难的困境,人才储备薄弱,特别是高层次、高素质人才极其匮乏。司法改革后,尽管一些同志通过公平遴选进入了员额,但其素质能力和经验还是存在欠缺,在实行检察官办案责任制的形势下,迫切需要采取有力措施加以提升。笔者认为,一般性的泛泛的教育培训难以适应当前需求,应考虑从以下几个方面来着力提升人员素质水平。一是强化实战岗位练兵。通过举办文书评比、出庭观摩评比、疑难案例拟办、业务技能竞赛等方式,有效增强业务素质和实操能力,如对于公诉部门而言,可以通过信息化手段,建立规范化、常态化的出庭观摩评价机制,使公诉人能够在直观的借鉴学习、接受评判过程中不断提高自身出庭公诉水平。二是强化专项素能训练。通过拟定专题组织强化训练、分类培训等方式,对一般办案通常需开展的讯问、询问、笔录制作、文书拟制、物证审查、非法证据排除等工作进行专项培训和训练,促进基础素能的强化和提升。结合实际,对于相关重点类型案件开设系统性、实务性、指导性较强的专题培训班,努力做到"培训一次、弄通一门""训练一期、掌握一技"。三是强化常态学习管理。培训和训练都是外在的,能力素质的提升,根本上还是要看个人的学习和实践。笔者在多年实践中注意到一个现象,一名检察官如果只是机械地重复办案,不善于学习更新和总结反思,纵使办再多的案件也难以持续提高其能力,可称为"办案量陷阱"。因此,作为检察机关而言,应注重营造注重学习的氛围,可以通过开发教育学习系统,加强对检察官日常学习的管理和引导;通过建立课题奖励机制,鼓励检察官多结合办案实际开展调研,提高其法律思维能力。

热点聚焦之二:庭审实质化与检察工作

论以审判为中心背景下刑事公诉的转型发展

董 坤*

目 次

我国既往的诉讼制度是以侦查为中心,强调治罪的诉讼效率和成本控制,但对于程序正当、人权保障缺乏应有的尊重。在新的历史维度下,要确认维权与治罪并重的价值取向,就必须对旧有的诉讼制度进行反思与革新。党的十八届四中全会通过的《中共中央关于全面推进依法治国若干重大问题的决定》(以下简称《决定》)中提出,"推进以审判为中心的诉讼制度改革,确保侦查、审查起诉的案件事实经得起法律的检验",表明刑事司法制度逐渐向"以审判为中心,以庭审为核心"的方向转变。然而,这项制度改革的推进需要公安司法机关统一认识,对相应的制度规则和程序机制进行调整和完善。对于在刑事诉讼中"承上启下"的检察机关而言,应当正确解读"以审判为中心"的理论内涵,走出理论与实践的误区,立足检察实践,找准诉讼制度改革的关键点,及时做好调整应对。本文以检察工作中的公诉活动为切入点,探寻在

* 最高人民检察院检察理论研究所编译部副主任,副研究员。

以审判为中心的诉讼制度改革背景下公诉模式的发展转型。

一、以审判为中心的改革内涵

对于“以审判为中心”内涵的诠释,无论是司法实务部门还是理论界都存在认识上的些许差异和分歧。[①] 虽然理论研究倡导百家争鸣,但对于司法办案而言,具体的技术性操作则需要统一步调、明确方向,这往往决定着今后诉讼实践的发展、程序规则的调整乃至制度模式的转型。因此,必须准确理解“以审判为中心”内涵的核心要义。

(一)如何准确理解“以审判为中心”的内涵

结合法律政策上的文义表述以及现实的司法实践背景,“以审判为中心”的内涵可以从两个向度予以理解:

1. 审判是整个诉讼程序的中心

就立案、侦查、起诉到审判的横向诉讼结构而言,刑事诉讼应围绕审判这一中心展开,具体包括两个层面。首先,在刑事实体上,任何刑事案件在经历侦查、起诉和审判的诉讼过程后,对案件最终走向、对被告人定罪量刑具有决定效力的应当是审判,法院通过审判对被告人的裁判应具有终局性效力,这就否定了我国现存的诉讼结构中以侦查为中心的诉讼弊病。长期以来,理论界将我国刑事诉讼活动中的诉讼结构描述为一种流水线式的诉讼模式,在该诉讼模式的发端——侦查,其对于后续诉讼活动的影响较为重大和深远。实践证明,一些冤假错案的发生往往都是在一开始的侦查环节出了问题,导致“一步错、跟着错、步步错、错到底”的悲剧发生。为什么后续的诉讼阶段未能对前续侦查中出现的错误进行有力的纠正,这其中一个重要的原因就是流水

---

① 相关研究可参见程慎生:《推进以审判为中心的诉讼制度改革》,载《人民日报》2015年1月8日,第5版;王韶华:《“以审判为中心诉讼制度”的三重意蕴》,载《人民法院报》2014年12月12日,第2版;朱孝清:《略论“以审判为中心”》,载《人民检察》2015年第1期,第7页;王守安:《以审判为中心的诉讼制度改革带来深刻影响》,载《检察日报》2014年11月10日,第3版;张建伟:《审判中心主义的实质与表象》,载《人民法院报》2014年6月20日,第5版;樊崇义:《“以审判为中心”的概念、目标和实现路径》,载《人民法院报》2015年1月14日,第5版;何家弘:《从“庭审虚化”走向“审判中心”》,载《法制日报》2014年11月5日,第10版。

线诉讼模式下侦查中心主义弊病凸显。申言之,在侦查、起诉与审判这三个诉讼环节,侦查中心主义下的侦查往往展示出强势地位,其作出的案卷材料、侦查结论对后续的起诉意见、裁判结果常常具有决定性影响。既往的司法实践中,一旦重大刑案在侦查阶段告破后,相关办案人员的立功受奖以及铺天盖地的新闻采访、宣传报道都从侧面反映出被缉获的犯罪嫌疑人已经被侦查机关确信为"真凶",而这一认识也直接传递给了后续的检法两家。既然,"米已成饭""木已成舟",在侦查的强势影响下,检察机关在审查起诉,法院在案件审理中也基本会按照公安机关定的调子走下去。诚如有学者所言:"在'案卷笔录中心主义'的作用下,侦查程序通过案卷笔录对法庭审判的绝对影响,成为整个刑事诉讼的中心,法庭审判在一定程度上变成对侦查结论的审查和确认过程,而失去了独立自主地审查证据、认定案件事实的能力。"①

正是在侦查中心主义、侦查案卷笔录中心主义的影响下,审查起诉和审理裁判基本沦为侦查的背书,由此起诉走形式、庭审走过场的现象在侦查中心主义的影响下形成,所以才出现了前述冤假错案中谈及的"错误的审判之恶果从来都是结在错误的侦查之病枝上的"。② 审判中心主义诉讼制度的改革打破了既往侦查一家独大的诉讼结构,将审判作为整个诉讼结构的中心,平抑了侦查过于强势的地位。在案件的实体处理上,侦查不再是实质意义的决定方,审判不受侦查结论的左右,不是侦查的橡皮图章,侦查结果必须接受审判的最终检验。同时,在刑事程序上,以审判为中心,强调审判活动对于审前程序具有一定的反制力。这种反制不是西方国家对侦查等强制性权力所实行的司法令状主义,结合我国的司法现状和法律规定,审判以法庭审理为场域,以证据裁判为规则,以非法证据排除为手段,实现"以证据排除制约侦查取证";以证明标准为标尺,做到审判"引导侦查、起诉阶段对于案件事实认定的从严把握"。

2. 以审判为中心的核心是以庭审为中心

从诉讼结构和诉讼流程的纵向切面看,以审判为中心的核心是以

① 陈瑞华:《刑事诉讼的中国模式》,法律出版社 2010 年版,第 203 页。

② 李心鉴:《刑事诉讼构造论》,中国政法大学出版社 1992 年版,第 179 页。

庭审为中心。这是在检讨过去“审者不判、判者不审”,庭审虚无化、过场化的基础上作出的变革,同时也是真正遏制侦查中心主义,实现诉讼结构合理化的必然选择。只有真正实现了证据出示、辨认、质证在法庭,案件事实调查在法庭,控辩双方在法庭上进行辩论,法官或合议庭根据其所参与的庭审得出裁判结果,主审法官严格按照法定程序进行审理,才能真正发挥刑事庭审对于案件质量的最终保障,实现审判对侦查、起诉引导和制约效果的权威性,纠正目前我国刑事诉讼“侦查中心主义”的倾向。可以说,缺乏以庭审中心主义为基础的审判活动,以审判为中心的诉讼地位不可能确立。

另外,结合我国现有的审判现状,强调审判中心主义下的庭审中心,更应当关注一审在庭审中的重要地位。按照我国新修订的刑诉法的规定,所有的一审案件都应当开庭审理,对于二审案件则是开庭审与书面调查审并存。原则上,只有开庭审理的案件才能真正做到“庭审在查明事实、认定证据、保护诉权、公正裁判中发挥决定性作用”,才能检验证人、鉴定人出庭制度是否得到了完善。而且,根据物理学上“重心越低越稳定”的定律,高质量的第一审程序在息诉止争,缓解上诉、抗诉给上级法院过多压力上具有重要意义。① 在以审判为中心诉讼制度改革背景下,如何能有效地利用审判资源,避免不必要的浪费,更好地确保审判的中心地位被落实,就审判而言,对于一审的重视程度应当提高。概言之,“刑事诉讼以审判为中心,审判程序以一审为中心,一审程序以庭审为中心,庭审以举证质证为中心”。②

(二)澄清“以审判为中心”内涵认识的误区

对于“以审判为中心”内涵的准确诠释是诉讼活动开展工作的前提,然而,对于该命题下可能产生的认识误区也有必要做出澄清,防止“过度解读”或“曲意解释”使改革走弯路。

---

① 魏晓娜:《论死刑案件的权威结构》,载《中国刑事法杂志》2015年第2期。

② 卞建林、谢澍:《“以审判为中心”视野下的诉讼关系》,载《国家检察官学院学报》2016年第1期。

1."以审判为中心"并未改变现有的司法权力格局

众所周知,党的十八届四中全会《决定》提出了以审判为中心的诉讼制度改革,但同时也指出"优化司法职权配置。健全公安机关、检察机关、审判机关、司法行政机关各司其职,侦查权、检察权、审判权、执行权相互配合、相互制约的体制机制。"统观整个文件,可以发现,"以审判为中心"是在现行宪法所确立的权力格局下对诉讼制度的改良,并未对现行的司法体制权力架构作出重大改变。其既没有涉及法院、检察机关和公安机关之间地位高低的问题,也未动摇"一府两院"的宪法体制架构。因此说,以审判为中心的改革是对现有诉讼制度的改革,并非是对司法权力格局,乃至司法体制大刀阔斧的"手术"。对此,2016年6月27日,中央全面深化改革领导小组第25次会议通过的《关于推进以审判为中心的刑事诉讼制度改革的意见》(以下简称《意见》)也印证了这一观点,通读《意见》第21条的内容,可以发现其都是在现行《宪法》和《刑事诉讼法》"规定动作"内所作的诉讼制度的改良和完善,并未触及司法职权的重大调整,虽然有些学者认为从《意见》内容难见新意,但至少在本质上证明了《意见》是与《决定》一脉相承的。

2."以审判为中心"并不否定审前程序的基础性和重要性

"以审判为中心"更多的还是对审判程序的改良,审判程序的中心地位集中体现在案件实体处理的终局性意义。以审判为中心并不代表对审前程序基础性和重要性地位的否定。无论是《宪法》还是《刑事诉讼法》,法院、检察机关与公安机关之间分工负责、互相配合、互相制约的原则并未改变。就诉讼权能而言,公检法三机关各自的权限范围也未有重大变化,权力的运用仍然需要在既定的范围内运用,不能越俎代庖,更不能互相替代。因此,侦查、起诉的职能并不是审判的附庸,其仍然在诉讼中有着重要的独立价值。

3.审判对于审前程序的影响是有限的、间接的

在以英国、美国为代表的西方国家,作为唯一司法机关的法院其不仅可以通过证据规则和证明标准去规范和制约审前行为,还可以通过司法审查的令状主义去直接影响审前的具体侦查行为,特别是强制侦查措施、手段的发动。但在我国,由于独有的司法权力格局和诉讼体制架构,审判对于审前程序的制约还是较为有限的,审判机关不能直接介

入侦查和起诉环节,对于某些关乎公民重大权利的拘留、逮捕、搜查、扣押、技术侦查等侦查措施或手段也没有直接的批准许可权。此外,审判机关更不能以审前侦查管辖违法、违反回避规定而径行宣布侦查行为无效。在我国特有的司法语境下,审判的这一"中心"较之其他国家还是略有不同,至少在诉讼程序上其对审前侦查、起诉程序的影响有一定的限度,就目前来看,主要是以证明标准和证据规则对审前行为施加间接影响。

(三)检察机关对审判活动的监督权没有被否定

针对以审判为中心的诉讼制度改革,一些学者认为既然是以审判为中心,就应当充分尊重审判的中心地位,法官是庭审的中心,出庭的检察官仅仅是控诉一方。但是,由于检察机关是国家的法律监督机关,"法律监督者的身份又容易使公诉人凌驾于法官之上,成为法官之上的法官"。[①] 在一个受监督与制约的环境下,审判难以彻底成为诉讼的中心。因此,应当取消检察机关对审判的监督,使审判成为彻底超脱的终局裁决方。对此观点,笔者不敢苟同。首先,以审判为中心强调的是诉讼结构的改革,而检察机关对于审判活动的监督是宪法所赋予的权力的延伸。申言之,检察机关是国家法律监督机关,拥有法律监督权,其对于刑事诉讼中的立案、侦查、审判和执行的监督都是法律监督权在诉讼中必然的逻辑推演。从根源上看,以审判为中心的改革是诉讼结构的改革,而检察机关对于审判活动的监督是诉讼结构之外的权力监督,是宪法规定的体制架构安排。从这个意义上看,检察机关对于审判的监督与以审判为中心的诉讼制度改革并非是一个层面上的问题,两者也不存在本质的冲突。

另外,将检察官视为"法官之上的法官",进而将检察机关对审判活动的监督视为对以审判为中心诉讼制度改革的威胁也是经不起推敲的。如果认为检察官是"法官之上的法官",那么检察官首先就应当像法官那样对案件具有裁决权,特别是对案件有实体上的处断权,如此才对得起"法官之上法官"的称谓。然而,检察机关所行使的法律监督权

---

① 张泽涛:《完善分工负责、互相配合、互相制约原则——以"推进以审判为中心的诉讼制度改革"为视角》,载《法制与社会发展》2016年第2期。

并不是一种实体处分权,其监督的实质不是要被监督者必须服从监督者的意志去从事相关的法律行为,以此替代法官或凌驾于法官之上去裁决案件,而是通过监督启动某种程序,从而督促被监督者重新审视、检查自己的行为是否出错,是否有必要纠正,从这个意义上说,法律监督权更像是一种启动程序的建议权,其目的是在监督者与被监督者之间形成一种必要的制约关系。以检察机关对于法院审判中的监督权而言,无论是一审裁判还是终审裁判,如果认为裁判有错误,检察机关都有权提起抗诉,但抗诉并不是实体处断权,其并不能直接决定案件的最终走向,检察机关没有权力直接命令法院要完全按照检察机关的意志改变法院的既定判决,抗诉仅仅是启动了上级法院对案件的二审或再审,至于上级法院最终如何判决,那仍是审判权的范畴,审判监督不干预或替代法院独立自主地作出判决。因此,在以审判为中心的诉讼制度改革下,检察机关对审判活动的监督仍有必要,不应被否定,一些学者所担心的“法官之上法官”现象对以审判为中心诉讼制度改革的侵蚀其实是一个伪命题。

二、以审判为中心的诉讼制度给公诉工作带来的影响

我国台湾地区学者陈运财教授曾言:“检察官的职权范围从侦查乃至执行,贯穿于整个刑事司法程序,兼具侦查主体,裁量者、追诉者以及刑之指挥执行的角色,与仅单纯担负审判工作的法官比较,检察官可谓是刑事司法的主控者、领航员。”①与我国台湾地区不同,大陆的检察机关不仅在诉讼中司职职务犯罪侦查、批捕和提起公诉,肩负重要的诉讼职能,还承担着对刑事诉讼立案、侦查、审判和执行的监督职能。正是由于在刑事诉讼各个环节都有检察权行使的身影,以审判为中心的诉讼制度改革显然会对检察机关的各项工作带来重要影响,这其中对公诉活动的影响主要有以下几个方面:

(一)公诉活动的证据规则和证明标准将更为严格

坚持“以审判为中心”,强调刑事诉讼的各环节都要围绕审判中事实认定、法律适用的标准和要求进行指控和辩护,强调取证、举证最后

① 陈运财:《检察独立与检察一体之分际》,载《月旦法学杂志》2005 年第 9 期。

都要落到审判环节的质证、认证上来。在这一背景下,为了从诉讼源头上防止事实不清、证据不足的案件或者违反法律程序的案件“带病”进入审判程序,检察机关在案件审查起诉过程中所要掌握和运用的证据规则将更为细致,把控的证明标准也将更为严格。

以证据规则为例,随着新刑诉法在全国的施行走向深入,非法证据排除规则在实践中的运用频次越来越多。由于检察机关负有审查、判断和排除非法证据的职责。对于庭审中法官依职权发现的,或者辩护方依申请提出的非法证据排除的动议,一旦启动非法证据排除的调查程序,检察机关还负有证明争议证据取证手段或过程的合法性的证明责任。因此,从自身职能出发,要想履行好新刑诉法赋予检察机关在证据环节上的各项职责,检察机关必须学会熟练运用非法证据排除规则。另外,在当下的刑事庭审中,辩方的辩护策略日趋多样复杂,无罪辩护、量刑辩护和程序性辩护往往多路并进,以程序性辩护对价量刑优惠的情况也时有发生。在以审判为中心的诉讼制度改革背景下,庭审中的控辩对抗日趋增强,辩护方从程序入手,以申请证据排除为支点去打破或打乱检察机关指控犯罪证据锁链的情况也将会更多地在法庭上出现。抛却自身职能,从与辩方有效对抗的角度出发,为了避免庭审对抗中指控犯罪陷入被动,提高庭审中的公诉效果,检察机关也必须采取高标准、严要求,全面掌握、准确运用以非法证据排除为代表的一系列证据规则。

(二)庭审对抗性增强,不确定因素增加

以审判为中心的诉讼制度改革是以庭审为核心,而庭审应当以质证为中心,要完善质证程序就必须贯彻直接言词原则,要求法官不再依赖庭前的案卷笔录,以往习惯于在庭下搞清楚、弄明白的问题,今后更多地是以当庭讯问、询问、控辩双方举证、质证、辩论的庭审方式来了解案件全貌。在这一大环境下,既往公诉部门赖以依靠的书面证据材料,有可能因为被害人、证人以及鉴定人出庭作证,侦查人员出庭说明情况等原因而发生实质性变化,导致各种不确定、不可控因素的增加,加大公诉工作的诉讼风险。同时,随着新修订的《刑事诉讼法》在全国的实施,被告人及其辩护人的诉讼权利不断完善,庭审的对抗性增强,戏剧化的激烈辩论场面会真切地出现在司法实践中。这一系列的连锁反应将加大检察机关起诉与支持公诉的难度,公诉人、审判长以及辩护人都难以“预测”庭审结果的最终走向,检察机关在提起公诉时认为“案件事实清楚,证据确实充分”,经庭审后,其主张未必能得到法庭的支持,作出有罪的判决。

（三）公诉对侦查的引导规制与庭前分流工作将会加重

我国传统的刑事诉讼阶段论实质上是以侦查为重心,公诉和审判阶段只不过是对侦查卷宗和证据的审查。由于侦查职能过于强大,侦查活动几乎成为封闭的系统,公诉更多的是从属或依附于侦查,公诉审查更多是对侦查结论的形式确认和修修补补,由此,公诉对侦查的引导和规制功能是非常有限的,不利于对侦查办案质量的庭前把控。而如今坚持“以审判中心”,就要祛除以侦查为中心的卷宗主义,侦查机关不能仅将侦查卷宗移送公诉机关就完事大吉,而是应做好其侦查行为以及侦查证据要接受庭审质证的准备:庭审中对侦查中的非法证据要进行排除,对侦查人员的违法侦查行为要进行纠正、侦查人员还可能会出庭作证,应对辩护律师的质询等。因此,公诉人应根据庭审证明需要,在科学预测研判的基本上,以客观公正的视角,从应对法庭质疑和律师挑战的角度有针对性地引导侦查人员收集、补强证据,及时发现和纠正侦查瑕疵行为,进一步加大侦查证据和公诉证据的协同力度,保证追诉质量。这些都对公诉引导和规制侦查活动提出了更高的要求。

同时,“以审判为中心”所追求的程序公正势必以牺牲司法效率为代价,比较法研究表明,在实行“审判中心主义”的英美等国,绝大部分刑事案件都通过辩诉交易等方式高效处理,没有进入正式的庭审程序。① 对大部分轻罪或法院可能判处缓刑的案件是否都有必要移送法院并支持公诉,各级检察院会在效率和公正之间进行利益取舍,不排除可能采取刑事和解方式在公诉阶段予以解决,因此作相对不起诉案件的比率可能大幅增加。

---

① 王守安:《以审判为中心的诉讼制度改革带来深刻影响》,载《检察日报》2014 年 11 月 10 日,第 3 版。

三、在以审判为中心背景下公诉模式的转型

传统的公诉工作讲求通过对犯罪行为的指控,获取被追诉人有罪的实体判决以达到对犯罪行为的惩治目的,其司法效果更多地体现在通过对犯罪行为的打击来满足社会公众的报应心理。在这种理念的指导下,公诉的控诉与打击功能凸显,而其他的诸如监督或维权职能相对弱化。在以审判为中心的诉讼制度改革背景下,检察机关的公诉工作应当清除原有的不当认识,转变理念,更新工作模式,从审查起诉和出庭公诉两个主要方面积极回应以审判为中心的制度改革。

(一)审查起诉

1. 审查理念的转变:坚持客观义务

对于公诉部门而言,其对于刑事案件的审查起诉必须在理念上摒弃既往“侦查中心主义”下的办案流程,转变对侦查结论过度盲从、照单全收的办案态度,从审查起诉伊始,就应当做到角色定位上的正确转换,从既往狂热的追诉者转向法律的守护人。具体而言,检察机关既是指控犯罪的追诉方,同时也是履行客观义务、保障民权的公正官署。因此,公诉部门在履行审查起诉职能时应克制过度化的追诉倾向,从保障人权、防止冤假错案发生的视角出发,以超然的态度审查侦查机关提供的案卷材料,避免先入为主地陷入侦查结论之中。同时,对于辩护方,如辩护律师提出的犯罪嫌疑人不在犯罪现场、无刑事责任能力、未达到刑事责任年龄以及防卫过当、被害人过错等无罪、罪轻的证据材料、量刑情节也应当及时关注和细致审查,避免有罪推定思想的萌生,确保案件的审查质量,主动适应诉讼活动由以侦查为中心向以审判为中心的制度转变。

2. 审查方法的更新:落实访谈调查式的综合性审查

在以审判为中心的诉讼制度改革下,检察机关公诉部门在审查起诉过程中应当纠正以往对侦查案卷材料的过度依赖,改变以书面审为主的“坐堂问案”式的审查方法,落实新刑诉法规定的审查起诉阶段亲历性、言词调查式的综合性审查方法。具体而言,首先,要加强讯问犯罪嫌疑人的基础性工作,做到每案必问,对事实存疑、证据不足的案件,除依法退回侦查机关补充侦查外,必要时可自行调查、联合补侦或采取

公诉引导侦查的方式，消除事实疑点，完善证据体系；同时，健全对犯罪嫌疑人的辩解、申诉、控告的审查处理机制，客观、审慎对待犯罪嫌疑人在审查起诉阶段的翻供，不轻易肯定或简单否定，要结合全案证据仔细甄别，认真核查。其次，要积极践行辩护律师的权利保障制度，主动听取辩护律师的意见，重视律师提出的犯罪嫌疑人无罪、罪轻的线索或证据，对于有无法定从轻、减轻情节，坦白、自首、立功等情形的证据要一一核实，防止和纠正各种无故拖延、推诿、刁难律师依法履职的情况发生。最后，为了保证案件的审查质量，检察院在审查案件时，认为有必要复验、复查的，除了派员参加外，对于某些影响力大、疑难复杂的案件，有必要亲自到案发现场去复验、复查，并商请公安机关派员参加，必要时也可以聘请专门技术人员参与。

3. 审查证据的原则：贯彻证据裁判原则

对于公诉工作而言，坚持以审判为中心，必须重视庭前的证据审查，坚持认定案件事实必须以证据为根据，贯彻证据裁判原则，对证据的客观性、关联性与合法性进行全面、细致、严格的审查，使其能够符合庭审对证据质和量的要求。另外，随着新修订的《刑事诉讼法》将非法证据排除规则纳入法典，公检法三机关在侦查、起诉和审判环节都被赋予了排除非法证据的职责，检察机关应当提高对于合法证据、非法证据与瑕疵证据的认识和甄别能力，提升调查核实非法证据和瑕疵证据的水平，确保审查起诉的案件事实和证据材料经得起法庭调查、质证和辩论的检验，防止因事实、证据问题给出庭公诉的检察人员带来庭审中的被动局面。

4. 坚持审前的繁简分流

坚持以审判为中心的核心在于以庭审为中心，强调证据、事实的认定必须在法庭，这必然会导致庭审将耗费大量的人力、物力和时间，加剧井喷的案件量与庭审资源有限性之间的矛盾。因此，在强调庭以庭审为中心的诉讼制度改革时，必须有效跟进相应的配套制度和机制。统计资料表明，绝大多数公诉案件是情节一般、后果不太严重的案件，如盗窃罪、诈骗罪、伤害罪等。这些案件占到全部刑事案件的一半以上，对于检察机关来说，为了防止大量案件过度、无序涌入审判，检察机关应当强化审前程序的繁简分流，完善多元化的案件处理机制。随着新修订的《刑事诉讼法》中有关附条件不起诉、刑事和解制度的建立和完善,以及认罪认罚从宽制度在全国部分地区的试点,检察机关应当充分利用起诉裁量权和刑事和解的相关条款,注重审前调节,防止过度起诉。

(二)出庭支持公诉

1. 注重庭审中审判为中心的观念

以审判为中心,强调的是以庭审为中心,以庭审为中心重点在一审为中心。[①] 遵循刑事诉讼法的规定,所有的刑事一审案件都必须开庭审理。而一个有效的庭审,必须是控辩审三方的有效互动。庭审中经典的形象化的表述是控辩审的等腰三角架构,法官居中裁判,处于三角形的顶点,而控辩双方处于等腰三角形的底部两端,处于同一水平线,由此体现着控辩平等的地位。在这一等腰三角结构中,由于法官是等腰三角形的顶点,示明了它在庭审中是案件的主导者,有着不容侵犯的权威,检察官作为控诉方与以律师为代表的辩护方都应当在庭审中尊重和服从法官的指挥。这一点,在以往的司法实践中都有着不同程度的体现,如控辩双方的坐席都要略低于审判席,在开庭中审判人员入庭时,控辩双方均要起立,无论是庭审格局的安排还是庭审流程的规定都体现了审判与控辩双方的微妙关系。如今,在以审判为中心的诉讼制度改革背景下,检察官在出庭时应当明确认识到公诉人在法庭上是法庭诉讼结构的一方,审判长是主持者,要服从审判长的指挥,同时要注意耐心听取辩护人的意见,而不能因为自己既是国家公诉人,又是法律监督者,就盛气凌人、高人一等,在法庭上要特权,对审判中审判长或审判组织的裁决指手画脚。如果需要行使法律监督权,也必须遵循法定的程序依法监督,做到有理、有据、有节。

2. 坚持实质莅庭,强化对抗理念

基于诉讼案卷中心主义的司法流弊,既往庭审中法官裁判的主要依据是案卷材料,控辩双方直接对抗,出现激烈言词交锋的情形并不多见,而结局大多是以控方的胜诉收场。由此实践中某些地方的检察机关曾出现部分公诉人在庭前准备上较为敷衍,有些公诉人到法庭上把

① 魏晓娜:《以审判为中心的刑事诉讼制度改革》,载《法学研究》2015年第4期。

证据一读就完事。长期研究检察制度的我国台湾地区学者林钰雄教授对此也有过专门的论述,在其研究成果中,林教授就发现在我国台湾地区曾出现过检察官不莅庭的情况,当然这种情况比较少见,但更常见的是一种"形式莅庭",所谓"形式莅庭"指的就是检察官到庭后,只重复六字真言,"如起诉书所载",即请求法官依法裁决。[①] 整个庭审中检察官较为消极被动,基本不与辩护方进行言词辩论。之所以如此,盖因我国台湾地区长期受欧陆法系影响,职权主义倾向较为严重,卷宗主义盛行,证人不出庭、鉴定人也不出庭,控辩审三方手里都是一样的卷,而且可能辩方手里的卷更少,整个案卷基本都是犯罪事实,满卷的有罪证据,法庭对案卷的依赖性强,确认率高、起诉的案件自然定罪率也高。所以,在整个庭审中,检察官在法官依职权调查证据,查明案件时,基本上都是在重复"无意见,请求法官依法裁决"等。在当时我国台湾地区检察官"躺着也能赢的战役"中,缺乏真正的控辩对抗也就不足为奇了。既往我国台湾地区司法的这种现状可以说是特殊时期的情形,我国大陆并未如此"仿效"。但是,在这种案卷中心主义情形下,我国大陆庭审对抗性不强,庭审走过场的情形还是不同程度存在。在以审判为中心的情况下,贯彻直接言词原则,案卷中心主义的流弊逐渐消弭。对于出庭的检察官而言,面对职权主义下的实质性对抗,检察官要学会如何真正的实质莅庭,更多地去做好出庭前的准备,提高各方面的出庭技能。

3. 公诉人应当不断提升举证、质证能力和当庭应变能力

在以审判为中心的诉讼制度背景下,要坚持庭审的实质化,贯彻直接言词原则,依据该原则,对案件事实的认定有重大影响的关键证人、鉴定人等都应当出庭作证,侦查机关收集的各种卷宗笔录、物证、书证等也要经过"呈堂认定",这就要求公诉人在庭审中要提高举证和交叉讯(询)问的质证能力。首先,公诉人要提高举证水平,不能因为其代表国家就去压制辩方,要通过举证以证示人,以理服人。具体而言,在举证过程中既要说明证据的合法性;还要阐明证据与案件事实的关联

---

① 林钰雄:《检察官不莅庭之法律效果》,载《律师杂志》1999 年总第 233 期。

性,更要说服法官确信证据内容的客观真实性。① 其次,公诉人要充分利用庭前会议、证据开示的机会,加强与辩护方的沟通,充分交换控辩意见,整理争点,明确庭审中交叉询问和质证的方向。最后,公诉人还应当在庭前做好充分准备,完善示证、质证提纲,根据交叉询问规则以及预测的争议焦点,提前制作好询问提纲。充分发挥交叉询问多角度思维、质疑的功能特点,抓住被告人、证人证言的关键点设计问题,努力通过多角度询问和质疑,发现案件的客观事实真相,为公诉成功打下坚实基础。

另外,公诉人还应当不断提高自身的当庭应变能力。以审判为中心背景下的庭审实质化必然导致控辩双方质证辩论的激烈碰撞,庭审中的突发性、不可预见的情况时有发生,这就需要公诉人不断提高庭审中的应变能力。一方面,公诉人要不断提高自身的法律素养和诉讼水平,除了要有扎实的法学理论外,还要在法庭上有对庭审发展方向的预判力,对于庭审中涉及案件事实或证据问题的焦点,有敏锐的判断力和鉴别力;另一方面,公诉人庭审中还要养成良好的办案心态,掌握庭审中应对突发情况的基本技巧,如被告人翻供、证人改变证言时,公诉人如何能够沉着冷静,利用已经掌握的既有证据,对当事人改变的言词证据进行有力弹劾,如何能针对当事人在庭审中所提出的新的言词,迅速形成新的询问策略,设计出新的询问问题等。除此以外,公诉人还应在法庭上学会认真倾听,整理归纳总结,清楚辩方质证意见的要点,有针对性地进行质证答辩。

4. 公诉人应当理性应对证人等出庭作证问题

实行以审判为中心的法治国家都奉行强制证人出庭作证的规则。而相比之下,中国庭审中关键证人出庭作证率很低,庭审上只能是对侦查证据的书面宣读。发达国家法治实践实践证明,只有完善证人制度,才能从客观上保证直接言词原则的实施,进而使以审判为中心的诉讼改革有坚实的证据裁判基础,摆脱侦查卷宗主义的制约。因此,我国实行以审判中心的诉讼改革,配套措施之一就是要求证人等出庭作证,依法应当出庭作证的证人没有正当理由拒绝出庭或者出庭后拒绝作证,

① 张军、姜伟、田文昌:《控辩审三人谈》,北京大学出版社2014年版,第16页。

将使庭审前的证据能力失效，以此来保证直接言词原则的实现。证人既包括控方证人也包括辩方证人。公诉人对控方证人有较好的控制手段，但是对辩方证人出庭作证还需要有一个适应的过程。因为辩方证人作证的结果具有极大的不确定性，可能与证人以前作出的书面证言存在不一致甚至冲突、乃至翻证之处，导致被告人的罪名甚至案件事实本身可能发生相应的变化，进而直接影响法院的裁判结果。公诉人对出庭证人证言的易变性和不确定性应有充分的心理准备，充分考虑被害人、证人以及鉴定人出庭可能引发的证据变化和对案件定罪量刑产生的可能影响，对诈骗、强奸、受贿等以言词证据为关键性证据的案件，要以当面核实或电话询问等方式，进一步核实言词证据的关联性和真实性，做好证据的固定。同时，公诉人要有变更或追加起诉的预案，发现犯罪嫌疑人罪名或量刑可能因出庭证人的证言而发生变化的要做出变更起诉的准备，发现遗漏的同案犯罪嫌疑人或者罪行可以一并起诉和审理的，可以要求追加起诉。还要做好撤诉的准备，出庭证人的证言使公诉证据出现漏洞或矛盾之处，难以被法官采信时，公诉人应做好撤回起诉的准备，待补强证据后再行起诉或直接作不起诉处理。

5. 公诉人应当坚持诉讼监督职能，敢于监督，善于监督

以审判为中心的诉讼制度改革强调诉讼程序运行中审判的中心地位，但这绝不意味着审判权的运行不受任何监督和制约。四中全会的《决定》中明确指出："必须完善司法管理体制和司法权力运行机制，规范司法行为，加强对司法活动的监督。"这其中，为了维护司法公正，检察机关的法律监督不可或缺。如前所言，检察机关的法律监督特别是对审判活动的监督，与以审判为中心的诉讼制度改革并不矛盾，法律监督权的高效运转恰恰是为了保障审判权的正当行使，维护审判权威，落实以审判为中心的诉讼制度改革。因此，对于检察机关而言，出庭公诉的检察官应当恪守指控犯罪与审判监督的双重职能，对于审判活动中发现的人民法院违反法律规定的诉讼程序的情形应当在庭下提出纠正意见。对于裁判在实体上确有错误的案件，要坚决提出抗诉，确保案件事实的认定符合客观真相，当事人的合法权益获得有效保障，案件的最终裁判结果符合实体公正、审判过程符合程序公正，努力让人民群众在每一个司法案件中都感受到公平正义。

庭审实质化改革与检察官职权定位法定化

魏昌东[*] 安文录[**]

目 次

党的十八届四中全会通过的《关于全面推进依法治国若干重大问题的决定》提出:“推进以审判为中心的诉讼制度改革,确保侦查、审查起诉的案件事实证据经得起法律的检验。”由此启动了系统性司法体制改革的步伐。进入2016年,全面推进以司法责任制为核心的改革试点等四项改革被确定为重点的司法体制改革任务。① 基于刑事审判在国家司法权运行中的重要地位,以审判为中心的诉讼制度改革将是一场以诉讼价值均衡为导向的整体性改革,触及构建新型侦、诉、审“关系圈”,关涉国家基本刑事诉讼制度的调整,将对包括中国刑事司法权

* 上海社会科学院法学研究所刑法室主任,研究员,博士生导师。
** 上海市人民检察院政治部副主任。

① 最高人民检察院常务副检察长胡泽君、最高人民法院副院长李少平在接受央广网采访时明确,2016年司法改革的重点内容为:一是全面推进以司法责任制为核心的四项改革试点;二是推进以审判为中心的诉讼制度改革;三是深化刑事案件速裁程序试点,探索在检察环节认罪认罚从宽制度;四是积极探索检察机关提起公益诉讼试点,努力凝聚改革正能量,取得改革新成效。

力配置、刑事诉讼结构调整、刑事司法方式完善等方面带来影响，也必然涉及人民检察院在国家整体刑事诉讼权力中的配置以及内部职权的划分与运行。庭审实质化是审判为中心改革的起点，这项改革已对现行司法权力的运行产生直接影响。2013 年以来由最高人民检察院推行的主任检察官制度改革正在全面试点中推进，这一改革必然与庭审实质化改革之间存在总体目标与具体要求上的交集，主任检察官改革中获取的有益经验已经受到正在修订的《人民检察院组织法》的重点关注，[①]以审判为中心的改革对主任检察官制度的全面构建，构成新的外在制度构建环境，有必要为《人民检察院组织法》与《检察官法》（以下简称“两法”）对主任检察官制度的构建所关注。

一、庭审实质化：推动中国刑事诉讼结构变革的起点

改革是以特定价值选择为导向的社会化进步运动，基于改革所涉内容之于国家制度建设的内在关系、影响范围与程度，改革存在整体性改革与局部性改革的区分，二者对国家资源配置与调整所产生的影响有所不同。“庭审实质化”作为以审判为中心改革的第一步，[②]已在全国启动，准确定位以审判为中心的司法改革在正在系统推进的中国司法体制改革中的地位，是准确界定其与主任检察官制度构建的基础，也是科学建构主任检察官制度的核心问题。

1. 庭审实质化将开启中国整体性诉讼制度的改革大门

刑事诉讼活动的中心在于公正审判，这是中央将以审判为中心的诉讼制度改革作为重点内容的根本原因。在中国，庭审实质化作为

① 在《人民检察院组织法》（专家修订稿）中，包括主办检察官在内的办案组织成为独立的一章，反映了组织法规范逐步实在化的趋势。

② 中国尚未确立审判为中心的刑事诉讼基本制度，庭审实质化是以推出“庭审为中心”改革作为启动开端的。2013 年 10 月最高人民法院在第六次全国刑事审判工作会议上提出，审判案件应当以庭审为中心，事实证据调查在法庭，定罪量刑辩论在法庭，裁判结果形成于法庭，要求全面落实直接言词原则、严格执行非法证据排除制度。这一提法被学界解读为“庭审中心主义”在我国确立的标志，也是对传统审判方式作出的重大调整。

"以审判为中心"[①]诉讼制度改革的重要内容,起步于庭审为中心的改革与规范要求,其基本目的在于"保证庭审在查明事实、认定证据、保护诉权、公正裁判中发挥决定性作用",[②]"实现诉讼证据质证在法庭、案件事实查明在法庭、诉辩意见发表在法庭、裁判理由形成的法庭",[③]从而使以庭审实质化为标志的审判为中心改革看似一项庭审方式的形式性变革,在本质上却可能成为一个关涉中国刑事诉讼结构总体改革的基本问题。

刑事诉讼结构的应然选择与实际建构,是一国刑事诉讼制度中带有基础性、根本性的问题,受到一国法律文化传统、政治权力架构、司法权力结构与运行模式等诸多因素的影响,一向为刑事诉讼理论所重点关注。在学理上,存在将整个刑事诉讼总体结构的建构做诉讼阶段论和审判中心的类型划分,其中,后者为世界大多数国家所采用,前者则为包括中国在内的少数国家所选择。近些年来,对于这种建构模式时有检讨的声音,要不要将诉讼阶段论转为审判中心论,并在此基础上进行诉讼总体结构的重构,成为学术讨论的话题之一。[④] 废弃诉讼阶段论结构,转而引入审判中心主义并确立其在国家司法权整体运行中的

---

① 我国学者对"以审判为中心"的研究形成不同观点。如孙长永教授认为,审判中心主义有两层含义:一是在整个刑事程序中,审判程序是中心,只有在审判阶段才能最终决定特定被告人的刑事责任问题,侦查、起诉、预审等程序中主管机关对于犯罪嫌疑人罪责的认定仅具有程序内的意义,对外不产生有罪的法律效果;二是在全部审判程序当中,第一审法庭审判是中心,其他审判程序都是以第一审程序为基础和前提的,既不能代替第一审程序,也不能完全重复第一审的工作(参见孙长永:《审判中心主义及其对刑事程序的影响》,载《现代法学》1999年第8期)。陈卫东教授则提出,以审判为中心强调以下几方面的内容:首先,在实体意义上,定罪权属于法院其他机关无权决定被告人是否有罪;其次,在程序意义上,所有关涉犯罪嫌疑人、被告人的重大权利的侦查、起诉行为都必须由法院作出裁决;再次,法院裁决的作出必须以"审判"的方式进行;最后,由于一审程序是最为完整的诉讼程序,因此应当强调一审程序在整个程序体系中的地位。参见陈卫东:《以审判为中心推动诉讼制度改革》,载《中国社会科学报》2014年10月31日,第6版。

② 参见《中共中央关于全面推进依法治国若干重大问题的决定》。

③ 法院系统将之简称为"四个在法庭"。

④ 张建伟:《审判中心主义的实质内涵与实现途径》,载《中外法学》2015年第4期。

基础地位,已经成为学界的基本主张。①

启动以审判为中心的改革,一方面是要尊重司法权运行的规律,而更为关键的是,要革除“诉讼阶段论”所存在的诸多弊端,以最大限度地降低可能存在的错案风险。中国刑事诉讼学理界将“诉讼阶段论”的核心归纳为侦、诉、审的“三角形结构”与“以侦查为中心”的流水线关系。“以侦查为中心”作为诉讼阶段论的重要标志之一,核心在于:对侦查权的司法控制不完善、侦查权过大、缺乏有力的外部司法控制,法院根本没有以司法手段控制侦查的职权。作为行使侦查监督权的检察机关,没有被赋予指挥侦查权,也未被赋予有力措施实现对公安机关侦查活动的有效控制,造成了侦查权过大,审判权在其面前相对弱化的状况。② 而最根本的症结则在于:侦查权超越权力的应然属性,对其他司法权力构成的“潜在”制约与支配,使其他刑事诉讼权力成为仅是对侦查权的确认、容忍乃至背书的工具。从国家刑事诉讼权力的实际运行情况看,以侦查为中心已经导致了权力运行的一些弊端,错案风险加大、案件总体裁判水平难以提升,均是侦查权导向乃至过分膨胀的直接负面结果。

以审判为中心的改革,作为中国诉讼制度改革的重点方向,其对中国现行刑事诉讼制度的影响具有全方位性,审判为中心改革必将促使中国全面启动构建更加强有力的犯罪指控机制、更加精密化的裁判机制的步伐,从而必将对中国现有刑事诉讼权力配置与运行模式产生直接影响。“以审判为中心”的核心在于,审判活动相对于其他诉讼活动而言具有决定作用。这是刑事诉讼基本规律的体现,也是程序法治应有的标准。③ 解决审判活动与侦查、起诉、执行活动的外部关系,即审判居于中心地位,而侦查、起诉、执行都服务、服从于审判,也必然涉及对检察权进行改革的问题。

---

① 樊崇义、张中:《论以审判为中心的诉讼制度改革》,载《中州学刊》2015 年第 1 期。

② 张建伟:《审判中心主义的实质与表象》,载《人民法院报》2014 年 6 月 20 日,第 5 版。

③ 沈德咏:《刑事司法程序改革发展的基本方向》,载《人民法院报》2014 年 10 月 24 日。

2.庭审实质化与中国检察职权制度的调整、重构

以审判为中心的改革,势必引发包括审判权、检察权、侦查权在内的国家刑事司法权力内部系统的整体改革,构建新型控审关系乃至新型司法权运行"生态圈",成为改革的重点内容,改革所形成的积极成果,需要通过法律的形式确立下来,用以全面规范国家司法权的行使,基于立法前瞻性的考虑,以审判为中心的改革,将对正在进行的人民检察院"两法"的修改产生影响。

笔者认为,以审判为中心的司法体制改革,尽管并不会对中国检察权制度形成一种全面改革的内在要求与压力,但是,必然会触及对中国现行检察职权的配置与运行的调整问题,这些影响涉及检察权在总体的刑事诉讼结构中的配置关系调整,以及在新型配置关系中检察官职权的具体行使两个层次,前者属于外部职权配置关系;后者则属于对内部职权配置关系的调整与重建。

一方面,以庭审实质化为起点的审判为中心改革,首先涉及对作为国家权力重要组成部分的检察权的职权关系的外部调整。着力解决如何重构新型侦(查权)与诉(指控权)关系及控(指控权)与审(审判权)关系的问题。对此,我国学者从不同角度提出了多种方案,如实行侦诉合一、检察引导侦查、检警一体化等,也有学者提出以逮捕之前、逮捕后起诉之前、审查起诉阶段划分不同的检警关系。① 这些主张在本质上均涉及如何建构符合以审判为中心改革所需要的检察权问题。② 究其原因在于,在权力结构中,控诉权居于侦查权与审判权运行之中枢,是沟通二者的桥梁,无论是以侦查为中心的传统模式,还是以审判为中心

① 朱伟:《我国检警关系的反思与重构——中国实践与西方经验》,载 http:/article.chinalawinfo.com/ArticleHtml/Article-59865.shtml,最后访问日期:2016年2月21日。

② 从最高人民检察院2000年在全国检察机关第一次侦查监督工作会议上就提出"依法引导侦查取证"的工作思路,到2002年最高人民检察院召开的全国刑事检察工作会议又提出"坚持、巩固和完善适时介入侦查、引导侦查取证、强化侦查监督的工作机制"等四项改革措施,2012年新《刑事诉讼法》也对检察机关的提前介入作出了规定,但是在实践中运行效果不佳,缺乏成熟的制度化构建,如提前介入引导侦查的案件范围、检察官提前介入的职责、提前介入案件信息来源等都需要进一步规范和明确。

的新型模式,均必然触及与之直接关联的控诉权主体问题。此外,还涉及对侦查权行使构建或完善司法审查权,以制约过于庞大的侦查权问题。另一方面,以庭审实质化为起步的审判为中心改革,还涉及对由人民检察院统一行使的检察权与监督权职责关系的内部调整。以及侦查指挥(诉前引导)、侦查监督(诉中审查)与法庭指控职权的内部分配与行使模式等方面的问题。既要彻底改变对过分扩张的侦查权的纵容与放任,极力扭转因容忍侦查缺陷而为"弱侦查"背书的局面,切实提高侦查权精准投放的能力,也要重点着力于构建强有力的犯罪指控机制。新型犯罪指控机制将成为审判为中心改革的重要支撑机制,在组织机制中确立、提升主任检察官制度的功能与地位;在公诉标准上确立"有效指控"的明确标准;在责任机制上强调以有效性考核作为制度设计的关键,促使形成以审判为中心改革的外溢效果,通过强化主任检察官制度,促进检察官队伍的职业化发展。

总体而言,因检察职权外部关系的改革会涉及刑事诉讼法修订的问题,而检察职权的内部行使,则是一个通过人民检察院组织法修订必须加以完善的问题。

二、庭审实质化:对主任检察官制度改革的挑战

建立主任检察官制度、实行主任检察官制度改革,是 2013 年 12 月以来全国检察机关检察改革的重点内容,最高人民检察院发布的《检察官办案责任制改革试点方案》就主任检察官的定位、地位与权限等方面进行了规范设计,而当下逐步推进的庭审实质化改革,存在对主任检察官制度推进的障碍。

(一)观念障碍:以审判为中心 vs 以侦查为中心

制度改革以观念转变为先导,侦查中心主义的诉讼观念是制度改革首先要解决的问题。庭审实质化意味着诉讼结构从侦查中心主义向审判中心主义的转变,在审判阶段进行有效的控辩对抗和实质性审理,实现程序正义和结果公正的价值诉求。1996 年修改刑事诉讼法的重要任务之一就是改革审判模式,限制审前案卷移送,由控辩双方向法庭举证并展开有效控辩,以克服"庭前实体审,庭审走过场"的弊端。然而,2012 年刑事诉讼法恢复了检察机关提起公诉时向法院移送全部案

卷材料的方式,使庭前的实体审更为便利,在一定程度上宣布了1996年立法关于审判模式改革的失败。目前,刑事诉讼仍存在侦查程序膨大化而庭审严重虚化的现象(有观点将该种诉讼结构称为"葫芦型结构"①),该现象的产生与侦查中心主义的诉讼观念有直接关系,其原因在于:第一,司法机关职能的同一化降低了审判中心主义的可能性。在共同打击犯罪的职能观指导下,公检法三机关分工负责、互相配合、互相制约,法院对侦查、公诉机关具有配合责任,容易导致审判中形成以侦查为主导的理念,进而审判机关对侦查机关在证据真实性、合法性与有效性上的路径依赖。第二,审判机关对侦查公正性的高度信任。基于对侦查机关公职行为的信赖,审判机关对侦查的偏向性与可错性产生了较高的容忍度,"以致侦查结论及其依据常被审判照单全收,庭审形式化也就不可避免"。② 第三,司法机关对诉讼效率的片面追求。由于对庭审效率的追求,公诉和审判方均力求快速完成审判,因为双方均认为,法院审判主要基于案卷材料而非庭审,只要案卷中证据充分,就不能不确认控罪。公诉人大量使用批量举证、概括举证方法,较少一证一举、一证一质,实际形成了"以阅卷为中心"、庭审走形式的审判模式。③

(二)机制障碍:检察官权力主导vs检察院权力主导

以检察院整体权力为主导的公诉机制虚化了检察官的个体能动性,是实质庭审难以实现的机制障碍。长期以来,我国强调的检察权独立是指检察机关相对于外部而言的整体独立,忽视了检察权运行规律

① 葫芦型结构:侦查程序活动构成了膨大的底端;审判程序活动(包括法院的审判也包括检察机关的起诉)虽也构成了一个鼓胀的部分,但其实无论从期限还是从权力运用的独断性上看,均无法与侦查程序活动相比;介于侦查和审判之间的检察机关的审查起诉程序活动,所谓"承上启下"者也,只是葫芦上的"细腰"。参见张建伟:《审判中心主义的实质与表象》,载《人民法院报》2014年7月26日,第5版。

② 龙宗智:《庭审实质化的路径和方法》,载《法学研究》2015年第5期。

③ 左卫民等:《中国刑事诉讼运行机制实证研究(五)》,法律出版社2012年版,第208页。

对检察官个体独立的要求。[①] 理论界对于检察权的行使主体，存在一定争论，[②]检察官作为兼具行政与司法双重属性的主体，[③]在以检察一体化原则为导向的制度设计中，本身也存在一体性与独立性的二元角色矛盾，由此造成其在以审判为中心的改革中，主任检察官职能定位困难的进一步加剧。在笔者看来，就检察权的行使，存在名义上的权力统一行使与现实中的权力分别行使的问题，在审判为中心的改革中检察官权力主导难以实现。其表现为，在一审中，支持诉讼请求的证据来自追诉机关不同部门的分工协作，这种分工协作被视为是整体追诉行为，追诉目标最终由代表检察机关的公诉检察官在法庭上予以实现。由于均是国家追诉权的组成，公诉检察官无法对前置追诉行为的有效性进行有效控制，其责任仅在如何通过庭审有效展示证据从而实现诉求，证据本身的效力则不被关注。这种以检察院权力为主导的追诉机制，不仅造成了前置追诉中大量低效化的工作，而且也限制了公诉检察官的司法活动范围，导致了诉讼活动的割裂，实际是形式上的一体化而实质上的分裂化，有悖于诉讼效率的价值诉求。在二审中，二审检察官上诉审的能动性也不足。检察机关倾向于将检察官出席上诉审的主要职责定位于实施法律监督而非继续履行控诉职能，[④]即是从检察监督权的

① 郭茂林：《"检察一体化"与检察官独立的博弈分析》，载《中国检察官》2006 年第 1 期。

② 关于法律规定的检察权行使主体的问题，我国学者存在检察院统一行使，与检察官也可以独立行使职权的分歧，对此，我国学者万春提出，无论宪法还是法律，都明确规定行使检察权的主体就是检察院，在检察院内部，被明确单独行使职权的只有检察长，即是否逮捕由检察长决定，其他权力都被笼统地赋予给了检察院。因此，这些权力在对外行使的时候，不管主体是谁，他都是代表检察院依法独立行使。参见樊崇义、龙宗智、万春等：《主任检察官办案责任制三人谈》，载《国家检察官学院学报》2014 年第 6 期。

③ 我国学者万毅教授提出，检察改革难，难就难在检察官本身兼具行政与司法双重属性，其中，行政属性要求整个检察体系形成上命下从、上下一体的金字塔形阶层结构，即施行检察一体原则，但其司法属性又要求这个阶层中的每一个个体对于上级保持相对的独立性，即奉行检察独立原则。万毅：《主任检察官制度改革质评》，载《甘肃社会科学》2014 年第 4 期。

④ 项明主编：《刑事二审程序难题与应对》，法律出版社 2008 年版，第 167 页、第 176 页。

整体角度将检察监督权与检察官的控诉职能混淆而得出的结论。根据2012 年《刑事诉讼法》第 203 条的规定及立法意旨,对审判提出法律监督意见应当在闭庭之后,以检察机关的名义向法院提出,而不能当庭提出。[①] 对此,有观点认为,二审检察官也应当履行对审判的法律监督职责,但不能实施当庭监督,因此监督职能不能成为主要职能。[②] 也有观点认为,这种监督只是一种诉讼"监视",即发现应监督事项,闭庭后向检察长或检察委员会报告,再以检察院的名义向法院提出监督意见。但是,如此一来,仍是由追诉检察官直接负责检察监督权的行使,区别仅是发生时间和空间不同,并没有导致检察院的检察监督权与检察官的追诉权的有效分离。在检察监督权和追诉权混同的情形下,二审检察官的关注重点自然会从追诉转向监督,从发现定罪量刑的证据问题转向发现庭审问题,由此导致检察官回应上诉的法理论证不足,证据的组织与论证也常常较为欠缺。有时以"证据确实、充分"一语带过,导致其发表的意见缺乏足够的说服力,[③]进而影响二审的实质审理效果。

(三)制度障碍:主任检察权力 vs 主办责任制

主任检察权的统一行使与责任模糊化的双重困境是影响庭审实质化的制度障碍。中国的检察体制具有浓厚的行政化色彩,检察权的集中、统一行使是基本的组织结构形式。在司法实践中,实行个人承办、部门审核、检察长或检察委员会决定的办案制度,形成了"中国式"的检察科层体系。审批制是检察科层体系的典型特征,案件层层上报,案件承办人制作审查终结报告、起草好起诉书或其他法律文书,连同案卷材料一起呈部门负责人审核,部门负责人审核后,再将案件呈检察长审批。若是疑难复杂案件,在部门内还可能进行集体讨论,在检察长一级可能提到检察委员会讨论决定。在层报过程中,往往越上层仔细审查案件的机会就越少,审批、把关容易流于形式,客观上造成了对案件最

---

① 陈瑞华:《侦查案件裁判主义——对中国刑事第二审程序的重新思考》,载《政法论坛》2005 年第 5 期。

② 龙宗智:《庭审实质化的路径和方法》,载《法学研究》2015 年第 5 期。

③ 同上。

有发言权的经办人决定不了案件的处理的审批窘境。[①]“一体化”的检察权引发的案件实际决定权与办理权的分离又导致责任模糊困境的产生。出庭支持公诉的检察官不能根据对案件事实的全面判断以自己意志决定公诉活动，实践中一些案件从公诉词到答辩提纲都是经过领导审批的。阅卷、提审、取证等工作由承办案件的检察官完成，但决定的却是上级领导。既然承办检察官没有独立的决定权，一旦案件质量出现问题，也难以确认谁是负责人。审核、审批过程中还经常出现集体讨论的情况，集体讨论要求的责任形式是集体负责，集体负责最终很可能是导致“谁也不负责”的尴尬困境。在双重困境之下，公诉权力的分裂与责任的淡化，使庭审的形式意义大于实质意义。

（四）实践障碍：诉中审查虚置 vs 庭审效能降低

在侦查中心主义之下，检察机关的审查起诉功能虚置导致了案件庭审效能的低效，难以实现庭审实质化之目的。侦查案卷是公诉决定的基础信息，检察审查起诉就是对侦查案卷的审查。然而，在侦查中心主义之下侦查案卷具有封闭化之特征，相关证据的收集、制作与选编几乎完全由侦查机关主导，整个过程缺乏必要的监督，导致侦查案卷的真实性与客观性难以保证，甚至出现虚假现象。限于检察权对侦查权的有限监督，审查起诉主要从规范证明角度对侦查材料进行审核，却无法保证其客观合法性，当缺乏客观性与合法性的证据材料在法庭上受到质疑时，检察机关无法做出合理解释，难以形成有效对抗而必须退回补充侦查，导致诉讼周期的延长和庭审效能的降低；或者更为严重的是，法庭基于对公诉权的天然信任而直接予以采信，导致错案的产生，直接引发司法制度的信任危机。基于侦查错误而无法解决在中国错案形成过程中已经多次被证明，公安机关错误侦查，检察机关错误批准逮捕和起诉，两级法院作出错误的有罪判决，演绎了一个完整的错案形成和发展过程。[②]

① 余双彪：《论主诉检察官办案责任制》，载《人民检察》2013 年第 17 期。

② 李建明：《刑事错案的深层次原因——以检察环节为中心的分析》，载《中国法学》2007 年第 3 期。

三、庭审实质化:"两法"修改中的积极应对

以庭审实质化为起点的改革,必然导向审判为中心的司法体制改革乃至刑事诉讼结构调整的结果,从而在根本上改变了既有检察权在刑事案件追诉中的对外、对内职权配置关系与运行目标,这项改革的推进,也必然会对包括主任检察官制度在内的"两法"基本制度的改革与构建提出明确要求。

(一)主任检察官职权定位的法定化

就《人民检察院组织法》与《检察官法》的立法定位与功能而言,审判为中心改革势必产生通过《人民检察院组织法》对主任检察官制度进行体系化规范的内在要求,以对主任检察官行使检察权职权的具体内容、范围、法定义务等方面作出具体规定。

主任检察官制度作为人民检察院司法改革的重大内容,其本身既涉及检察办案组织的定位设计与职权分工,也涉及作为办案组织组成人员的主任检察官及其辅助人员的职权行使规则的内容,面对以审判为中心的改革,对于主任检察官的职权定位,有必要通过在立法中明确"有效指控犯罪"的规定,加以具体提出。

主任检察官制度改革的总方向在于实现适度的司法化或者去行政化,放权给骨干检察官,以使其可以相对独立地办案,并给予适度保障。[①] 因而,在主任检察官职权定位上有必要通过立法明确提出"通过行使检察职权,确保有效指控犯罪"的职权定位要求,并根据这一职权定位具体配置其职权行使模式以及与之相对应的职权责任机制,避免主任检察官职权规定的空泛化。[②]

---

① 樊崇义、龙宗智、万春等:《主任检察官办案责任制三人谈》,载《国家检察官学院学报》2014年第6期。

② 在《人民检察院组织法》(专家修订第二稿)中,对主任检察官制度设置了专门的条文,该条的立法主旨被确定为"主任检察官的办案责任",其具体内容为:"主任检察官领导检察官办案组的工作,对办理的案件承担相应的法律责任。"显然,该条规定并未明确就主任检察官的职权定位作出规定。

(二)主任检察官职权定位法定化的具体内容

1. 主任检察官职权的实质化

诉讼模式的改革决定了行使诉权的检察官必须拥有独立权力,承担独立的责任。① 赋予主任检察官独立的检控权,是实现庭审实质化的重要途径。② 主任检察官权力制度改革涉及内容诸多,在此仅就关于权力配置的三个问题进行简要分析。

(1)主任检察官权力配置的界限

确保主任检察官法律地位的独立性是庭审实质化之前提,该问题涉及如何合理划分主任检察官"办案权力"与检察委员会"批案权力"的界限。基于对"三级审批"模式和"主诉审批"模式的反思,有观点提出可以考虑按照可能判处的刑罚年限来进行分类,对于可能判处 10 年有期徒刑以下刑罚的案件,检察官有决定的权力;可能判处 10 年有期徒刑以上刑罚的案件,要由主管检察长决定。③ 也有观点认为,应当从个人决策与集体决策的优劣角度进行区分,凡是疑难案件,即有不同认识或者有争议的案件,对证据采信、事实认定或者法律适用有不同意见、面临多种选择的案件或者案件处理环节,都应当提交检察委员会集体研究决定。其他的案件,不管涉案金额或者涉案人员数量多大,只要没有认识分歧,没有多种选择,就不必提交检察委员会来决定。④ 上述两种观点均认为需要从案件风险程度角度来划分权力界限。前一种观点以刑罚处罚的程度作为划分标准,其逻辑在于:重罪案件风险程度较高,需要集体讨论,轻罪案件风险程度较低,可以由主办检察官独立处

① 余双彪:《论主诉检察官办案责任制》,载《人民检察》2013 年第 17 期。

② 在现行法律体系框架内,主任检察官的权力还是来源于检察长的授权,并非法律的直接授权。这一授权模式虽然具有一定的局限性,但是对于促使检察官成为真正意义上的检察权行使主体,体现司法属性特征来讲,还是一个很大的进步。由于检察权是一种综合性的权力,具有不同的属性,因此行使不同检察工作职能的主任检察官也应当具有不同的职权。参见最高人民检察院 2013 年重点课题组:《主任检察官制度研究》,载《中国法学》2015 年第 1 期。

③ 樊崇义:《主任检察官办案责任制三人谈》,载《国家检察官学院学报》2014 年第 6 期。

④ 谢鹏程:《检察官办案责任制改革的三个问题》,载《国家检察官学院学报》2014 年第 6 期。

理。这一划分虽然较为明确,但案件的风险程度与重罪、轻罪似乎无必然关系,即使是轻罪案件,也存在错判之可能。后一种观点的逻辑是:个人难以独立决策的事项,存在较高的风险,应当集体决策;在个人决策的评价能力范围内的事项,应当由个人独立决策。这一划分标准从决策学角度是合理的,但其对"疑难案件"的判断标准较为模糊,容易导致案件范围过大,在此观念之下,主办检察官因担心责任风险而可能将对证据采信、事实认定有任何不同意见的案件均予以上报审批,进而导致检委会审批案件数量不会实质性减少。本文认为,应当从司法改革基本理念的角度出发,理解"疑难案件"的范围,确立"最后手段"原则作为划分主任检察官和检察委员会办案权力的标准。即只有当被告人存在判处无期或死刑之可能且案件事实存在较大争议时(针对市检察院),或者被告人存在可能判处无罪之可能性,才有必要上报检察委员会,在此之外的其他案件应当由主任检察官在其职责范围内独立处理。

(2)主任检察官的侦查导向权

侦查导向权是指主任检察官有领导、指挥案件侦查的权力。基于不同的职能分工,侦查人员与检察人员对于案件证据把握认定的程度不同,检察人员从出庭公诉角度,更加接近于法官对案件事实和证据的把握认定程度,而侦查人员对案件事实的把握则主要限于立案的功利性标准,并且容易出现由于证据意识低下,重言词证据、轻实物证据,导致在调查取证时刑讯逼供、诱供、暴力取证的现象,进而影响公诉的整体质量。侦查方向的偏差是导致错误裁判的最大肇因,[①]而检察机关缺乏纠正侦查错误的实质性权力也是导致错案发生的重要原因。如胥敬祥案,检察机关曾7次退回补充侦查,之后勉强起诉,法院"无奈"定罪,最终酿成"错案";[②]赵作海案,检察机关曾3次退回补充侦查,最终由政法委协调,法院作出有罪判决。[③] 除了导致错案之可能,侦查方向的错误也会导致证据质量的降低,进而使侦查人员无法在法庭上展开

① 林钰雄:《检察官在诉讼法上之任务与义务》,载《法令月刊》1998年第10期。

② 杜萌:《省检院坚持抗诉胥敬祥:冤狱13年有罪变无罪》,载《法制日报》2005年6月1日。

③ 邓红阳:《赵作海案再曝"留有余地"潜规则》,载《法制日报》2010年5月13日。

有效对抗,特别是一些对取证时间要求性极强的证据,由于在侦查环节未能及时获取,时过境迁,造成证据缺失,从而导致案件公诉失败。目前刑事诉讼法规定了检察人员对侦查活动的建议和监督权,属于检察指导侦查模式,但由于缺乏实质权力,这一模式的运行效果并不理想。对此,应当考虑从实质化庭审角度,赋予承办案件的检察人员以侦查导向权,包括案件启动、发展与终结的决定权、重大案件的直接领导参与权、侦查措施的监督权以及出庭支持公诉的命令权等,从而推动警检关系的实质化改革,构建检警一体化机制。

(3)主任检察官的程序决定权

所谓程序决定权,是指主任检察官在检察权力体系内,对职责范围内案件有决定批捕、提起公诉、出庭公诉、抗诉等权力。其中,争议较大的是批捕权和公诉权是否合一的问题,实践探索中两种模式都有。"区分说"认为,从批捕权力中立性角度,若批诉合一,则作为侦查、控诉机关的办案人员,没有制度上的独立性与中立性,单独决定羁押问题,不会符合羁押权形式的正当程序要求,应当慎重处理。除了一些事实清楚,法律关系简单、清晰的案件可以授权检察官作实质审查,而检察长仅作形式审查外,其他案件羁押审批,仍应按照三级审批制进行。① "阶段说"认为,捕诉一体存在两个诉讼阶段之间制约力度不足的问题,一些案件一旦批捕,即使因证据标准达不到起诉的要求,也会为防止出现捕后不诉等案件质量风险而冒险起诉,给案件质量带来隐患。从长远看,捕诉分离的模式比较符合刑诉法对于加强诉讼环节之间相互制约的要求。但是,就近期而言,实行罪名专业化前提下的捕诉一体模式具有相对合理性,案件诉讼效率较高,因为捕诉合一在决定是否批捕犯罪嫌疑人时,必然考虑捕后是否能将犯罪嫌疑人起诉的问题,在批捕时对证据的把握上会更加慎重和严格,退回补充侦查等降低诉讼效率的状况会得到有效控制。② "合并说"则认为,检察机关的办案性质具有明显的阶段性、程序性等特点,捕诉合一不仅不会影响办案质

---

① 龙宗智:《检察官办案责任制相关问题研究》,载《中国法学》2015 年第 1 期。

② 最高人民法院 2013 年课题组:《主任检察官制度研究》,载《中国法学》2015 年第 1 期。

量,反而对于资源整合、实现办案的专业化具有积极的促进作用,也有利于减少重复劳动,提高检察工作效率和办案质量。"区分说"和"阶段说"的担忧在于批捕权和公诉合并以后会导致批捕权缺乏制约,存在权力滥用之风险。这一考虑不无道理,因为在西方国家,批捕权作为涉及人身自由安全的权力,往往是由中立的第三方(法官)裁决决定的。然而,"合并说"的观点更符合司法改革的立场,批捕合一确实有利于提高诉讼效率,对侦查监督更为有利,也更有利于检察官在法庭上进行有效公诉。本文认为,以独立的第三方通过司法裁判的方式决定是否批捕固然是保障人权的优选模式,但在目前中国司法体制下还难以实现,但这并不意味着对批捕权就无任何监督和制约,错案追究制、特定范围内检委会审批制的存在,对于批捕权的正当行使仍会形成一定的制约功能,更为重要的是,主任检察官制度实现权责统一,案件责任会真实落到案件承办人身上,相信任何一个有理性的人都不会冒着错误批捕的责任风险恣意行使权力。

2. 主任检察官权力与检察监督权的分离化

主任检察官的权力实质化是为了提高出庭控诉案件的质量,实现有效控诉。然而,在中国控辩审三方结构失衡、辩方力量相对弱小的前提下,简单加强控方权力而不注意控辩力量的均衡,也不符合司法改革的目的。实质化庭审的前提是要"平等对抗",对于控方而言,在加强其权力的同时,必须削弱另一种权力,即审判监督权,通过检诉权力与检察监督权力分离,在确保检诉权力独立化的同时,平衡控辩力量关系,确保庭审实质化目标的实现。

从检察理论角度,检察机关的诉讼职能和监督职能是检察工作中两种不同的职能,具有不同的工作属性,不能混同。诉讼职能以"办案为中心",是检察官作为诉讼主体职能的体现,而检察监督职能以"权力制约为中心",是国家授予监督机关代表国家进行权力监督和制约的重要职能。《刑事诉讼法》第203条明确规定,刑事审判中的法律监督意见应当由检察机关向法院提出,而不是检察官向合议庭提出。对此,有观点提出,在实现主任检察官专业化的同时,也要实现诉监分离,建立专门的法律监督办案组,整合原侦监、公诉、二审检察、未检、社区检察中的监督职能,形成刑事立案监督、侦查监督、审判监督、执行监督和民行检察监督等,以专业化分工的监督部门,实行诉监分离。上述观点无疑是合理的,但是,在一个检察系统内,如何确保法律监督办案组不受主诉检察官的影响,独立地从公平、正义角度进行审判监督仍是值得进一步探讨研究的问题。监督者应当是与当事人无利益关系的第三方,才能进行公正的监督。主任检察官的诉讼行为是个人行为,而监督活动是检察院的集体行为,基于这样的主体区分思路,本文认为,在目前的检察体制下,可以考虑将法律监督办案组集中化,提高其法律地位,使其能成为相对独立的第三方,或许可以解决问题。

四、结　论

以审判为中心的司法体制改革,是全面推进法治中国建设中刑事诉讼制度改革中的重要改革内容,改革的影响将外溢于审判权的运行与行使之外,而直接触及中国刑事诉讼结构改革与完善的问题。《人民检察院组织法》的修订,应当在维护检察权在国家权力体系中的基本定位与职权范围稳定的前提下,重点关注与以审判为中心改革相配套、适应的检察职权配置与行使问题,将优化检察职权行使作为立法修订的基本目标,将全面完善主任检察官制度作为有效机制,全面提升检察职权运行的效益。主任检察官制度的建设,应以构建强有力的指控犯罪机制为基本导向,将主任检察官的职权定位作为构建新型"检—侦""检—审"关系的重要切入,在立法中明确规定"通过行使检察职权,确保有效指控犯罪"的职权定位,并根据这一职权定位有效配置主任检察官应当具有的实质化职权保障机制与责任机制,促进检察官职业化改革目标的实现。

刑事速裁程序的实践探索与改革展望

刘中发*

目　次

2014年6月27日,十二届全国人大常委会通过《关于授权最高人民法院、最高人民检察院在部分地区开展刑事案件速裁程序的试点工作的决定》(以下简称《决定》)。这是继刑事简易程序、普通程序简易化审理和轻微刑事案件快速办理机制改革之后,我国又一次针对刑事程序的简化进行的改革探索,也是第一次通过试验性立法的方式推进刑事程序的试点改革。同年8月22日,最高人民法院、最高人民检察院、公安部、司法部(以下简称"两高两部")联合印发《关于在部分地区开展刑事案件速裁程序试点工作的办法》(以下简称《试点办法》),试点工作在全国18个城市全面推开。两年来,试点地区进行了卓有成效的改革探索,积累了大量有益的经验。与此同时,各地在试点工作中也遇到一些问题,需要在明确制度定位的基础上,从实体和程序两个层面进行改革完善。

---

* 北京市海淀区人民检察院检察委员会专职委员,三级高级检察官,法学博士。

一、开展刑事速裁程序试点的必要性

刑事速裁程序,是指对于案情简单、事实清楚、证据充分,犯罪嫌疑人、被告人自愿认罪,适用法律无争议的轻微刑事案件,在遵循基本程序正义底线标准的前提下,简化审判工作流程、缩短办案期限的一种快速审判程序。① 开展刑事速裁程序试点有着深刻的现实背景和制度需求。主要可以归纳为以下三个方面:

(一)现实背景:优化司法资源配置,促进案件繁简分流,破解案多人少难题的必然选择

在经济转轨、社会转型的特殊时期,社会矛盾凸显,刑事案件高发,刑事案件总量在逐年递增。

从统计情况看,全国公安机关刑事立案数:2005 年为 4,648,401 件,2010 年增至 5,969,892 件,较之 2005 年增长 28.4%,2014 年增至 6,539,692 件,较之 2005 年增长 40.7%(见图 1)。

全国检察机关提起公诉数:2005 年为 981,009 人,2010 年增至 1,189,198 人,较之 2005 年增长 21.2%,2014 年增至 1437,899 人,较之 2005 年增长 46.6%(见图 2);全国法院刑事案件被告人判决生效数:2005 年为 844,717 人,2010 年增至 1,007,419 人,较之 2005 年增长 19.3%,2014 年增至 1184,562 人,较之 2005 年增长 40.2%(见图 3)。② 而同期司法人员配置增长缓慢。据统计,全国法官数量从 2007 年到 2013 年,从 18.9 万人增长至 19.6 万人,6 年间仅增长 3.7%。司法人员配置与刑事案件绝对数量增长不成比例,人案矛盾日益突出。

在案件总量中,轻罪案件占了相当大比例。根据 2005 ~ 2014 年全国法院刑事案件被告人判决生效情况,全国刑事案件中被判处 5 年以上有期徒刑、无期徒刑、死刑的案件不仅在整个刑事案件中所占比例小,而且从 2005 年的 17.9% 持续降低到 2014 年的 9.4%。与之形成鲜明对比的是,被判处 5 年以下有期徒刑的案件占全部刑事案件的比重

---

① 樊崇义、刘文化:《我国刑事案件速裁程序的运作》,载《人民司法》2015 年第 11 期。

② 图 1 至图 5 参见《中国法律年鉴》《中国统计年鉴》,2006 ~ 2015 年。

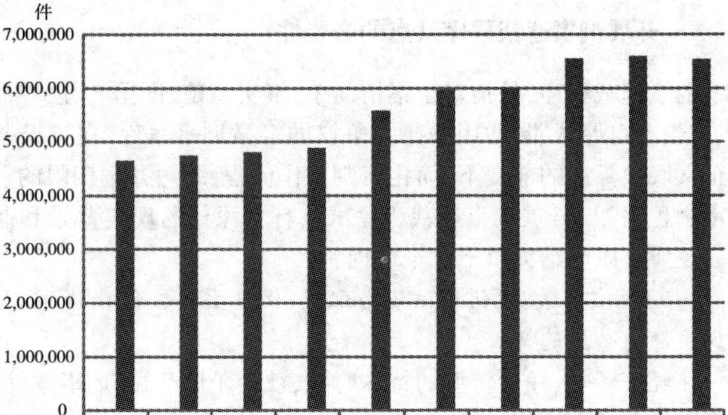

	1	2	3	4	5	6	7	8	9	10
■年份	2005	2006	2007	2008	2009	2010	2011	2012	2013	2014
■案件数	464,840	474,413	480,751	488,496	557,991	596,989	600,459	655,144	659,824	653,969

图1　2005~2014年全国公安机关立案的刑事案件统计

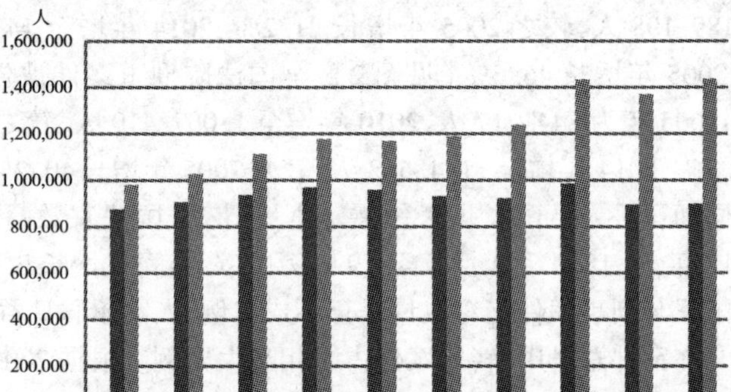

	1	2	3	4	5	6	7	8	9	10
■年份	2005	2006	2007	2008	2009	2010	2011	2012	2013	2014
■审查批准逮捕、决定逮捕	876,419	906,936	937,284	970,181	958,364	931,494	923,510	986,056	896,403	899,297
■提起公诉	981,009	102,905	111,331	117,785	116,890	118,919	123,886	143,518	136,986	143,789

图2　全国检察机关批准、决定逮捕和提起公诉情况统计

较大,10年间所占比重均超过40%(见表1)。根据对近3年全国法院判处3年有期徒刑以下人数的统计,2012年至2014年所占全部刑事案

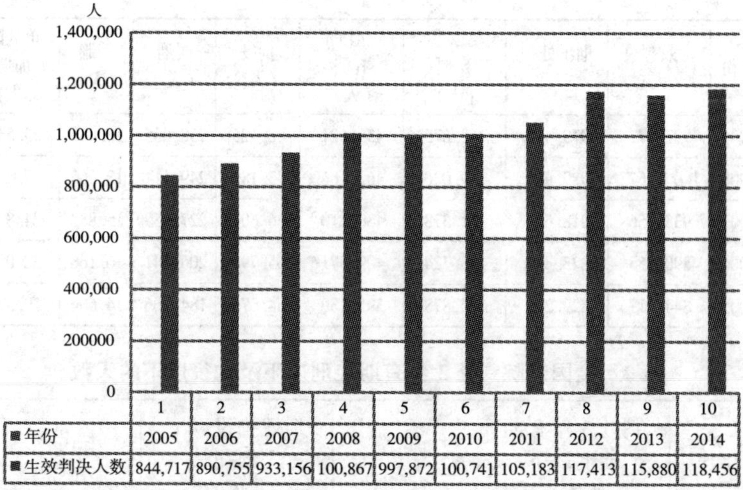

图3　全国法院刑事案件被告人判决生效情况统计

件的比重分别为76.65%、80.61%、82.73%，其中，被判处拘役以下刑罚的比重分别为42.69%、45.66%、46.37%（见表2）。从北京、广州一线城市的数据来看，刑罚在一年以下的轻微刑事案件占到案件总数的四成以上以至接近五成。① 由此可见，司法实践中对犯罪分子所判处的刑罚总体上是较为轻缓的。

表1　全国法院刑事案件被告人判决生效情况统计

年份	生效判决（人）	刑事处罚（人）	5年以上至死刑（人）	5年以下有期（人）	拘役（人）	缓刑（人）	管制（人）	单处附加刑（人）
2014	1,184,562	1,164,531	111,658	503,481	145,086	368,129	12,228	23,951
2013	1,158,809	1,138,553	125,015	484,511	133,044	356,523	14,641	24,819
2012	1,174,133	1,154,432	158,296	491,613	112,766	355,302	12,853	23,602
2011	1,051,838	1,032,466	149,452	460,080	76,683	309,297	14,829	22,125
2010	1,007,419	988,463	159,261	461,523	63,848	265,230	16,171	22,430

① 丁文生：《刑事速裁程序改革探析》，载《广西民族大学学报》第37卷。

续表

年份	生效判决(人)	刑事处罚(人)	5年以上至死刑(人)	5年以下有期(人)	拘役(人)	缓刑(人)	管制(人)	单处附加刑(人)
2009	997, 872	979, 443	162, 675	459, 621	66, 125	250, 635	16, 833	23, 554
2008	1, 008, 677	989, 992	159, 020	463, 166	73, 183	249, 111	18, 065	27, 447
2007	933, 156	918, 610	151, 378	430, 110	66, 606	227, 959	15, 882	24, 875
2006	890, 755	873, 846	153, 724	409, 571	65, 790	206, 541	16, 166	22, 054
2005	844, 717	829, 238	150, 878	395, 139	64, 676	184, 366	14, 604	19, 575

表2 全国法院判处3年有期徒刑以下及拘役以下的人数

年份	判处3年有期徒刑以下(人)	占比(%)	判处拘役以下刑罚(人)	占比(%)
2012	900, 021	76. 65	504, 447	42. 69
2013	934, 011	80. 61	528, 979	45. 66
2014	980, 004	82. 73	549, 340	46. 37

轻罪案件的基数不断扩大,我国刑法体系从“重罪重刑”到“轻罪入刑”,迫切需要在确保司法公正的前提下,优化司法资源配置,推进案件繁简分流,把有限的司法资源更多投放在重大、疑难案件上。

在管理学领域,有一个著名的法则,叫“二八定律”,又称为巴莱多定律,是19世纪末20世纪初意大利经济学家巴莱多发明的。他认为,在任何一组东西中,最重要的只占其中一小部分,约20%,其余80%的尽管是多数,却是次要的。社会约80%的财富集中在20%的手里,而80%的人只拥有20%的社会财富。这种统计的不平衡性在社会、经济及生活中无处不在。

“二八定律”要求管理者在工作中不能“胡子眉毛一把抓”,而是要抓住关键人员、关键环节、关键用户、关键项目、关键岗位。“二八定律”所揭示的“抓住关键”的法则给我们的启示是,不要平均地分配司法资源,要本着“繁者更繁、简者更简”的原则,优化司法资源配置,对刑事案件要进行合理的繁简分流。速裁程序试点与“二八定律”所揭示的“抓住关键”的法则相吻合。

速裁程序试点,不仅契合“二八定律”中“抓住关键”的法则,而且有西方国家的分流实践作为参考。伴随着诉讼效率价值的凸显、刑罚目的的转换,各国越来越多地采用“程序分流”措施而对特定的刑事案件进行处理。统计资料显示,按简易程序审判的刑事案件,占英国全部刑事案件的97%,美国刑事诉讼中90%以上的案件采用辩诉交易的方式解决,日本依照简易程序审理的刑事案件占全部刑事案件的94%,意大利通过对刑事诉讼法进行修改,扩大了简易程序的种类和适用面,有80%~85%的案件通过简易程序审判。可以预见,速裁程序的推广适用,将会对我国经济转轨、社会转型这一特殊时期人案矛盾加剧的现实起到相当大的缓解作用。

(二)权利保障:减少审前羁押,加强权利保障,促进司法公正的必然要求

对犯罪嫌疑人以羁押为例外,是当代国际范围内刑事诉讼领域所确立的一项原则。但在我国,羁押是刑事诉讼中的常态。

从全国情况来看,2005~2014年我国犯罪嫌疑人的审前羁押率一直处于高位状态,年均审前羁押率为77.56%,比例最高的2005年达89.34%,比例最低的2014年仍达到62.54%(见图4);从某市近五年逮捕情况看,全市平均逮捕率为77.3%,其中A区逮捕率高达85.5%(见表3);从某区审查起诉时羁押情况看,最低的是2012年,为68%,最高的是2015年,为84%(见表4)。

如上所述,在刑事案件总量中,轻微刑事案件占了相当大比例。而在影响社会秩序的轻微刑事案件中,流动人口犯罪又占大多数。实施轻微犯罪的流动人口通常缺乏稳定的工作、住所和关联人群,这直接导致了轻微刑事案件中,该类人员的羁押比例偏高、审前羁押时间过长、审前羁押时间主导判决结果的状况。

北京市C区人民检察院课题组对某年C区人民法院一审判处3年以下有期徒刑的3000多名被告人的诉讼周期进行统计发现,被判处3年有期徒刑以下刑罚的被告人,从拘留至庭审结束其诉讼周期加起

来平均达到174.7日,超过基本时限134日[①]的30%;而判处1年有期徒刑以下刑罚的被告人诉讼周期平均为154.8日,超过基本诉讼时限的16%。[②]

北京市H区人民检察院检察官对300名一审被判处1年以下有期徒刑、拘役、管制和作相对不起诉处理的被告人审前拘留情况进行了抽样调查。统计结果如下:到案后首先适用拘留强制措施的286人,约占95.3%;到案后公安机关直接取保候审的14人,约占4.7%。未进行拘留的原因基本为因处于怀孕期、哺乳期或因病。被采取拘留强制措施的,无一人是在3日以内被提请审查批准逮捕的,所有均被延长拘留期限,延长率为100%。以"特殊情况"为由延长至7日者17人,约占被拘留人数的5.9%;延长拘留期限至30日的268人,约占被拘留人数的93.7%。[③]

上述案件,除危险驾驶罪以外,在押嫌疑人移送审判时通常羁押时间已有4~6个月之久。可见尽管属于轻微刑事案件,犯罪嫌疑人也经常处于长期羁押状态。

程序的及时性是犯罪嫌疑人、被告人权利保障的必然要求,也是司法公正的重要体现。程序的及时性要求刑事诉讼必须遵循"迅速审理"原则。程序的拖延不仅会使被告人长期处于被羁押或者等待判决结果的惶恐不安状态之下,还会减损刑罚惩罚犯罪、预防犯罪的效果。对于轻微刑事案件而言,程序拖延使法官为了保证形式上的公正,往往判决"实报实销""押多久判多久",甚至于"罪刑倒挂",极大损害了司法的公正性。

推行速裁程序试点,加快案件办理流程,简化案件办理程序,有利于及时化解社会矛盾,强化当事人的权利保障,促进司法公正,切实改变因羁押时间过长所导致的"刑期倒挂"、量刑失衡的状况。

---

① 根据1996年版《刑事诉讼法》的规定,刑事拘留为7日,审查批捕7日,逮捕后的侦查羁押期限为60日,审查起诉30日,审理期限30日,合计普通刑事诉讼案件诉讼周期可达134日,均不包括申请延长期限,故称为基本时限。

② 北京市朝阳区人民检察院课题组:《轻微刑事案件快速办理机制》,载《国家检察官学院学报》2009年第5期。

③ 闫莉:《轻微刑事案件中的延长拘留》,载《中国检察官》2016年第1期。

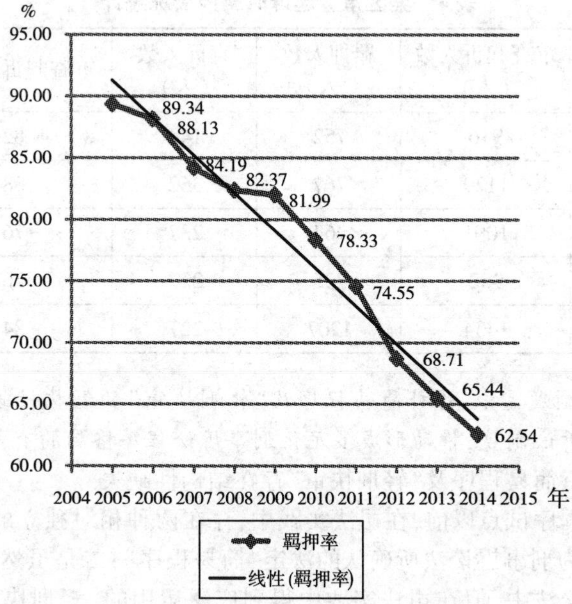

图4　2005～2014年我国犯罪嫌疑人审前羁押情况统计

表3　某市近五年逮捕情况统计

单位	2010年	2011年	2012年	2013年	2014年	平均
全市	83.9%	79.7%	72.9%	74.6%	75.3%	77.3%
A区	90.8%	83.6%	86.7%	86.5%	79.8%	85.5%
B区	84.1%	78.8%	68.8%	70.8%	75%	75.4%
C区	93.9%	90.3%	80.5%	76.8%	71.3%	82.6%
D区	87.3%	85.3%	76.1%	74.1%	73.8%	79.3%
E区	79%	76.4%	64.2%	76.2%	73.9%	73.9%

表4　某区审查起诉时羁押情况统计

年份	审查起诉人数（人）	羁押人数（人）	直诉人数（人）	审查起诉时羁押率
2011	916	752	144	82%
2012	1129	767	362	68%
2013	1001	764	237	76%
2014	952	725	227	76%
2015	1434	1207	227	84%

(三)制度需求:弥补简易程序及“轻刑快审”的结构性缺失,丰富完善刑事诉讼制度,推动形成多元化刑事诉讼程序格局的有效途径

1. 已有简易程序及“轻刑快审”存在结构性缺失

速裁程序试点以前,在司法实践中,存在两种相对独立的“速决程序”:一是为刑事诉讼法所确认的法定“简易程序”;二是虽然没有确立在刑事诉讼法中,但在司法实践中得到广泛运用的“轻刑快审”程序。但在制度设计层面,简易程序存在适用跨度大、形式单一、程序烦琐的弊端,在实践中适用率并不高,没有起到制度设计者预期的案件分流之效果;轻刑快审程序对嫌疑人的权益保障不充分,“认罪认罚”的自愿性、合法性缺乏足够的机制支撑,“量刑激励”的制度供给不足,程序的可持续性没有上位法的保障。

从2006~2014年简易程序的适用数量与一审结案数对比情况看,2006~2011年简易程序的适用比例一直维持在30%左右,即使在因新刑事诉讼法生效而引发的简易程序适用比例较高的2012~2014年,简易程序的适用比例也仅占一审结案数的50%左右(见图5)。在简易程序的适用范围已经扩大到基层法院审理的全部刑事案件的情况下,这一比例与前文所说每年判处3年以下有期徒刑的刑事案件数占总案件数的80%以上对比,显然是非常低的。

与简易程序和轻刑快审程序相比,速裁程序有诸多不同之处(见表5),如适用条件更严、审理程序更简、更加重视被追诉人的诉讼权利,在一定程度上可以弥补简易程序及“轻刑快审”存在的“结构性缺失”。

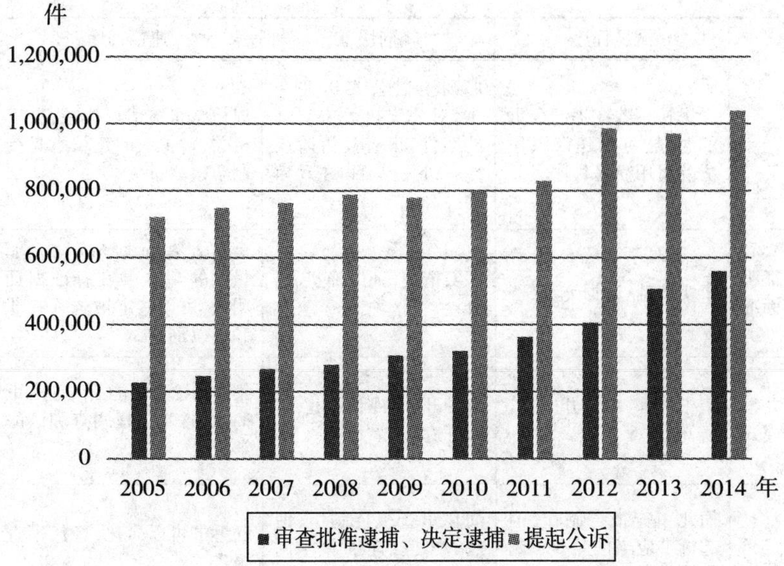

图 5　2005~2014 年我国刑事案件一审适用简易程序案件数与总结案数对比

表 5　速裁程序与简易程序、轻刑快审之比较

	简易程序	轻刑快审	速裁程序
适用条件	案件事实清楚、证据充分的；被告人承认自己所犯罪行，对指控的犯罪事实没有异议的；被告人对适用简易程序没有异议的；基层人民法院管辖的案件，包括 3 年以下有期徒刑和 3 年以上有期徒刑；无罪名限制	案情简单，事实清楚，证据确实、充分；可能判处 3 年以下有期徒刑、拘役、管制或者单处罚金；犯罪嫌疑人、被告人承认实施了被指控的犯罪；适用法律无争议；无罪名限制	事实清楚，证据充分，被告人自愿认罪，当事人对适用法律没有争议的危险驾驶、交通肇事、盗窃、诈骗、抢夺、伤害、寻衅滋事等情节较轻，依法可能判处 1 年以下有期徒刑、拘役、管制的案件，或者依法单处罚金的案件

续表

	简易程序	轻刑快审	速裁程序
启动方式	人民检察院在提起公诉的时候,可以建议人民法院适用简易程序	原则上以公安机关为主,对公安机关未启动的案件,审查起诉阶段检察机关也可以主动启动	以检察机关建议为主,公安机关、辩护人的建议意见受制于检察机关
证明标准	事实清楚、证据充分	事实清楚,证据确实、充分	事实清楚、证据充分。定罪量刑的基本事实有证据证明的,可以认定被告人有罪和处以刑罚
办案模式	集中开庭,视频开庭,监所开庭	集中开庭,视频开庭,监所开庭	集中办公,职能合并;庭审简化,省略法庭调查和法庭辩论
文书简化	简化审查报告制作,但起诉书应当按照要求制作,不得简化	简化审查报告制作,但起诉书应当按照要求制作,不得简化	起诉书可以简化,替代审查报告
不公开审理情形	国家秘密、个人隐私、未成年犯罪及涉及商业秘密经当事人申请	国家秘密、个人隐私、未成年犯罪及涉及商业秘密经当事人申请	国家秘密、个人隐私、未成年犯罪、涉及商业秘密经当事人申请、以信息安全为由申请不公开审理
办案期限	人民法院应当在受理后30日以内审结;对可能判处的有期徒刑超过3年的,可以延长至一个半月	公检法三机关各自办案期限限定在10日内,如果某个机关不能在10日内办结,可以“借用”,但必须确保在时限内结案(北京模式)	未规定公安机关的办案期限,仅规定了检察机关、法院的办案期限分别为8个工作日和7个工作日
量刑要求	通过量刑建议书进行量刑,不得对嫌疑人作出量刑承诺	通过量刑建议书进行量刑,不得对嫌疑人作出量刑承诺	在具结内容告知书中明确量刑情节及量刑幅度,一年内量刑幅度为2个月;半年内幅度为1个月(上海模式)

2. 劳动教养制度废除后缺乏与之相配套的轻罪制度

长期以来,我国的劳动教养制度实际上承载了部分程序分流的功能。2013 年 12 月 28 日全国人大常委会通过了《关于废止劳动教养法律规定的决定》,这意味着实施 50 多年的劳教制度被依法废止。在劳教制度废止前,中国劳教人数最多时年关押人数高达 30 万人左右。

劳动教养制度废除后,一些轻微违法行为相继入刑,如酒驾、扒窃,以及《刑法修正案(九)》新增的使用伪造变造居民身份证等行为,个别罪行的最高刑仅为拘役,在案件事实清楚,证据确实充分无争议的情况下,现行刑事诉讼程序很可能造成诉讼效率不高等问题,应有相应配套的刑事诉讼程序。① 但对于这些违法行为,在现行的诉讼程序中还没有与之相配套的制度。

3. 速裁程序作为一个独立的诉讼程序,可以弥补我国刑事诉讼程序相对单一的缺憾

综观域外国家和地区,大都设计多种形式的简易程序,以分别处理不同特点的案件。如美国有司法官审理轻微犯罪程序和辩诉交易程序 2 种简易程序,前者适用于《美国法典》规定的轻罪、微罪案件以及此类案件的申诉案件,后者则适用于所有由辩诉双方协商达成协议,被告人作有罪答辩的案件;德国有处罚令程序,保安处分程序,简易程序,没收,扣押财产程序,对法人、社会团体处以罚款程序 5 种简易程序,分别适用于不同主体、罪行轻重程度不等的案件;法国有刑事处罚令程序、刑事和解程序、刑事调解程序、庭前认罪答辩程序 4 种简易程序;意大利则有简易审判程序、依当事人要求适用刑罚程序、快速审判程序、立即审判程序和处罚令程序 5 种形式的简易程序;我国澳门地区也有简易公诉程序、最简易诉讼程序和轻微违反诉讼程序 3 种简易程序(见表 6)。

但在我国刑事诉讼法中,只设计了 1 种形式的简易程序。我国简易程序适用于基层人民法院管辖的案件,包括可能判处 3 年以下有期徒刑、拘役和管制的案件,以及 3 年以上有期徒刑的案件。这些案件中罪行轻重程度跨度很大,但无论案件属于何种情况,都适用同样一种简易程序的审理方式。这是不符合提高诉讼效率,有效实现分流需要的。

---

① 甄贞等:《刑事案件速裁程序的试点探索与理论构建》,载《人民检察》2015 年第 19 期。

司法资源配置单一的问题,需要通过丰富刑事诉讼流程模式加以解决。速裁程序的探索有利于推动我国刑事诉讼程序的多元化,并逐步形成一套与实体轻重罪体系相对应的差极化程序格局。

表6　其他国家和地区简易程序的类型

国家(地区)	简易程序种类
美国	司法官审理轻微犯罪程序、辩诉交易程序
德国	处罚令程序,保安处分程序,简易程序,没收、扣押财产程序,对法人、社会团体处以罚款程序
法国	刑事处罚令程序、刑事和解程序、刑事调解程序、庭前认罪答辩程序
意大利	简易审判程序、依当事人要求适用刑罚程序、快速审判程序、立即审判程序、处罚令程序
日本	略式程序、简易公审程序、交通案件即决裁判程序
中国澳门地区	简易公诉程序、最简易诉讼程序、轻微违反诉讼程序

二、刑事速裁程序运行状况及问题

试点工作正式启动以来,各试点地区人民法院、人民检察院积极探索,勇于创新,有效推进试点工作深入开展。但与此同时,制度设计与运行中也遇到一些值得反思和改进的问题。

(一)速裁程序运行情况

1. 总体适用情况

截至2015年8月20日,各地确定基层法院、检察院试点183个,共适用速裁程序审结刑事案件15,606件16,055人,占试点法院同期判处1年有期徒刑以下刑罚案件的30.70%,占同期全部刑事案件的12.82%①。

截至2015年12月31日,各地确定基层法院、检察院试点212个,

① 参见《最高人民法院、最高人民检察院关于刑事案件速裁程序试点情况的中期报告》。

共适用速裁程序审结刑事案件31,086件32,188人,占试点法院同期判处1年有期徒刑以下刑罚案件的33.13%,占同期全部刑事案件的15.48%。[①]

截至2016年6月30日,各地确定基层法院、检察院试点217个,共适用速裁程序审结刑事案件52,540件54,572人,占试点法院同期判处1年有期徒刑以下刑罚案件的35.88%,占同期全部刑事案件的18.48%[②](见表7)。

表7　刑事速裁试点总体情况统计[③]

时间节点	试点法、检数、量	试点审结数	占同期判处1年有期徒刑以下刑罚案件比	占同期全部刑案比	10日内审结	当庭宣判率	检抗诉率、附民原告上诉率	被告人上诉率	非监禁刑适用率
截至2015年8月20日	183	15,606件 16,055人	30.70%	12.82%	94.28%	95.16%	0;0	2.10%	36.88%
截至2015年12月31日	212	31,086件 32,188人	33.13%	15.48%	92.77%	95.94%	1件; 0	2.13%	40.96%
截至2016年6月30日	217	52,540件 54,572人	35.88%	18.48%	92.35%	96.05%	0.01%; 0	2.01%	42.31%

2. 八个代表性试点城市适用情况

为了更具体地研究分析速裁程序的运行情况,笔者选取了沈阳[④]、

① 参见最高人民法院刑一庭课题组:《关于刑事案件速裁程序试点若干问题的思考》,载《法律适用》2016年第4期。

② 参见《最高法:刑事速裁程序试点两年办案质效双升》,载 http://news.xinhuanet.com/politics/2016-09/05/c_129269485.htm,最后访问日期:2016年10月5日。

③ 参见刘贵珍:《我国轻微刑事案件速裁程序适用研究》,中国政法大学法律硕士毕业论文。

④ 参见沈阳市中级人民法院:《沈阳法院开展刑事速裁试点工作,看看取得哪些成效?》,载 https://www.aiweibang.com/yuedu/50591093.html,最后访问日期:2016年9月1日。

济南[①]、郑州[②]、南京[③]、杭州[④]、武汉[⑤]、福州[⑥]、广州[⑦]8个有代表性的试点城市,详细解读速裁程序试点情况[⑧](见表8)。

表8　8个代表性试点城市速裁程序适用情况统计

试点城市	速裁适用率	运行模式	适用最多的三类案件	平均结案周期	当庭宣判率	附带民事诉讼原告上诉率	上诉率
沈阳		1.检法无缝衔接;2.社会调查、法律释明前置;3.统一办案标准	危险驾驶、大品、盗窃案件	10	95%	0	0.15%
济南	23.33%	1.量刑磋商制度;2.庭审"两分两总"模式;3.7项法律援助制度	危险驾驶、盗窃、故意伤害案件	5.7	100%	0	0.6%

① 参见余东明、徐鹏:《量刑建议允许磋商不搞"一锤子买卖"》,载《法制日报》2015年8月12日,第5版;袁定波:《山东:刑事速裁量刑建议可磋商》,载《中国审判》2015年第17期。

② 参见《郑州法院受理刑事速裁案件737件均当庭宣判,平均4个工作日结案体现轻罪快判》,载http://www.xue163.com/439/1/4390956.html,最后访问日期:2016年9月1日。

③ 参见王丽丽:《刑事速裁　让公正来得更快一些》,载《检察日报》2015年7月22日,第5版。

④ 参见陈东升:《杭州刑事案件速裁"三五模式"提高办案效率》,载《法制日报》2016年1月28日,第1版。

⑤ 袁定波:《武汉:刑事速裁步入"新常态"》,载《中国审判》2015年第17期。

⑥ 参见彭波:《刑事速裁程序试点实施一年　不仅仅是为了办案快》,载《人民日报》2015年7月22日,第18版。

⑦ 章宁旦:《广州开出刑事速裁"高速专列"》,载http://mt.sohu.com/20151104/n425176172.shtml,最后访问日期:2016年9月1日。

⑧ 笔者选取的这几个城市在地域分布上从北到南恰好涵盖了我国试点的大部分地区,比较有代表性。但由于笔者所能搜集到的资料有限,故选取的几个法院试点工作情况的截取时间段不同,所以随着试点工作的继续推行,一些比率肯定会有不同的变化。

续表

试点城市	速裁适用率	运行模式	适用最多的三类案件	平均结案周期	当庭宣判率	附带民事诉讼原告上诉率	上诉率
郑州	11.55%	1. 协商启动模式;2. 法庭审判的智能化、信息化;3. 在看守所设立速裁法庭	危险驾驶、盗窃、故意伤害案件	4	100%	0	0.28%
南京		公、检、法、司联动机制	危险驾驶、交通肇事、盗窃案件	5.8%	100%	0	0.8%
杭州		1. 远程视频提审、开庭、电子文书送达;2. "三五模式";3. 风险管控	危险驾驶、交通肇事、盗窃案件	4	100%	0	0.73%
武汉		1. 细化量刑标准;2. 远程视频审判系统;3. 电子印章系统	危险驾驶、毒品、盗窃案件	6	100%	0	4.7%
福州		1. 公、检、法、司协调机制;2. 集约化诉讼模式;3. 两级法院、看守所建立法律援助站	危险驾驶、盗窃、毒品案件	4.6%	100%	0	0
广州	15.36%	1. 专员专立、专庭专审,多案并审;2. 主动启动;3. 通过司法改革提速裁判	危险驾驶、盗窃、毒品案件	5.7	88.2%	0	0.96%

(二)运行效果分析

1. 刑事诉讼效率方面:诉讼效率的提高是速裁程序试点工作取得的最明显、最直接的效果。《试点办法》规定人民检察院的审查起诉期限一般为8个工作日,人民法院的审理期限为7个工作日。实务中各试点地区适用速裁程序后,轻微刑事案件的诉讼周期大大缩短,据有关数据显示,检察机关审查起诉周期由过去的平均20天缩短至5天左右;人民法院速裁案件10日内审结的占94.28%,比简易程序高58.40%;当庭宣判率达95.16%,比简易程序高19.97%。[①] 如北京办理的一起盗窃案,从案发到判决仅13天,另外一起危险驾驶案仅用3天,海淀检察院以5%的公诉人员办理了25%的公诉案件。通过案件繁简分流,优化了司法资源配置,在一定程度上缓解了案多人少的矛盾。

2. 当事人权利保障方面:在2015年5月海淀设立刑事速裁值班律师办公室以来,先后有110名余律师参与了速裁案件的法律帮助工作,共为犯罪嫌疑人、被告人提供法律援助66人次,提供法律帮助130人次,为其近亲属提供咨询解答1400余人次。[②] 在充分保障被告人程序选择、获得法律帮助、最后陈述等各项诉讼权利的同时,速裁程序强调被告人和被害人的有效参与,通过调解和解、量刑激励、法庭教育,敦促被告人退赃退赔、赔礼道歉,有效保护被害人权益,及时化解社会矛盾。检察机关抗诉率、附带民事诉讼原告人上诉率为0,被告人上诉率仅为2.10%,比简易程序低2.08%,比全部刑事案件上诉率低9.44%。[③]

3. 认罪认罚从宽政策方面:从全国抽样统计情况看,刑事速裁案件被告人被拘留、逮捕的占52.08%,比简易程序低13.91%;适用非监禁刑的占36.88%,比简易程序高6.93%。[④] 从海淀情况来看,适用速裁程序的每个案件在侦查、起诉、审判各个阶段的流转速度大大加快、流转时间明显缩减。被告人在押案件的全流程办理平均用时较之以前同期适用简易程序审理的同类案件审前羁押时间缩减约70%,犯罪嫌疑人在看守所的平均羁押期限由137天缩短为40天,选择速裁程序被告

---

① 参见《最高人民法院、最高人民检察院关于刑事案件速裁程序试点情况的中期报告》。

② 《北京海淀法院刑事案件速裁程序试点工作情况调查》,载《实务周刊》2016年1月14日,第5版。

③ 参见《最高人民法院、最高人民检察院关于刑事案件速裁程序试点情况的中期报告》。

④ 同上。

人量刑可下调10%至30%，判处拘役（含宣告缓刑、管制和单处罚金）以下刑罚的比例达到82%。[①] 通过减少审前羁押，对被告人程序上从简、实体上从宽，更加准确兑现了认罪认罚从宽处罚政策，有效避免“刑期倒挂”“关多久判多久”现象。

（三）制度设计和运行中的主要问题

1. 适用范围狭窄，压缩了速裁程序的适用空间。《试点办法》规定，速裁程序适用于可能判处1年以下有期徒刑、拘役、管制的案件，或者依法单处罚金的案件，并以列举的形式规定了速裁程序的犯罪类型，同时以“负面清单”形式，具体列举了8种除外情形。这种同时以刑罚轻重、犯罪类型和负面清单的方式规定速裁程序适用范围的做法极大地压缩了速裁程序的适用空间，使司法实践中一些案情简单、情节轻微的认罪认罚案件，无法适用速裁程序审理。最高人民法院对各试点地区的预期适用率为：30%～40%。但实际适用情况是：天津，占同期审结的全部刑事案件的19.57%；南京，占同期审结的全部刑事案件的22.80%；北京，占同期审结的全部刑事案件比例在2016年之前仅为11.5%。这与速裁程序推动案件繁简分流、提高诉讼效率的预期目标形成比较大的反差。司法实践中，速裁程序适用率不高、低于预期目标，原因固然是多方面的，但适用范围上的局限性无疑是其中一个重要因素。

2. 侦查活动未被纳入速裁程序问题，无法实现“全程提速”。审判程序的简化是速裁程序改革试点的核心内容，但若要保证速裁程序的正常运行以及从整体上加快案件的办理速度，审前程序的配合和衔接不可忽略，否则速审的意义难以凸显。但《试点办法》中关于侦查程序的规定较少，仅有第5条规定，“公安机关侦查终结移送审查起诉时，认为案件符合速裁程序适用条件的，可以建议人民检察院按速裁案件办理”。且《试点办法》只是规定检察机关和法院的办案期限，没有对侦查期限提出要求。由于侦查活动未被纳入速裁程序，在司法实践中，各类轻微刑事案件在侦查机关内部很难做到集中快审侦查、集中移送审

① 《关于海淀区全流程刑事案件速裁程序试点的调研》，海淀区人民法院2016年编印。

查起诉,这就导致了速裁程序在具体运行中容易出现两方面问题:一是因侦查活动没有具体时限限制,案件经过漫长的侦查阶段后才开始启动速裁程序,无法真正实现“速裁”;二是案件无法做到集中移送审查起诉,案件移送到检察院后仍要经过再次初审分案的过程,实际上降低了“速裁”的效率。

3. 非羁押性强制措施适用比例低,影响了非监禁刑的扩大适用。适用速裁程序的犯罪嫌疑人、被告人自愿认罪,基本上不存在妨碍诉讼活动正常进行的可能性。如果不慎重适用羁押性强制措施,很容易出现“刑期倒挂”“押多久判多久”状况,致使在速裁程序中很难实现量刑均衡和刑罚轻缓化的目标,因此,对于适用速裁程序的犯罪嫌疑人、被告人应严格控制羁押性强制措施的适用。从各地试点情况来看,速裁程序的羁押率比简易程序的羁押率稍低一些,但不少地区羁押率仍然在50%以上。这个比例与《刑事案件速裁程序试点工作座谈会纪要(一)》中提出的“严格把握羁押的合理性、必要性,尽可能采取非羁押性强制措施”的要求还有很大的差距。非羁押性强制措施适用比例低势必影响到非监禁刑的扩大适用。据统计,T市各试点法院适用速裁程序审结案件中判处非监禁刑与实刑分别占49%和51%,二者所占比例大致相等,部分试点法院非监禁刑适用率甚至不足40%。[①]

4. 量刑激励制度供给不足,认罪认罚从宽处罚的标准有待规范化、法定化。适用速裁程序的案件,应当体现量刑激励精神,通过量刑优惠激励更多被告人自愿选择使用简单的程序。但调研显示,目前速裁案件判处非监禁刑的比例仅略高于普通刑事案件判处非监禁刑比例或与其大体持平;不少速裁案件对被告人所判处的附加罚金刑虽然明显低于未使用速裁程序的案件,但在主刑的量刑上与简易程序或普通程序案件并无大的差别。也就是说,速裁程序本身没有体现出其在量刑方面明显从宽的优势。[②] 究其原因在于,认罪认罚制度中的“量刑激励”

① 廖大刚、白云飞:《刑事案件速裁程序试点运行现状实证分析》,载《法律适用》2015年第12期。

② 董照南、张爱晓:《刑事速裁试点中存在的问题及解决对策》,载《中国审判新闻(半月刊)》总第123期。

存在一定的制度供给不足:首先,现有的激励规则过于粗简,自首、坦白、被告人认罪等认罪种类,以及退赃退赔等认罚种类,都属于"可以型"的从宽处罚,而对于可否从宽、如何从宽,仅有较为原则的规定,过于倚赖法官的自由裁量;其次,认罪认罚的时间对于从宽幅度没有决定性的影响,犯罪人会产生"早认罪不如晚认罪"的观望心理,对于形成认罪案件源头分流、快速办理机制不利;最后,在程序上,欠缺保证认罪认罚自愿性的制度,无法保证嫌疑人、被告人是在具备明确法律认知、了解认罪后果的情况下进行量刑协商、接受量刑激励。①

5. 速裁程序案件的证明标准与普通案件无异,一定程度上抑制了办案人员适用速裁程序的主动性、积极性。我国《刑事诉讼法》第 53 条明确了证据确实、充分的条件,这是现在所有刑事案件执行统一证明标准的法律依据,并未因案件有所差异。《试点办法》沿用刑事诉讼法中简易程序关于"证据充分"的规定,省去"确实"二字,这意味着在被告人自愿认罪的前提下,刑事案件的证明标准可以适当降低。《刑事案件速裁程序试点工作座谈会纪要(二)》进一步明确:"被告人自愿认罪,有关键证据证明被告人实施了指控的犯罪行为的,可以认定被告人有罪。对于量刑事实的认定,采取有利于被告人原则。"虽然《试点办法》和《刑事案件速裁程序试点工作座谈会纪要(二)》对于被告人自愿认罪的速裁程序案件确立了有别于普通刑事案件的证明标准,但由于缺乏统一的证据指引和明确的法律依据,实践中,司法机关对于速裁程序案件证明标准的把握与普通案件几乎没有什么差别。在案件负荷比较大的情况下,办案人员宁可选择适用简易程序而放弃适用速裁程序,即便选择适用速裁程序,也是有选择性的适用。

6. 社会调查评估周期长,影响速裁程序的顺利推进。根据《刑事诉讼法》和"两高两部"联合发布的《社区矫正实施办法》有关规定,对于可能判处管制、宣告缓刑,拟适用社区矫正的犯罪嫌疑人、被告人,需要调查其对所居住社区影响的,人民法院、人民检察院、公安机关可以委托犯罪嫌疑人、被告人居住地所在的县级司法行政机关进行调查评

① 《关于海淀区全流程刑事案件速裁程序试点的调研》,海淀区人民法院 2016 年编印。

估,也可以自行调查评估。司法行政机关出具的调查评估意见,是人民法院判处管制、宣告缓刑的重要参考。《试点办法》第7条重申,人民检察院认为对犯罪嫌疑人可能宣告缓刑或者判处管制的,可以委托犯罪嫌疑人居住地所在的县级司法行政机关进行调查评估。司法行政机关一般应当在收到委托书后5个工作日内完成调查评估并出具评估意见,并及时向人民检察院和受理案件的人民法院反馈。但在速裁程序试点中,由于主客观因素的制约,司法行政机关一般难以在5个工作日内完成社会调查评估工作。调查评估周期长,影响速裁程序的顺利推进,有部分案件因社会调查时限过长而转为其他程序审理。

三、改革和完善刑事速裁程序的建议

目前,为期2年的速裁程序第一轮试点工作已经结束,但相关规定及配套制度仍不完善,需要我们加强研究,深入论证,在明确制度定位的基础上,从实体和程序两个层面对其改革完善。

(一)明确速裁程序的制度定位:以效率为价值取向的一种独立诉讼程序

速裁程序的制度定位包括性质定位和功能定位两个方面,前者涉及速裁程序在诉讼体系中的地位,后者涉及速裁程序的价值取向。

关于速裁程序的性质定位,目前有两种不同认识:一种观点认为,速裁程序是对现行简易程序的调整和扩张,从本质上讲,速裁程序属于现行简易程序的一部分;另一种观点认为,速裁程序的试点已经超出现行简易程序的框架,与以往各地"轻刑快审"改革限制在简易程序范围内缩短办案期限、简化工作流程有本质区别,速裁程序是在简易程序之外创设的一种独立诉讼程序。[①]

笔者认为,速裁程序应作为一种促进认罪轻案进一步分流的独立诉讼程序纳入刑事诉讼法中。首先,从速裁程序与简易程序的关系来看,两者虽有不少共通之处,但在受案范围、诉讼程序、权利保障等方面又有显著的差异。"两高两部"《关于在部分地区开展刑事案件速裁程

① 潘金贵、李冉毅:《规则与实效:刑事速裁程序运作的初步检视》,载《安徽大学学报》2015年第6期。

序试点工作的办法》中明确规定，“凡是在试点地区符合速裁条件的案件一律优先适用速裁程序而非简易程序。人民法院在审理过程中，发现不符合速裁程序适用条件的，应当转为简易程序或普通程序”。其次，从速裁程序与快速办理机制的关系来看，速裁程序并没有像快速办理机制那样被解释为现行简易程序的一部分，反而是将两者明确区分。“两高两部”《刑事案件速裁程序试点工作座谈会纪要（一）》中规定，“快速办理机制是在简易程序框架内进行的探索，而速裁程序是在简易程序基础上进行的改革”。言外之意，速裁程序改革不同于快速办理机制必须在简易程序框架内进行，而是游离于简易程序框架之外。最后，从全国人大常委会《关于授权最高人民法院、最高人民检察院在部分地区开展刑事案件速裁程序试点工作的决定》来看，决定将这次改革明确定义为速裁程序的试点改革，而非现行简易程序的改革，这就意味着速裁程序很可能作为一种独立的诉讼程序进入下一次刑事诉讼法的修改内容中。因此，在性质上，宜将速裁程序理解为专门针对认罪轻案设计的、与现行简易程序、普通程序相并列的一种独立诉讼程序。

关于速裁程序的功能定位，目前对速裁程序试点工作的宣传都强调“提高诉讼效率、维护公平正义、加强人权保障、完善诉讼制度”四个方面，甚至有观点主张应当以人权保障作为速裁程序之创设目的、构建基础与逻辑原点。① 认为其是这项制度的出发点，还是对刑事被告人的宪法意义上的基本权利，特别是被告人享有的快速审判权的保障。②

笔者认为，一项制度内含多元价值是正常的，但主导思想应当明确。上述对于速裁程序的功能定位，或失之于面面俱到，容易淡化主题，或失之于合理准确，偏离速裁程序设立的初衷。速裁程序产生的主要动因是人案矛盾突出的现实，程序的设计是以认罪协商为核心，以提高效率为目标。因此，在确保司法公正的前提下，如何更快地提高诉讼效率、推动案件繁简分流，应当成为速裁程序设计的重要关注点，也是

---

① 马若怡、梁立宝：《浅析刑事速裁程序的构建基石——人权保障》，载《法制与社会》2014 年第 12 期。

② 《刑事速裁两年试点即将收官　中国版“辩诉交易”：快了　轻了》，载《南方周末》2016 年 5 月 29 日。

其作为一种独立诉讼程序的价值所在。正如有专家所言:“与普通程序以公正价值为导向、简易程序兼顾公正与效率价值为导向不同,刑事速裁程序的构建应当以效率作为价值取向。”①

(二)取消罪名限制和有关禁止性规定,适度放宽刑期设定,进一步扩大速裁程序适用范围

与美国和德国相比,我国速裁程序试点的案件范围及适用条件的限制是相当苛刻的。为解决速裁程序在实践中适用率不高的问题,未来的速裁程序立法应当考虑进行适当的调整。

一是取消特定罪名限制并适度放宽刑期设定。《试点办法》以列举的形式规定了速裁程序的特定犯罪类型,同时设定1年以下有期徒刑刑期条件,这种限制性规定压缩了速裁程序的适用空间,未来的立法可以考虑调整,取消特定罪名限制并适度放宽刑期,规定可能判处3年以下有期徒刑的认罪案件均可适用速裁程序。而对于可能判处3年以上有期徒刑的案件,如果被告人自愿认罪认罚,还是应当以刑事诉讼法所规定的简易程序审理。

二是取消“例外情形”中有关禁止性规定。《试点办法》中列举的8种禁止性规定有的完全可以取消,如犯罪嫌疑人身体上的缺陷,并不应当构成对速裁程序的禁止性适用。② 又如要求犯罪嫌疑人、被告人与被害人一方达成和解的规定,与刑事和解程序重合;另外,对量刑建议不当而一律禁止适用速裁程序也未必合适,因为检察院的量刑建议对于法院来说,并没有法律上的约束力,且人民法院经审理认为量刑建议不当或违反法律规定的,可以建议重新进行量刑协商。

(三)将侦查活动纳入程序设计,并适当限缩侦查期限

司法实践表明,审判阶段的时限仅占刑事诉讼程序的一小部分,诉讼程序的时耗主要集中在审前阶段。因此,刑事案件的快速办理,应当更多地关注对审前程序的改造。但目前开展的速裁程序试点工作,主

① 汪建成:《以效率为价值导向的刑事速裁程序论纲》,载《政法论坛》2016年第1期。

② 李本森:《我国刑事案件速裁程序研究——与美、德刑事案件快速审理程序之比较》,载《环球法律评论》2015年第2期。

要着眼于庭审程序的简化,侦查活动没有纳入程序设计中,速审的意义无法完全凸显。

完整的刑事诉讼过程涉及侦查、起诉、审判、执行等环节,只有每个环节都快速流转起来,形成办案合力,速裁程序才会有可持续发展的动力。为了达到这类案件整体提速的效果,未来的速裁程序改革,应当考虑将侦查活动纳入程序设计,明确赋予侦查机关启动速裁程序的建议权,变目前的“审判分流”为“起点分流”,同时适当对侦查阶段设定期限。如对适用刑事拘留、逮捕措施的犯罪嫌疑人,建议侦查机关将案件自刑事拘留、逮捕后10日内侦查终结并移送审查起诉;对于适用取保候审、监视居住强制措施的犯罪嫌疑人,建议侦查机关将案件自取保候审、监视居住后15日内侦查终结并移送审查起诉。此外,可探索部分轻罪案件“拘留——审判”的诉讼模式,并配套建立健全起诉环节的快速处理机制。

(四)探索与速裁程序相适应的取证规程、证据指引标准及量刑指引标准

追求办案效率是适用速裁程序的主要动因,但质量是效率的基础。速裁程序对审查起诉及审判阶段审限的规定极短,分别只要8天、7天,这就要求案件在侦查阶段的证据条件便应达到审查起诉及审判所要求的“事实清楚,证据充分”的程度,因此引导侦查取证极为重要。故应当针对速裁程序适用范围内的案件,研究探索相应的取证规程和证据指引标准,规范和引导侦查机关取证工作,提高案件移送质量。

与此同时,为进一步明确适用标准,减少各机关之间的适用冲突,提升适用速裁程序的积极性,还应制定量刑指引标准,统一司法尺度。借此一方面向犯罪嫌疑人、被告人传递信息,确定适用速裁程序的意愿;另一方面使检察机关能够更加精准地提出量刑建议,减少刑事裁量的随意性。

(五)严格限制羁押措施的适用,为适用非监禁刑创造条件

羁押作为一种最严厉的强制措施,针对的是涉嫌犯罪的嫌疑人、被告人,而非已决犯,不应被视为国家惩治犯罪的工具,或者是“刑期的预演”。速裁案件本身属于轻微刑事案件,且犯罪嫌疑人、被告人具有“非对抗性”,因此,应该限制羁押措施的适用,减少不必要的关押。实

在无法避免羁押性强制措施的使用的,应当尽量缩短对犯罪嫌疑人的审前羁押时间。同时,鉴于我国目前羁押与办案期限不分的现状,在制度设计上适当对侦查阶段设定期限。此外,可考虑将社会调查评估工作前移至侦查阶段。通过以上程序设计,为适用非监禁刑创造条件。

(六)建立强制法律帮助制度,加强对犯罪嫌疑人、被告人的权利保障

辩护权是被告人最重要的诉讼权利。被告人同意速裁程序意味着被告人承认犯罪事实并将受到刑罚制裁。由于速裁程序取消了法庭调查和法庭辩论,为了防止因程序减损所带来错判的风险,有必要借鉴美国、英国及我国台湾地区的强制辩护制度,为速裁案件被告人提供法律援助律师。

《决定》和《试点办法》提出,建立法律援助机构在人民法院、看守所派驻法律援助值班律师制度。犯罪嫌疑人、被告人申请提供法律帮助的,应当为其指派法律援助值班律师。这项规定旨在为实现速裁程序的律师帮助权和辩护权提供法律保障。但毕竟值班律师不是被告人的代理律师,不能完全享有代理律师依法赋予的诉讼权利。从试点情况看,值班律师制度的运行效果并不理想,有些地区仅有个别案件有值班律师参与其中。而律师协助辩护是保障正当程序不可缺少的一部分。因此,对于拟适用速裁程序审理的案件,在犯罪嫌疑人、被告人未自行聘请辩护人,或未申请法律帮助的情况下,司法机关应当给予强制性的法律援助,使被告人的获得律师帮助权和辩护权真正落到实处。

(七)适度放宽速裁案件的证明标准,提高速裁程序的适用率

相对于普通刑事案件"犯罪事实清楚,证据确实、充分"的证明标准,速裁程序案件的证明标准应当如何把握,这是一个有较大分歧的法律问题。有专家认为,对于认罪认罚案件,可以适当降低证明标准,只要达到排除合理怀疑即可。但也有专家持不同意见,认为对认罪认罚案件降低证明标准,与现行刑事诉讼的规定不符,我国现行刑事诉讼法规定的证明标准适用于一切刑事案件,不应将认罪认罚案件排

除在外。①

笔者认为，在不同类型犯罪案件中，如死刑案件、毒品案件、盗窃案件等，必然存在不同的标准。对于被告人认罪认罚的轻微刑事案件来说，没有必要与重大复杂案件适用完全相同的证明标准。适度放宽速裁案件的证明标准，减轻公诉机关的举证责任、审判机关的认证责任，有利于激发办案机关启动速裁程序的积极性，提高速裁程序的适用率。同时，以不同类别案件为基础构建多层次的刑事诉讼模式，必然对应有差别的证明标准，这也符合改革方向。从域外情况看，不同证明对象适用不同层次的证明标准。总的原则是：犯罪的性质越重，必要的证据要求就越高。②

未来的刑事诉讼立法，可适度放宽速裁案件的证明标准。

当然，对于速裁案件实施差异化证明标准，必须建立一套确保被告人自愿认罪的保障机制：如必须为被告人提供法律帮助，以保证被告人能够在是否认罪的问题上做出理性的选择；法官必须对被告人进行当面询问，考察被告人自愿认罪的真实性和可靠性。③

(八)推进量刑规范化改革，激活量刑激励功能

量刑激励是被告人选择认罪认罚的内在动力。速裁程序的适用要求以被告人自愿认罪认罚为前提，并且省略法庭调查和法庭辩论程序，一方面被告人诉讼权利因程序上的简化一定程度上被克减，另一方面被告人选择适用速裁程序为国家节约了司法资源，因而给予其一定的量刑优惠作为补偿具有内在的合理性，并且还可鼓励、吸引更多符合条件的被告人早日认罪，体现速裁程序繁简分流的制度性价值。④ 在美国，作出有罪答辩的轻微犯罪嫌疑人能获得60%以上的量刑折扣，严重罪行也能减掉14%的刑期。英格兰和威尔士执业律师们普遍认为

---

① 张相军、顾永军、陈瑞华：《检察环节认罪认罚从宽制度的适用与程序完善》，载《人民检察》2016年第9期。

② 汪海燕、范培根：《论刑事证明标准层次性》，载《政法论坛》2001年第5期。

③ 汪建成：《以效率为价值导向的刑事速裁程序论纲》，载《政法论坛》2016年第1期。

④ 参见刘贵珍：《我国轻微刑事案件速裁程序适用研究》，中国政法大学2015年法律硕士学位论文。

作有罪答辩的被告应该得到减刑三分之一的奖励。德国、俄罗斯、法国类似于英国,作有罪答辩有机会获得的量刑优惠为减刑三分之一的奖励。①

《试点办法》第 13 条规定了法官依法从宽判决的权力。这项规定给予法官从宽判决的自由裁量权,但对自由裁量的幅度却没有明确的规定,不利于充分发挥制度的激励功能。未来速裁程序立法应当摒弃"可以从宽判决"的模糊性用语,将"可以型规定"上升为"应当性规定",并分层次规定不同的量刑情节对应不同的量刑减让,使被告人的法益回报更加明确。此外,还应制定专门的速裁程序常见罪名量刑指南,进一步细化量刑规范,规定速裁案件的被告人可以得到的最低、最高量刑折扣。

在这方面,海淀区人民法院的做法可资借鉴。该院在试点工作中研究制定了《适用速裁程序审理案件量刑参考意见》,明确规定"适用速裁程序的,对被告人从轻处罚 10% ~30% 以下",将适用范围扩大到 20 多个罪名,细化规定了量刑起点、基准刑、宣告刑的适用,让公检法司参考适用。②

(九)借鉴域外处罚令程序,构建符合中国国情的书面审理程序

所谓处罚令程序,即在案件事实清楚,证据充分,被告人认罪的情况下,对于可能判处罚金或者缓刑的案件,由检察官书面提出处罚令的申请,法院在初步审查之后,可以根据书面材料作出裁定。裁定送达之后,如果被告人没有异议,则处罚令生效,可以执行。如果被告人在异议期内提出异议,则处罚令失效,法院需要开庭进行审理。处罚令程序是西方一些法治发达国家针对简易案件进行书面审理的审判方式,其最大的特点就是通过书面审理作出裁判。

鉴于速裁程序案件"庭审形式化"的现状,在速裁程序中期评估论证会上,部分专家建议参考域外的处罚令程序设计我国的书面审理制

① 参见丁文生:《刑事速裁程序改革探析——基于刑期一年以下轻微刑事案的讨论》,载《广西民族大学学报》2015 年第 5 期。

② 参见刘贵珍:《我国轻微刑事案件速裁程序适用研究》,中国政法大学 2015 年法律硕士学位论文。

度。笔者认为,对于部分速裁案件不再开庭审理,有较强的理论基础和域外经验。从可能的实践效果上看,书面审理对于提升诉讼效率的优势也是十分明显的。不过书面审理毕竟未经过开庭审判,客观上存在侵害被告人诉讼权利的隐忧,因此应从案件类型和科处刑罚上限制其适用范围。从案件类型上看,危险驾驶案件是最适宜书面审理的案件,对于认罪认罚的危险驾驶案件均可实行书面审查;而从科处的刑罚上看,书面审理应以判处拘役或1年以下有期徒刑并科处缓刑的为宜。

(十)合理限制被告人的上诉权,适时推行一审终审制度

在英美国家,有罪答辩的被告人的上诉权均受到了限制。1980年英国的《治安法院法》第108条规定,进行了有罪答辩的被告人,在被告人没有理解指控的性质或者不是有意要承认有罪,或者根据被告人所承认的事实,在法律上其不构成所指控的犯罪,才能就定罪提出上诉。在美国的辩诉交易中,检方在认罪答辩协议中会明确要求被告人放弃上诉权,只有在出现无效辩护、认罪的非自愿,以及量刑严重偏离法律规定的情形下,被告人才可以提起上诉。在德国,控辩双方可以就放弃上诉权进行协商。在法院审理阶段,如果被告人依然坚持要求放弃上诉权,那么该协商结果有效,被告人不得上诉。我国台湾地区在1997年修改的简易程序中借鉴了美国的辩诉交易制度,增加规定求刑协商制度,并排除被告对该科刑判决的上诉权的行使。可见,两大法系中主要国家或地区对作出有罪答辩的被告人的上诉权均进行了一定程度的限制。

《决定》未对速裁案件被告人的上诉权作出任何限制,因此理论上被告人仍可根据刑事诉讼法的规定行使上诉权。但是,从实践的试点情况来看,绝大多数速裁案件的被告人都服从法院的判决和量刑,附带民事诉讼原告人上诉率为0,被告人上诉率仅为2.10%,且基本上是为了留看守所服刑而上诉。

未来的速裁程序立法,可借鉴上述国家和地区的有益经验,对速裁程序设置一审终审的审级构造。这不仅有利于消除被告人投机心理,严肃认罪程序,维护社会诚信,也有利于充分发挥速裁程序的司法价值,提高诉讼效率,维护司法权威。此外,还有利于推动我国审级制度改革,构建多元化的审级制度。为妥善解决诉讼权利让渡或克减与被

告人有效救济之间的冲突,在制度设计时,可考虑建立两个配套机制:其一,法院要依法对适用速裁程序的被告人从宽处理,一般不能在检察机关的量刑建议范围之外判刑。其二,尊重被告人的程序处分权和参与权,在启动程序之前取得被告人的同意;在程序结束之后,仍应允许被告人对速裁程序之适用表示异议,以获得再次救济的机会。①

当前,司法机关人案矛盾突出的现实,更多地以司法资源配置不均衡的形式存在。司法资源配置单一的问题,需要通过丰富刑事诉讼流程模式加以解决。借鉴国外繁简分流和程序多元化设置的刑事诉讼改革经验,构建被告人认罪案件和不认罪案件的分流机制,优化司法资源配置,已成理论界和实务界的共识。速裁程序试点既是完善刑事诉讼认罪认罚从宽制度的重大举措,也是构建多层次诉讼体系、实现诉讼程序与案件难易、刑罚轻重相适应的重要探索,同时还是“构建被告人认罪案件和不认罪案件的分流机制,优化配置司法资源”的具体实践。未来的速裁程序改革,应在“控辩协商”的语境下,逐步扩大适用范围,落实认罪认罚从宽处理制度,加大案件“繁简分流”的力度,最终实现提高效率、保障人权的目标。

---

① 汪建成:《以效率为价值导向的刑事速裁程序论纲》,载《政法论坛》2016年第1期。

域外检察

关于检察体制的欧洲标准*

高一飞** 译

目 次

---

* 本文为高一飞教授主持的2014年度国家社科基金重点项目《司法公开实施机制研究》(立项号14AFX013)、2014年度最高人民法院重大理论课题《司法领域公民知情权研究》(2014sp010)、2015年中国法学会“深入研究党的十八届四中全会精神”重点专项课题《司法公开实施状况评估和建议》[CLS(2015)ZDZX10]的阶段性成果。

** 西南政法大学诉讼法与司法改革研究中心教授、博士生导师。

本文件由欧洲委员会的威尼斯委员会于2010年12月17日至18日在第85届全体大会上通过,原标题为《关于司法体制独立的欧洲标准报告·第二部分·检察机关》(European Standards as Regards the Independence of the Judicial System: Part Ⅱ-the Prosecution Service)。2011年1月3日在斯特拉斯堡发布(课题第494/2008号)。

欧洲委员会(Council of Europe,以下简称欧委会)于1949年5月5日在伦敦成立,原为西欧10个国家组成的政治性组织,现已扩大到整个欧洲范围,共有46个成员国,以及5个部长委员会观察员国(梵蒂冈、加拿大、美国、日本和墨西哥)以及3个议会观察员国(加拿大、墨西哥和以色列)。其宗旨是保护欧洲人权、议会民主和权利的优先性;在欧洲范围内达成协议以协调各国社会和法律行为;促进实现欧洲文化的统一性。其成员国的标准必须为实行多元化民主、法制和尊重人权的欧洲国家。另外,成员国必须签署《欧洲人权公约》。欧洲联盟在民主法治原则基础上建立起各国法人共同体,成功地行使各国转让的主权。它通过一系列条约构建了各国在共同体内的平等地位,建立起符合民主法制精神的机构和运作程序,尤其是立法程序,既保护了各国利益又有利于共同体的发展。欧盟是当今世界唯一在自愿、平等、规范的基础上产生的国际共同体。

自1990年起,欧委会(Council Europe)设立欧洲法治民主委员会(European Commission Democracy through Law),亦称为威尼斯委员会(Venice Commission)。威尼斯委员会的决议被视为欧洲委员会的决议。

——译者注

一、引　言

1. 截至2008年7月11日,议会的法律事务委员会和人权委员会主席,Däubler-Gmelin女士要求威尼斯委员会对"关于司法体制独立的欧洲标准"发表意见。以比较分析欧洲法律体制主要构成为基础,委员会对现有法律的提出及其进一步发展建议都深感兴趣。

2. 如果本报告已给出相关意见,也应由关于法律事务和议员大会人权的委员会主席对欧洲标准的进一步发展提出意见并作出回应。

3. 委员会将此报告的拟定委托于司法机关附属委员会，其决定拟定两份关于司法机关独立的报告，其中一份报告与法官相关[CDL-AD(2010)004，于2010年3月12日至13日在第82届全体大会上通过]，而此份报告是与检察机关相关，并且是基于下列委员会委员的意见作出的：Hamilton 先生[CDL-JD(2009)007]，Sørensen 先生[CDL-JD(2008)005]和 Suchocka 女士[CDL-JD(2008)004]。

4. 根据2010年6月3日和12月16日司法机关附属委员会及2010年6月4日全体大会的审议结果，本报告已(2010年12月17日至18日，威尼斯)在威尼斯委员会第85届全体大会上通过。

二、相关文本

5. 其中有大量国际性文件都是涉及检察官相关事宜的，现只引用几例：

欧洲理事会部长委员会关于《刑事司法体系中公诉之原则》第 Rec(2000)19 号建议；

1990年通过的联合国《检察官角色指引》；

1999年通过的国际检察官协会(IAP)《检察官专业责任标准和基本职责及权利声明》；

关于民主社会法官和检察官的欧洲法官咨询委员会波尔多宣言(CCJE)和欧洲检察官咨询委员会(CCPE)；

《检察官伦理及行为准则》("布达佩斯准则"，2005年)。

6. 在众多意见中，威尼斯委员会借机对检察机关的宪法性规定和法规提出建议，详见司法机关指南草案第二部分[CDL-JD(2008)001]。

三、模式的多样化

7. 整个欧洲和全世界的刑事司法体制各有不同。不同的体制植根于不同的法律文化且每个国家都没有统一模式。例如，从本质上来讲，在对抗制与审问制之间，以及司法人员控制调查与非司法检察人员或警察控制调查系统之间存在很大差异。有些国家实行强制性诉讼体制(合法性原则)，有些国家检察官有自由裁量权但并不按照公共利益之规定依法行事(时机原则)。在一些体制内，通过陪审员，评审员或非专业法官参与实情调查和/或法律适用程序,对刑事诉讼程序和证据规则产生影响。一些体制允许私人诉讼而某些体制却不允许,或承认私人诉讼仅局限于特定时间内。一些体系将刑事诉讼结果中的受害方的利益视为"原告",但其他体系仅承认代表公众或国家利益的检察官与被告之间的辩论。

8. 警察和检察官之间的关系也因此而有所变化。在许多国家,尽管警察在实际情况中享有职能上的独立,但原则上还是听从检察官的命令。警察在其他方面原则上还是独立的。按照第三种模式,警察和检察机关是密不可分的。

9. 几个世纪以来,欧洲刑事司法系统已经广泛借鉴各国的经验,以至于现在可能不完全是内部单一系统。例如,陪审团,曾起源于普通法系,现在已经被广泛应用于其他法律文化中。检察官自身作为一个机构还未被普通法系所熟知,但目前已被应用于各个普通法系统,在某种程度上,其民事起源通常会被普通法律师遗忘。不得不说这次跨系统借鉴经验已经导致了一定程度的融合度,但这并不总是为世人所承认。

四、系统融合度

10. 检察系统的多样性可能会出现武断和不成形现象,但实际上它又是在刑事司法系统中产生并且自身也反映了多样性。这可能会识别现代刑事司法系统中几乎常见的特征和价值。

11. 各个国家把刑事诉讼看作一个国家的核心功能。犯罪整体上来讲是违反社会的不当行为,尽管在许多案件中,同样的行为也相当于对个体受害者作出的个人不当行为。如果这一不当行为仅仅作为个人事务而不构成犯罪,但仅仅作为个人事务的不当行为可能会在不同的司法管辖区域内产生很大的影响。

12. 基于这一原因,多数国家只允许国家或国家的某个机关垄断刑事诉讼。最初允许自诉的普通法领域多年来一直想要限制自诉权利,但前提是该制度不能被完全废除。

13. 由于犯罪的本质就是违反社会的不当行为,刑事定罪的处罚比民事不当行为的犯罪者所遭遇的后果更为严厉。后者只关心赔偿和补偿,而刑事司法除其他目的,还包括惩罚,不当行为的威慑及犯罪者的无能。因此,刑事定罪通常比民事不当行为案件中所需证据更为严格,且刑事定罪的罪名比民事不当行为所判决罪名更大。刑事定罪有时候会产生其他后果,比如罢免某些职务或限制出入其他国家的资格等。

五、检察官素质

14. 由于检察官的行为代表了整个社会的利益且由于刑事定罪的严重后果,在民事案件中,检察官的行为必须比当事人的行为具有更高的标准。

15. 检察官必须公平公正行事。即使在不承认检察官为司法机关一部分的司法体系内,检察官也应按照司法方式行事。竭尽全力定罪科刑并不是检察官的职能。检察官必须把所有可用的且可靠的证据在法庭上出示而不能只挑选对其有利的证据。检察官必须出示与被告人相关的所有证据而不能仅公开对起诉方有利的证据。如果对被告人有利的证据不能在法庭上出示(如因为这样做将会危及其他人的安全),检察官有义务中止该诉讼。

16. 由于刑事审判对个人产生的严重后果,甚至最后导致无罪开释,检察官在决定是否进行起诉或指控方面必须公正行事。

17. 与法官无异,检察官可能会受制于某些旨在捍卫其公平公正的限制性条件,但不得为了个人利益断案行事。

18. 这些职责都旨在有必要选任一些地位高且品行好的检察官作为合适人选。选任检察官所需的品质跟选任法官所需的品质一样,必须具备合适的选任和晋升程序。与法官无异,检察官也可能会作出某些不受公众欢迎的决策,而这些决策可能会成为媒体批判的主题,也可能会成为政治争论的主题。基于这些原因,有必要确保适当的任期,并对其晋升、纪律和免职作适当的安排,这将确保检察官不能因采取某些不受公众欢迎的决策而成为牺牲品。

19. 当然,当检察官未能遵循公正标准,公正的法官可能会纠正其不当行为。然而,这一纠正并非必然实现的法律保障,且随时都可能会遭到破坏。很明显,只有检察官和法官都按照公平公正的最高标准行事,才能最大限度保护人权,而不仅仅依赖于法官。

六、不当决策和干扰的危害

20. 诉讼案件中的政治干预可能与社会本身一样有着悠久的历史。在早期社会,公诉权通常全部被王公贵族掌控,而这些人可以利用该项权力随意惩罚他们的敌人或奖励他们的朋友。历史为我们提供了许多起诉讼用于不当或政治目的的案例。都铎王朝时期的英国或法国以及改革前的东欧和苏联的检察体系就是很好的证明。现代西欧很大程度上可能已经避免了滥用诉讼权利的问题,但如果真是这样,很大程度上是因为已采用适当的机制来防止不当政治压力干预刑事诉讼。在集权主义国家和现代独裁统治国家,刑事诉讼已经被用作并会继续用作压迫和腐败的工具。民主政治体制的存在并没有对政治授意的诉讼问题作出完整的回复。多数人的暴政可以使诉讼成为压迫少数人的工具。大多数人也可能会受到操控,政党的政客们可能会受制于其害怕的民粹主义压力,特别是媒体支持民粹主义的情况下。

21. 有两个不同但却相关的陋习涉及了政治干预或检察官的不当决策。其一,不应被提起的诉讼,不应提起诉讼的原因可能是没有找到足够证据,也可能是案件的起因是司法腐败或伪证。其二,可能比较难以发现,也许貌似普通,在于检察官并未提起本应该被提起的诉讼。这一现象通常与腐败有关,但也可能与地方政府犯罪或者腐败有关,还有可能与强大的利益团体施加政治上的压力有关。原则上,解决不当不起诉的问题可能会更加困难,因为这最容易受到司法控制。受害者寻求司法审核不起诉案件的权利有待进一步加强。然而,本报告将不会对此问题做深入研究。

22. 因此,委员会注重限制不当干预风险的方法,包括赋予检察官独立性,在接受审查的同时,适时对个案中的禁止指令、书面及公开的程序性指令作出审查。基于此,确保决策一致性和透明度的适当机制显得尤为重要。

七、检察机关组织的主要模式

A. 检察机关独立与法院独立的差别

23. 本报告参考的立法文本大都允许以下制度存在,即诉讼制度可不独立于行政机关,但这一制度在个案中须给予检察官必要的独立性保障,行政机关作出的相关指示须公开透明。

24. 然而,近年来,检察机关应享有的独立权力的范围和程度已经引发了讨论。这很大程度上来自这样一个事实,即欧洲标准考虑到通过国家机关解决刑事诉讼的两种不同方式:"检察机关应当完全独立于议会和行政分支,还是在隶属议会或者行政分支的前提下同样也享有某种程度上的独立,欧洲各国法律在这一关键问题上还存在分歧。我们可以看出,在当前形势下,让检察机关独立的概念单一化的想法为时过早。"①

25. 因此,第(2000)19 号建议通过了多元化模式。该建议第 13 款包含了公诉已成为政府(狭义政府即行政分支)的一部分或附属部分的那些国家的情况。

26. 然而,只有少数隶属于欧洲委员会的国家的检察机关从属于司法部行政机关的一部分(如奥地利、丹麦、德国、荷兰)。委员会指出,人们普遍倾向于成立更加独立的检察机关,而非隶属于行政机关或性质上等同于行政机关。例如,在波兰,当前修改检察机关法律使检察机关从司法部分离出来。而且,更值得指出的是,在某些国家,检察机关隶属于行政机关更多是一个原则性问题而非某种意义上的现实问题,即行政权力事实上并不打算干涉具体案件。然而即使在这样的体制内,行政干预问题依然存在。干预的存在可能会产生对检察独立的破坏,这从当前奥地利关于行政权力对检察官发出指令的辩论便可以看出。

27. 上述趋势不仅在欧洲委员会大陆法系成员国中是可见的,在普通法领域也是可见的。加拿大的联邦检察机关目前已从司法部分离出来而成为独立的检察局(DPP)。北爱尔兰现在也成立了独立的检察局(DPP)机关。英格兰、威尔士和爱尔兰也见证了逐渐消除警察起诉权力而由检察机关行使的过程。

28. 除这些倾向外,法院与检察机关的独立或自治的概念存在本质区别。即使二者都是司法系统的一部分,检察机关不可被当作法院。

① 第 Rec(2000)19 号建议,述评第 11 页。

法院作为司法机关的独立性及其独立于行政机关是法治的基石。司法独立包括两个方面,即司法机关整体及法官个体在决策方面的独立(包括其独立免受其他法官的影响)。然而,检察机关的独立和自治与法院存在本质上的区别。即使检察机关是一个独立的机构,但其内部可能会存在包括检察长在内的检察官决策和活动的层级式控制。

B. 内部独立和外部独立

29. 由于检察官地位比检察长地位更具“自治”和“独立”,有必要对检察机关或检察长之间的独立性之间作出明确区分。检察机关通常被视为“自治的”,而检察官个人通常被视为“独立的”。

30. 任何“检察机关的独立”本质上不同于法官的独立。检察机关或检察长“外部”独立的主要因素在于不许行政机关对检察长(当然也包括其他检察官)针对个案作出指令。例如,对某些犯罪更加严厉和迅速追诉的常规指令,看似存在的问题较少,也是不应当允许的。该指令是由议会或政府的政策因素导致的。

31. 检察机关的独立性区别于除检察长外的检察官的“内部独立”。在司法部门的科层式结构内,检察官应遵守上级发布的指令、准则和说明。狭义上来讲,独立可被视为这样一项制度:除检察长外的检察官在执行立法强制性活动时无须征得上级的事先同意和审核。检察外的检察官通常因不受上级部门的干涉而使独立得到保障。

32. 为避免不当指令,有必要设定一份清单以保证不干涉检察官的活动。不干涉系指确保审判程序中检察官的活动免受外部压力以及不当或不法的内部压力。这种保障应包括选任、纪律或免职,但也包括案件管理和决策程序的具体规则。

33. 在本报告的下一章节,将会讨论与检察长,其他检察官及某些结构性因素(检察委员会培训)有关的保障机制。正如上文指出的,本报告既分析现有标准的情况,也包括对未来标准的建议。

八、检察长

A. 任命及免职

34. 检察长选任和返聘的方式在保障正确运作检察机关体系方面发挥了重要作用。在谈及匈牙利共和国宪法的监管理念相关意见时,威尼斯委员会表明：

“重要的是检察长的选任方式应当获得公众及司法机关和法律专业人员的信任。因此，在选任程序中应当考虑专业的和非政治性的专家意见。然而，政府希望能够掌控某些选任程序也是在情理之中，因为在有序和高效运转的国家，犯罪诉讼极为重要，但其不愿意在选任过程中全权委托其他机关，即使这些机关很有能力。因此，建议委员会成员的选任可由受公众尊重和政府信任的人员组成。”①

35. 在总统或议会不受政府管辖的情况下任命检察长，也没有单一的模式。这个问题在不同的国家会有不同的解决方法。但是，接受这些国家机关之间合作原则似乎是一个很好的解决方案，因为这样可能会避免单方面的政治提名，这一点，应该达成一致共识。提名候选人的权利在任何情况下都应予以明确规定。建议从相关人员中选取候选人的职业资格，如法律界（包括检察官）和民间团体的代表。

36. 在检察长由议会选举产生的国家，如果由议会筹备选举工作，议会还应考虑到专家的意见，这可以减少任命过程中存在的明显的政治化危险。使用有效多数表决制选举检察长可被视为就这种任命达成共识的机制。然而，还需要提供一种替代机制——因为专家意见无法实现有效多数表决制——以避免出现僵局。

37. 重要的是，检察长不应在议会选举后再接受一次委任，至少不能再由立法机关或行政机关任命。因为接受一次委任的检察官可能会为了获得该机构的支持而以迎合这些机构的方式行事。检察长应被长期聘任或在聘期届满不可续聘的情况下尽可能工作相对较长时间。检察官的任期不得与议会任期一致。这样就可以确保检察官的更大稳定性并使其免受当前政治变革的影响。

38. 如果在聘期届满后需继续聘用的（如法官），在首次聘用前就应当预先表述清楚，以避免在任职期间试图讨好政客的情况发生。另外，对检察长在任职期间或之后可能申请其他公职的不应设有一般性禁令。

39. 检察机关的相关法律应当明确规定检察官前期被免职的条件。

① 重点补充，CDL(1995)073rev.，第11章。

乌克兰关于修正检察机关宪法性规定的草案委员会指出:“免职的理由应由法律规定。威尼斯委员会希望通过宪法规定提供可能被免职的理由。因此,在采取相关决策之前应制定强制性要求,专业机构可对免职理由是否充分提出相关意见。”①

40. 不管怎样,检察长如果将被免职,应该有权参加免职程序中的公平聆讯,包括在议会面前召开的聆讯。

B. 检察机关的公众问责

41. 与任何国家机关无异,包括法官在内,检察机关应对公众负责。问责的传统方式由行政机关掌控,通过民选议会选出的行政机关进行监督,从而为问责提供了间接的民主合法性。另一种方式就是由检察委员会掌控,这并非纯粹的自治性问责,因检察委员会成员部分是由议会选举,也包含了民主合法性。

42. 许多体制都要求检察机关应对议会负责。在检察长由议会选举产生的国家,通常也有对检察长的免职权。在这种情况下,需要召开公平聆讯。即使得此保障,也存在政治化的风险:“不仅要考虑议会上提出的特殊案例的民粹主义压力风险,也要考虑到议会问责也可能给检察官造成间接压力以避免作出不为公众接受的决策,并采取迎合立法机关的方式。”②因此,应当在起诉或不起诉的个案中排除议会问责。

43. 一定要明确检察官的哪些方面的工作是要求或者不要求独立实施的。关键因素在于是否起诉的决定应由检察机关单独执行而非行政机关和立法机关。然而,制定起诉政策(如优先考虑特定类型的案件、期限、与其他机构更密切的合作等)方面,立法机关和司法部或政府部门可以适当发挥其决定性作用。

44. 某些具体的问责手段在检察机关独立的案件中显得尤为必要。检察长递交公开报告可能会成为其中一个手段,这些报告是否应提交议会或行政机关取决于现行模式以及国家传统。如果适用,在这些报告中,检察长应该明确说明行政机关作出的一般性指示的执行情况。

---

① 重点补充,CDL-AD(2006)029,第34款。

② CDL-AD(2006)029,《关于检察机关草案法和前南斯拉夫马其顿共和国检察官委员会草案法意见》第25款。

制定检察官职能准则和检察官道德准则在限制问责的限度方面发挥了重要作用。而这些准则可由检察机关自身通过或由议会或政府通过。

45. 检察官的很多工作都受法院审查，这也是问责形式之一。但是，当检察官决定不起诉时，法院根本无法审查检察机关，问责制的最大问题（或者说是应当被问责而没有没问责）便出现了。如果没有法律补救措施，则存在犯罪得不到追诉的高风险。

46. 最终，与其他国家机关无异，检察机关将对市政支出承担责任，无论公共审计程序是否到位，这在每个管辖区内都会如此。

九、检察长以外的检察官

A. 任命

47. 只有符合特定资格的法律专业人员才能依法履行其职责，这对各个阶层的检察官，包括检察长在内都是不可或缺的要求。

48. 鉴于对检察官要求的特殊性，将选任程序完全交由层级式结构自上而下选拔进行并非明智之举。但有几种方式有利于避免具体诉讼中内部指令的威胁。为选任有资质的检察官，还需专家指导意见。这可以由一个独立第三方机构完成，例如，民主合法化的检查委员会或高级检察官委员会，他们的经验有利于推荐合适的候选人。这种机构可以根据检察长的建议行事，且该机构只要有正当理由，有权拒绝任命一个人。①

49. 在某些国家，检察官这一职业受法律制约，并对新的机关提供晋升情况和选任情况。这样看来，检察官的权益受法律保护，且在法院决策违反法律规定并面临挑战的情况下予以保障。

50. 检察官应当可一直任职直至退休。任期制虽有续聘的可能但却存在风险，即检察官的续聘可能并不是依照法律，而是依照决定者自己的意愿。

B. 纪律

51. 纪律制度与检察机关的层级式组织问题是密不可分的。在层级式体制之下，纪律措施通常由上级相关人员执行。

---

① CDL－AD(2008)019，《关于摩尔多瓦公诉检察机关草案法的意见》第44款。

52. 在有关纪律案件中,当然包括检察官免职程序,涉事检察官也有权在对抗式诉讼过程中被聆讯。在存在检察委员会的体制内,该委员会或纪律委员会可以处理相关纪律案件。被制裁的检察官可对相关纪律制裁向法院提起诉讼。

C. 不干涉检察长以外检察官内务的保障

53. 正如上述提出的,除检察长外的检察官的“独立”,不同于法官个体独立,检察官独立并不是一个绝对的概念。检察官凭良心裁量个案的方式,及保持既定原则和方针在具体要求应用时还会存在争议。检察机关以层级方式来完成诉讼活动是合法的。检察官的裁量与一般法则背道而驰时,可能遭到高级检察官的否决。

54. 决定个案中除检察长外的检察官指令是否获得准许的关键因素在于检察官是否有自由裁量权(而非诉讼权),且符合便宜原则下的国家公众利益;或者在符合合法性原则的前提下,检察官是否有义务和能力起诉这些案件。普通法国家遵循便宜原则,而大陆法体系兼取合法性原则和便宜原则。

55. 在遵循合法性原则的国家,如果案件不符合终止条件,上级要求终止诉讼的指令可能是非法的。在遵循便宜性原则的国家也存在类似的案件,即允许有正当理由的上级指令。但是,在所有法系中,如果必要因素(如证据不足等)不充分时,上级指令都可能是非法的。

56. 大多数情况下,诉讼判决仅在起诉有充分证据的基础上作出。在某些情况下,有些因素与证据的充分程度无关,而是因为起诉可能不为公众接受。这种情况可能与嫌疑人、受害人或损害情况有关。如诉讼可能会损害第三方的利益,会对更多利益群体、社会、经济或相关安全问题造成损害。一旦这些公共利益问题出现,务必要避免违反法治的情况出现,检察官应当与专业人士商讨,确定诉讼到底是否涉及公众利益。如果检察官在这类自己把握不准的案件中按照上级指令行事,该指令应该是合理的,但是应当以恰当的方式和时机接受公众监督。

57. 在一个层级式检察系统内,如果相关保障措施到位,每个层面的个案中都可能会有相关指令。第2000(19)号建议第10款规定:“所有检察官都有权要求向其提出的相关指令以书面形式提出。如果该检察官认为该指令是违法的或与其良心背道而驰而拒绝执行,则可以通过适当的内部程序,由他人取代他的职位。"

58. 因此,如果向检察长以外的检察官发出指令,该检察官有权要求以书面形式发出该指令,但第2000(19)号建议并不能防止作出所谓的非法指令。如果相关指令被认为是非法的或违反其良心的,检察官还有权启动一项程序,要求退出某项工作即允许他或她被另一名检察官替代。第10款的规定也使得这种程序可能由上级长官发起,且该上级长官可能有兴趣替代检察官,并对所给指令的合法性提出异议。

59. 委员会认为这些保障措施还不太充分,还需作进一步补充。"指令不合法"的指控是非常严重的。任何要求改变下级检察官观点的指令均应有理有据。如果认为指令不合法,受理"指令不合法"诉讼或者请求的法院或独立机关如检察委员会应当对该指令的合法性作出裁决。

60. 撤换检察官的方式之一是未经本人同意,将其调任至其他检察机关。这种调任可作为向检察官施压的手段或将在办案中"不顺从"的检察官从案件中撤出。这种情况下,被调任的检察官可向独立机关提起诉讼,如检察委员会或者类似机构。

D. 豁免权、约束及安全

61. 检察官不应享有一般豁免权,因为一般豁免权可能会导致官员腐败,但是如果检察官在履行其职责时诚信行事的,可享有功能性豁免权。

62. 对于公务员参与政治事务的可接受性,存在不同的标准。检察官不应担任其他国家机关职务或履行其他国家职能。检察官应避开可能与其公正原则相悖的公共活动。

63. 检察官和法官履职中一个重要的实际问题是他们自身的安全性。显然,检察官和法官不应当因任何人的恐吓而被吓到,这就必须给予其必要的人身保护,以使他们能够公正且不偏不倚地履行自己的职责。国际检察官联合会最近通过了检察官安全的相关标准。

十、检察委员会

64. 检察委员会在各国的政治制度中越来越普遍。许多国家已经成立了检察委员会[①]但还没有对此制定相关标准。

65. 检察委员会的组成方式体现了人员均衡,例如,委员会由检察官、律师和民间团体构成。委员会独立于其他国家机关,能够在选任和纪律程序中提供有价值的专家意见,至少在某种程度上可以保护他们免受政治影响。根据检察委员会的选任方式,他们可以为诉讼制度提供民主合法性。他们通常在纪律监督方面包括检察官的免职方面都发挥着作用。

66. 如果检察委员会存在,其构成应包括各级检察官,还应当包括像律师或法律学者等其他行业人员。如果该委员会成员由议会选举产生,最好按照有效多数表决制来决定其成员。如果检察委员会和司法委员会是同一组织即法院和检察机关共同设立一个司法委员会,应确保法官和检察官不能以多数票否决对方的立场。由于工作性质不同,检察官在司法独立尤其是纪律程序中可能与法官的态度不同,在这种情况下,委员会可以分成两个组,比如在法国,最高司法委员会就分两个组,分别为法官组和检察官组[②]。

67. 检察委员会的裁决效力在各国有不同的规定。其裁决可对检察官造成直接影响,或可能仅仅起到咨询作用,该规定由司法部来明确。前者可能是首选,因为它可剥夺司法部的自由裁量权,使其没有减少能够对检察官职业进行政治干预的机会。

68. 在欧洲委员会的所有国家实施此类委员会的单一模式是很难的。此外,此类委员会是否存在,这本身也并不被视为约束欧洲各国的统一标准。

---

① 虽然有专门的委员会,如在波斯尼亚和黑塞哥维那、摩尔多瓦[CDL(2008)055],蒙特内哥罗[CDL(2008)023],塞尔维亚[CDL(2009)103]和“前南斯拉夫马其顿共和国”[CDL(2007)023],法国、意大利和土耳其[CDL(2010)125]均有司法委员会,也可胜任检察委员会职能(但是,法国的检察官在司法委员会拥有独立的房间;参见下面的脚注②)。

② 直到修订的法国宪法第65条于2011年1月23日生效(于2010年7月22日通过2010-830号有机法律),司法委员会法官组由5名法官组成,而在检察官组有5名检察官。改革向每个组从民间团体中增加了6名“有资质人员”。

十一、薪酬与培训

69. 与法官无异,薪酬与检察官审理案件的重要程度相符,对一个高效公正的刑事司法系统来说也是必要的。足够的薪酬也可以降低检察官腐败的风险。

70. 在检察官的整个职业生涯中应该提供适当的培训。检察官培训与法官培训同等重要。此类培训应包括法律培训,其中包括人权培训和管理培训,特别是对高级检察官的培训。同样,像检察委员会这样的专家机构可以在培训项目中发挥重要作用。出于成本和效率的原因,可以协调对检察官和法官进行联合培训。

十二、检察机关滥用权力的危害

A. 刑法领域内的诉讼权力

71. 在国家权力持有者的利益和公共利益之间需要作出区分。行使公共利益职能(包括刑事诉讼)不应与政府利益混同。在许多国家,刑事诉讼领域外的维护公共利益的职能取决于检察专员或公职人员,如芬兰大法官。在很多民主国家,维护国家利益和公共利益的两项职能也是合并在一起的,如某些普通法国家的首席检察官模式。尤其是在新兴的民主国家,曾有过因政治目的而滥用诉讼的历史。因此需要做好特别预防措施。

72. 威尼斯委员会有时会批判某些国家检察机关在诉讼过程中滥用职权。在苏联体制下,检察机关是控制司法机关的强有力手段,在有些国家,该体制的残余依然存在。过度强大的检察机关成为无问责制的第四大权力机构,这也是存在安全隐患的。避免该风险是本次报告的目的之一。

73. 该问题与检察机关应当享有的权力问题紧密相关。可将检察机关限制于刑事诉讼权力之下,不为其提供可在“检察机关”体制内找到的一般性监督权,该问题是体制内的制衡机制之一。无论如何,检察官影响人权的行为,如追捕或拘留,须受法官的管制。在某些国家,法官偏袒控方的“检察官偏见”使检察官的这类请求获得准自动化批准。这不仅对当事人的人权构成威胁,也对司法机关整体的独立构成威胁。

74. 检察机关控制侦查是普遍的做法,在某种程度上,检察官对侦查权进行控制,可能会减少侦查机关滥用职权的可能性。而检察官和侦查人员分开与独立的模式,其优势在于可降低检察机关权力过大、滥用职权的风险,但是,也可能会产生更大的风险,即警察可能会滥用职权。

75. 关于法官独立的报告第一部分,委员会强调:“司法判决可不接受申诉程序以外的任何其他方式进行纠错,尤其是不通过抗诉检察官或者超过上诉期限,由其他国家机关提出要求改判的。”①

76. 这不包括苏联的苏维埃检察制度。这一制度由检察官安排监督案件合法性甚至承担重审案件的一般任务(包括民事案件的双方之间,当检察官认为法律应用不当时,有权在终审中作出裁决)。威尼斯委员会强烈反对这样的权力,但并不排除检察机关向法院提出重审该诉讼的请求。然而,重审案件的判决须听从法院的意见而不是检察官的意见。

B. 刑法领域外的诉讼权力

77. 虽然威尼斯委员会一贯主张检察机关应重点关注刑法领域,②但是检察机关履行其他职能并不少见。然而,当履行其他职能时,他们不得干涉或以任何方式取代司法体制的职能。如果检察官有权质疑法庭的判决,他们须通过行使上诉权或审查判决权作出行动,与其他诉讼当事人无异。在私人诉讼中,如果检察官为了保护公共利益,可以在法庭上出庭,这是没有异议的。但是,最终裁决仍然在法庭。

78. 欧洲检察官咨询委员会“刑法领域外的检察机关作用的第3(2008)号意见”明确规定:“刑法领域外的检察机关的任务、职能和组织,并没有共同的国际法律规范和规则。”该项意见进一步强调“国家在决定实现保护人权和公共利益职能的制度和法律程序方面享有主要权利”。③

① CDL－AD(2010)004,第82.13款。

② CDL－JD(2008)001,概述对待这一问题的欧洲惯例,参见András Var先生为CCPE[CCPE－Bu(2008)4rev]报告。

③ 第31款。

79. 威尼斯委员会完全同意检察官对于保障人权极为重要，前述第3号意见也提到，在特定条件下保护“妇女和儿童”的权益[①]不仅是检察专员的使命，也是检察官的使命。

80. 对于摩尔多瓦检察机关的草案法意见，委员会曾经评论过检察官“行使民事诉讼权利以保护青少年、老人或残疾人或因其健康问题而难以行使诉讼的人员的权利、自由和利益”的权力。由于上述职能是检察官代行某些个人的权利，委员会认为“如果检察官的主要任务是代表国家利益和整体利益，对于检察官是否是履行该职能的最佳合适人选，委员会提出质疑。”[②]

81. 因此，对于公诉检察机关的乌克兰草案法的意见，威尼斯委员会指出：“根据欧洲检察官咨询委员会的意见，特定国家的宪法历史和法律传统可能会因此为检察官的非刑罚职能而辩护。但是，这种推理仅适用于民主法律传统，且应当符合欧洲理事会的价值观。乌克兰现有的唯一历史模式是苏维埃（和拥护独裁统治者）的检察院模式。该模式反映了过去的不民主性且不符合欧洲标准和欧洲理事会的价值观。这也是乌克兰一旦加入欧洲理事会，便应当对该制度进行改革使其与欧洲理事会的标准一致的原因。”

82. “人权的一般性保护并不是检察机关活动的适当领域。最好通过检察专员而非检察机关来实现该目的。”[③]

83. 检察官在刑事领域外的诉讼权力还要符合欧洲委员会议会法治规定下的民主社会检察机关角色的第1604（2003）号建议，它指出：检察官的各种非刑罚法律责任应当“关注欧洲委员会基本原则之间的兼容性”，“检察官的权力与责任仅限于刑事司法系统内刑事犯罪诉讼和维护公共利益的一般作用，可以成立独立的、适当有效的其他机关以履行其他职能”（第7款）。

84. 尤其应当注意的是，如果违反国家意志，例如，代表弱势群体谋

---

① 第33款。

② CDL－AD（2008）019，第30款。

③ CDL－AD（2009）019，威尼斯委员会于第79届全体大会上通过（威尼斯，2009年6月12日至13日），重点补充。

取社会福利,检察官在个人利益与国家利益相冲突的情况下必须明确自己的位置,检察官虽代表国家利益,但其自身也有保护个人利益的义务。威尼斯委员会就是不允许检察官在刑事领域行使审判权,但并不排除其履行的其他职权,比如代表国家经济利益。欧洲委员会部长委员会及其CDCJ目前忙于制定限制这些权力的建议。

十三、结　论

85. 本报告第一部分讨论的法官独立已经明确,如果没有独立的法官,就无法实现权力分立和公平审判权。这种情况对检察官来说不太明显,特别是考虑到既要独立又要充分融入行政权力等各种制度。

86. 鉴于权力的多样化,本报告关于检察机关的第二部分重点在于保障检察机关免受外部压力的影响。尤其是涉及行政机关的诉讼时,该保障须保护检察机关免受不当政治影响。本报告中讨论的其他保障,经常使用的工具是建立一个独立的检察官理事会或检察委员会来处理检察官选任、晋升和纪律事宜。

87. 检察官独立与法官独立性质是不一样的。虽然人们普遍认为检察系统更加独立,但并没有规定的共同标准。司法机关或者其个人的独立或自治并非最终目的,应当参照已实现的目标在每个案件中公平合理对待。

88. 为提供无干涉保证,威尼斯委员会建议:

①在选任检察长的过程中,建议从法律团体的代表(包括检察官)和民间团体中选拔一批有法律职业资质的候选人。

②如果有些国家的检察长由议会选举产生,选任程序的政治化风险可能因议会选举适当的准备工作而减轻。

③利用有效多数表决制选举检察长可被视为促进这类任命达成广泛共识的一种机制。

④应永久或长期任命一名检察长,但不得在预定的期限结束时再续任。检察长的任期不应与议会的任期相一致。

⑤如果在聘期届满后需继续聘用的(如法官),在聘用前应当表述清楚以避免试图迎合政客的情况发生。另外,对检察长任职期间或之后申请其他公职相关事宜应当取消禁止性条件。

⑥检察长的免职理由必须依法规定，专业机构应对免职理由是否充分发表意见。

⑦检察长应该参加关于免职程序的公平聆讯，包括议会召开的聆讯。

⑧应当在具体的起诉或非起诉案件中排除议会对检察长的问责。是否起诉的决定应由检察机关单独执行，而不应由行政机关或立法机关执行。然而，起诉政策的制定似乎是一个问题，在起诉政策方面，立法机关和司法部或政府部门可以适当发挥决定性作用。

⑨按照问责制的规定，检察长应向议会递交公开报告。如果适用，在这些报告中，检察长应该明确说明行政机关作出的一般性指示的执行情况。

⑩但是，当检察官决定不起诉时，法院根本无法审查检察机关，问责制的最大问题（或者说是应当被问责而没有没问责）便出现了。如果没有法律补救措施，则存在犯罪得不到追诉的高风险。

⑪任命有资质的除检察长外的检察官之前，也需咨询相关专家的意见。

⑫除检察长外的检察官应被长期任职直至退休。

⑬在检察官违反纪律案件中，涉事检察官应有权参加聆讯。

⑭并可对违反纪律的制裁处分起诉到法院。

⑮防止非法指令的第2000（19）号建议规定的保障措施仍然不分，还需作进一步补充，因为这并不能阻止非法指令的提出。任何改变下级检察官观点的指令均应有理有据。如果指令不合法，法院或独立机关如检察委员会应当对该指令的合法性作出裁决。

⑯个案中调任的威胁可作为向检察官施压的手段，“不顺从”的检察官可能会从案件中撤出。对此，被调任的检察官可向独立机关提起诉讼，如检察委员会或者类似机构。

⑰检察官不应享有一般豁免权。

⑱检察官不应担任其他国家机关职务或履行其他国家职能。检察官应避开可能与其公正原则相悖的公共活动。

⑲检察委员会一旦存在，其构成应不仅包括各个阶层的检察官，还应当包括像律师或法律学者等其他行业的人员。如果该委员会成员由

议会选举产生，最好是由大多数有法律职业资质的人员组成。

⑳如果检察委员会和司法委员会是同一组织，应确保法官和检察官的一方票数不能影响彼此的选任程序和纪律程序。

㉑检察官的薪酬应与其审理案件重要程度相符，对一个高效公正的刑事司法系统来说这是必要的。

㉒检察委员会等专家机关在培训项目上应当发挥重要作用。

㉓检察官影响人权的行为，如追捕或拘留，须受法官控制。

㉔在某些国家，法官偏袒检察官的“检察官偏见”使检察官向法官提出的这类请求都会获得准自动化批准。这不仅对当事人的人权构成威胁，也对司法机关整体的独立构成威胁。

㉕检察机关应重点关注刑法领域。

日本错案观察

张建伟*

目　次

日本有学者言："世界上有所谓的冤案。冤案不是遥远的过去的事情，而是我们现在正生活着的这个世界里的事情。而且，它不是几年里才发生一例的偶发事件。这种不幸应该说是植根于社会机制的一种不幸。"①事实上，但凡案件处理得不公正，就产生这种不公正的受害者的冤情，但能够引起社会关注的，往往是重大案件，日常性的冤枉往往被人们忽视。例如，日本战后出现了多起被判重刑后来再审改判无罪的案件，其中有4件原判处死刑后来改判无罪的案件，一经披露，引起朝野震动。北京大学龚刃韧教授在《现代日本司法透视》一书中介绍道：

免田案发生在1948年12月29日深夜，日本熊本县人吉市一对夫妇被人杀害，其2个女儿也受了重伤。免田荣受到怀疑并遭到逮捕，被关押在该市警察署一个临时厅舍内。警察连续4天不准他睡觉，对他进行严厉审问。在逼迫下，免田荣按警察意志在自白书上按捺了手印。

---

* 清华大学法学院教授、博士生导师。

① [日]浜田寿美男：《自白的心理学》，片成男译，中国轻工业出版社2006年版，第1页。

1950年,免田荣被一审判处死刑。1951年最高法院驳回免田荣的上告,使死刑判决得到确认。免田荣提出6次再审请求,由于案发时被告人不在现场得到证明,1983年免田荣终于成功获得无罪判决。

财田案发生在1950年2月28日,日本香川县财田川村发生了一起杀害黑市米经纪人案件。谷口繁义因其他轻微强盗、盗窃犯罪被逮捕,在警察局下辖的羁押场所被关押了4个月,被迫供认杀害黑市米经纪人。1952年谷口繁义被一审法院判处死刑。1957年最高法院驳回谷口繁义的上告,使死刑判决得到确认。1984年,谷口繁义获得无罪判决,原因是他的有罪供述被再审法院确认是虚假的。

松山案发生在1950年10月18日,日本宫城县松山町一家4口被人杀害并被纵火,斋藤幸夫被逮捕,在连日持续审讯中,斋藤幸夫身心俱疲,被迫招供有罪。1957年斋藤幸夫被一审法院判处死刑。1960年上告被最高法院驳回,死刑判决得到确认。1984年7月14日,斋藤幸夫获得无罪判决。

岛田案件发生在1950年3月10日,日本静冈县岛田市发生一起强奸杀人案,一名幼女遇害。赤(土加屈)政夫被逮捕,警察对他进行连日审讯,并施以利诱,在这种情况下,赤(土加屈)政夫作了有罪供述。1958年赤(土加屈)政夫被一审法院判处死刑。1960年上告被最高法院驳回,死刑判决得到确认。经过4次请求再审,1989年,赤(土加屈)政夫获得无罪判决,他原来的自白的可信性被否定。①

这些案件有共同特点:被疑者一般长时间关押在警察局下辖的留置场(代用监狱),委托辩护权得不到保障,警察为获得口供进行长时间的秘密审讯,一些被疑人在审讯中绝望,或者身心俱疲,难以忍受苛酷的审讯而被迫供认有罪,有的为减轻罪责甚至攀诬他人。在审判中,法官依赖并信任警察做成的各种调查书,使侦查中发生的错误被审判继承。

日本的错案引起司法改革的呼声,龚刃韧教授曾经介绍说:“由于日本连续发生一些平反冤案的再审案件,原来曾被判处死刑或其他重刑的人又被重新判决无罪。在这种情形下,出现了为消除或减少误判

---

① 龚刃韧:《现代日本司法透视》,世界知识出版社1993年版,第128～129页。

而重新考虑和改革日本刑事司法的动向。”①司法有病，便需查找病源，找到之后需要对症下药，以期司法从疾病中康复过来。发生误判之后，日本的法律人正是这样做的。“日本大多数法学者和律师都认为，目前日本的刑事司法存在着严重问题。这主要表现在：嫌疑犯委托律师等基本的人权得不到保障，警察和检察官有逼供信行为，法官在审理案件中过分依赖检察官的侦查和调查结果，口头辩论只是走过场，结果法院的判决只不过是对检察官调查结果的追认形式，正是从这个意义上讲，日本的刑事司法是‘检察官司法’，而这种结构的刑事司法被认为是法院产生误判和冤案的温床。”②

社会真正关心的冤案，或者能够进入公共视野的冤案往往是重大案件，这种注意力的聚焦掩盖了日常发生的许许多多冤案。浜田寿美男在《自白的心理学》中坦言：“实际上，推测这些冤案数目极其困难，只能说其大概。以‘因无辜的罪名而受苦’为冤案，我试想冤案的发生1年不下数百件。当然，根据如何定义冤案，其数量浮动较大。”③这句话提醒我们：司法冤案可能比我想到和知道得更多、更严重，关心司法公正者，不可不注意那些容易被我们忽视的不公正，使更多的不公正有机会被暴露在阳光之下。

一、个案观察：松尾政夫冤案

错案的受害者，很少谈到他们曾经经过的精神上的巨大痛苦。

堀口宗路在《还你清白》一书中记载：日本名律师相马达雄1977年4月的一天第一次见到松尾政夫④——34年前冤案的受害人，看见的是这样一个老人：“穿着土黄色的工作服，脚上穿着木屐，手中拎着在小零售商店购物时给的白色塑料方便袋。后来才知道，那袋子里面装的是牛奶和面包。花白的头发，剪成小光头，前额部分已变得稀疏

① 龚刃韧：《现代日本司法透视》，世界知识出版社1993年版，第26页。

② 同上书，第51页。

③ ［日］浜田寿美男：《自白的心理学》，片成男译，中国轻工业出版社2006年版，第6页。

④ 1916年（大正5年）5月14日出生于福冈县直方市郊外。

了。身高约1.58米,白皙而消瘦,衣服显得肥大不合体。"这个老人经一个地方报社的社长甲斐乡介绍来到相马律师所在的事务所之前,曾经去过很多报社,甲斐乡将这个老人引见给相马律师时说:"他说到我们报社来之前,也去过各处的大报社。不过,好像到哪也没有人理睬。这也难怪,这个人究竟在说些什么也搞不太清楚。"这个被看作古怪的老人一见到相马律师,就开始毫无条理地说起来:"先生,我什么都没干呀。大家都知道是谁干的,就连警察,连法院都该知道的嘛。是那女孩子在撒谎。"翻来覆去重复着这些话。"令人感到惊异的是,他讲话的声音并没有像在诉说一身清白时所应有的那种坚实、强烈的震荡。既不是高声大嗓,却也不是低声叽咕。就像他行动时慢慢悠悠一样,老人说话的声音也有点慢慢吞吞,从容不迫。"甚至当相马律师为赶到法院开庭不等他说完就打断他的絮叨、匆匆告别之时,"老人并没有显露出似乎特别遗憾的表情,而是笑眯眯地在目送着相马,那简直是一张孩子般无忧无虑的笑脸。"令相马律师更没有想到的是,这个老人从早上一直等到傍晚,为了等来相马律师听他的陈述。当相马律师终于接受了他的委托,开始办理这桩陈年旧案之后,他才逐渐发现,这个样子比其实际年龄看起来大10岁的六旬老人是一桩冤错案件的受害者,30年前他被以强奸罪名判处3年有期徒刑,1989年1月31日,熊本地方法院法庭裁判长松永昭次郎宣布发生在1954年的那起强奸案的主角松尾政夫无罪。一个经过了34年获得的无罪判决虽然值得庆幸,但并没有减弱这个案件的悲剧色彩,因为无罪判决作出之前,松尾政夫已经去世了。

在那张孩子般无忧无虑的笑脸后面,只有富于洞察力的人才能体会到冤狱被害人所具有的痛苦、凄怆、忍隐、绝望与期望交织的复杂情感。只有真正具有责任感的人才会去动手为他们解除精神和肉体上的炼狱,消灭产生他们悲剧的根源。

(一)悲剧的肇始

案件发生在1954年(昭和29年)8月13日,按照《还你清白》一书的描述,事实的经过是这样的:

松尾政夫独自一个人去小川街的和平电影院看电影,晚上9点半左右,他看完电影,先到电影院西边的饭店吃了些刨冰,发现脚上木屐的带子快要断了,为避免把木屐弄坏,他走砂川河防波堤的路回家。

9点40分左右,松尾政夫由东向西走在路上,路宽约2米,路北侧是一人高的灌木丛和杂草,沿路没有路灯,虽有满月,一路上仍然十分黑暗。除了距国道很近的地方有一户农家之外,其余地方都是成片的水田。

10点左右,松尾政夫听到前方南侧的河滩上有女人惊呼"救命"。过了两分钟,松尾政夫听到背后灌木丛中有咔嚓咔嚓的声音,回头一看,在距离五六米处远的灌木丛中,一个20岁左右的男子拖出一辆自行车,以平常速度骑经松尾政夫,向前驶去。松尾政夫虽然诧异,却觉得没有充分的理由怀疑他,就继续加快步伐走自己的路。

路过砂川桥边一家卖粗点心的镰田商店时,突然从店里跑出一个年轻女子,她拉住松尾政夫的衣服,喊道:"喂! 喂! 请你等一下。"商店门口还有一个20岁左右的女子蹲着哭泣,旁边还聚拢了五六个年轻人。松尾政夫以为这里的青年男女发生争吵,要拉着自己来仲裁,在拉着他的女子的催促下,就走进食品店。在店里,他受到老板娘的严厉盘问,原来蹲在门口哭的姑娘(名叫村田美佐子)刚才在防波堤上被人强奸了,她说路过这里的松尾政夫非常像那个罪犯。案发当时她与一个女同伴顺着防波堤的路走到坟地岔道口的地方,发现一个男人蹲在路边,她俩战战兢兢走过那个男人时,那个人突然扑上来,她俩撒腿就跑,美佐子被抓住,反抗不成,被那男人强奸了。了解这些情况后,松尾政夫恍然大悟,原来他被当作嫌疑犯拦截下来了,尽管他声辩自己什么都没干,但围拢在食品店那里的人哪里肯信!

有人跑到食品店不远处的派出所报案,过了一会儿,警察到来,将松尾政夫带到派出所。

在派出所,巡警福田大声盘问:"喂,是你干的吧,女孩子可是这么说的哟。""干了吧?! 如果干了,那就快点儿承认吧!"对于松尾政夫的否定,福田呵斥:"胡说! 姑娘说是你干的,还是痛痛快快地讲实话吧!"松尾政夫解释说:"这是误会,我什么也没干,只是从那条路走过。你们好好调查就会明白的,另有真正的犯人啊! 我看见了一个行迹可疑的骑车的男人。"福田说:"撒谎!"福田还检查了松尾政夫的阴茎。

过了十分钟,两名刑警坐吉普车从警察署来到派出所,其中之一是刑警处小队长吉川。他们到了不久,就拿出一些棉花、手纸之类东西给松尾政夫看,说:“这上面有从被害人阴部取来的化验样品,你看,粘着你的精液哟!”这两名刑警同福田一样,认定松尾政夫犯了强奸罪。不过,这些棉花、手纸之类东西并没有被作为证据在法庭上提出来。

两名刑警将松尾政夫带到8千米外的松桥警察署。到警察署已是半夜零点左右,吉川在二楼的审讯调查室对松尾政夫进行刑事审讯。吉川开门见山,问:“是你干的吧?”“那个女子说是你干的!”对于松尾政夫的辩解,吉川根本听不进去,说:“你少给我撒谎,要是不说实话,非关你几年大牢不可!”这种呵斥、辩解反复进行了多个来回,大约1个小时以后,又有三名刑警大步走进审讯室,在松尾政夫身后围了一圈,戳着松尾政夫的后背逼着他认罪,说:“主任可不是好惹的,还是快点讲真话吧!交代出来,不就没事了吗?”在三名刑警走进审讯室的时候,吉川离开审讯室,过了一会儿,他又回来,眼睛红红的,那张脸变得更加可怕。吉川一边梆梆梆敲着桌子一边喊道:“松尾!你还想撒谎吗?我又去问过了两个姑娘,她们说就是你!没有错。这不是铁证如山吗?”松尾政夫徒劳地辩解着,吉川对松尾政夫怒目而视,好像立即要扑打过来似的,他吼道:“你别胡扯了!”站在松尾政夫身后的三名刑警频频捅着松尾。松尾感到极度恐慌,用力否认:“我没干!”本来身体就很虚弱,这时松尾的精神和肉体都达到了支撑的极限,他很担心妻子久惠子,她一定焦急地惦念着看电影而未回家的松尾。

这时已经是凌晨3点了,严厉的审问还没有结束的迹象。一名警察似乎察觉了松尾的心思,温和地问:“松尾,你有老婆吧?她一定在家里等得很着急呀。如果坦白了,马上放你回去。你不想得到自由吗?”松尾问:“你是说,要是我说了,就让我回家吗?”警察肯定地说:“当然啦!”松尾又问:“不是在骗我吗!”警察说:“警察怎么能骗人呢!”吉川许下诺言,其他刑警随声附和。这时松尾政夫已经累得支撑不住了,他动了心,心想:不如姑且做一个虚假坦白,躲过这一关再说,以后再说出真实情况。此时他最大的愿望就是尽早回家让久惠子放心。接下来,松尾政夫开始了虚假坦白,在这个过程中,具体犯罪情节事实都是吉川诱导的,松尾只需回答“对,是的”就够了。

早晨5点左右,审讯结束,调查笔录也已经整理好了。松尾在那份记录上摁下手印。

没过多久,松尾发现自己被警察骗了。他期望的坦白后就可以回家并没有实现,相反,他被关押进审讯调查室下层的拘留所中。

14 日早晨 6 点,松尾被带到出事现场砂川河的防波堤附近,刑警下车询问松尾"昨天是从哪里来,经过什么地方了",还要求松尾"还是像昨晚说的那样再解释一下",松尾意识到一旦承认,后果将不堪设想,他立即声辩:"说实话,我什么都没干,昨晚说的那些都不是真的,没有那回事啊!"即便松尾坚决否认,警察还是想象出一个又一个犯罪情景,并任意作了记录,归纳成现场调查报告交了差。

14 日上午 8 点,松桥警察署刑警处处长岛村再次审讯松尾,松尾诉说:"昨天夜里调查时我说的话都不是真的,是他们骗我说只要招认了便可以放我回家,我才做了虚假的坦白的。"岛村虽然不太愿意,但还是写了一份岛村否认犯罪的简短调查记录。

第二天上午 11 点,熊本地方检察院检察官大堀诚一对松尾进行调查审讯,松尾始终否认犯罪。然而,大堀诚一非常重视被害人的陈述,因此,他与松尾只简单重复着"你干了""我没干"这样的对话。之后,在法院,法官再次进行调查,并批准了检察官提出的拘留申请。在拘留期间,大堀检察官每周一次进行调查审讯,进行了两次。

在所有这些审讯调查中,除吉川那次欺骗手段获得的口供以外,松尾一直否认犯罪。即便如此,大约过了 20 天,他还是被起诉到熊本地方法院,罪名是强奸致伤。

法院为松尾指定了一名律师——野尻昌治,非常不幸的是,野尻律师缺乏为松尾辩护的热情,他到拘留所与松尾会面,对于松尾申辩自己无罪,他根本听不进去。听完松尾的话,他竟说:"那两个姑娘可说是你干的呀!"开庭审判之前,野尻律师只来见过松尾两次,每一次会见也仅仅五六分钟而已。

熊本地方法院在昭和 29 年(1954 年)10 月中旬进行第一开庭审判,从案件发生到判决用了 1 年 4 个月时间,诉讼如此旷日持久,皆因松尾否认犯罪。昭和 30 年(1955 年)12 月 23 日,法院宣判:"判处被告人有期徒刑 3 年。所有诉讼费用①都由被告人承担。"

① 指审理过程中证人的往返交通费、物品鉴定费、律师的报酬等。

松尾马上提出上诉。二审的律师仍由法院指定,辩护律师为猿渡修藏。提出上诉后,法院只进行了一次开庭审判。昭和31年(1956年)4月13日,法院驳回松尾的上诉。

精疲力竭的松尾放弃了继续上诉的打算。在二审上诉中,他被免除支付诉讼费用。

昭和33年(1958年)1月26日,松尾刑满释放。那一年,他41岁。

(二)铸成错案的原因

堀口宗路在谈到松尾政夫时如是说:"不喝酒,不玩女人,对赌博也不感兴趣,如果说嗜好,至多不过是周末在城边简陋的电影院里看场电影而已。像松尾这样质朴的老实人,本来对人生就没有什么奢望,也没有必要为自己贫穷而感到羞耻。但有一点令松尾不能容忍,那就是谁也不相信他是受了不白之冤。"①一个无辜的人,最愤怒和无奈的,是没有人相信他无辜。这种情况不但在侦查、审判、执行过程中如此,在服刑后的漫长岁月里,仍然如此。

1. 指认错误

案发现场砂川防波堤一盏路灯也没有,晚上10点左右,正常视力下,即使两人相对两米也看不清楚对方的五官长相。受害人无法认出犯罪人就是松尾,实际上受害人并没有看清罪犯的面孔。但她们却指认松尾是强暴她们的罪犯。

2. 诱供

日本宝来正芳云:"抓捕犯人,嫌疑犯或令其到案时,侦察员必须做审讯把问题搞清楚,做成'审讯书',这是法律规定的。"②

堀口宗路评价说:"松尾的坦白似乎有些轻率。可是,设身处地地想一想,再那种情况下,有多少人能够否认到底呢?这些刑警在取供方面都是行家,即便不直接动手施加暴力手段,也可以使杯审讯的人感到无限的不安和恐惧,并使其不明不白地招供,这并不是很难做得到的。

① [日]堀口宗路:《还你清白》,法律出版社1997年版,第44页。

② [日]宝来正芳:《犯罪检查技术概论》,中国人民志愿军后方勤务政治部保卫部1952年版,第96页。

摆弄像松尾这种老实纯朴的人,更是轻而易举的了。"[①]

由于已经取得松尾政夫招认的口供,刑警做事已经不容分说了。[②]面对松尾的否认,他们再也听不进去。

宝来正芳云:"侦察工作的审讯,主要目的在于查明案子真相,侦察员即审讯员,侦察员必须在这方面有最大的特长,而且应该慎重严密。"[③]宝来正芳在介绍审讯技巧时说:"审问工作要冷静而不焦躁,要稳重而不暴烈,细密地进行,为着查明事实真相,绝对不能把犯罪内容顺口对犯人说出,要设法使他自然地诚实坦白出来,这是审问的要诀。"容易造成错误的做法是,"不熟练的侦察员往往很森严,乱用难解的语句,大施虎威,把犯罪事实的内容泄露,有的人在审问之初就把唯一证据拿出来,强迫其承认坦白,这是最笨拙的方法,因此时常冤屈了别人,强迫他做虚假的口供,反而把重大犯人放在外面自由活动"。[④]

3. 偏见

环节虽多,警察、检察官和法官都先后进行调查,但审讯办案人的偏见却都是一样的。岛村与吉川不同,没有表现出居高临下的姿态,记了一份岛村否认犯罪的简短调查记录,也还是有那么一点不太愿意。

二审法院判决书云:"即使对案件记录进行调查,亦难以发现被告人于昭和29年(1954年)8月14日向司法警察所作的供述记录中的坦白供述记录值得怀疑之理由。"[⑤]

4. 公设辩护人的草率

日本实行强制辩护制度,"刑事案件若是没有律师,就不能进行公开审判"。[⑥] 公设律师缺乏为被告人辩护的热情,这并不是偶然的。开庭审判之前,野尻律师只来见过松尾两次,每一次会见也仅仅五六分钟而已。从案件发生到判决用了1年多时间,野尻律师竟未见过松尾一

---

① [日]堀口宗路:《还你清白》,法律出版社1997年版,第36页。

② 同上书,第37页。

③ [日]宝来正芳:《犯罪检查技术概论》,中国人民志愿军后方勤务政治部保卫部1952年版,第96页。

④ 同上书,第99页。

⑤ [日]堀口宗路:《还你清白》,法律出版社1997年版,第73页。

⑥ 同上书,第40页。

次。还有更甚者,会见唯有在开庭前匆匆一面,10分钟左右而已。

5. 对有利于被告人证据的漠视和曲解

松尾案件存在许多疑点。例如,松尾若是罪犯,为什么向被害人逃去的方向走呢?在与犯罪人厮打过程中,被害人衣服上沾满泥土、草汁等,松尾的衣服上却没有沾上这些东西。

最大的疑点是血型问题。根据下田鉴定,松尾内裤上发现A型血的精液,受害人内裤也检查出A型血的精液,松尾的血型却是O型。北条的再鉴定证实松尾内裤上没有精液,受害人美佐子内裤却检查出B型血的精液。

堀口宗路指出:"在强奸案中,受害人的内衣上粘有的精液是非常重要的证据。如果其精液能被证明是被告人之物,那么这就成了铁证。可是,在松尾这件案件中,却拿不出可以证明这项重要的证据就是松尾之物的证据来。"①

关于鉴定之不同结果,在一审判决的证据一栏有:熊本县警察总部部长所作题为"鉴定结果"的鉴定材料及技术警察下田亮一的鉴定书。下田亮一调查了在内衣裤上附着的精液的血型,下田的鉴定结论为松尾和受害者的内衣上分别黏附的精液血型均为A型,与松尾的O型血型完全不同,也就是说,存在松尾的血型与被害人内裤遗留精液血型不一致的情况。②

下田的鉴定之外还应有其他关于血型的鉴定书,且鉴定结果不一致,如九州大学医学部教授北条春光鉴定人所作鉴定显示在被害者的内衣裤上发现的精液为B型,而在被告人的内裤上并未发现精子的存在,北条的鉴定比下田的鉴定对控诉方更加不利,正因如此,北条的鉴定"甚至连一小部分"都未被法院采用。也就是说,法院把下田鉴定中证明双方内裤沾有同一血型的精液这一有利于判决的部分抽取出来当作证据,并将有关血型的检验部分做了删减,舍弃了与法院意见不一致的北条鉴定。堀口宗路就此解释说:"要认定其有罪,法院不必将所有的材料都拿出来作为证据。这是因为如果采用了与他们得出的结论相

① [日]堀口宗路:《还你清白》,法律出版社1997年版,第82页。
② 同上书,第73~74页。

违的材料作为证据,从逻辑上与判决的结论就会自相矛盾。所以,就舍弃了那些不利的材料。”①堀口宗路批评说:“法院在采用检验结果时采取了掐头去尾的策略,这种做法本身就已暴露出其决断过程中存在着逻辑上的矛盾。一方面承认双方内裤上附着的精液均属同一血型,另一方面又因这A型精液与松尾的血型不一致而企图逃避这一事实,这种做法真可谓是一叶障目,自欺欺人。”②

松尾政夫辩护人猿渡律师在《上诉宗旨书》中就此提出质疑:“如将在本案中出现的有关人士所作的血型检查结果加以比较,可以看到各自不同的检查结果。”其中,据熊本县警察总部部长所作的“关于鉴定结果”(下田亮一所作鉴定)所记:连衣裙(证据22的白色便服)附着的血迹为A型;女式内裤上有精液附着,其血型为B型;男式内裤上有精液附着,其血型为B型。另一名鉴定人北条的鉴定结果是:连衣裙(证据22的白色便服)附着的血迹为B型;女式内裤上有精液附着,其血型为A型;男式内裤上无精液附着。另外,被害人与被告人的血型均为O型,与前述鉴定结果所提到的血型也不一致。“像上面这种各自不同的鉴定结果,是不能提供为给被告人定罪的证据资料的。”③

然而二审法院判决书云:“诚然,鉴定人所作的血型鉴定结果互不一致,不过对血型的鉴定由于被检物质的新旧度不同,或有对象物质的混入等,往往会产生不同的检测结果。所以只能说不能仅仅因为检查血型的结果出现不一致就推翻原判决的认定。”④然而,虽然有的细菌能够释放分解血型的酵素,这种细菌混入,血型可能会发生改变,但在长时间处于土中等极少见的情况下才会发生。在松尾案件中,案发后立即将作为物证的内衣和外衣放进塑料袋并交给下田去做鉴定了,血型不应发生改变。⑤

后来相马达雄律师从一位大学讲师送来的上野正吉的《犯罪搜查

① [日]堀口宗路:《还你清白》,法律出版社1997年版,第82页。
② 同上书,第91页。
③ 同上。
④ 同上书,第73页。
⑤ 同上书,第93~94页。

专用法医学》和富田功一的《法医学家专用法医学》的复印件上弄清楚了,原来,阴道液或者精液,如果是分泌型的,两者相混,就容易作出错误判断。松尾案件中就是如此。松尾内裤上的精液应是前一天夜里与久惠子做爱后留下的。

(三)错案是怎样平反的

堀口宗路提到,松尾在出狱后,开始为洗刷自己的罪名而展开孤绝的奋战。他孤军奋战,没有文化,不知道该从何处入手为自己恢复名誉。他在为自己的清白奔走时,对他精神上的伤害在继续。

他回到熊本的小川街后,立即到司法代书人事务所[①]诉说冤情,又在代书人的指点下,一次又一次到熊本法务局的人权保护委员会反映情况。人权保护委员会的人告诉他,除非被害人出具以份说明此事与松尾无关的证明书来才行,"请你拿来证明你死后清白无辜的新证据"。

松尾多次去熊本地方法院和地方检察院,要求重新调查和裁判,但都被拒绝,理由是不履行正规手续就无法受理。松尾也三四次到松桥警察署鸣冤叫屈,但没有人认真对待他的诉说和请求。吉川和逮捕过松尾的福田都已经转任其他警察署,对于松尾的求见,吉川拒绝见面;福田虽然见了面,但态度生硬冷漠,颇不耐烦,说:"当初是你自己招认的吧,有什么不满到法院说去好啦。"

松尾走访熊本市内的律师,律师只是让松尾拿出新的证据,否则爱莫能助。

松尾果然几次找过被害人美佐子和野村良子。美佐子只是说:"我当时也记不清犯人的面孔了,而且我又没有说一定是你。是良子跑到派出所去的。"野村良子当初作证说在案发现场看到过犯人面孔,如今对松尾说:"犯人也许不是你,我也并不是很清楚。"她们没有人愿意证明松尾无辜。

松尾在出狱后的3年多,住在熊本,向熊本地方法院五六次申请复审。松尾连申请书怎么写都不知道。绝大多数申请书都被退了回来,退回的理由是"资料不完整"。昭和34年(1959年),熊本地方法院虽然受理了他的复审申请,但3个月后(12月24日)以"理由不充分"为

① 代人书写向法院、检察机关和法务局提交的文字材料的人。

由驳回复审请求。移居到大阪后，松尾仍然不停地向熊本地方法院呈递申请复审书。究竟提出多少次申请，连松尾自己也说不清楚。相马达雄律师后来了解到被法院受理的就多达12次，在日本审判史上十分罕见。法院受理后往往以“理由不充分”“违反法定的起诉方式”“违反法定的起诉方式且理由不充分”为由驳回。松尾最大的不足在于没有新证据表明其无罪，只声言“我无罪”显然于事无补。

昭和40年代（公元60年代），日本蒙冤的人请求复审的情况有了转机，当时的白鸟事件、弘前事件、加藤事件、米谷事件、财田事件、免田事件、松山事件等汇聚成了要求复审的潮流，律师团体、法学家、法医学者、作家、记者、社会救援活动家共同组成的声援团体展开了声势浩大的要求开庭复审的运动。昭和50年（1975年）日本最高法院决定开庭复审百鸟案件，打开了复审之门。堀口宗路指出：“在那以后，一个个冤案得到平反。蒙冤之人相继被宣告无罪。”①

不过，松尾仍然茕茕孑立，独立为自己的清白作战，完全被社会抛弃了。他多次找律师事务所，希望得到帮助，但都被冷淡地拒绝了。他也去过侦探事务所，但因为付不起数目可观的费用而被礼貌地回绝。他还去找过报社的法律咨询处、大阪地方检察院的两个分部以及大阪地方法院的一个分院，与众多的律师谈过他的冤案，但都毫无结果，徒劳往返，直到昭和52年（1977年）见到相马达雄律师。

相马达雄律师在调查中意外地得知，熊本地方检察院昭和37年（1962年）9月19日将审判松尾一案的记录——包括起诉书、公审记录、被提供的证据文字资料以及审判案件的其他全部文字资料——废弃销毁了，②只留下一审判决书、二审判决书及上诉宗旨书。相马也曾到熊本地方法院查阅，却也没有发现其他有关资料。没有当初的原始资料，就无法就判决何以作出进行判断，要抓住作为判决基础的情况存

① ［日］堀口宗路：《还你清白》，法律出版社1997年版，第50页。

② 检察院销毁这些资料，根据的是“长崎中级法院检察司管辖区民刑诉讼记录保存规定”第2条规定，这是检察机关的内部规定。审判松尾一案的一些记录废弃销毁前，松尾曾得到检察院的通知。不过，1962年7月和12月松尾还2次提出复审申请，但资料还是被不管不顾地销毁了。（［日］堀口宗路：《还你清白》，法律出版社1997年版，第57～58页。）

在的破绽以便推翻原来判决就希望渺茫了。另外,申请复审最重要的条件是“发现新的确凿证据”,原来的审判资料销毁后,提出的是否是新的证据,要判断就十分困难了。

天无绝人之路。“案发现场依旧保持着24年前的样子,这对请求复审的准备工作有着意想不到的意义。”①昭和53年(1978年),相马律师偕同松尾到熊本的案发现场去看。尽管小川街发生了巨大变化,但事件现场砂川防波堤却依然如故,而且,特别重要的是,一盏路灯也没有,和从前一样。晚上10点左右,相马和松尾再次来到案发现场。相马律师发现。正常视力下,即使两人相对两米也看不清楚对方的五官长相。即使是满月的天气,犯罪行为却发生在连一盏灯都没有的黑暗对方。受害人怎么能够认出犯罪人就是松尾呢?这真是一个疑问。可想而知,受害人实际上并没有看清罪犯的面孔。

除此之外,本案还存在如下疑问:案件发生时骑自行车超过松尾走掉的男青年是谁,警方是否追查过;美佐子与野村良子是否在证词中明确说罪犯就是松尾,证词是否存在问题;警察仅凭肉眼看一眼阴茎就判断存在精液残留是否可信;真正罪犯一般在作案后向与受害人离去相反方向逃逸,松尾若是罪犯,怎会向受害人离去相反行走;松尾为人朴实忠厚,若非无辜,怎会坚持20多年不断鸣冤叫屈?这些疑问,有的已经无法核实了。

相马律师不断地奔赴熊本县进行调查,但从案发以来毕竟已经过去了24年,一审判决书提到的一些证人如粗糕点心店的女儿等都已经故去。为被害人进行诊断检查的磯田医生、鉴定精液的技术警察下田、鉴定人北条春光以及为松尾进行辩护的指定律师也都已经辞世,二审辩护人猿渡律师也称记不得当时的情形而拒绝与相马律师会面。

被害人美佐子和野村良子还活着。昭和53年(1978年)10月,松尾遵照相马律师的建议拜访了野村良子,野村良子仍然对松尾说“你究竟是不是犯人,我也不太清楚”,但松尾请求她写成书面材料时,良子的态度却变了,松尾被良子的丈夫赶出来,从此拒绝再与松尾和相马律师见面。美佐子干脆推说什么都不记得了。后来,相马律师与受害

① [日]堀口宗路:《还你清白》,法律出版社1997年版,第66页。

人关系恶化,以至于对方发现是相马律师打来的电话,立即挂断。

对于相马律师来说,只有追究在案发现场受害人的辨别能力这一条路可走了。松尾案件发生在昭和29年(1954年)8月13日夜里,当时月龄为14.2,接近满月(满月为15),天气晴好。对于在这种天气条件下,没有一盏路灯,受害人是否能够辩明犯罪人的面孔?松尾和相马律师在类似的日子、同样的天气里多次来到案发现场实地考察。在案发现场,距离一米,便看不清面孔,多次验证的结果都是如此。相马律师了解到,当初法院只是白天来过案发现场,晚上可能没有进行过现场验证,于是,相马律师想到申请法院进行夜间验证。

昭和56年(1981年)4月,相马律师委托第三者大阪信用兴信所到案发现场进行实地调查并判断在晴朗夜晚的识别能力,调查报告显示:"可以认为是不大可能识别出对方的长相的"。昭和56年(1981年)8月16日,月圆之夜,相马律师带着松尾和事务所工作人员以及4名勤工俭学的学生实地进行实验,结果是"看不清楚"。以后又改变角色多次进行实验,结果还是看不清楚。

昭和58年(1983年)2月,相马律师完成复审申请书,同年3月,正式向熊本地方法院提出复审申请。

5月9日,熊本地方检察院伊藤铁男检察官向法院提交了一份意见书,附带着对美佐子和良子再次进行调查的记录资料,意见书提出从松尾的复审请求书里看不到要求复审的任何理由,法院应予驳回。另外,根据案件记录保存的有关规定,案发当时的事件记录已经于昭和37年(1962年)废弃,不复存在,不能轻率评价原审法院的判断。

相马律师随后展开反击,他委托京都府立医科大学法医学专业的吉村节男教授就血型问题作了鉴定,得出如下结论:"在强奸案中,嫌疑犯O型的精液不会再O型被害人的内衣上以A型出现。这种现象除非是将受害人的内衣长期置于土中等极特殊的条件下才能发生。"7月12日,相马律师向法院提交该鉴定书,并解释在松尾内衣上发现A型精液的原因。

8月18日,相马律师还正式委托京都府立医科大学法医学专业法医学研究室的讲师伊藤直进行识别能力鉴定。8月23日进行了实验,但实验当天的气象条件与案发时不一样,实验以失败告终。11月1

日,在人工照明条件下再次进行实验,结论是“不能够识别”,并且推断“在有意识地想记住对方特征的前提下,在120公分以内的距离,注视目标4~5秒以上才有可能”。12月5日,伊藤直写的鉴定被提交熊本地方法院。该鉴定自然又遭到熊本地方检察院的否定,认为毫无意义。

昭和59年(1984年),相马律师多次向熊本地方法院提出夜间验证申请。

昭和59年岁末,相马律师接到熊本地方法院的电话,被认为逸失了的北条的鉴定书在九州大学找到。

昭和60年(1985年),相马律师向熊本地方法院提出群马大学医学部法医学教授古川研作的鉴定。

昭和62年(1987年),熊本地方法院委托久留米大学法医学专家原三郎作了鉴定。

昭和60年(1985年),复审法院着手准备进行夜间验证。熊本地方法院原审首席法官木下证明:原审法院当初没有进行夜间验证。

7月31日晚9点到8月1日零点,近乎圆月,熊本地方检察院到现场进行调查,报告称,“相距二米也可识别对方面孔,身着服装不仅可以看出深色或浅色,而且几乎可以准确判断其颜色”。

9月29日,月圆之夜,法院进行夜间验证。验证从晚上10点30分开始到次日凌晨2点左右结束,法院得出结论:不能识别出罪犯。

8月23日,法院对美佐子进行询问,她说将松尾认作罪犯是因为警察是这么说的。同一天,良子也接受调查,她说:“其他的情况已经记不得了,只有罪犯的那张脸还记得很清楚。”

昭和63年(1988年)3月28日,熊本地方法院决定复审并向相马律师交付复审决定书。

平成元年(1989年)1月31日下午1点15分,熊本地方法院在复审后宣判:松尾无罪。

不过,此时松尾已经无法亲聆对他无罪的判决了。昭和63年(1988年)5月5日午夜2点,松尾因食道静脈瘤破裂死于医院,享年71岁。

同一天,静冈县地方法院也召开复审的公判会,宣判:岛田事件被告人赤堀正夫无罪。岛田事件发生在昭和29年(1954年)3月,静冈县岛田市的一名6岁女童被诱拐并遭受强奸、杀害,25岁的赤堀正夫因其他犯罪被捕后招认过这起案件,但听到死刑的判决结果后又翻供,一直喊冤叫屈,并以再要求复审。类似的案件还有免田事件、财田川事件、松山事件,它们都是日本律师协会声援的冤错案件。

(四)追问

引起世人关注的冤错案件通常都是重大案件,松尾这样的冤错案件通常很难成为新闻媒体竞相报道的对象。但对于一个无辜者来说,无辜被判无罪,使不因案件大小而有区别的。

这样的悲剧,不是只有别的国家才有。我们国家也存在不少冤错案件。由于媒体的广泛报道,收集这些案例不费吹灰之力。纸面上的这些案件都是静静的,这些由文字组成的事件梗概,难以承载冤错案件的受害人真正经历过的煎熬和苦痛。这些案件中被害人,大多有着同样的不幸,也大多有着相同的幸运——他们曾经是司法错误的牺牲品(个别的还存疑),但在在嫌疑得到洗刷时他们大都还活着,亲眼看见了自己的被平反的一天。

这些冤错案件一经披露,本该引起震动,至少不能如清风徐来、水波不兴。只是,也许我们的民族遭遇的苦难太多了,人们不愿长时间面对流血的伤口,人们习惯于回避和遗忘。我们看到的是,为冤错案件的被害人平反,给予他们赔偿,对这个案件的关注也就消弭了,人们愿意用遗忘来麻醉自己。

阿道斯·赫胥黎曾说:“事实并不因为被人们忽略就不存在。”同样,司法错误不因我们不去注意就不存在,无辜者的冤屈不因我们不去正视就不存在,发生司法错误的原因不消除,造成无辜者冤屈的根源不消除,错误与罪恶还会一次又一次卷土重来。

错案发生后,我们应当追问:为什么无辜者被羁押、起诉和定罪?哪些原因造成了冤错案件?为什么中国式错案必有刑讯?为什么一些冤错案件屡经披露而刑讯仍在发生?谁应当为刑事误判负责,应当承担什么责任?应当如何避免或者减少司法误判?如何重拾民众对司法的信心?

近年来,一连串冤错案件在报刊上得到报道,在网络中也有许多议论,但我们很少看到有人对这些案件产生的根源和原因进行深刻的检讨。法学者虽然日日宣扬着自由、民主、人权和法治的抽象概念,却也很少放下身段,仔细分析一下在我们身边出现的这些更为具体的涉及自由、人权的案件的成因,深入剖析我们刑事司法存在的弊病并寻求疗救的药方,进而使悲剧不再发生或者减少发生的可能性。

因此,我们还应追问:面对冤错案件,法学者应当如何承担学者的使命?

尽管法学者都是一些“夏虫”,并没有真正体验过冤狱被害人向隅而泣的厄运,但他们有着丰富的法学知识、良好的洞察力和判断力、强烈的公民良知、士人的使命感和对于权力系统及社会或大或小的影响力,他们理应发出自己的声音,他们也能够为刑事司法制度及其运作提出中肯的改良建议。

只要这样做了,人们就会从过去的错误中学到许多。正如弗兰西斯·培根所言:“从错误中比从混乱中容易发现真理。”

人们已经逐步意识到,自由、民主、人权和法治都是具体的,不对这些具体的涉及自由、人权的案件给予足够的关注,法学者就没有履行自己肩负的使命。

面对冤错案件,法学者们应当做的,就是从司法错误中寻找可能的真理。他们不必自负地认为自己发现并垄断了这些真理,但他们可以宣称他们所做的,正是发现真理的人类努力的一部分。

这种宣告,因面对冤狱被害人的巨大痛苦和难以抚平的创伤而变得谦卑。

二、个案观察:菅家利和冤案

《讯问の罠——足利事件の真相》(台湾地区中译本为《冤罪——一个冤案被告对警察、检察官和法官的控诉》)是一部纪实作品。该书以第一人称记述了“足利事件”冤案被害人菅家利和的司法遭遇,自从1991年被逮捕到2009年最终获得无罪判决,他在狱中被羁押了17年半。这部书的另一作者佐藤博史是早稻田大学客座教授,自二审开始就担任菅加利和的辩护人,坚持被告人无罪的主张。这起案件是第一件因错误DNA被判有罪后又因正确的DNA检测而改判无罪的案件,佐藤律师作为二审辩护人直到案件结束。

案情是这样的:1991 年 5 月 12 日,日本足利市一名 4 岁女童失踪,女童叫松田真实。警察动用警犬进行搜索,在柏青哥店附近渡良濑川堤防旁芦苇丛中发现有失踪女童,警方在女童的衣服上检出凶手的阴毛和精液,认定这起案件与 1979 年至 1984 年附近发生的两起案件相似,警方研判三起案件均为一人所为。

为了找到凶手,警方发动足利市成年男性自愿提供唾液。当时 DNA 鉴定技术在日本刚应用不久,日本科学警察研究所提供的鉴定报告表明准确率为千分之一点二。

死者所在的幼儿园司机、43 岁未婚的菅家利和被怀疑为凶手,警方到他家里对他进行盘问并进行了搜查,警察在他租屋搜查,发现有 100 多张 A 片和充气娃娃。警方研判:他是一个欲求得不到正常满足的男子,估计是喜欢小女孩的。但是,没有发现有价值的线索或证据。1991 年 6 月 23 日,警察在菅家利和先生丢弃的卫生纸上发现精液,鉴定显示与凶手的一致(MCT118 型:16 - 26 一致)。

一年后的 1991 年 12 月 1 日警察第二次出现在他家里,在他否认涉案时遭到警察的一记肘击。警方为了防止辩护律师介入,以“参考人”身份将菅家利和押送到警察局“强制到案说明”,以恐吓、疲劳轰炸方式进行审讯,并假称已经取得充足证据,威胁他说“你绝对逃不掉的”,如果不自白必受死刑判决。警方认为菅家利和年逾不惑却还单身,性功能必有障碍,或有恋童癖,因此具有杀人动机。在夜晚,菅家利和在恐惧和无助的情况下承认三起案件皆其所为,警方在获取口供之后宣布破案。

菅家利和的智商实际上是在正常与否的边缘,不幸的是,该案主要依靠菅家利和的自白认定。对菅家利和的起诉是在 1991 年 12 月 21 日,菅家利和曾给家人写信喊冤(之后共写了 14 份)。律师在法庭上询问何意,菅家称无罪。律师的一句话让菅家利和哭了:“是否想让审判再来一次?”第二天,律师到羁押场所会见菅家利和核实情况,为了照顾律师情绪,菅家利和向法官再度承认杀人。检察官求刑中要求判处无期徒刑。此后菅家利和再次对律师称无罪,但是无济于事。

菅家利和在法庭上坚称自己无罪,但法院依据其自白和检方提供的 DNA 鉴定报告,经过长达 1 年半的审理后判决其有罪,并处以无期徒刑。菅家利和提出上诉,2000年7月17日,日本最高法院驳回上诉,判决定谳。

这起案件终得平反,得益于日本律师界的救援行动。事实上,该案一审时已经引起社会质疑,人们对警方侦查产生怀疑。

2008年12月24日,东京高等法院同意再次鉴定,鉴定结果表明菅家利和是清白的。2009年6月4日,东京高等法院根据新的DNA检测结果将菅家利和释放。此案经过再审,2012年3月26日最后辩论中,检察官当庭声称被告人无罪并向菅家利和道歉,法院也确认其清白并代表司法向菅家利和道歉。尽管菅家利和得到期盼已久的无罪判决,但是自逮捕到服刑中得到释放,他已经永远失去了17年半的自由时光。菅家利和及其辩护律师佐藤博史著成《冤罪》一书,将此案诉讼过程原原本本加以重现,为这起冤案留下记录。①

佐藤博史律师在台北举行的冤狱平反协会年会上介绍此案时,指出在侦查、起诉和审判过程中该案存在的疑点被忽视了:

1. 小孩子(18公斤)可以坐脚踏车后座的年龄问题。大家没有养小孩的经验,没有发现菅家利和自白有不自然的部分。

2. 警察进行了十分细致的侦查模拟工作,并拍下系列照片。实际上,菅家利和只不过是把自己与充气娃娃自慰的过程重演而已。但在DNA确认无辜之前,没有人注意到这个过程显示的菅家利和对于案件作案手法的无知。

3. 菅家利和将死者衣服丢到河里的过程存在疑问,却没有引起警觉。

4. 侦查讯问存在一定问题。足利事件的15卷侦讯录音带(25个小时)。其中1992年12月7日检察官问:“希望你今天能够用自由的心情,放轻松说,没有作的就没有作,没关系。”这问话本来是对的,但是接下来是不停地追问:“嗯,然后呢?然后呢?”“现在问的是,实情到底如何呢?”在反复追问之下,菅家利和哭着自白,随后又否认,接下来有承认,颠来倒去有几次。自白与人的想象创造力的关系值得注意。

---

① [日]菅家利和、佐藤博史:《冤罪》,王信仁等译,台湾国际角川书店股份有限公司2013年版,第11~13页。

无辜者的有罪供述,事后发现细节、事实情节都很逼真,实际上却是假的。这是在司法审判中判断者最难避开的陷阱。菅家利和案件带来的启发是:其一,侦查人员的确信制造虚伪自白;其二,侦查人员应当与嫌疑人建立信赖关系,采取开放式提问(如检察官开始的讯问),不要用封闭式问法。

5. 在侦查中,有利于被告人的事实被忽视了。没有迹象表明菅家利和有恋童癖,他存有的100多张A片,都是成年人性爱光碟,警察对他进行了长达1年的跟踪监视,并没有发现他与小女孩接触,认定菅家利和有恋童行为,实属证据不足,但DNA检测结果让人们忽略了这一点。

经过17年,足利案最终等来了无罪的再审判决。这个案件致错原因之一是DNA检测结果,最终也借助更加精确的DNA检测揭示这个案件在认定基本事实上的错误。DNA被誉为"让(被告人)否认(犯罪)崩溃的科学力量"。佐藤博史律师指出:日本也曾存有DNA神话,后来一些失败的案例让这一神话崩坏了。

三、日本冤狱的病灶

多种因素造成错案发生,许多因素皆非蒙冤者可以左右。浜田寿美男指出:"也许你会说我绝不会去做触犯法律的事情。即使如此,你也不能根据自己的意愿就避免自己成为犯罪嫌疑人。同样,冤案也不是仅靠个人的决心就可以躲避的。也有人会说,我不做那些有可能被人冤枉的暧昧的事情,或者即使被人冤枉也会坚决抵抗。可是现实生活中的冤案并不那么简单。因为造成冤案的原因大半不在于我们自己身上,而在于我们周围的环境。"①

在东亚诸国中,我最感兴趣的是日本。日本人是认真的民族,有太多的实例可以验证日本国民性中的这个特点。即使如此,在日本也存在冤错案件。在日本究竟存在多少这样的案件,显然是难以精确统计的。浜田寿美男认为:"推测这些冤案数目极其困难,只能说其大概。

① [日]浜田寿美男:《自白的心理学》,片成男译,中国轻工业出版社2006年版,第2页。

以'因无辜的罪名而受苦'为冤案，我试想冤案的发生一年不下数百件。当然，根据如何定义冤案其数目浮动较大。"①他认为："日本在 1 年里作出确定判决的刑事案件数，包括建议起诉的轻微案件在内，最近达到 110 万件。其中，确定无罪的案件每年有 50 余件，所占比率是 0.005%。从统计学上来说，这是可以忽略的极小数目。但是，对于包括在这一极小概率里的人来说，这是一件左右自己人生的重大事件，叫他们忽略这些事件是无法做到的。除这些确定无罪的人以外，放弃公诉以及免诉的案件 1 年有 500 例左右，这些案件中也包括实质上等于无罪的众多案件。"②既然存在冤错案件，就需要追问这些冤错案件发生的原因，这些原因与刑事司法中存在的各种问题相关。

日本刑事司法中存在的问题，与中国的很像。可以说，日本是中国的一面镜子，笔者有时惊讶地发现，在这面镜子里，我们其实是可以照见自己。在有些问题上，两者都存在，有的只是程度的不同。最大的不同，是日本乃法治先进国家，其法治程度精深得多，中国还只是个法治初创社会，需要向日本借鉴的好的东西还有很多。不过，日本司法有一些深层原因容易促成冤错案件的发生，这些问题在中国也同样存在：

（一）司法官僚制的弊害

在日本，存在司法官僚制的弊害，日本学者有不少研究和诟病。日本通过"大津案"在实践中牢牢确立了司法独立制度，但这种独立性排除了对司法的外部干预，并没有祛除内部统制——日本最高法院掌握着下级法院的人事权及其他司法行政权，因此下级法院法官的独立常常受到来自司法机构内部的干涉。"最高法院的事务总局事实上掌握着下级法院法官的人事权及其他司法行政权，这样就形成了一个以最高法院为首的封闭式的司法官僚化的体系。在这个体系中，由上级法院特别是最高法院事务总局通过行使人事权来干预或侵害下级法院法官独立的问题便不可避免地产生了。"③"从 1956 年开始在法院系统内

① ［日］浜田寿美男：《自白的心理学》，片成男译，中国轻工业出版社 2006 年版，第 6 页。

② 同上书，第 6～7 页。

③ 龚刃韧：《现代日本司法透视》，世界知识出版社 1993 年版，第 33 页。

部建立了对法官的职务评定制度。这种评定的好坏自然会影响到法官本人将来的迁升，据说，这种对法官的职务评定与行政机关的公务员的职务评定相似，上司法官尤其是法院院长起很大作用。最终这些对法院评定材料还要全部汇总到最高法院人事局中。这样，日本法院的法官实际生活在一种'官僚的升晋机构'之中。"①

日本司法体制中存在官僚制问题，还有一个原因："在法官和律师之间的相互关联方面，各国存在一元制和二元制两种制度。在英美等普通法系国家，法院的法官一般都从律师中选任。这种制度被称为法官任用一元制。而在德国、法国以及意大利等欧洲大陆法系国家中，法官是直接培养的，一般不从律师中选任。后一种制度则被称为法官任用二元制。法官任用二元制也被称为'生涯制'，或称'官僚法官制'。"②"按照日本律师界的见解，'官僚法官制'有很多弊端，如从司法修习生直接被任命为法官的人通常没有什么社会经验，与一般的国民特别是下层的人民缺少密切的接触，而且由于长期生活在官僚化的司法系统内，还会逐渐养成为了个人的升迁而迎合上司、人权意识逐渐淡薄等思想倾向。"③

（二）精密司法（检察官司法）

在日本，可以与中国进行对比的还有精密司法（检察官司法）现象。精密司法形象可以由下面的数字窥其端倪："日本在1年里作出确定判决的刑事案件数，包括简易起诉的轻微案件在内，最近达到110万件。其中确定无罪的案件每年有50余件，所占比率是0.005%。从统计学上来说，这是可以忽略的极小数目。"④这种无罪率极低的司法现象，日本学者松尾浩也教授称为"精密司法"现象。

日本司法之所以如此，是因为"与强调当事人主义及以法庭审判为中心的美国相反，日本的刑事程序的重点是在侦查阶段，而不是在法

① 龚刃韧：《现代日本司法透视》，世界知识出版社1993年版，第36页。

② 同上书，第45～46页。

③ 同上书，第47页。

④ ［日］浜田寿美男：《自白的心理学》，片成男译，中国轻工业出版社2006年版，第6页。

庭的审判阶段”。[①] 其表现是:“在日本,警察和检察官一般要对嫌疑犯进行彻底的调查,只有在检察官认为证据十分充足并确信能够获得有罪判决时才提起公诉。在审判阶段中,法院还常常以被告人同意、证人丧失记忆或者供述有矛盾等为理由,频繁地将检察官在侦查阶段做成的供述调查书作为证据来使用。在这种基础上,日本刑事司法实践中出现了一个非常令人惊奇的现象,即由日本检察官提起的公诉经法院审判确认无罪的百分比相当低,而确认有罪的百分比相当高。”“对于日本刑事司法的这种特色,日本刑诉法学者松尾浩也教授用‘精密司法’这一概念来表示。”“另一刑诉法学者田宫裕教授则认为表面上日本是效率高的追求真实性的诉讼,有精密司法的特点,但实际上精密司法只不过是‘检察官司法’的别名而已。”[②]

精密司法与冤错案件的关系在于,这种司法状态意味着一次无罪辩护要获得成功异常艰难。“最近十年的统计表明,最终确定有罪的案件超过99.9%,这一异常高的有罪率反而会使人提心吊胆。因为我们无法确保这里面不包括无辜的人。”[③]司法官却会因为这样高的有罪判决率而失去对于误判可能性的警觉,长此以往形成被告人几乎都是有罪的刻板印象,影响裁判的公正性。

(三)调查书审判

与中国一样,日本公审程序的特色是偏重书面调查,称为“调查书审判”并不为过。“调查书审判”即审判过程中偏重调查司法警察或检察官做成的各种调查书。对于调查书中心主义,日本教授平野龙一认为,日本法院的公审往往是走形式而已,法官主要在办公室或者自己的住宅中根据这些调查来进行判断,这种审判也可以叫“调查书审判”。他认为,除非采用陪审制或参审制,日本的“刑事审判是相当令人绝望的”。[④]

---

① 龚刃韧:《现代日本司法透视》,世界知识出版社1993年版,第48页。

② 同上书,第48~49页。

③ [日]浜田寿美男:《自白的心理学》,片成男译,中国轻工业出版社2006年版,第9页。

④ 龚刃韧:《现代日本司法透视》,世界知识出版社1993年版,第51页。

龚刃韧教授曾介绍说："在日本法院，除一部分案件外，一般多依存书证。在没有争议的案件中，又常以供述不可能或供述不一致为理由，大量使用侦查机关做成的各种书面证据。"①他还分析道："造成'调查书审判'现象的原因主要有：首先，在侦查阶段已准备了充足的证据，而且侦查机关又很详细地做成各种笔录。其次，日本法官和其他司法关系者并不把法庭当作搞清事实真相的适当场所，而宁愿在法庭之外的别处通过安安静静地阅读调查书来取得心证或作出判断。这样，日本的法庭只不过是举行仪式的地方。"②这种做法也使法律规定的传闻法则遭遇过多的例外适用而不能得到应用，变得空洞化。我国刑事司法干脆就没有建立传闻法则，与日本相比，更有所不及。

（四）无罪推定徒有虚名

无罪推定是现代刑事诉讼的基本原则，在日本这种法治成熟的社会，早已是法律界甚至是社会的广泛共识。话虽如此，对于无罪推定原则是知易行难的，即使在日本这样的社会，"从法律的适用状况以及社会现实来看，无罪推定是徒有虚名的，有罪推定才更符合实际情况"。③法官和检察官以及警察内心存在的被告人、嫌疑人有罪的预断使无罪推定原则成为一种伪善。不被信任使辩护一方防御的努力付之东流，偏见使有利于被告人、嫌疑人的证据被视而不见。例如，法官对"被告人是有罪"的信念异常强固，"对于审判员来说，坐在眼前的被告席上的人大部分都是有罪的。基于这一期望值，审判员倾向于有罪推定的危险性实际上非常大"。④

（五）日本刑事错案的其他原因

自然，日本的冤错案件还有许多具体原因，"若干原因错综复杂地交织在一起，要解开这些原因是一件不容易的事情"。⑤ 许多国家冤错案件的常见原因，在日本也同样存在，例如，被害人的指认错误是经常发生的；

① 龚刃韧：《现代日本司法透视》，世界知识出版社1993年版，第126页。

② 同上。

③ [日]浜田寿美男：《自白的心理学》，片成男译，中国轻工业出版社2006年版，第7页。

④ 同上书，第10～11页。

⑤ 同上书，第13页。

鉴定错误也屡见不鲜。浜田寿美男指出:"冤案经常伴随着鉴定问题。但是,在很多情况下,问题并不在于纯粹的科学鉴定本身,而在于侦查与鉴定成为一体,科学鉴定被卷进用语言编造出来的故事的旋涡之中。如果鉴定机构不与侦查机关独立,鉴定不与已抱有特定嫌疑的侦查分开进行,那么就无法避免事先把所希望的结论考虑在内的'权宜主义'鉴定的危险性。"①有些冤错案件与被告人自身原因有关:特别需要注意的是,有的嫌疑人被迫承认犯罪之后,在法庭审判期间竟不推翻自己的不实供词,日本渡部保夫教授根据自己长期担任法官的实际经验以及研究,得出结论:通常高龄者、智能低下者、意志薄弱者、具有强烈劣等感者、语言障碍者、容易自暴自弃者、自罚感较强者,侦查中意志长期被压抑而供认有罪者,在审判中如果提示他若干证据表明其有罪,还会莫名其妙地坚持原来的不实陈述。② 后藤昌次郎在《冤罪》一书中介绍了清水局事件、青梅事件和弘前事件等三起冤错案件,指出冤错案件成因为带有偏见的侦查、捏造证据、隐灭证据和提供伪证,法官存在预断与偏见。③这些都是从实际案例中获得的认识和得出的结论。

对于日本刑事司法中存在的各种问题,日本法学界有不少讨论,一些学者提出了一些司法改革建议,以减少冤案和改善人权状况,例如:

1. 废除代用监狱制度;
2. 禁止别件逮捕;
3. 建立值班律师制度;
4. 无法删改的特殊录音装置;
5. 建立中立的鉴定机构;
6. 建立陪审制或参审制;
7. 改变调查书审判的状况,强化公审中心主义和口头辩论主义,严格判断自白任意性和信用性,严格适用传闻法则。④

---

① [日]浜田寿美男:《自白的心理学》,片成男译,中国轻工业出版社2006年版,第158~159页。

② 龚刃韧:《现代日本司法透视》,世界知识出版社1993年版,第131页。

③ 后藤昌次郎:《冤罪》,岩波书店1979年版,第216~230页。

④ 龚刃韧:《现代日本司法透视》,世界知识出版社1993年版,第130~132页。

日本最高法院也对建立陪审制或参审制颇感兴趣，派出法官去考察外国有关制度；不过，团藤重光评论说："社会上也有人认为采用陪审制度便可以防止事实误认，我想那是太乐观的想法了（假如要在日本采用陪审制度，大概只有可能采用法官以外的陪审员一起作事实认定也作法律辩论的参审制度，不过那样也不可能完全防止误判的）。"他举美国影片《十二怒汉》为例："电影的内容是，亨利·芬达所扮演的一位陪审员，单独一个人以非常强劲的信念，彻底坚持正确的审判而坚持到底，如果没有他在不知后果会如何。犹如该影片所象征的，陪审裁判也容易发生那样的事情。照影片里的故事，在十二个陪审员之中幸好有一位富于正义感并且头脑明晰，善于展开具说服力的辩论的人存在，不然大抵的陪审员碰到那样的状况，又不是自己的事，恐怕都会放弃吧。"①

这些建议对于我国法律界人士思考如何减少冤错案件时，除了注意日本的法制先进和司法优良的地方以外，多留意其制度和司法中的不足，也颇为有益。从域外法制缺陷和司法中存在的问题，以及对于这些缺陷与不足进行检讨中，我们可以学到很多东西，有利于作为改良我们的法制与司法之资。十几年前，上海法学界与日本一些地方的法学同行进行学术研讨，日本学者的一些探讨日本刑事司法的论文很值得一读，后来这一学术交流活动未能持续下去，不知是何原因，多少有些可惜。

① ［日］团藤重光：《死刑废止论》，林辰彦译，商鼎文化出版社1997年版，第76页。

美国检察官参与公益诉讼制度探究

李　强*

目　次

现代法治国家中，美国最早传承古罗马时代遗留下来的公益诉讼法律传统，并对英国诉讼制度进行了重大的发展，成为现代公益诉讼制度立法的发端国和起源地。根据现有资料来看，美国可以说是现代公益诉讼制度的创始国，适用公益诉讼审理的案件范围较之其他国家更为广泛。这既是美国式实用主义理念发展的客观需要，也是其实践理性经验的必然产物。美国学者弗兰克指出，法律现实主义者的主要目的就是使法律"更多地回应社会需要"，"能够对社会环境中的各种变化作出积极回应"。① 同时，由于多元化与不信任是美国社会的典型特征，联邦和州政府及立法都很重视公共利益的诉权保护问题。他们不仅确认检察官为维护社会大众利益而代表联邦或州政府提起公益诉讼的主体资格，使之成为维护公共利益的传统性活跃主体，而且也相信以公民个体、律师、团体为主体提起公益诉讼是实现社会利益的有益方

---

* 合肥市人民检察院检委会专职委员，全国检察业务专家，法学博士。

① Jerome Frank. Mr. Justice Holmes and Non-Euclid-ian Legal Thinking. Cornell Law Quaterly, 1932(17).

式。由此,美国公益诉讼的主要主体从一开始就定位为个人,鼓励公民广泛参与,还形成了独具特色的私人检察长制度。美国虽然是典型的普通法国家,判例法也受到高度重视,但是其成文法同样也很发达,对于程序制度并不刻意区分民事与行政诉讼。就具体形式而言,美国检察官直接提起、参加已有诉讼和作为被告应诉抗辩都是重要参与方式,其中直接提起方式最为重要,其他两种方式也是颇具特色,研究论述综合兼顾。本文从美国公益诉讼制度的起源发展入手,剖析探讨其制度与实践的典型特色,梳理其别具一格的成文法规范与判例法依据,以期从中寻求可资参考的借鉴,促进我国正在开展的检察机关提起公益诉讼试点,以及随之接踵而来的后续立法完善工作。

一、美国检察官参与公益诉讼制度的起源发展及特征

从历史来源看,源于公诉制度的美国检察官,实质上起源于英国司法制度的早期北美殖民地法律。当时,公民个人固然可以通过向法院起诉控告,来保护自己,或者为自己提供公权力救济,但是由于主客观条件所限,实际上却不能得到及时有力和可靠的社会保护,很大程度上需要自力救济。最初,英格兰国王的检察长参加诉讼,也只是为了保护国王自身的利益,其性质并非是现代意义上为了社会公众的利益。但是,其后随着社会发展,关于国王利益的概念范围逐渐宽泛,公益保护问题开始受到重视,涵盖的客体对象得以逐步的拓展。17 世纪时,英格兰国王开始被认为具有保护臣民利益的权力与义务。尤其是在未成年人和精神障碍者权利受到侵害,却不能采取自救行动等情况下,国王就有义务向其提供救济帮助,具体手段就是允许检察长代表国王提供相关诉讼,维护他们的正当利益。在法国逐步放弃自诉制度、较早开始由检察官行使公诉权后,荷兰和德国也继之采用了公诉形式,这个转变就对北美洲殖民地的民主化进程产生了重大影响。美国脱离英国独立后,州检察长也随着判例法发展,由政府代理人转变为法律执行者,联邦层面上也仿效各州设立了检察长办公室作为法律执行的机关。随着社会的变迁,美国主流观念逐渐认为,犯罪行为涉及公众,整个社会都是最终的受害者,社会治安是一种安全状态和安全感,这应该是为每个公民的舒适和幸福所必需的状态,政府有责任加以维护。于是,国会立

法和法院判例都采取了相应措施,来有效加强政府职能部门尤其是检察官对于社会公共利益的保护和维护力度。随后,检察官就被确认肩负有代表政府及社会大众,维护国家和公共利益的职责。检察长所能够代表的公共利益,也逐渐由民众利益,拓展到联邦或者各州主权利益以及公民的安全、健康、福祉等范围更为广泛的公共利益,可以对公民、公司等主体实施环境污染、破坏自然资源、实施垄断、侵害消费者合法权益等损害公众利益的违法行为行使诉讼管辖权。因此,在各种涉及联邦利益、州利益、公共利益的刑事和民事案件中,联邦政府或者对应的州政府公共检察官都可以以政府的名义提起诉讼,或介入公民、社会组织提起的民事诉讼。在联邦或者州政府成为公益诉讼的被告人时,公共检察官也可以作为政府律师,为其出庭辩护,以便维护政府政策的合法性。

整体来看,美国检察官参与公益诉讼制度具有显著的特征。笔者认为,主要体现在如下方面:

1.检察官行政性的派生权力

美国法院分为联邦和州两个系统,互相独立并行。联邦法院主要审理涉及宪法、国际条约、外交官和公务员、海洋保护,涉及州与州之间、州与联邦之间关系以及人身保护令的案件。实践中,联邦和州法院的管辖权存在较大的重合区间,当事人可以自由选择在州或者联邦法院提起诉讼。但是,美国民事诉讼中,联邦法院只有有限的事务管辖权,只能审理特定类型的案件,而每个州法院则有一般事务管辖权,除去极少数援引联邦法院专属管辖权案件的外,可以审理任何诉讼请求。① 也就是说,联邦法院仅行使联邦议会法律规定或最高法院判例确立的有限管辖权,这种管辖权并非是普遍性的。联邦最高法院是联邦和各州法院的最高审级,它还有权管辖各州或者州政府作为一方当事人的那些案件。

美国检察制度产生时并无专门的检察机关,联邦政府直到1870年才正式成立司法部。美国当代检察制度的明显特色,主要表现在性质

① 参见[美]理查德·D.弗里尔:《美国民事诉讼法》,张利民、孙国平、赵艳敏译,商务印书馆2013年版,第182~183页。

上是一种派生性的行政权力，直接隶属于联邦或者各州政府的行政系统。联邦司法部部长、副部长分别兼任联邦总检察长和副总检察长，各级检察官均被视为行政官员。司法部除设刑事司和侦查司之外，还设有主管民事案件、税收案件、反托拉斯案件、保护自然资源和环境案件的分支机构，专门负责提起或参与民事诉讼。各级联邦检察官受联邦总检察长的监督，除提起刑事公诉外，还通过提起或者参与诉讼及应诉等方式，履行着干预民事诉讼、维护公正利益的社会职责。联邦检察机关和联邦各级法院平行，在各级法院内均设有联邦检察官办公室，以便于检察官开展相应的工作。各州检察机关和联邦类似，州总检察长同时兼任州司法部首脑。检察机构体制建立在联邦、州和市镇三级之上，同时实行联邦与州检察系统分立的格局。这就是美国检察官在公益诉讼过程中履职的体制背景，具有不同于别国的明显特色。

2. 活跃的诉讼角色

美国联邦和州检察官大量参与很多涉及公共利益的民事诉讼。联邦总检察长在这方面是个非常活跃的角色，他作为内阁成员，在法律上代表美利坚合众国，是联邦政府的首席法律官员，是联邦和州政府机构及立法机关的法律顾问和公共利益代表。联邦总检察长和联邦地方检察官的一项重要职责是从保护国家利益出发，执行提起或者参加民事诉讼的重要任务。总检察长只要认为美国的利益要求他介入，就可以介入任何诉讼案件，提起诉讼和参加辩论，尤其是有权对涉及合众国利益的案件，提起追究民事责任的诉讼。联邦检察官在联邦(州)法院的民事和刑事诉讼中是代表美国(州)政府的律师；政府基于国民授权，行使社会管理职责，本身就应当是社会公共利益的维护者，对于一切侵害公共利益的行为，政府都有职责表明自己的立场，使法律得以推行。检察官的角色不仅体现在，为表明政府关于公共利益的立场而提起诸多涉及公益的诉讼，同时在那些由公益律师或公益法团体针对政府提起、旨在督促政府履行公益保护职责的诉讼中，检察官又是作为政府律师，代表政府在法院出庭抗辩。美国法院进行的公益诉讼中，经常可以见到出现在被告席上的公共检察官。[①] 同理,各州总检察长作为州政府的组成人员,在所有涉及全州居民利益的法律事务方面,也有权代表各州提起或者参与诉讼,采取行动,维护本州公众居民的整体利益、公共福祉。地方检察官代表当地司法辖区利益,他们多是经由选民选举产生的地方政府官员,很少或几乎没有来自其他各级政府的监督、约束。相对而言,他们所享有和行使的自由裁量权远大于欧洲同行,扮演的社会角色比较活跃。

3.广泛的可诉范围

起诉范围广泛是美国公益诉讼制度的又一个显著特点,这为检察官发挥作用维护公共利益,提供了充足的舞台空间。美国联邦司法部长作为总检察长,可以代表联邦政府介入任何民事诉讼案,他可以对个人、团体、政府及其附属机构提起民事诉讼,并且有权参与辩论。美联邦和各州作为原告时,由检察官起诉和应诉。在联邦各司法巡回区服务的检察官在联邦各区法院代表政府参与诉讼;各州检察长代表州政府参与诉讼。美国《法律大全》第28卷第518条规定,联邦总检察长可参与或争议他认为美国的利益要求他参与以及认为美国感兴趣的任何民事或行政案件;第547条规定,联邦检察官在涉及联邦利益的7种民事案件中有权参加诉讼。[②] 实践中,检察官经常提起或者参与下列涉及政府或者大众利益的公益性民事诉讼案件:(1)对纳税人偷税漏税的行为提起民事诉讼要求支付税款,在纳税人通过法庭追还超额税款时,检察官还可以出席法庭替税款和规费征收人辩护;(2)联邦征用土地引起的民事纠纷检察官可以代为提起主张权利的民事诉讼;(3)有关通过诈欺手段获取抚恤金、养老金案件,检察官可以对被告提起追索性民事诉讼,许多州总检察长有权代表欺诈消费的受害人提起要求恢复原状、民事赔偿的诉讼;(4)对违反反托拉斯法引起的争议,检察官可以提起维护公共利益的民事诉讼;(5)有关《国民银行法》施行问题,

① 参见徐卉:《关于公益诉讼的若干理论问题》,载《中国社会科学院院报》2003年11月11日。

② 参见杨立新:《民法判解研究与适用》(第5辑),中国检察出版社2001年版,第240页。

而且涉及联邦利益或官员的纠纷案件，检察机关可以提起民事诉讼，也可以为政府辩护；(6)检察长根据《公共权利法》《公平住宅法》确信某人或某团体充分享有法律赋予的权利正在受到挑战或被剥夺时，可以直接提起保护法律赋予个人或团体权利的民事诉讼等。这些诉讼类型都具有典型的客观诉讼性质，属于广义上公益诉讼的重要组成部分，有别于私法主体单纯维护自身私益而提起的主观性质传统诉讼。

4. 明确的职能定位

较早时期，美国国会将检察官的根本职责定位于维护和保障国家利益。政府基于国民授权，行使着社会公共管理职责，本身就是社会整体利益、公共利益的维护者。政府官署对于一切侵害社会公益的行为，有职责表明自己立场，使法律得到适当的推行。美国总检察长是联邦政府、各州政府的首席法律官员，是联邦政府和州政府机构及立法机关的法律顾问，也是公共利益的当然代表者。美国检察机关虽然作为公诉机关，主要负担刑事公诉任务，但是在法律授权情况下也可以提起民事诉讼。检察官大量参与很多涉及公益的民事诉讼，尤其是总检察长处于法律和公共政策的交会点，在这方面发挥着政策执行者、法律维护者的职能作用。总检察长的典型权力包括：针对垄断企业提起反托拉斯的禁止行动，执行空气、水污染和危险废弃物法，代表政府机构提起民事诉讼或为政府辩护，质疑立法或行政活动的合宪性等。在民事案件涉及联邦利益时，联邦检察官可以提起诉讼，也可以出庭为联邦政府辩护。他们在这些诉讼中可以是原告，也可以是被告，认为判决有错误的可以上诉。[①] 具体而言，检察官的角色不仅体现为，为表明政府关于公共利益的立场而提起公益诉讼，并且在那些由公益律师或公益法团体针对政府提起、旨在督促政府履行保护公共利益职责的诉讼中，又可以作为政府的公职律师，出庭代表政府利益，提出抗辩。

5. 独特的民族文化

鉴于司法部长职责繁多，主要精力集中在保护大众利益的法律服务上，不能完全兼顾实现个体公民利益的目标，与此同时，基于对政府保护人民和社会利益的不信任与美国社会的多元化特征，美国人相信

① 李中芳主编：《民事检察学》，中国检察出版社1996年版，第33页。

以私人律师、团体为主体而进行的公益诉讼应是实现社会利益的最佳方式。① 与美国历史发展和独特的个性文化有关,“美国的法律传统中深深蕴含着对私人在法之实现中的作用的尊重”。②“人民甚至在名义上都不承认美国检察官是法治或公正审判的保护者,他们只是偶尔出现在普通诉讼中给当事人一些支持”,③于是为产生任何人都可就涉及公共利益的事件向法院提起诉讼的私人检察官制度,提供了现实的可能性。美国法允许私人原告,也可以如检察官或其他政府机构那样在普通法院提起公共利益诉讼,寻求追索金钱作为民事惩罚,或寻求一项禁令,命令被告停止继续违反本应适用的规章。鼓励个人提起公益诉讼,吸收民众参与政治决策,有助于实践法律民主主义观念,体现民主精神。为促进私人以法律为武器保护自身的权利,并与邪恶行为作斗争,美国法在制度设计上重视便捷性、实效性和经济上的激励效应,并作为一种运行机制与法律制度联为一体,使之对私人行动产生影响。对于公民提起的公共利益诉讼,联邦和州政府检察官在多数情况下会以法院之友的身份参与诉讼,其主要目的是社会公众利益,促进法院公正地审理案件。④

二、美国检察官参与公益诉讼制度的法律依据

美国公益诉讼制度以开放、多元、务实著称,法律规范翔实具体,实践案例丰富多样,长期走在世界前列。其成文法上关于检察官以及私人检察长的诉权规定,在反欺骗法、反垄断法和环境保护法等方面都有具体、明确的规定和体现,而且制定了相应的具有一定可操作性和可借鉴性的规范程序。⑤ 尤其是进入 20 世纪以来,美国经济进入垄断资本主义阶段,生产结构、消费结构的调整改变了劳动者和企业主、生产者

① 刘军:《美国公益诉讼全方位保护公众利益》,载《检察日报》2007 年 9 月 14 日。

② [日]田中英夫、竹内昭夫:《个人在法实现中的作用》,载《为权利而斗争——梁慧星先生主编之现代世界法学名著集》,中国法制出版社 2000 年版,第 384 ~ 385 页。

③ 李中芳主编:《民事检察学》,中国检察出版社 1996 年版,第 67 页。

④ 参见蔡巍:《美国个人提起公益诉讼的程序和制度保障》,载《当代法学》2007 年第 4 期。

⑤ 江伟、刘家辉:《美国民事诉讼法》,法律出版社 1983 年版,第 36 页。

和消费者之间的关系，大量社会问题集中产生。针对这些经济社会问题，美国在反垄断、环境保护、股权欺诈以及消费者保护等领域，颁布了大量具有公法特征，充分注意公共利益保护的法律，使多方面、多领域存在的不公正、不平等问题，不断被提交到法院进行公断。这些争议，反过来也促使诉讼机能扩张，使法院逐渐成为解决重大公共利益问题的场所。① 总体而言，美国传统上属于判例法国家，但其公益诉讼制度的成文法依据非常充分，这对于今后逐步改变我国立法对公益诉讼制度立场保守的现实问题很有启发意义。这些成文法规范，主要体现在以下方面：

1.《反欺诈政府法》

重视诚信是美国法一直关注和推崇的根本性价值因素，法律制度给予了充分的引导与规范。早在1776年，国会就颁布《联邦采购法》，规定任何人均可代表美利坚合众国对政府采购中的腐败和有损于美国公众利益的行为提起诉讼。② 1863年，为制止私人企业欺骗北方联邦军，林肯总统发布《反欺骗政府法》。直到1943年对该法的修正案，以及法庭对该法的解释，一度使它失去法律效力。但是到80年代初期，爱荷华州参议员查理斯·格拉斯力调查了多起私人军工企业以欺骗手段骗得政府合同的行为，在无法找到有效法律手段后，转向一条古老的法律Quitan，其拉丁文意思是个人以皇帝名义进行公诉。它在英文中是指要求取得罚金的起诉，此项罚金依法应由起诉人与公家分得。1986年，格拉斯力提议修正1863年《反欺诈政府法》，得到了国会、司法部支持，同年10月经总统签署生效。其内容主要规定任何公民个人或公司在发现有人欺骗美国政府，索取钱财后，有权以美国政府名义控告违法的一方，并在胜诉后分享一部分罚金。③ 该法适用范围极其广泛，受到限制的有关主体，不仅仅包括军工企业，其他凡与政府有财务

① 蔡巍：《美国个人提起公益诉讼的程序和制度保障》，载《当代法学》2007年第4期。

② 该法自通过后，已经过多次修订，最近的一次修订是在2008年6月12日。

③ 参见高小田：《美国实施反欺骗政府法——任何个人或公司有权以政府名义控告违法者》，载《法制日报》1990年4月20日。

关系的任何私人团体,尤其是那些和政府合作较多,牵涉政府很多花费的环境保护企业,以及经常接受老年医疗保险金的医院医生。① 告发人现在提起的反欺诈政府诉讼,大多涉及卫生保健领域的联邦项目,这也成为最典型的告发人诉讼形式。那些在卫生健康领域工作的人们看到公共服务机构、保险公司、医师、医院、药店和其他医疗服务提供者的不法行为,欺骗联邦医疗保险制度,通过夸大服务,或从来没有提供服务而申请联邦医疗资金等,或健康维护组织剥夺应当通过医疗保险系统获得服务的人的权利,即可以决定提起告发人诉讼。以下几种诉因,也可以提起告发人诉讼:(1)明知向美国政府官员或者雇员提供一个错误或欺诈性的支付要求;(2)明知而作出或使用一个由联邦政府付款的错误陈述或请求;(3)共谋欺诈联邦政府;(4)占有或控制意欲为联邦政府使用的财产或金钱,并且有意地向联邦政府隐瞒;(5)向联邦政府提供明知不真实的信息;(6)明知而从一个未经联邦政府授予销售权的官员手中购买公共财产;(7)明知而作出错误表述或记录以免除向联邦政府为支付或给予金钱的义务。此外,检察官还可以对涉及证券欺诈的案件,行使提起民事诉讼的权利。例如,1934年《证券交易法》第21章"调查和诉讼"中规定:如果一人被征收罚款,但未在法院命令中规定的时间内交款,委员会可以将该情况汇报给司法部部长,司法部部长应该在适当的合众国地区法院提出诉讼,追偿罚款。② 这丰富了检察官对于欺诈等民事案件的诉权范围。

根据联邦司法部统计数据,司法部在其已收到的告发人起诉申请书中,实际只参与了其中一部分案子的诉讼。例如,在个人原告和司法部诉通用电器公司案中,个人原告发现被告有欺骗政府行为。司法部参与后,决定接受被告提出的赔偿23.4万美元换取庭外调解,但个人原告坚决反对,于是就在原定出庭审判当天,通用电器公司终于付出350万美元以免出庭,个人原告由此获得22%计77万美元的奖励。另

---

① 受该法的影响,甚至连美国驻外使领馆也对境外申请美国签证的人员采取了类似政策,即凡是在签证申请材料或面谈中含有欺诈内容的,将实施永久拒签的做法,而且这项决定还几乎不可能得到美国本土法院的司法审查程序。

② 参见王宏译:《美国证券交易法律》,法律出版社1999年版,第331页。

一案中,朗讯公司2005年8月5日宣布,其几个月前收到了涉嫌在联邦政府采购中进行"欺诈"的法院传票,原因是可能有违反反垄断法的行为。朗讯表示,这与司法部对E-Rate(学校和图书馆的通信网络服务)采购计划中的违法行为调查有关,它要求朗讯向佐治亚州联邦法庭提交相关文件,另外一张传票来自审计署。此前,司法部宣布包括朗讯等公司在向E-Rate计划提供设备时存在价格欺诈行为,具体是在账单中包括莫须有的设备费用。①

2.《谢尔曼反托拉斯法》

为了禁止垄断,保护竞争,维护众多消费者的利益,美国国会1890年制定《谢尔曼反托拉斯法》(以下简称《谢尔曼法》),声明了政府限制垄断的公共政策,禁止企业横向联合进行限制竞争行为和垄断、企业兼并,赋予地方检察官和司法部长以民事诉讼形式禁止和限制违反《谢尔曼法》的行为。根据该法规定,司法部门、联邦政府、团体乃至个人都可以对于违反反托拉斯法的公司,提出民事诉讼;凡以托拉斯或其他形式订立合同,实行企业合并或阴谋限制州际商业和对外贸易活动者,均属非法行为;任何人签订上述契约或从事上述联合或共谋,是严重犯罪。"各区的检察官,依司法部长的指示,在其各自区内提起衡平诉讼,通过制止某种行为来防止和限制托拉斯行为,或通过改变市场结构以恢复竞争局面。起诉可以诉状形式,要求禁止违反本法行为"(第4条)。"无论何时美国因反托拉斯法所禁止的事项而遭受财产及事业的损害时,美国可在被告居住的、被发现的或有其代理机构的地区向美国区法院提起诉讼"(第7条)。任何因反托拉斯法所禁止的事项而遭受财产及事业的损害时,可向美国区法院起诉,国家利益受到损害的,实际损失可获得赔偿;因反托拉斯法禁止的行为而遭受损害的经营者和消费者,可以得到其实际遭受的损失金额的3倍赔偿和诉讼费及合理的律师费。对违反反托拉斯法造成的威胁性损失或损害,任何人、商号、公司、联合会都可向有管辖权的法院起诉和获得禁止性救济,美国区法院可以采取传讯权等法律措施,也可签发预先禁止令。反托拉斯

① 参见戴寻严:《朗讯可能违反反垄断法被传　涉嫌欺诈美国政府》,载天极网:http://www.yesky.com/,最后访问日期:2016年12月12日。

局作为司法部主要负责执行反垄断的独立机构,在托拉斯案件时享有广泛的调查权力。司法部提起民事诉讼的判决结果可能包括:①强迫解散,即强迫一个公司分解为几个独立公司,打破垄断局面;②强迫放弃或分离,即强迫控股公司放弃或出让被控股公司的股份,从而使被控股公司重新成为独立竞争者;③强迫转让,即迫使某些产权(如专有技术、专利等)能为其他竞争者所用;④修改协议条款,即强迫联合行为当事人修改原来的协议,放弃联合行为;⑤赔偿美国因违反反托拉斯法的行为所遭受的实际损失和诉讼费。此外,对托拉斯行为,不仅受害人有权提起民事诉讼,其他个人及组织也可以起诉,要求法院追究违法者的民事责任,判令违法者停止违法行为。

《谢尔曼法》奠定了反托拉斯法的坚实基础,但由于该法措辞含混笼统,诸如贸易、联合、限制等关键术语词义不明,为司法解释留下了广泛空间。受经济背景深刻影响,该法颁布后执行不力,还常常被法院用以反对工会组织,镇压工人运动,到1897年联邦最高法院已作出12项不利于工会的判决。《谢尔曼法》赋予私人提起反垄断的权利后,在该法实施后50年间,仅发生175件私人诉讼,胜诉的只有13件。由此,公民诉讼制度在美国本土并没有取得预期的实践效果。为了弥补私人诉讼之缺陷,美国又专门设立了公力救济。① 但是,多年来由联邦司法部处理的几件重大反垄断案,对美国的能源、通信和高科技行业产生了重大影响。例如,1911年,司法部起诉当时控制了美国90%石油份额的标准石油公司违反反垄断法,该公司被强制拆分,石油业巨头埃克森美孚和美国石油公司由此产生。1969年,司法部认为IBM公司存在垄断行为,并提出诉讼,美国政府加强了对高科技行业的监管。1982年,司法部认定电报电话公司垄断电话服务业务,该公司的国内电话部门被拆分为8个公司。1998年,司法部联合19个州检察长对微软提出反垄断诉讼,认为微软捆绑销售视窗操作系统和网络浏览器违反了反垄断法。2002年11月,微软公司与美国政府达成和解协议,同意公布部

---

① 魏琼:《中国反垄断法中的诉讼请求权程序初探》,载《政治与法律》2005年第1期。

分源代码。[①] 这些诉讼中,检察官的职能作用得到了有效的发挥,凸显了检察官行使诉权的公益维护功能。

3.《克莱顿法》

1914 年美国制定《反托拉斯立法克莱顿法》,作为对《谢尔曼法》的补充。《克莱顿法》主要目的是制止反竞争性的企业兼并,及资本和经济力量的集中。该法规定,凡滥用经济优势,可能在实质上导致削弱竞争结果或趋向建立垄断的商业活动的价格歧视、搭卖合同、董事兼任、股份保有行为,均属非法垄断行为。授权州检察长作为政府监护人、司法长官,代表其州内自然人的利益,以本州名义,向对被告有司法管辖权的美国区法院提起民事诉讼,以确保其自然人因他人违反《谢尔曼法》所遭受损害的金钱救济(第 4c 条)。此条再次明确州司法长官作为政府监护人,代表州内自然人利益的起诉主体资格。由政府根据反托拉斯诸法起诉并通过民事或刑事程序确定被告违反反托拉斯法的场合,其判决或审决在其他个人针对同一被告提起的申请损害赔偿诉讼中可以作为直接证据(第 5a 条)。这样,其他主体只要证明自己受到损害即可,不用再证明被告存在反托拉斯行为,证明责任大大减弱。授权美国区法院行使司法权来防止和限制违反本法的行为,当诉状已送达被诉人时,法院要尽快审理和判决;在审理期间和禁令发出前,法院可随时发布暂时停止令或暂时限制令;无论证人是否在审理法院区居住,法院都可传票传唤证人、传票由法院执行官送达(第 14 条)。对违反反托拉斯法造成的威胁性损失或损害,任何人、商号、公司、联合会都可向对当事人有管辖权的法院起诉和获得禁止性救济。当作为反对威胁性行为的禁止性救济条件、原则,由衡平法院准许时,依据进行此类诉讼的原则,依据保证人对上述损害的请求和证明不可弥补的损害很快发生,法院可签发预先禁止令;依据本条提出的任何诉讼中,若原告实质上占有优势,法院将奖励原告诉讼费、包括合理的律师费(第 15 条)。因此体现了主体多元化,原告不再限于因托拉斯行

① 转引自崔进文:《民行检察制度的完善与重构》,载江苏省苏州市平江区人民检察院网:http://www. szjc. gov. cn/llysj/html/? 280. html,最后访问日期:2009 年 3 月 11 日。

为受害的经营者和消费者或州司法长官(检察长),也可以是任何人和组织。该法还实行早期原则,允许原告主体有根据地对预期将来会发生的且尚未有结果的行为提起反垄断诉讼。这就使被诉的托拉斯行为扩大到损害发生的可能性,法院对此应立即签发禁止令,防止损失发生或扩大。如果原告起诉合法,则可以获得奖励。这些规范实施后,不仅有效增加了诉权主体,而且健全了激励机制。

4.《环境保护法》及相关法规

20 世纪中叶,美国公害事件频繁发生,公害导致的痛苦和焦虑不安让公众感到了迫在眉睫的生存危机。他们因此掀起了反污染环境运动,游行示威、请愿抗议是一个方面,在法律上就表现为民众要求扩大起诉资格,改变以往只有在法律上与案件有利害关系的人才能成为案件原告的规定,国会制定的一系列环保法反映了这种愿望。在环境保护方面,越来越多的法律授权检察官对污染者提起民事诉讼,并且立法力度逐渐加强。例如,1969 年《环境保护法》、1970 年《防止空气污染条例和防止水污染条例》、1972 年《噪音控制条例》《防止港口和河流污染条例》《危险货物运输条例》《有毒物品控制法》《固体废弃物防治法》等,不仅都有授权联邦或者州检察官行使诉权的相关内容,而且还专设条款规定公民参与环境保护的宗旨,赋予公民提起司法复审程序的主体资格,认可其可像司法部长或检察长一样起诉环境违法行为,为普通公民环境公益诉权提供了法律保障。美国环境公民诉讼,是指公民既可以依法对违法排放污染者提起诉讼,要求违法排污者消除污染,赔偿遭受污染损害公民的损失;也可以依法对未履行法定义务的联邦环保局和各州提起司法审查诉讼,敦促联邦环保局和各州执行其法定义务,加强环境管理。公民诉讼的理论基础是公民环境权,或公共信托原则。① 公民诉讼制度之所以能够创设,很大程度上取决于参议员的热诚倡导、参议院的积极推动以及民众、律师和官员的环境权意识,而

① 实务界的一些律师和官员则主张,公民诉讼的理论基础在于司法领域一直使用的妨害等传统诉因和不能自执行的联邦宪法条款。See Boomer v. Atlantic Cement Co.; Johnson, "Enforcing the Federal Water Resources Servitude on Submerged and Riparian Land", *Duke Law Journal* 347, 1977.

非一帆风顺的。《清洁空气法》第304条a款规定,任何人都可以自己名义对任何人(包括美国政府、政府机关、公司和个人等)就该法规定的事项提起诉讼;公民提起诉讼前60天必须将起诉通知通告联邦环保局、违法行为所在地的州政府和违法行为者本人。该法还详尽列举了可予司法审查的行政立法行为。《清洁水法》第101条规定:联邦环保局和各州政府对实施该法负主要责任,但是环保局必须吸收公众参与对任何禁止排污的法律的完善、修订和执行等工作,肯定了公民在执行清洁水法中的重要地位。第505条规定:允许公民或各州检察长对任何被指控为违反《清洁水法》的人提起诉讼。此外,联邦其他单项环境法规也都有类似规定。在联邦法的影响下,有些州也以法律或判例形式确认了个人代表公众提起旨在禁止或取缔公益妨害的诉讼资格。例如,1970年密歇根州《环境保护法》就是各州首次以法律形式确立公民或公众团体作为环境法执行主体的地位,确认公民以个人身份对构成公益妨害的污染行为,提起谋求宣告和强制令救济诉讼的资格,使公民对环境侵害者提起司法救济的诉讼资格不再受传统规则的限制、约束。其后,该法还带动康涅狄格、印第安纳、马萨诸塞、明尼苏达、新泽西、南达科他等州制定了类似法律。① 公民正是根据这些条款或判例作为私人检察官,对非法排污者和未执行环境法规的政府部门提起公民诉讼的,申请联邦或州法院行使禁止非法排污权或采取强制措施的"禁止权",与检察总长提起保护公益的民事诉讼职能相对应而存在,在实施环境法规中共同发挥着重要作用。

美国环境公益诉讼制度试图在公民环境权利与污染者私人利益之间维持适当平衡,并作为主要目的。公民诉讼以促进公益为目的与诉讼要件,诉讼的实际意义往往不限于个案救济,更在于督促政府或受管制者积极采取某些促进公益的法定作为,判决效力也不限于诉讼当事人。为实现公民执行环境法权利,提供便于公民起诉的必要条件,并予

---

① 例如,1980年佛罗里达州高等法院在 Florida Wildlife Federation v. Department of Environment Regulation 案中,确认了一项类似于密歇根州环境保护法关于废除传统规则的法律适用于该州。Florida Wildlife Federation v. Department of Environment Regulation,390 So. 2d 64.

指导帮助和监控约束,美国实行与公民诉讼密切相关的排放监测报告制度和颁布重要违法行为标准制度。① 这样,环境法中形成一整套完备而严密的制度,使公民提起诉讼有规范可依、有证据可举、有标准可查,为私人检察官参与执法提供了可能,也创造了有利条件。环保法实施多年后,由于对公民诉讼设立诉前60天通报、原告申请初步禁令要事先提供担保等项限制条件,滥诉现象并不多,而且环保效果也很明显。②

5.《联邦民事诉讼规则》

1938年美国颁布联邦地区法院民事诉讼程序规则③(以下简称《联邦民事诉讼规则》),统一了联邦法院的民事诉讼程序,并且有力地推动了各州民事诉讼程序朝统一方向发展。《联邦民事诉讼规则》第17条规定:"经法律授权的当事人,可以为未参加诉讼的诉讼受益人的权利以自己的名义起诉,在制定法另有规定等法定情况下,个人或社会团体在保护别人利益的案件中也可以以美利坚合众国国家的名义提起。"这又在程序法规范方面进一步解决了公益诉讼中公民和检察总长作为原告资格的法律依据问题。该规则第23条规定的集团诉讼及实验诉讼制度,也都有保护公共利益的功能。公共诉讼大多通过集团诉讼形式进行,已成为群体社会中矫正不法行为的有力措施。与普通法院解决社会争议的职能相适应的是,《联邦民事诉讼规则》也可以成为解决公益诉讼案件的程序依据。④ 这些政策立场表明,美国倾向于赋予更广泛的诉讼资格和更多的胜诉机会,从而努力适应公共利益保护的实践需要。

6.判例法依据

美国法上的判例是法院对典型案件审理终结时作出的可作为典范

① 叶俊荣:《环境政策与法律》,月旦出版公司1993年版,第238页。

② 常纪文:《创建和完善我国环境公益诉讼立法》,载《科学时报》2007年7月27日。

③ 也有译为《联邦地区法院民事诉讼程序流程》,徐卉、汤维建、胡浩成等译,法律出版社2001年版。

④ 蔡巍:《美国个人提起公益诉讼的程序和制度保障》,载《当代法学》2007年第4期。

的判决，由于深受实用主义哲学影响，其判例法实际上源自“建筑在道德规则基础上的英国衡平法”[①]。它的重要原则就是要求“遵循先例原则”，即法院应遵守该法域内高级法院在先前类似案件中阐明的法律，如果其逻辑上基本相同、合理的。[②] 成文法如果有规定时，美国法院当然会并且也有义务优先适用成文法；但是普通法上各种救济手段的起诉资格，主要是由法院在判例中逐步形成的。在成文法之外，法院还通过判例法形式，对普通公民在具体个案中是否实际具备起诉资格，作出宽延不一的解释认定，从而发挥着不可忽视、至关重要的作用。例如，1970 年《清洁空气法》规定，任何人如果发现违反本法的行为就可以提起诉讼，并未对原告与诉讼标的之间的利益关联作任何规定。1972 年《清洁水法》对提起诉讼的公民资格作了限定，将公民定义为其利益被影响或有被影响可能者。此后，联邦最高法院又在一个案件中确立了以实际损害作为原告是否适格的标准，并逐渐形成了判定原告是否适格的三步法则：首先，原告受到了具体的实际损害；其次，这种损害必须可以合理地归因于被告的行为，即被告的行为和原告所受损害之间须存在一定的因果关系；最后，该等损害可以由法院的有利判决所补偿。同时，法院对实际损害的类型持宽容态度，明确承认对审美利益等非传统利益的损害，亦可成为诉讼救济的对象。1992 年联邦最高法院在一案件的判决中进一步确立了原告适格的三步法则作为对原告适格的要求：首先，须具备实际损害，该损害必须同时满足具体、特别以及实在、即将发生的条件，而不能是虚构的；其次，该损害必须由被告的行为或不行为造成，而非第三人原因造成；最后，该损害必须有可能由法院的有利判决补偿。由此可见，法律对原告适格虽作了相当宽松的规定，但事实上原告只有满足法院确立的三步法则要求，才能获得起诉资格。以违反法定或主管机关核定的义务的私人企业等为被告的公益诉讼，由于不涉及行政机关职权行为问题，法院限制较少。法院虽然主张实际损害是最低限度的原告资格条件，但是当诉讼针对私人违法者而非

① ［英］梅因：《古代法》，沈景一译，商务印书馆 1959 年版，第 40 页。

② ［美］腓特烈 · G. 坎平 · 昂格鲁：《美利坚法律史（影印本）》，法律出版社 2001 年版，第 14 页。

政府时,只要国会通过立法赋予公民原告资格,公民就可以起诉,无须再受上述三步法则的限制。就判例认可检察总长和公民诉权的先后顺序而言,由于受到英国告发人诉讼体制下检察总长曾经垄断公益诉权的影响,美国法院确认总检察长的诉权也是先于认可私人检察总长的诉权而产生的。但是发展到后来,判例则同时确认两者的诉权,两个诉权也已基本达到了平分秋色、难分伯仲的重要程度。

美国联邦法院判例认为,国会为保护公共利益,理所当然可以授权检察总长对行政机关的行为申请司法审查。如果联邦总检察长认为国家利益要求介入,可介入任何其感兴趣的民事诉讼案件,对一切涉及合众国利益的民事案件追究民事责任。联邦最高法院大法官勃瑞威尔在一则判例中宣称,无论何时,只要被指控的违法行为影响到合众国整个国家利益,涉及宪法要求国家关心的事务,或涉及国家有确保全体公民的共同权利的义务等,联邦总检察长都有权提起各种诉讼,包括民事诉讼、行政诉讼,乃至刑事诉讼。[①] 在判例法的指引下,美国联邦和州检察官署不仅常常针对垄断行为、欺骗政府、侵犯消费者权益、环境污染等涉及国家利益和社会公共利益的案件,派员代表公共利益行使提起诉讼的权利,而且还时常作为共同原告之一,行使着参加私人原告所提起的告发诉讼的权利。

三、美国检察官参与公益诉讼制度的借鉴启示

1. 起诉主体多元具有合理性

在美国司法体制下,检察官长期以来一直是公益诉讼运行过程中最活跃的传统主体,他们作为政府公职律师针对多起著名大案提起了公益诉讼。例如,著名的美国政府诉微软公司案、诉烟草公司健康损害赔偿案就是为人们熟知的由检察官代表国家承担起诉职能打击垄断、公害行为的典型案例。在1997年美国司法官检察官诉烟草公司诉讼案中,因受害者及其家属长期告不倒美国烟草公司,密西西比州检察长提出民事诉讼,要求烟草公司赔偿用于治疗因吸烟而导致的疾病的医疗费用,最后双方达成和解协议,烟草公司同意赔偿3000多亿美元给

① 郭成伟:《外国司法制度概要》,江苏人民出版社2001年版,第181页。

受害人。这是美国检察机关依据法律规定提起公益诉讼案件的著名成功案例之一。引起舆论热议而沸沸扬扬的微软公司垄断案,是由美国司法部联合 19 个州检察官依照谢尔曼法、克莱顿法等反垄断法规定担任原告的,该案从 1998 年 5 月 18 日起诉开始,至 2000 年 4 月 3 日联邦最高法院杰克逊法官宣布认定微软违反美国反托拉斯法而结束。其诉讼目的就是着眼于国家整体利益,救济受害消费者的利益,瓦解产业的单极霸权,维护自由、公平竞争的商业环境。① 1989 年,美国首次发生联邦政府诉地方政府的案件,由总检察长代表联邦政府指控加州奥克兰市宣布该市为无核区的行为,严重侵犯联邦政府建设国防的权力,要求法庭禁止实施这一法令,宣判该法无效。② 同时,各州地方检察官在提起公益诉讼的职能方面,也有日益扩大趋势。据悉,每 4 名地方检察官中就有 3 名负责代表地方政府进行民事诉讼。州检察长对一切涉及各州居民利益的法律事务,有权代表该州参与民事诉讼或发表意见。③ 2016 年 1 月 27 日,美国新任总统特朗普发布政令,决定无限期限制叙利亚难民进入美国,在 90 天内暂停伊朗、伊拉克、叙利亚、苏丹、利比亚、也门、索马里等西亚北非 7 国公民进入美国境内,并在 120 天内禁止所有难民入境。针对特朗普暂禁 7 国公民入境的行政命令,华盛顿州检察长弗格森代表该州政府向华盛顿州西区联邦法院提起诉讼,指控禁穆令违反宪法、应为无效。该州副总检察长诺亚·珀赛尔出庭表示,这份禁令明显歧视穆斯林,出台动机之一就是“出于敌意”,禁令实施以来造成了全国范围内的混乱,还将影响两州的大学录取、税收收入、居民家庭团聚等,应予废除。该区联邦法院詹姆斯罗巴特审理认定,该令将会造成弥补的伤害,裁定即刻在全美范围内冻结并暂停执行特朗普关于限制移民的行政命令。同年 2 月 5 日,联邦第九巡回上诉法院否决了联邦司法部在上诉期间紧急暂停执行罗巴特裁定的请求。

---

① 郭建安:《微软讼案》,法律出版社 2000 年版,第 422 页。

② 陈健民、傅宽芝:《检察院组织法比较研究》,中国检察出版社 1999 年版,第 371 页。

③ 杨柏林:《检察机关提起民事诉讼问题研究》,载中国检察理论研究所 2001 年编《检察理论研究成果荟萃》,第 234 页。

该案既有民事人权保护的因素,也有不同权力制约的互动,可以看作是美国实用主义法律架构下公益诉讼的最新典型案例。

检察官提起环境公益诉讼与环境公民诉讼具有密切的关联,这个方面也是美国公益诉讼制度发挥作用的最主要场域。传统上,美国采用妨害标准来认定环境污染和破坏的行为,并划分为公益妨害和私益妨害,适用不同的原告资格,即只有公共官员如各级检察官才享有代表公众提起旨在取缔公益妨害行为的资格;公民私人则无权就公益妨害提起诉讼。但如果公共官员怠于行使起诉权,这就会造成公益妨害行为继续存在、受害者得不到法律救济等不合理的社会现象。实际上,美国法律制度也难以保证公共官员都能热心维护公益,避免怠于履行职能。许多州地方检察官是经当地居民选举产生的,必须靠地方居民支持才能保住职位;地方检察官对发生在本地的污染源公司提起诉讼,往往会触犯当地居民的经济利益,并减少地方财政收入,出于对官位担忧等原因,地方检察官行使诉权的积极性容易受到妨碍,导致公害现象难以有效抑制,造成公益妨害继续存在和受害人得不到法律救济的现象。① 通过创设公益诉讼制度,就可动用私人力量对国家公权进行制约,充分发挥公民和团体在保护公益中的作用,因此美国立法和司法实务中逐渐放弃不同类型损害的划分原则,认可私人可以针对公益妨碍提起诉讼②,判例法上出现了私人检察总长的著名理论。法院认为,为适应新型权利维护的需要,诉讼法必须先进行革命性突破,而前提就是诉之利益观的更新。在旧观念指导下,法院通过衡平方法,偏向于保护产业活动、经济利益,实质上是对排除侵害请示权的限制和否认,于受

① See William H,Rodgers,Jr. ,Environmental Law,p. 105.

② 即便受到侵害或威胁的公共利益中包含有原告私人的直接利益,法律一般也不排除他选择通过公益诉讼程序一并获得救济,其原因大多是基于下述的利益衡量:“私人检察总长的起诉资格能够发挥效果,必须真正有人具有动力进行诉讼,反对行政机关违反公共利益的不法行为。这类人只能是自己对案件也有起诉资格的人。由于起诉资格和原告所受的损失大小无关,因此在私人代表公共利益提起诉讼的时候,往往是原告个人的利益较小,而公共的利益较大。”[美]马歇尔·C. 霍华德:《美国反托拉斯法与贸易法规——典型问题与案例分析》,孙南申译,中国社会科学出版社1991年版,第33~34页。

害者和公共利益极为不利。但随着垄断、环境公害等新型纠纷的出现，由于权利内容及主体外延未必清楚，若依传统诉之利益观审查，难以承认具有诉的利益。基于增加国民接近法院或使用诉讼的机会，扩大诉讼手段解决纷争和保护权益的功能，应尽量扩大诉的利益范围，不仅应从消极功能，也应从积极功能角度进行。① 环境诉讼中利益衡量的首要原则在于突破纯粹意义上诉的利益观束缚，更好地兼顾产业利益和保护公众利益，维护社会公平正义的需要。同时，为辅助私人或其代理律师搜集证据，通常方法是，行政机关首先起诉，并将证据提交法院，私人则利用该证据在其后起诉。个人提起公益诉讼"旨在制裁违法者，并以此给予行政机关无偿的协助。从其机能上看，起到了临时替代行政机关履行责任的作用。因此，行政机关应当把对私人诉讼的适当援助理解为是对自己任务的有效履行"。② 在公民提起诉讼后，作为政府律师的司法部官员对案件经过调查后，如果决定参加到该诉讼中，法院一般都会同意，并将其合并到原告已提起的诉讼中。而参与诉讼的司法部由于在人员和资源上拥有无可比拟的优势，这将为原告带来更多利于胜诉的证据。③

总体而言，美国作为现代公益诉讼制度比较完善的国家，集中体现了原告多元主义的设计思路，取得了比较成功的实践。美国司法体制下，提起公益诉讼的原告范围相当宽泛，可谓多元化主体，还带动影响了其他许多国家不断放宽原告的起诉资格，使其主张公益的诉讼请求能够为法院所接受。即使美国私人检察长制度盛行而导致公民提起公民诉讼极为发达，作为联邦或州政府代言人的检察官经常提起公益诉讼，成为比较活跃的公益维护者，参与公益诉讼。在利益多元化、价值多元化和主体多元化背景下，这仍然是某些法律规定的极其重要选择。

---

① [日]吕太郎：《诉之利益之判决》，载《民事诉讼法之研讨(四)》，台北，三民书局 1993 年版，第 430 页。

② [日]田中英夫、竹内昭夫：《私人在法实现中的作用》，李薇译，法律出版社 2006 年版，第 87 页、第 88 页。

③ 蔡巍：《美国个人提起公益诉讼的程序和制度保障》，载《当代法学》2007 年第 4 期。

2.起诉范围拓展体现实用性

起诉范围问题直接与诉讼标的要件密切相关,是公益诉讼制度构建和完善过程中无可回避的重要问题。如何权衡取舍和科学设置,对于公益保护成效具有先导性的意义。美国公益诉讼制度划定的起诉范围体现了该国法律体系中一以贯之的实用主义态度,这对我们的试点探索和制度完善工作也很有启发价值。

随着公民权利种类和范围的不断扩大,美国法院对利害关系概念一直在不断作出扩大解释,不仅包括传统的人身损害和财产损害,而且还包括环境利益等由公众享有的非经济价值的损害。美国法院通过解释宪法和法律,裁决争端,形成了自己日渐扩展的原告资格范围规则。有别于传统的直接利害关系标准,当代法实行的原告资格标准是受不利影响的利益范围标准。根据该标准,当事人的利益不需要是法律特别规定或特别保护的利益,只要可能处于法律规定或调整的利益范围之内,在这种利益受到侵害时,就可请求司法保护。① 这种诉的利益标准,显然早已大大突破了传统上直接利害关系标准的限制约束,适用范围具有广泛的囊括性。对此问题,美国最高法院法官布卢南宣称:"如果原告证明他请求审查的行政行为在事实上对他造成了经济或其他损害,那他就有了原告资格。"根据事实不利影响这一标准,只要相对人的人身、财产、环境、审美、娱乐等利益受到了行政行为的不利影响,而不管这种利益是否有特定法律的直接规定,相对人便有原告资格。② 这种调整使过去和违法行政行为没有直接利害关系的公民、非政府组织、检察官开始有权提起诉讼,原来受案范围过于狭隘、原告资格限制

---

① 陈泉生、张梓太:《宪法与行政法的生态化》,法律出版社2001年版,第330页。

② 如各州普遍承认公民个人以纳税人身份,针对国家机关导致公共资金流失或不当支出的行为,向政府或公共团体提起请求禁止公共资金违法支出的禁令请求诉讼。当行政机关不作为时或公务员未履行其义务,多州容许私人根据其义务内容,以市民身份和自己名义向法院提起请求发布职务履行令的诉讼,要求法院判决责令行政机关履行其职务。参见[日]田中英夫、竹内昭夫:《私人在法实现中的作用》,载《民商法论丛》第10卷,第455页;王名扬:《美国行政法》,中国法制出版社1995年版,第453~458页;梁慧星:《开放纳税人诉讼 以私权制衡公权》,载中法网:http://www.cninacourt.org/indep.shtml,最后访问日期:2012年1月15日。

过严的局面得到改善，公共利益开始走入民事诉讼和行政诉讼救济的视野。

但是，原告具有起诉权本身并不自动意味着原告必然获得审理，原告要想获得或真正能够获得法院对案件的受理，还必须具有被诉事由属于法院管辖或司法裁决，即法院被授权而且具有审查原告所提争议的能力。为防止滥诉，美国法对提起公益诉讼的对象作了限制性规定，要求针对主要违法行为。而在环境保护实践中，公众或公众环保团体发现，把有限精力时间和经费用在迫使政府完善或执行环境法规规章上，比用在取缔个别污染源上更有效果、更有意义。因此，尽管在管辖权和诉讼费用问题上对公民诉讼作了有利规定，但是公众仍然较少针对污染者提起公民诉讼类型的环境公益诉讼。据统计，至 1983 年全美根据清洁空气法对污染者起诉的公民诉讼案例不到 12 起。① 这样，就形成了公民诉讼主要针对非自由裁量行为的局面。好在最高法院对《美国法典》第 701 条关于法律规定不受司法审查的行政行为范围尤其是自由裁量权行为等例外情况，作出了严格的限制性解释，将其适用范围定位在十分狭隘的空间内。例如，联邦最高法院在为保护奥弗顿公园提起的公民诉讼案②中认为，所有在环境案件中可能出现的问题都可以进行司法审查。③ 随着民权运动、消费者运动、环境运动和社会福利运动的兴起，所有问题都是法律问题的观念更加深入人心，美国各级法院更加广泛地认可各种主体将诸多社会问题都转化为可以提交司法复审的消费者纠纷、环境纠纷、社会福利纠纷，从而为公民或团体提起环境公益行政诉讼，提供了有力法律保障。美国大量存在针对教育资源分配、免费入学及种族和男女性别歧视等有关平等法律保护和正当法律程序问题提起的公益诉讼，包括公共教育财政资源分配的合法性诉讼。在一州内部学区之间，平衡教育机会的努力受到法院裁决激励，大部分州都因此根本改变了公立教育财政分

① 王曦：《美国环境法概论》，武汉大学出版社 1992 年版，第 199 页。

② Citizen to Preserve Overton Park, Inc. v. Volpe.

③ Roger W. Findley and Daniel A. Farber, *Environmental Law*. 3rd Ed. West Publish Company, 1992.

配政策。[①] 从近几年案例来看,法院仍然倾向于通过判例确定和扩大公益诉讼的范围,这也进一步扩大了检察官和公民可以提起公益诉讼的案件类型。

3. 诉讼利益激励机制可资借鉴

传统上,民事赔偿案件基本上都是损失和所得保持平衡,无论是药品危害还是消费者受害,本来都不被特别理解为公益诉讼。随着社会演变,现代公益诉讼理论和司法实践之所以将上述类型的案件归入公益诉讼范围,是从一般法律形式意义上以该类诉讼所要维护和实现的利益及行为效果为标准所作的划分。主要出发点是想利用当事人和律师对私益的关心,寄希望于在法律援引的结果上具有公益的效果。[②] 印度最高法院大法官 A. S. Qureshi 认为,美国的公益诉讼,从某种意义上可以说是由一些律师创造的,尽管目的是为一般公众或社会某一部分的人的利益,但是它也常常被用于实现律师个人的金钱利益。[③] 有关法律还特意规定了促进原告追求胜诉结果的利益激励机制。例如,1986 年《反欺骗政府法》修正案规定,任何个人或公司发现有人欺骗政府,索取钱财后,有权以美国政府名义控告违法方,并在胜诉后从被告罚金中提取 15% ~30% 金额作为奖励。这些规定和做法别具风格,很有特色,契合人性,有助于推动公益诉讼的程序运行,值得我们参考借鉴。美国公益诉讼制度这种局面的形成,也是受到英国告发人诉讼和通过公法名义保护私权等制度的启发,同时也进行了创造性的革新、发展。由于通过公益诉讼形式附带或单纯追求个人物质利益的诉讼目的,并非不道德的自私动机,也不是法律上反对当事人追求的经济利益,这些制度体现了英美法系国家的典型特色,其合理成分很值得我们在构建公益诉讼制度过程中认真吸收借鉴。2015

---

① 参见[美]阿伦·奥恩斯坦、莱文·丹尼尔:《教育基础》,杨树兵等译,江苏教育出版社 2003 年版,第 254 页。

② [日]棚濑孝雄:《现代日本的法和秩序》,易平译、季卫东审校,中国政法大学出版社 2002 年版,第 201 页。

③ 印度最高法院大法官 A. S. Qureshi:《公益诉讼——为所有人的自由和公正》序,李刚译,原文出自 Ayed Iqbal Hadi Rizvi:Public Interest Litigation—Liberty And Justice For All,Renaissance Publishing House,1991。

年1月7日施行的最高人民法院《关于审理环境民事公益诉讼案件适用法律若干问题的解释》第34条禁止社会组织通过诉讼违法收受财物、牟取经济利益,可以根据情节轻重,收缴非法所得、予以罚款;移送有关机关处理。笔者认为,社会组织及其个人本已相对缺乏调查能力和举证能力,制度规范如果再根本否定其从公益诉讼中获取收益的合法性,不利于从人性角度调动他们的积极性,激励其有效履行维护公益的职责。

美国检察总长在提起公益诉讼后的激励机制,并不是如同普通公民诉讼那样寻求胜诉分成、获得利润,而是更多地体现在法庭审理程序中的优先权等方面。按照民权法案等法律规定,检察官在公益诉讼中享有调查取证、要求优先尽快审理,以及在被告停止被控违法活动,并经法院批准情况下与被告和解等项诉讼权利,担当着积极作为的诉讼角色。美国检察总长享有的这方面某些程序性质的优先权利,也需要我们认真斟酌参考。多元化起诉主体模式下,各主体既可能出现急功近利、争抢案源的问题,也可能出现竞相缩头、推诿责任的现象。检察机关提起公益诉讼的谦抑原则与优先性也存在内在的矛盾和紧张关系,其背后隐藏着的起诉顺位问题值得关注。在中国共产党十八届四中全会决定建立检察机关提起公益诉讼制度以后,全国人大常委会已经于2015年6月底决定授权部分省区市先行开展检察机关提起民事、行政公益诉讼的试点工作。最高人民检察院试点实施方案中要求试点地区市县区检察机关在正式提起公益诉讼之前,必须通过检察建议的方式履行前置程序,先行督促有关主体履行法定职责、提起公益诉讼。试点方案的出发点是良好和善意的,体现了谦抑性,但是在执行中出现了不少难题。例如,2015年年底,安徽省合肥市人民检察院在有效履行前置程序之后,经报请最高人民检察院批准,针对一起某铝业公司污染环境案正式提起了民事公益诉讼,并经法院受理。但是在案件信息经高检院通过官网媒体公布后,中国绿发会派员赶到合肥,要求检察机关撤回起诉,或由其作为共同原告一起提起公益诉,受到拒绝。这种试图单方面坐享其成的机会主义做法给当地办案部门带来了很大的疑惑和困扰,不利于检察机关提起公益诉讼试点工作有效开展,也不利于公益诉讼制度的良性发展。2016年12月,最高人民检察院《关于深入开展公益诉讼试点工作有关问题的意见》,根据与最高人民法院的协调意见,将检察机关提起民事公益诉讼的诉前督促程序,由检察建议改为在全国范围媒体上公告30日。但是,随着近年来智能手机越来越普及,自然人越来越网民化,网络自媒体吸引了很多受众,官方传统纸质媒体一统天下的影响力不如以往,媒体公告方式仍然存在漏洞空间。即使是在全国性纸质媒体的骑缝等处刊登这方面的豆腐块公告信息,相关社会组织也很难知晓这类的静态信息,试点地方检察办案单位负有任务压力,也乐于见到公告刊载内容最终沦为形式,以便自己到期次日即可依法起诉。由于检察官谦抑原则与程序优先权的内在矛盾,试点过程中已经暴露了某些问题,制度完善时应该与起诉顺位因素斟酌权衡,通盘考量。

4. 诉讼救济手段适用广泛

法律依据不同,法院实施司法审查采取的诉讼方式也不同。普通令状是法院实施司法审查的主要法律依据之一,具体包括调卷令、制止令、执行令、人身保护令、追查令、禁止令等多种救济方式。[①] 实践中,经常采用的诉讼救济手段主要有:一是发布禁止令,请求停止违法行为。所有公民诉讼条款均授权法院发布禁止令以停止污染行为,或要求主管机关采行具体措施,以贯彻法定要求。颁布禁止令已经成为法院判决所采取的最严厉措施。[②] 这相当于我们的确认违法、行为禁止令,具有广阔的适用范围。二是要求履行法定职责,或者采取补救措施。对于无须颁发禁止令的情况,最高法院认为可以采取相应的补救措施。对于可以通过颁发许可证等实现环境保护政策的,则要求采取

① 何家弘主编:《当代美国法律》,社会科学文献出版社2001年版,第154页。

② 例如,在TVA v. Hill案中,法院发布一个禁止修建大坝的禁止令,因为大坝建成后将会威胁一种濒临灭绝的鱼,违反《濒危物种法》。修建大坝虽已耗去数百万美元巨额资金,所剩工程已不多,但法院裁定,这些因素都无关紧要,因为国会通过法令时,已把拯救濒临灭绝物种看得比其他政府政策更为重要,并判定拯救濒临物种高于一切。See Roger W. Findley and Daniel A. Farber, *Environmental Law*, 3rd Ed. West Publish Company, 1992.

补救措施。① 三是要求判决损害赔偿,处以民事罚款,支付民事制裁金。例如,《清洁空气法》关于公民诉讼条款的救济以禁止令作为主要手段,其中并没有罚款内容。但是随后颁布的《清洁水法》《资源保护与恢复法》等法律中,在公民诉讼条款中明文规定法院能够处以民事罚款。不过,这种民事罚款既不同于行政处罚,也不同于民事赔偿。它虽称为民事,但罚款不能归于原告,性质类似于公民诉讼,是因公益诉讼而获得的公益性罚款收入。多样化的诉讼救济手段为实现公益诉讼目的,有效维护公共利益,创造了便捷性的前提条件,有些方面可资我们参考。

依据相关法律和司法解释的规定,我国检察机关在公益诉讼试点过程中,可以对环境民事公益诉讼被告提出停止侵害、排除妨碍、消除危险、恢复原状、赔偿损失、赔礼道歉等诉讼请求,对食品药品领域消费者民事公益诉讼被告提出停止侵害、排除妨碍、消除危险、赔礼道歉等诉讼请求(大多为侵权之诉);对行政公益诉讼被告提出确认违法、督促履职、撤销或变更行政行为等诉讼请求。司法实践中,我国法院长期受旧诉讼标的说影响,未能“一揽子”解决纠纷,存在“官了民未了”现象,此时也应参照美国做法,从诉讼便利等因素出发,充分采纳新诉讼标的说做法。例如,在行政审判中,很多法院习惯于将确认之诉、形成之诉与变更之诉分别开来,不愿合并审理,而检察机关提出行政公益诉讼一般都要合并提出确认违法之诉和督促履职之诉,法院也随即因之采取诉的合并措施,提升诉讼效率、节约司法资源。

由于环境污染损害鉴定费用高,时间周期长,具有鉴定资质的单位极少,确定环境修复费用或损害赔偿金面临很大困难,实践中有些地方检察院起诉书未能加上排除妨碍、消除危险等项内容,所确定的求偿数额只是有限的部分损害,容易被动,应予纠正。客观来讲,起诉求偿阶

① 在 Weinberger v. Romero Barcelo 案中,海军在训练演习前没有得到许可,军需品直接浸入水中,但沿海水域事实上并未受到损害。这种情形下法院认为并不需要对该违法行为颁发禁制令,命令海军申请许可证作为补救就已足够。同时认为法律补救办法的选择既不是机械式,也不是法官任意决定的。法官必须作为国会的代理人去执行国家政策。Roger W. Findley and Daniel A. Farber, *Environmental Law*, 3rd Ed. West Publish Company, 1992.

段,即使是审判阶段也往往会面临上述实际困难,需要结合全案因素,进行综合评估确定。2015年最高人民法院《关于审理环境民事公益诉讼案件适用法律若干问题的解释》第19~23条规定,将恢复原状,解释为判决被告将生态环境修复到损害发生之前的状态和功能,并可同时确定被告不履行该义务应承担的生态环境修复费用,也可以直接判决被告承担生态环境修复费用;无法完全修复的,可以准许采用替代性修复方式,还可以判决赔偿生态环境受到损害至恢复原状期间的服务功能损失。如果生态环境修复费用难以确定或确定具体数额所需鉴定费用明显过高,法院可以结合污染环境、破坏生态的范围和程度、生态环境稀缺性、恢复难易程度、防治污染设备运行成本、被告侵害行为获得的利益及过错程度等因素,参考环保监管部门意见、专家意见,合理确定。这是合理可行的政策立场,但是某些地方法官在主观态度、业务素质等方面尚不能够适应环保公益诉讼的需要,片面苛求作为公益诉讼人的检察机关以及公益组织在起诉阶段即行确定赔偿数额,贯彻落实司法解释的上述指导意见存在不少难题。起诉和判决被告履行法定职责,采取补救措施,赔偿相关损失,也应采取灵活便利的措适应施,不能本末倒置,导致束缚了公益保护需要。

在美国消费者公益诉讼类型选择上,如果州立法明确规定应当优先利用主权执法(执行)型集团诉讼,则应该遵从这项要求,如果没有这种规定,检察长可以根据案件类型,自行选择是主权执法(执行)型集团诉讼,还是代表州内消费者利益的父权型诉讼。实践中,检察长一般是首选州主权执法(执行)型诉讼,因为由检察长或者以检察长名义提起的这种诉讼,产生的诉讼结果如果是胜诉,则对被代表的消费者个人具有拘束力,消费者可以据此获得赔偿;如果是败诉结果,判决对被代表的消费者个人不具有约束力,消费者个人仍然可以提起诉讼,这样更有利于消费者权益保护。① 我国食药领域消费者民事公益诉讼中,为了回避复杂的程序问题,目前还不能代为提出赔偿损失的诉讼请求。

① 参见日本内阁府:《外国群体性消费者被害恢复制度调查报告书》,载日本消费者厅官网:http://www.consumer.go.jp/seisaku/caa/soken/seido/snonta/sanota.html。转引自陶建国等:《当代美国法律》,人民出版社2013年版,第124页。

但是在解释论上,笔者认为,应当参照美国公益诉讼制度做法,胜诉的食药消费公益诉讼判决可以被潜在的消费受害者在后续的赔偿诉讼中援引,作为支持其求偿权的直接证据。

5. 法庭审理程序独具特色

在公益诉讼管辖上,美国检察官既可以向被告(如被告有多名,可以是任何一名能够认定的)的住所或居所(包括营业所在地),也可以向有违反联邦法规范行为发生地的联邦地方法院提起。告发人向有关部门的诉状应当以密封方式提出,同时要向司法部检察总长及该地区法院检察官递交诉状的副本和告发人持有的关于所有具体证据的书面揭发材料。告发人身份及诉讼相关材料在政府完成调查前应对被告保密,非经法院命令,不得送达被告。诉讼提起及相关书面资料送达后,诉讼资料将处于保密状态至少 60 天,在此期间政府有权对告发人提出的控诉进行调查,以决定是否介入。政府可以以正当理由向法院申请延长。完成调查后,司法部可以选择介入诉讼、申请撤诉或在正式调查前试行和解。如果司法部门决定进行社会调查,民事诉讼将在刑事调查终结后继续。如果司法部决定介入告发人诉讼,则负主要诉讼责任,告发人仍然有权以当事人地位继续参与诉讼。政府决定介入与否后,诉讼才可送达被告,告发人身份此时才向被告公开,然后诉讼依据联邦民事诉讼程序规则进行。如果政府拒绝介入,告发人可以单独诉讼,但政府仍可在诉讼进行中重新考虑介入。通过告发人诉讼,检察官既可以以诉讼介入人的身份加入诉讼,也可以借助于公民私人起诉的积极性,发挥其积极性,以便有效实现维护公共利益的司法保护问题。

除法院终审判决外,法律还赋予了检察官作为政府代表终结公益诉讼的权利。确切地说,司法部检察官在经法院许可后,可以不顾告发人反对,和解或撤销公益诉讼。诉讼撤销,需要法院与检察总长书面同意,并附具同意具体理由。如果政府检察官在已决定诉讼后才提出撤诉,必须事先告诉告发人,此时法院应提供机会给告发人对撤诉申请举行听证,政府才可不顾告发人主张而撤销诉讼。公益案件和解,可以分为政府提议与告发人提议的两种情况。在政府已介入进行的诉讼中,如果想与被告和解,必须向法院申请并经听证,给告发人对政府所提议的诉讼和解条件提出反对意见的机会。如果经过法院认定政府提议的和解条件公平适当且合理,则无论告发人反对与否,政府都可以与被告和解。本项听证如有正当理由,应当秘密进行。在告发人提议和解的情况下,如果政府检察官没有介入,告发人寻求与被告达成和解时应预先告知检察官,检察官可以向法院请求介入或对和解表示异议。实践中,检察官员可以和被告就案件的处理和诉讼费的开支方法达成和解协议,这种权利本身是毋庸置疑的。但是检察官行使该项权利,必须符合一定的前提条件,即被告必须已认可违法、同时停止政府检察官指控的违法行为,并且这一协议本身最终要经法院批准才能生效。双方和解协议必须在提交法院批准前的60日内在联邦登记报上公布,同时还应该在受理案件地区和哥伦比亚特区报纸上公布,接受公众监督。在司法部和个人共同提起诉讼的案件中,和解权还受到个人原告制约,如果个人原告不同意和解,司法部不得单独与被告和解。[①] 这些规范和做法对于我们妥善协调不同主体之间的职能关系,完善公益诉讼撤诉、和解、调解和判决等项制度,具有宝贵的参考作用。

2015年12月,最高人民检察院《人民检察院提起公益诉讼试点工作实施办法》第23条、第24条规定,民事公益诉讼案件中检察院可以与被告和解,法院可以调解,但是和解、调解协议不得损害社会公共利益;审理过程中,诉讼请求全部实现的,检察院可以撤回起诉。与起诉需要报经最高人民检察院批准相比,撤诉只需法院裁定同意即可,无须内审报批,这体现了试点初期的谨慎起诉立场,避免了滥诉现象。但在公益诉讼试点后期,由于办案规模不足,随着放宽审批权限、办案压力逐级下沉后,试点地方深入推进过程中又出现了短期大跃进现象。针对新情况新问题,2016年12月最高人民检察院《关于深入开展公益诉讼试点工作有关问题的意见》明确要求各试点单位拟决定撤回起诉的,应当层报高检院审查批准后,才能制作撤诉书提交法院。而法院对于这类撤诉申请,惯例应当进行审查:同意的,出具裁定;不同意的,说明理由。这就意味着公益诉讼撤回起诉,受到层报高检院批准和受诉法院审查两个程序性约束,有助于遏制实践中可能出现的滥撤问题。

---

① 赵许明:《美国民事检察诉讼制度及其价值分析》,载《国家检察官学院学报》2002年第2期。

笔者认为,加强这两个程序性的制约束缚,在当前阶段固然很有必要,但也不能忽视社会大众及相关公民、法人组织的参与权、知情权和监督权保障。这个需求,也可以借鉴美国法规范做法,通过在报纸、网络等新老媒体公开双方和解或调解协议内容,赋予公众及社会组织、相关人士对检察机关提议的诉讼和解条件表达包括同意、质疑、反对等具体意见的机会,来满足其作为利益攸关主体参与维护公益的需要。

博士论坛

刑事主观事实的证明责任与标准

姚　磊*

目　次

一、问题之提出

刑事主观事实是指案内需要运用证据加以证明的表现行为主体内部心理状态，决定定罪或者影响量刑的事实，具体包括故意（其中包括特定明知）、过失、目的、倾向（倾向犯）、表现（表现犯）、事实认识错误、违法性认识可能性、防卫意识和避险意识等主观正当化事由、被害人内心状态等主观定罪事实以及动机、情绪、心态等主观量刑事实。主观事实由于关乎人们的内心世界，较外在于物质或者行为表现的客观事实而言，具有更大的隐秘性、不确定性和复杂性，也就有着更大的证明难度。尤其是"明知"和"目的"的证明历来为司法实践中的难点，为解决这一证明的困难，法律和司法解释中也规定了一定的推定或者推论指导规则，但对于浩如烟海的犯罪情节以及隐秘难测的主观世界而言，这

* 辽宁省人民检察院检察官助理，法学博士。

并无法完全解决主观事实的证明难题。而主观事实是否得到有效证明，直接关系到案件事实能否得以认定，而无论是实体法还是程序法的设置与实施，都以案件事实的认定为核心，如果主观事实的证明出现较为普遍性的证明困难，那么也必然会对实体法和程序法的运行产生不利影响。

主观事实证明困难的不利影响主要体现在以下两方面：一是阻碍刑法目的的实现。刑法通过对一定的行为科处刑罚，以实现其保护社会秩序的目的。而刑罚是刑法的中枢神经，刑罚目的是刑法的核心目的。[①] 而无论是通过对犯罪分子科处刑罚以防止其再犯的特殊预防，还是通过对犯罪分子适用刑罚，威慑、儆戒潜在的犯罪人，防止他们走上犯罪道路的一般预防，[②]都需要建立在实体形成的基础之上，需要通过运用证据对犯罪构成证明的完成得以实现。而主观事实证明困难将导致含有主观要素的大量实体法规范在适用时遇到阻碍，可能导致某一犯罪行为由于得不到有效证明而被放弃追究责任。而实体法经常性的不能得到实现，必然会阻碍刑法目的的实现，不利于对犯罪的惩处和预防，以及社会秩序的维护。二是主观事实的证明困难也可能导致刑讯逼供等非法取证行为的产生。非法证据排除规则通过对刑讯逼供等非法取证行为取得的结果——证据的直接排除，以达到规制侦查人员合法取证的效果。非法证据排除规则对防止刑讯逼供无疑具有重要的作用。但我们也应该看到，该规则是通过外部程序制裁的方式防止刑讯的产生，而对减少刑讯产生的内部动因并没有直接作用。即使存在外部制裁方式，如果内部动因没有减弱，刑讯逼供也有产生的可能。刑讯产生的客观原因中侦查破案的巨大压力无疑是其中的重要一条，“为了完成破案任务，有些侦查人员很容易走上刑讯逼供的道路”。[③] 更深入一步看，刑讯的原因是由于“口供供需的失衡，从本质上说，刑

---

① 参见储槐植：《刑法目的断想》，载《环球法律评论》2008 年第 1 期。

② 参见高铭暄、马克昌：《刑法学》（第 5 版），北京大学出版社、高等教育出版社 2011 年版，第 222 ~ 227 页。

③ 王振川：《治一治刑讯逼供这一顽症——谈谈刑讯逼供的成因、危害及其治理》，载《人民检察》2006 年第 1 期（上）。

讯逼供只不过是侦查人员对于证明不能的本能反映。只要存在证明不能的情况,就可能存在刑讯逼供。"①在证明遇到困难,而又必须证明时,口供无疑是证明案件事实的捷径,于是刑讯便有了其产生的强大诱因。刑讯逼供之所以如此顽强,在于它免于法律制度在正式的证据和审判制度中崩溃。② 主观事实的证明困难无疑给案件造成了极大的证明困难,刑讯逼供也就有了其发生的内在动因。由此可知,主观事实证明困难问题越突出,对产生刑讯逼供等违法取证行为的影响也就越大。

解决主观事实证明困难问题的前提和基础,便是探寻主观事实证明困难的成因。犯罪构成的证明问题关系到实体法和程序法等多方面因素,因此形成主观事实证明困难的原因,也不是单一的,而是综合性的。主观事实证明困难的成因既有主观事实具有的内在性和个体差异性特性这一产生主观事实证明困难的最根本原因。也有主观事实较客观事实而言证明手段相对较少这一证明手段方面的原因。还有刑法具有一定的主观倾向的实体法原因。另外,诉讼制度为主观事实的证明提供的保障仍有一定的不足,是程序法方面原因。可以说主观事实证明困难的成因包括刑事实体法、证据法和程序法等多方面的因素,因此对主观事实证明困难的分析和解决也应当沿着刑事一体化的路径进行。限于篇幅原因,本文仅就其中证明责任与证明标准问题加以具体论证。

证明责任如何分配与控方对主观事实的证明难度关系密切。现代刑事诉讼法贯彻无罪推定原则,谁主张、谁举证的原则是证明的基本规律,因此证明被告人有罪的责任原则上均由控方承担,被告人一般不承担证明自己无罪的责任。《刑事诉讼法》第49条对此作出明确规定,公诉案件中被告人有罪的举证责任由人民检察院承担。亦即,主观事实的证明责任原则上由控方负担,控方不能证明主观事实的存在,则要承担败诉的结果。而主观事实的内在性,不易为外人感知的特征,使主观事实往往只为行为主体自己知晓,控方不易证明,有时甚至难以证

---

① 吴纪奎:《口供供需失衡与刑讯逼供》,载《政法论坛》2010年第4期。

② John. H. Langbein. Torture and Plea Bargaining. *University of Chicago Law Review*, 1978,(46):3 – 22.

明。证明责任的承担与主观事实的难证性,使控方对主观事实的证明有着较重的负担。而如果无论是客观责任还是主观责任,对全部的主观事实的证明责任均由控方承担,那么会使控方承担更重的证明负担,也很可能使主观事实的证明陷入困境。因此是否可以要求被告人承担一定的责任,是承担客观责任还是主观责任,抑或仅承担对一定事实的合理说明或者提供线索的义务,则是解决主观事实证明困难问题需要重点研究的内容。目前我国法学理论和司法实践中,关于证明责任的理论、推定的范围和效力、积极抗辩的范围等问题,有着较大的争论,使司法实践中主观事实证明责任制度的适用较为模糊,这在一定程度上阻碍了通过证明责任的合理分配降低控方证明负担作用的发挥。可以说主观事实证明责任理论和实践适用的模糊,是形成主观事实证明困难的原因之一。

证明标准与证明责任是紧密相连的一组概念,只有达到相应的证明标准才能解除证明责任的负担。刑事诉讼由于其关涉利益的重要性,为了保障被告人的权利,防止错误定案的风险,两大法系对犯罪成立的证明标准都作出了最高的要求。英美法系的证明标准为“排除合理怀疑”,大陆法系的证明标准为“内心确信”,《刑事诉讼法》第 53 条规定了认定被告人有罪的证明标准为“证据确实、充分”,并用“排除合理怀疑”的规定明确了“证据确实、充分”的含义,从主观方面对“证据确实、充分”进行了解读,“证据确实、充分”的标准要求对案件事实的证明达到不存在合理怀疑的程度。虽然对于要件事实的证明,控方都需要达到“证据确实、充分”的标准,但不可否认的是,一般情况下主观事实的证明难度要远大于客观事实的证明,那么“证据确实、充分”的标准是否是一个有着一定幅度的证明要求,主观事实的证明标准可否在这一幅度内,作略低于对客观事实的证明要求,或者更进一步,主观事实的证明标准可否设置为较大程度的盖然性,对其作出低于“证据确实、充分”标准的要求,从而降低主观事实的证明难度,则是理论上需要加以分析的问题。同时需要注意的是,在我国司法实践中,与“证据确实、充分”证明标准相配套的是相互印证的证明模式。在印证模式中,证明的关键在于获得相互支持的其他证据,单一的证据不足以证明案件事实,必须有更多的具有同一性的证据来支持。[①] 在主观事实的司法证明中,由于案件的隐蔽性和要件事实的内在性,使达到印证模式要求下的证明标准的难度较大。在一些关键证据“一对一”的案件中,案件事实可能在完全的自由心证模式下,能够得到认定。[②] 而在印证证明模式中,由于缺少相互印证的证据而可能无法得到证实。在我国司法实践中,客观运行着较高标准的印证证明模式,这在一定程度上增加了主观事实的证明难度。另外,如果被告人需要承担一定的证明责任,那么被告人承担的证明标准应当达到什么样的程度,在理论和实践中也都有着较大的争论。

从上述分析可以看出,证明责任与证明标准的设置问题与主观事实的证明有着直接的关系,主观事实证明责任、证明标准部分理论的模糊,以及对证明的过高要求客观上为主观事实的证明带来了较大的难度。因此对这一问题的研究是解决主观事实证明困难的重要路径。本文就将以证明责任与证明标准的理论为基础,结合主观事实证明的具体特性,分析在主观事实证明中,应当如何更为合理的分配证明责任与设置证明标准。

二、刑事主观事实的证明责任分配

由于我国应当如何构建证明责任制度并无定论,因此无法直接通过证明责任制度的理论来分析主观事实证明责任的分配以及相应的证明标准问题。笔者也无意提出或者选择一种证明责任制度作为分析的前提,因为该理论也难以被普遍接受,以一种没有定论的理论作为前提

① 参见龙宗智:《印证与自由心证——我国刑事诉讼证明模式》,载《法学研究》2004年第2期。当然在任何证明模式下,认定案件事实,都存在证据的印证,仅依靠单一证据,而该证据不与其他证据有任何内容上的交叉和佐证,是难以形成确定的心证的,只是在印证模式下对于证据的印证程度要求较高。

② 龙宗智教授在赴美考察时,美国纽约警察局的一名警察曾介绍,在一起故意杀人案件中,只要有一名目击证人作证,而被告人承认作案时间到过现场,即使他不承认杀人,警察局也可以将此案交付检察官起诉。由于陪审团或法官可能相信目击证人的证词,被告人可能被判决有罪。参见龙宗智:《印证与自由心证——我国刑事诉讼证明模式》,载《法学研究》2004年第2期。

分析另一问题,所得出的结论也必然缺乏说服力。但这并不阻碍对主观事实的证明责任问题进行深入的分析,因为通过前文的论证,可以基本得出证明责任的核心为对所提出诉讼主张进行证明,无法证明时需要承担不利后果的行为和结果相统一的责任的结论,因此证明责任的问题主要表现为应当由哪方对特定事实进行证明以及需要证明的程度。在主观事实证明责任研究中最为关键的问题就是,被告人需要对哪些主观事实提出证据证明以及证明到何种程度。围绕这一核心问题所需要研究的具体内容包括:控方承担哪些主观事实的证明责任,控方的证明标准,被告人需要对哪些主观事实进行证明,被告人的证明标准以及证明方式,控方是否承担进一步排除争议的责任。具体分析如下:

第一,根据无罪推定原则的要求,控方原则上应当承担对犯罪构成要件事实的证明责任,并且应当证明到证据确实、充分的程度。无罪推定原则要求,被告人在未经法院作出生效有罪判决之前,被推定为无罪,控方承担证明被告人有罪的责任是固定的,由于刑罚对被告人利益的重大影响,控方应当证明到最高的程度,即证据确实、充分的程度,由于受无罪推定原则的保护,被告人不承担证明自己无罪的责任,不得要求被告人自证其罪。具体而言,在主观事实方面,原则上控方应当承担对故意、过失、目的犯中的目的,特定明知等主观要件事实的证明责任,在推定的情况中,控方承担对基础事实的证明责任,控方对上述事实的证明应当达到证据确实、充分的标准。

第二,被告人需要对哪些主观事实进行证明。目前理论界对于被告人是否承担证明责任,承担什么样的证明责任具有较大的争论,这一现象也是证明责任理论存在争议的直接体现。被告人是否承担证明责任的争论,可由对证明责任的理解不同所致,如果认为证明责任仅指客观证明责任,那么就可能对被告人实际承担主观证明责任的情形,认定为被告人并未承担证明责任;同时,承担证明责任是否限定于必须运用证据证明的情形,也可能导致对被告人是否承担证明责任理解的不同,如果认为只有运用证据进行证明,才属于承担证明责任,那么对于被告人通过解释、合理说明、提供线索等方式使法官形成合理怀疑的情形,则可能不被认定为是承担证明责任。当然各种争论都具有一定的合理性,但如果从解决主观事实证明困难的角度出发,不拘泥于概念的限制和争论,即使是最为谨慎的观点,也会承认被告人应该对特定的事实负有提出主张,并进行说明或者一定程度证明的责任。那么在主观事实证明问题的研究中,极为迫切需要确定的就是被告人需要对哪些事实进行证明,本部分就先跳出证明责任的概念之争,直接探讨被告人需要对哪些主观事实进行证明的问题。

笔者认为,被告人应当对推定和积极抗辩事由进行证明。无论是大陆法系还是英美法系,推定都是转移证明责任的主要方式,我国刑法和司法解释中也有一定数量的推定规定,对被告人承担证明责任作出了要求。另外,在大陆法系中,由于犯罪论体系推定机能的作用,对于违法阻却事由和责任阻却事由,被告人也需要承担一定的责任,违法阻却事由中的主观事实有正当防卫、紧急避险中的防卫意识和避险意识,被害人的承诺或者同意等;责任阻却事由中的主观事实有违法性认识可能性等。正当防卫、紧急避险、违法性认识可能性等内容,在英美法系属于责任充足要件中的内容,是犯罪本体要件之外的事实,由被告人承担一定的证明责任。我国犯罪论体系通说为四要件体系,正当防卫、紧急避险、被害人承诺和同意属于四要件之外阻却犯罪成立的正当行为事由。由于我国刑法体系中并无独立的责任事由,因此违法性认识可能性是归属于故意还是作为故意之外的要素仍有争论。对于期待可能性,我国刑法主流观点认为:“期待可能性理论对于我国刑法中判断行为人主观上是否具有罪过具有一定借鉴意义,但应否将其直接引入我国刑法学中尚有待于进一步研究。”①即我国刑法中是否承认期待可能性尚有争论。② 由于犯罪论体系的不同,在我国刑法理论中无法用“违法阻却事由”和“责任阻却事由”的概念概括上述主观事实。但对于这类事实,在我国证据法学研究中,较为普遍地采用了“积极抗辩事

① 高铭暄、马克昌:《刑法学》(第 5 版),北京大学出版社、高等教育出版社 2011 版,第 117 ~ 118 页。

② 由于我国刑法中是否承认期待可能性作为免责事由尚有争论,因此本文在论证主观事实证明责任分配时,不对期待可能性进行分析。

由”的概念进行概括,①笔者也沿用这一用法。

这类事实的范围虽然在两大法系有所不同,但通过分析可以发现其共同特点,即都处于构成要件或者犯罪本体要件之外,这类事由的出现能够阻却犯罪的成立。但四要件体系与上述体系不同,除正当行为事由处于四要件之外,其他能够阻却犯罪成立的事由均已包含在四要件之中,即四要件体系中对犯罪构成的判断是实质性的,不仅是形式上满足要件的要求。因此我国证据法中积极抗辩事由也不仅限于犯罪构成之外的事由,也可能是其中的能够从反面阻却犯罪成立的事由。由于积极抗辩事由是从反面表明犯罪不能成立的事实,根据证明的一般规律而言,不可能要求也没有必要要求控方在证明犯罪构成要件成立的同时,从各个角度证明积极抗辩事由的不存在。因此根据谁主张、谁举证的原则,一般要求被告人对这类事实承担一定的责任。德国刑事诉讼由于采取职权主义诉讼模式,因此被告人对阻却事由仅提出主张即可;日本刑事诉讼兼具职权主义和当事人主义的特点,对阻却事由一般要求被告人承担争点形成的责任;英美法系中要求的更为严格,被告人承担提供证据责任或者说服责任,需要证明到优势证据或者更高的程度。我国刑事诉讼处于由传统的职权主义向当事人主义的过渡中,兼具职权主义和当事人主义的特点,强调控辩之间的平等对抗,法官的消极、中立,法官并不主导证据调查。因此对于积极抗辩事由,也应当由被告人承担一定的责任。

但积极抗辩事由的范围不能照搬大陆法系和英美法系的理论,需要结合我国刑法体系进行具体分析。首先,在我国刑法的犯罪论体系中,正当防卫和紧急避险属于构成要件之外的正当行为,因此防卫意识

---

① 如陈卫东教授主持编写的《模范刑事诉讼法典》第203条,“对以下抗辩事由,辩方负有提出证据的责任:(一)正当防卫、紧急避险等正当化事由;(二)不具备责任能力的法定事由……”参见陈卫东:《模范刑事诉讼法典》,中国人民大学出版社2005年版,第288页。陈瑞华教授所著的证据法学教材中将积极抗辩事由作为被告人承担证明责任的一种情形,参见陈瑞华:《刑事证据法学》,北京大学出版社2012年版,第237页。在专门论证被告人承担证明责任的论文中,也使用了积极抗辩事由的概念,参见纵博:《刑事被告人的证明责任》,载《国家检察官学院学报》2014年第2期。但是上述分析中,对积极抗辩事由的范围的界定并不一致,这也有待于学界进一步的梳理和论证。

和避险意识应属于主观积极抗辩事由。另外,对防卫意识和避险意识的证明,还有在假想防卫和假想避险中对防卫意识和避险意识进行证明的情形。假想防卫是指客观上不存在不法侵害,而行为人误以为存在不法侵害,而实施了防卫行为;假想避险是指客观上不存在避险情形,而行为人误以为存在避险情形,而实施了避险行为。

假想防卫和假想避险会导致案件为过失犯罪或者意外事件的结果。在假想防卫和假想避险的情形中,被告人对其主张的防卫意识和避险意识,也应当进行证明。

其次,被害人承诺和同意分为两种情况:一是犯罪构成要件对被害人的意愿作出了具体要求的情形,如强奸罪的成立需要违背被害人的意愿,诈骗罪的成立需要被害人陷入虚假认识等,此时被害人的意愿属于犯罪构成要件,应当由控方进行证明,该情况的被害人承诺和同意不属于积极抗辩事由;二是被害人的意愿不属于犯罪构成要件,此时如果有被害人的承诺和同意,可能会减轻、免除对被告人的处罚,如得到了被害人同意的伤害行为,当然被害人的承诺和同意能够在多大范围内阻却犯罪成立有一定争论,但该情况的被害人承诺和同意可以作为积极抗辩事由。

再次,违法性认识是指行为人对自己行为违法性的认识。违法性认识错误是指行为人不知道其行为为法律所禁止或者错误地认为行为为法律所允许,包括具有违法性认识可能的可以避免的违法性认识错误,以及不具有违法性认识可能的不可避免的违法性认识错误。其中不可避免的违法性认识错误,可能阻却犯罪成立。关于成立犯罪是否需要违法性认识,以及违法性认识在犯罪论中所处的位置,各学说间有着较大的争论。大陆法系刑法理论经历了将其作为故意的构成要素向责任要素的转变,“传统理论认为,违法性意识是故意的构成要素,从道义责任或者规范责任的立场看,故意是在认识到行为的违法性或者反伦理性前提下的决议”。“现代刑法学主流理论和德国刑法立法均将违法性意识作为独立于故意的责任要素。”①关于违法性认识,最初

① 马克昌:《外国刑法学总论(大陆法系)》,中国人民大学出版社2009年版,第242~243页。

受“法律的错误不宽恕”的法谚影响，认为犯罪成立不需要有违法性的认识，但随着认识的深入，现代刑法学普遍认为违法性认识可能性是对行为人责任非难的前提，行为人不具有违法性认识，则不具有责性。我国刑法理论虽然关于违法性认识的归属还有争论，但笔者认为违法性认识可能性（不可避免的违法性认识错误）应当属于积极抗辩事由。控方证明案件时，一般情况均假定行为人对法律明知，普遍不要求控方对行为人的违法性认识进行证明，这是由于法律制定后，一般即假定所有人明知。但由于现代社会的复杂性以及行政刑法的增多，在极特殊情况下，行为人也确实对法律不明知。因此行为人主张其对法律不明知时，应当提出证据进行证明，使该问题形成争点。

最后，虽然精神失常要素不属于主观事实，但对于其是否属于积极抗辩事由，也有必要进行一定的探讨。在我国刑法中，精神失常属于犯罪主体要件中的责任能力要素，属于犯罪构成要件，需要控方从正向去证明，这与三阶层体系将其作为责任阻却事由和美国刑法将其作为责任充足要件不同，因此，在我国刑事法中，被告人的精神状况需要由控方进行证明，精神失常不属于积极抗辩事由。另外，从我国刑事诉讼的鉴定启动模式来看，被告人也没有证明其精神状态的条件，因为刑事诉讼的鉴定启动权在公、检、法机关，被告人只有申请鉴定的权利，而无启动权。

综上所述，现阶段我国刑事法中的主观积极抗辩事由主要包括防卫意识、避险意识、部分被害人承诺和同意以及违法性认识可能性等。

另外，还应当特别注意对积极抗辩事由和消极抗辩事由的区分。根据无罪推定原则的要求，控方原则上应当证明犯罪构成要件事实的全部内容。因此犯罪构成要件的证明责任由控方承担，辩方否定构成要件事实，不是承担证明责任，而是行使其辩护权，当控方对构成要件事实完成证明后，辩方为防止法官形成对己不利的心证，也会提出针对辩方证据真实性或者辩方主张事实不成立的反驳，使法官对该事实产生怀疑，但这属于被告人举证之必要，而非证明责任。如前文所述，只对积极事实本身进行否定的属于消极抗辩，而当积极事实成立时，提出积极事实以外的能够阻碍犯罪成立或者刑事责任成立的事实属于积极抗辩。在消极抗辩中，被告人不进行证明或者证明不利，并不必然承担不利的后果,要件事实的成立仍需要控方达到相应的证明要求。在积极抗辩中,如果被告人不能提出证据证明或者证明不利,则法官不会将其主张事由作为争点考察,被告人将承担由此产生的不利后果。在消极抗辩与积极抗辩区分中,争议较大的是“不在犯罪现场”这一事由,美国的上诉法院就认为,“一个州把不在犯罪现场申辩的说服责任由被告承担的做法是不合宪的”“不在现场的申辩仅仅是否认参与犯罪的一种形式而不是真正的积极抗辩”。[①] 笔者认为,不在犯罪现场属于消极抗辩事由,控方证明被告人实施犯罪行为的前提,是被告人在犯罪现场,因此该事实属于控方的证明责任,被告人提出关于不在犯罪现场的证明属于行使辩护权而非承担证明责任。基于同样的道理,笔者认为主观事实中的一些事实也属于消极抗辩事由,属于控方承担证明责任的范围,如构成要件对被害人意愿作出明确要求的犯罪中的被害人承诺和同意;事实的认识错误,这是对故意或者整个犯意的否认;在间接故意与过于自信过失区分中的结果回避意志,这是对控方需要证明的意志因素的否认;在疏忽大意过失与意外事件的区分中,行为人个体不具有认识危险发生的可能性,这是对控方需要证明的行为人具有认识因素的否认。

同时,理论界对于刑法分则“但书”规定内容的证明责任问题也有争论,有观点认为“但书”的规定属于积极抗辩,笔者认为,对此并不能一概而论,而需要具体判断。在这里仅就主观事实的证明进行分析,对《刑法》第243条“诬告陷害罪”和第306条“辩护人、诉讼代理人伪造证据罪”中“不是有意诬陷”和“不是有意伪造”的“但书”规定,不应理解为积极抗辩。诬告陷害罪和辩护人、诉讼代理人伪造证据罪都属于故意犯罪,只有行为人是故意诬告陷害他人或者故意伪造证据的,才构成犯罪。张明楷教授就认为诬告陷害罪中“虽然错告与检举失实在客观上也表现为向国家机关作不真实的告发,但行为人以为自己告发的是真实犯罪事实,没有陷害他人的故意。”[②]即“但书”的规定是将过失

---

① [美]约翰·W. 斯特龙:《麦考密克论证据》,汤维建等译,中国政法大学出版社2004年版,第676页。

② 张明楷:《刑法学》(第4版),法律出版社2011年版,第807页。

检举和过失伪造证据的行为排除在犯罪之外,起到强调本罪为故意犯罪的作用。如果认为"但书"规定的情形,属于积极抗辩,则相当于免除了控方对故意要素的证明,而将行为人不具故意的证明责任转移给了被告人,这极大地增加了被告人的证明负担,与无罪推定原则严重不符,不具合理性。

第三,被告人的证明标准和证明方式。对于积极抗辩事由和推定,被告人应当承担什么样的证明责任,很大程度体现为证明标准的不同。积极抗辩的证明标准,大陆法系和英美法系有着截然不同的做法,大陆法系的德国,对阻却事由被告人不需要承担证明责任,只提出主张即可,在日本需要达到产生合理怀疑的证明标准,而在英美法系,对某些积极抗辩事由,被告人甚至要承担说服责任,达到优势证明的标准。就推定而言,推定的效力有塞耶的"气泡爆裂说"和"摩根说"两种不同观点,"气泡爆裂说"认为"推定的唯一效果就是转移提供证据责任,如果对方当事人提出反驳推定事实的证据,则推定就告消失"。[①] 由于推定的作用过于微弱,"气泡爆裂说"受到批评,而"摩根说"则主张推定具有转移说服责任的效力,需要达到优势证明的标准。美国最高法院通过且提交国会的《联邦证据规则》(草案)第301条采用了"摩根说",但没有获得国会通过,之后制定的《联邦证据规则》第301条则具有明显的塞耶说特征,1965年通过的《加利福尼亚证据法典》规定基于公共政策的推定能够确定说服责任,不是为了执行公共政策而是为了便于解决某一特殊诉讼问题的推定具有转移提供证据责任的效果。[②] 在美国民事诉讼中,则既有转移说服责任的推定,也有转移提供证据责任的推定。有学者就指出,转移提供证据责任的推定,被告人只需证明推定事实不存在至"表面可信"即可,而转移说服责任的推定,被告人需要证明到"优势证据"的程度。[③] 在我国证据法学研究中,对于积极抗辩的

① [美]约翰·W.斯特龙:《麦考密克论证据》,汤维建等译,中国政法大学出版社2004年版,第665~666页。

② 同上书,第670~671页。

③ 参见刘英明:《也论推定规则适用中的证明责任和证明标准——兼与何家弘教授商榷》,载《证据科学》2009年第5期。

证明标准有着优势证据和产生合理怀疑的不同观点。对于推定效力也有着较大的争论,有观点认为推定转移了客观证明责任,被告人的证明需要达到优势证据的标准,①有观点认为推定转移了提供证据责任,证明标准为优势证据,②也有观点认为被告人的证明标准不需要达到优势证据或者证据确实、充分的标准,只要有合理的可能性即可。③ 笔者认为,推定到底应该具有怎样的效力,是采取"塞耶说"还是"摩根说"不能一概而论,而应该结合具体的情况而定。不仅在刑事诉讼、民事诉讼和行政诉讼中难以制定统一的推定规则,即使在刑事诉讼内部,推定的效力仅从设置基础来看也是难以一致的。我国刑事法中,最少有两种不同基础的推定,一是主要基于政策需求而设置的推定,如巨额财产来源不明罪中的推定设置,则有着更多的打击腐败的政策需求;二是主要基于证明困难而设置的推定,如掩饰、隐瞒犯罪所得罪中对赃车明知的推定设置,则有着更多的解决证明困难的考量。④ 基于政策需求而设置的推定,所产生的推定效力一般要强于基于证明困难而设置的推定。同样,对于积极抗辩事由,虽然英美法系对被告人要求了较高的证明标准,但这与英美法系的犯罪论体系以及诉讼模式有着紧密的关系。在大陆法系中,由被告人主张或者证明阻却事由,主要是从证明的现实条件角度考虑,依据一般的证明原理,难以要求控方在正向证明行为符合构成要件时,还要同时从反向证明各种阻却事由的不存在,这既不符合证明规律,也没有必要,只要在形成疑点后,由控方对疑点进行排除即可。因此德国对被告人要求了主张责任,日本对被告人要求了争点形成责任。进行比较可以看出,证明的现实条件较证明困难而言,所产生的转移证明责任的效力应该更低。因此仅从设置基础的角度来看,

---

① 参见樊崇义、吴光升:《论犯罪目的之推定与推论》,载《国家检察官学院学报》2012年第2期。

② 参见吴丹红:《犯罪主观要件的证明——程序法和实体法的一个联接》,载《中国刑事法杂志》2012年第2期。

③ 参见孙长永、黄维智、赖早兴:《刑事证明责任制度研究》,中国法制出版社2009年版,第234页。

④ 推定的设置基础一般均含有政策和证明困难两种因素,只是在不同的推定中,所占的比重不同。

基于政策的推定,基于证明困难的推定、基于证明现实条件的积极抗辩,被告人承担的证明标准应该依次降低。从理想状态分析,基于政策的推定,可以要求被告人承担客观证明责任,达到优势证据的标准;基于证明现实条件的积极抗辩,可以要求被告人承担具体的主观证明责任,只产生合理怀疑即可;基于证明困难的推定,可以在这两者之间进行设置。

以上仅是从设置基础进行的理想层面的分析,对被告人施加何种证明责任,要求什么样的证明标准还必须考虑诉讼的具体状况。笔者认为我国刑事诉讼中不应要求被告人承担"优势证据"的证明标准。首先,被告人取证能力的不足是无法对被告人施加过高证明责任最为主要的原因,刑事诉讼法的修改,使律师的阅卷权和会见权得到了较大程度的完善和保障,但我国刑事诉讼中被告人的取证能力仍然较弱,被告人在审前多处于羁押状态,没有足够的人身自由搜集证据进行辩护准备,而被告人获得律师帮助的比例仍然较低,"从全国范围来说,至少60%以上的被告人没有辩护律师的帮助,在侦查阶段能够聘请律师提供法律帮助的犯罪嫌疑人更少"。[①] 即使有律师的帮助,由于律师搜集证据仍需要得到相关单位或者个人的同意,一些情况下,还需征得检察院、法院的许可,律师缺少强制取证权,这使律师的取证能力受到了较大的限制。在司法实践中或多或少存在对律师权利的限制和侵犯,以及《刑法》第306条"律师伪证罪"这把达摩克利斯之剑对律师取证的阻碍,都较大地降低了律师取证的能力和意愿,也使被告人在刑事诉讼中的举证变得更为困难。其次,与被告人取证能力较弱相对的是,控方作为国家司法机关,拥有充分的司法资源,拥有强大的调查取证能力,在我国司法中控辩双方在取证能力方面并不具有实质的对等性,且差距较大。最后,在控辩力量失衡的情况下,被告人举证能力的不足没有得到法官诉讼关照义务的弥补,在个别情况下由于法官中立性的不足,过于强调诉讼中的配合,使被告人的积极证明和辩护防御变得更加艰难,有学者就指出:"司法实践中最常见的情况是,法官如果发现检

① 孙长永、黄维智、赖早兴:《刑事证明责任制度研究》,中国法制出版社2009年版,第218页。

控方的证据尚有不足之处时,经常展开一些补充性的调查活动,甚至重新收集一些证据,作为证明被告人有罪的根据。”“相反,如果辩护方提出一定的主张和据以证明这种主张的证据,刑事法庭则百般挑剔,极少展开任何形式的补充调查,并经常以‘证据不充分’为由,驳回辩护方的申请和主张。”①另外,通过对我国刑法的分析,也能得出法律条文并未规定被告人需要承担“优势证据”标准的结论。巨额财产来源不明罪是理想状态下,被告人需要承担最高要求证明责任的情形。《刑法》第395条规定,国家工作人员需要对超过合法收入的财产进行说明,如果不能说明合法性,则构成犯罪。该条文并未规定对于财产合法性,必须由被告人提出证据进行证明,而只是对被告人提出了说明的责任,而“优势证据”是要达到50%以上确信的证明标准,仅通过说明和解释,很难达到“优势证据”的要求,一般情况下,说明和解释所产生的效果多为引起合理怀疑。因此从法律条文层面分析,法律并未要求被告人的证明需要达到“优势证据”的标准。综合以上理由,笔者认为出于对被告人权利的保障,同时兼顾证明的需要,可以要求被告人对推定和积极抗辩事由进行证明,但对被告人的证明标准只能作最低限度的要求,以产生合理怀疑为宜。

被告人的证明方式与控方不同,被告人可以采取解释、说明,提供线索或者提供证据证明中的任何一种方式,而控方必须提供证据进行证明。被告人经过合理解释、说明或者提供线索能够使待证事实的存在或者不存在产生合理怀疑,即达到了证明标准,法官不得要求被告人必须提供证据;对于被告人提出的有一定指向具有合理性的线索,控方或者法官有核实的义务;控方和法官有保障被告人调查取证的义务,如辩方在审查起诉或者审判阶段有权申请控方或者法官调取证据,控方和法官一般应当同意取证。

第四,控方有进一步排除合理怀疑的证明责任。首先,我国刑事诉讼法确立了控方承担证明被告人有罪的证明责任,并需要证明到证据确实、充分的程度,这一证明责任和证明标准的规定,在推定或者积极抗辩中也应该同样适用,即由控方承担最终的证明责任。这样理解该

---

①　陈瑞华:《刑事诉讼中的司法证明规则》,载《法学论坛》2003年第4期。

规定,能够体现无罪推定原则的基本精神,可以更为有效地保障被告人权利,减少错误定案带来的风险。其次,我国证据法学的主流观点也认为控方应当承担进一步排除疑问的证明责任。如龙宗智教授认为:"即使是法定的应由被告方承担证明责任的事由,在被告方履行证明责任后,反驳该辩护理由存在的证明责任最终仍然由控方承担""必须否定被告方的辩护理由,并达到排除合理怀疑的程度"。[①] 陈瑞华教授在探讨推定问题时指出:"对于被告人的证据或者辩解理由,检察机关承担证明其不成立的责任。对于这一证明责任,检察机关也要达到'事实清楚,证据确实、充分'的程度。"[②]孙长永教授认为,"检察院必须排除被告人的辩解或者证据所产生的合理疑问"。[③] 最后,如果将被告人的证明标准确定为产生合理怀疑,那么控方只有进一步排除该疑问,才能证明被告人有罪。综合以上原因,控方应当承担最终的证明责任。

上述分析,跳过了证明责任的概念和理论之争,以解决具体证明问题为视角,针对主观事实证明的各个步骤,进行了较为实用的论证。但就被告人是否承担证明责任、控辩双方承担何种证明责任,并未给出理论上确定的界定。那么,笔者结合我国证明责任制度的基本理论构建,对上述问题,提出确定的观点:如前文所述,我国的证明责任制度,应当采取客观证明责任和主观证明责任的双层模式,但需要赋予主观证明责任以结果意义的内涵。证明责任的分配方式为:控方应当承担全部要件事实的最终的客观证明责任;无论是对推定还是积极抗辩事实,被告人都不承担客观证明责任,被告人只是对上述事实承担主观证明责任,证明标准只要达到产生合理怀疑即可,证明方式包括解释、说明,提供线索,提供证据进行证明。

三、刑事主观事实证明标准的设置

由于证明责任与证明标准的紧密联系,在研究证明责任分配问题

① 龙宗智:《证明责任制度的改革完善》,载《环球法律评论》2007 年第 3 期。

② 陈瑞华:《刑事证据法学》,北京大学出版社 2012 年版,第 283 页。

③ 孙长永、黄维智、赖早兴:《刑事证明责任制度研究》,中国法制出版社 2009 年版,第 234 ~ 235 页。

时,对控辩双方承担的证明标准也作了分析。此外,在刑事主观事实证明标准的设置中还有两个重要问题需要深入研究,一是主、客观事实的证明标准是否具有差异性,即能否因为主观事实的难证性,而对主观事实证明标准作出较低的要求;二是印证模式在主观事实证明中的适用,即能否为了缓解证明困难,而在主观事实证明中弱化印证模式的适用。上述两个问题,对解决主观事实证明困难都具有直接影响,因此本部分对这两个问题进行重点论证。

(一)主、客观事实证明标准是否应有差异

关于主观事实证明标准是否应低于客观事实证明标准的问题,学界有着一定的争论。如有学者提出,证明标准应当多元化,其中一个体现就是区分不同犯罪构成的证明标准,“关于‘犯罪行为的存在’以及‘谁是犯罪的实施者’必须查清,必须证明到‘事实清楚,证据确实、充分’,即要达到唯一性,排除其他可能性;其他犯罪构成要件可以略低。”①关于这一问题,应当从两个层面进行研究:一是“证据确实、充分”或者“排除合理怀疑”标准是不是有着一定幅度,如果是,那么在“证据确实、充分”限度内,对主观事实证明标准能否作出低于客观事实证明标准的要求;二是客观事实证明标准为“证据确实、充分”,主观事实证明标准能否略低于“证据确实、充分”的标准。

在第一层面,笔者认为“证据确实、充分”的标准不存在程度上的区分,因此也不能对主观事实的证明标准,在“证据确实、充分”的限度,作出低于客观事实证明标准的要求。首先,“证据确实、充分”已经是最高要求的证明标准,其本身不再有程度上的区分。“‘排除合理怀疑’根源于无法达到真正的绝对确定性的哲学思考,代表了人类所能达到的最高证明程度,其目的即要求在诉讼中获得人类可能达到的最大的确定性。”②“证据确实、充分”或者“排除合理怀疑”的标准,并非绝对的不存在任何怀疑,而是这种怀疑是缺少根据和不符合常理的,

① 李玉华:《刑事证明标准的新发展——评刑事诉讼法修正案(草案)第52条及相关规定》,载《中国人民公安大学学报》(社会科学版)2012年第1期。

② 卞建林、张璐:《“排除合理怀疑”之理解与适用》,载《国家检察官学院学报》2015年第1期。

“证据确实、充分”是审判人员对全部证据审查之后而形成的确定心证,之所以对存在的怀疑予以排除,是基于内心最大限度的确信,由于这已经是基于人类认知能力而形成的最大限度的确信,因此也不存有程度上的区分。其次,即使将“排除合理怀疑”的程度界定为95%或者90%以上,认为主观事实的证明标准可以在这一限度内略低于客观事实的证明标准,这一观点在具体证明中也是难以操作的,审判人员难以对案件事实的判断形成细化的程度上的区分,90%、95%或者高于95%的某一证明程度,只是在理论上的划分,在具体证明中,难以形成如此具体的判断。最后,由于审判人员难以形成准确的量化判断,按照上述观点,也容易导致主观事实的实际证明标准出现低于“证据确实、充分”的法定标准的情形。

在第二层面,笔者认为主观事实的证明标准只能为“证据确实、充分”,除非有推定等法律明确规定的情形,否则不能降低案件事实的证明标准。一方面,《刑事诉讼法》第53条明确规定了案件事实的证明标准为“证据确实、充分”。最高人民法院《关于适用〈中华人民共和国刑事诉讼法〉的解释》第64条规定,“应当运用证据证明的案件事实包括:……(四)被告人有无刑事责任能力,有无罪过,实施犯罪的动机、目的……认定被告人有罪和对被告人从重处罚,应当适用证据确实、充分的证明标准”。司法解释明确规定对于罪过、目的等主观事实的证明,应当适用“证据确实、充分”的证明标准。即在法律层面上,主观事实的证明标准明确设置为“证据确实、充分”。另一方面,法律和司法解释的规定是实然层面的设置,那么在应然层面,能否对主观事实降低证明标准也可以在理论层面进行探讨。由于无罪推定和疑罪从无原则的要求,主观事实的证明标准也只能为“证据确实、充分”。对案件事实的证明,整体上达到“排除合理怀疑”的程度,是建立在对案件事实每一部分的证明都达到“排除合理怀疑”的基础之上,如果某一部分的证明存有合理怀疑,那么案件事实的整体也仍然存有该疑问。当主观事实的证明未能达到“排除合理怀疑”的标准时,整个案件事实是存有合理疑点的。因此降低主观事实的证明标准是与无罪推定和疑罪从无原则相抵触的,不具有合理性。

综合以上两个层面的分析,能够得出这样的结论:主观事实的证明标准与客观事实的证明标准并无不同,都为“证据确实、充分”。

(二)印证模式在主观事实证明中的适用

当然,主观事实与客观事实适用相同的证明标准,这无疑会为主观事实的证明带来较大的困难。但在证明标准层面,解决主观事实证明困难的方式,并不应是证明标准的降低,因为“证据确实、充分”标准是无罪推定、疑罪从无原则的基本要求,关系到刑事诉讼的根本价值。其实,在证明标准层面,解决主观事实证明困难的方式,应当是具体证明模式的调整,即弱化印证模式在主观事实证明中的适用,转而加强审判人员的自由判断和内心确信的作用。

我国刑事诉讼中的证明模式,是一种相互印证的模式。印证模式也属于自由心证的一种,但与典型的自由心证相比,其更加强调证据之间的相互印证,达到相应的证明标准,需要以相互印证的证据体系作为基础,“在这种以印证为最基本要求的证明模式中,证明的关键在于获得相互支持的其他证据。单一的证据是不足以证明的,必须获得更多的具有内含信息同一性的证据来对其进行支持”。[①]“这些具有独立信息源的间接证据相互存在事实信息的交叉,对所有事实信息的证明都至少有两个证据加以支持,它们之间环环相扣,排除了其他人作案的可能性。”[②]在完全自由心证模式中,证据之间也会有一定的印证,否则,难以形成稳定的证明结构,只是并不对证据之间的印证性做过高的要求。[③]典型的自由心证模式,更加重视审判人员对证据的自由判断,对证据证明的案件事实的确信程度,只要能够形成确信,就可以认定案件事实,而不用过多地考虑证据之间的相互印证程度。

印证证明模式的适用具有现实合理性,通过证据之间的相互印证,对于保证单个的证据真实性以及整个案件事实的确定性都具有较为重要的作用,印证模式是一种可靠性较强的证明模式。但印证模式也具

---

① 龙宗智:《印证与自由心证——我国刑事诉讼证明模式》,载《法学研究》2004年第2期。

② 陈瑞华:《刑事证据法学》,北京大学出版社2012年版,第340页。

③ 参见龙宗智:《印证与自由心证——我国刑事诉讼证明模式》,载《法学研究》2004年第2期。

有一定的不足,[①]其中之一就是导致了对证明标准的过高要求,而使案件事实的证明陷入困难。根据主观事实证明的特点和解决主观事实证明困难的现实需要,笔者认为,在主观事实证明中,应当弱化印证模式的适用,而增强审判人员的自由心证。理由如下:第一,主观事实的内在性特征,决定了对主观事实的证明应更加强调审判人员的自由心证。在客观事实的证明中,证据对客观事实具有较为直接的表征作用,因此通过证据之间的印证,一般可以较为准确地证明客观事实的存在。而主观事实的内在性,使得证据往往不能直接表征主观事实的情况,因此多份同一指向的证据之间的印证,也并不必然能够证明主观事实的存在。主观事实证明中,更为重要的是,审判人员运用证据进行的推理、推理后对证明程度的判断,而这主要依靠的是审判人员的自由心证,而不是形式上的相互印证。第二,证据的稀缺性,导致了印证模式适用的困难。印证模式的弊端之一是该模式对证据的需求量较大,从而增加了证明难度,而主观事实的证明较客观事实而言,直接相关的证据更为稀少。因此从解决主观事实证明的现实需要来看,也应该弱化印证模式的适用。第三,主观事实证明中适用的由客观到主观的原则,使主观事实的证明具备弱化印证模式适用的证据基础。由客观到主观的证明原则要求,在对主观事实进行证明前,需要先对客观事实进行证明。由于对主观事实具有一定表征作用的客观构成要件事实,已经得到了相互印证证据的证实,而这些客观事实较大程度地覆盖了证据链条中的关键点,这就使主观事实的证明具备了一定的推理基础,亦即是,对主观事实的证明,已经具备了一定的相互印证的证据基础。

当然,根据我国刑事诉讼的具体状况,案件事实的证明模式仍然为印证模式,只是证据的印证应当有合理的限度,尤其是对主观事实的证明,不应过于强调证据之间的相互印证,对证据之间的印证提出过高要求。在主观事实证明中,应该更加强调审判人员综合全案证据情况,对

① 相关论述可参见龙宗智:《印证与自由心证——我国刑事诉讼证明模式》,载《法学研究》2004 年第 2 期;陈瑞华:《刑事证据法学》,北京大学出版社 2012 年版,第 342 ~ 346 页;谢小剑:《我国刑事诉讼相互印证的证明模式》,载《现代法学》2004 年第 6 期;朱锡平:《融合心证:对证据印证证明模式的反思》,载《法律适用》2015 年第 2 期。

主观心态有无以及具体情况的自由判断以及心证的形成。这样的模式选择,更加符合主观事实证明的内在特征,也能在一定程度上降低主观事实的证明难度。

《检察论丛》稿约

《检察论丛》是集中推介中外检察理论与实践研究成果的系列学术丛书，系检察系统知名出版物。本丛书由最高人民检察院主管、国家检察官学院主办，最高人民检察院孙谦副检察长担任主编。《检察论丛》始终秉持“推动检察理论研究，关注实践发展，服务有中国特色社会主义检察事业”的宗旨，已经成为检察理论研究的重要平台。《检察论丛》由法律出版社出版，每年出版一至两卷，自 2000 年 7 月创立至今，共出版 22 卷，发表论文 454 篇，共计 1020 万余字。

《检察论丛》设有“大家学术”“检察理论”“检察实务”“检察改革”“博士论坛”“域外检察”“挂职视野”等栏目，分别展现检察基础理论研究的前沿和热点问题，探讨检察业务以及检察实践的相关问题，精选有关检察理论的博士学术论文成果，研究和比较域外检察制度及其理论与实践，推介挂职法学专家对检察理论与实践的思考等内容。欢迎作者针对栏目进行投稿。

欢迎论证全面深入的长篇大作，提倡扎根中国检察实践的实证研究。来稿请在正文前加列“目次”，并附作者姓名、单位、职称、职务、学位、工作单位、联系电话、通信地址、电子信箱等内容。本论丛注释要求附后，供参考。

《检察论丛》不以任何形式向投稿者收取审稿费、版面费等费用；所有投稿事宜仅通过论丛工作邮箱 jclcbjb@ sohu. com 处理；来稿一经登载，即奉薄酬；来稿三个月内未见回音的，请自行安排。未尽事宜，请直接与本论丛编辑部联系。

编辑部电话：(010)61719368

联系地址：北京市昌平区百沙路 9 号国家检察官学院《检察论丛》编辑部

邮　　编：102206

附：注释规范

1. 文内注释采用页下脚注，每页重新编号，注释序号用①②③……表示

2. 引证示例

(1)普通图书类

例:[美]莫顿·J. 霍维茨:《沃伦法院对正义的追求》,信春鹰、张志铭译,中国政法大学出版社2003年版,第20页。

石少侠:《检察权要论》,中国检察出版社2006年版,第113页。

(2)期刊类

例:胡卫列:《行政行为过程性论纲》,载《中国法学》1998年第4期。

(3)论文集

例:孙谦:《职务犯罪监督论》,载《检察论丛》(第1卷),法律出版社2000年版,第55页。

(4)报纸类

例:庚向荣:《说理是司法裁判文书的生命》,载《法制日报》2013年2月19日,第7版。

(5)网络类

例:刘仁文:《死刑改革与法治发展系列谈之一》,载中国法学网:http://www.iolaw.org.cn/showArticle.aspx?id=4196,最后访问日期:2014年12月1日。

(6)古籍类

例:(清)沈家本:《沈寄簃先生遗书》(甲编),第43卷。

(7)学位论文类

例:陈默:《抗战时期国军的战区——集团军体系研究》,北京大学历史学系2012年博士学位论文,第134页。

(8)英文专著类

例:A. Jayier Trevino, *The Sociology of Law: Classical and Contemporary Perspectives*, New York, St. Martin's Press, 1990, pp. 6–7.

注:书名使用斜体,页码之间用半字线连接。

(9)英文译著类

例:M. Polo, *The Travels of Marco Polo*, trans. by William Marsde, Hertfordshire, Cumberland House, 1997, pp. 56–57.

注:译者名放在文献题名之后,前面加"trans. by"。

(10)英文期刊类

例:Douglas D. Heckathorn,"Collective Sanctions and Compliance Norms:A Formal Theory of Group Mediate Social Control", *American Sociological Review* 55,1990,p. 370.

注:文献名加双引号,使用正体;期刊名使用斜体;期刊卷号期号使用正体。

(11)英文中的"同上、同上书"

例:Ibid., p. 307.

Ibid.

(12)其他外文类,从该文种注释习惯。

3. 涉及台湾地区的用语

(1)最高法院、立法院、财政部、宪法等用词,需要加双引号。

(2)台湾地区对应大陆,不是大陆地区。

(3)台湾地区的法律、法规需要加双引号。

(4)民国××年,必须换算成公元年份。

(5)台湾地区带有台湾政府背景或色彩的机构,需要加双引号。

(6)新台币一词无须添加双引号。

图书在版编目(CIP)数据

检察论丛. 第22卷 / 孙谦主编. -- 北京 : 法律出版社, 2018
ISBN 978-7-5197-2332-3

Ⅰ. ①检… Ⅱ. ①孙… Ⅲ. ①检察学-中国-文集 Ⅳ. ①D926.3-53

中国版本图书馆CIP数据核字(2018)第125733号

检察论丛(第22卷)
JIANCHA LUNCONG (DI-22 JUAN)

孙 谦 主编

责任编辑 屈 瑶
装帧设计 李 瞻

出版 法律出版社
总发行 中国法律图书有限公司
经销 新华书店
印刷 三河市龙大印装有限公司
责任校对 李景美
责任印制 陶 松
编辑统筹 学术·对外出版分社
开本 A5
印张 14.625
字数 432千
版本 2018年3月第1版
印次 2018年3月第1次印刷

法律出版社/北京市丰台区莲花池西里7号(100073)
网址/www.lawpress.com.cn
投稿邮箱/info@lawpress.com.cn
举报维权邮箱/jbwq@lawpress.com.cn
销售热线/010-63939792
咨询电话/010-63939796

中国法律图书有限公司/北京市丰台区莲花池西里7号(100073)
全国各地中法图分、子公司销售电话:
统一销售客服/400-660-6393
第一法律书店/010-63939781/9782
西安分公司/029-85330678
重庆分公司/023-67453036
上海分公司/021-62071639/1636
深圳分公司/0755-83072995

书号: ISBN 978-7-5197-2332-3
定价: 69.00元
(如有缺页或倒装,中国法律图书有限公司负责退换)